# 地方铁路与城际轨道交通危大工程专项施工方案示例

陈尚新　刘向东　等　主编

人民交通出版社股份有限公司
China Communications Press Co.,Ltd.

## 内 容 提 要

本书紧紧围绕如何编制好一份合理完善的危大工程专项施工方案这个主题，结合地方铁路与城际轨道交通建设实际，分路基工程、桥梁工程、隧道工程、地下工程共四类15个专项施工方案，方案按照“编制要求”“工程示例”和“示例点评”三部分进行编写，对地方铁路与城际轨道交通危大工程安全专项施工方案的编制具有很好的借鉴和指导作用。

本书可供从事地方铁路和城际轨道交通工程建设的施工、监理人员使用，也可作为建设单位进行危大工程专项施工方案管理的参考用书。

**图书在版编目(CIP)数据**

地方铁路与城际轨道交通危大工程专项施工方案示例/陈尚新等主编. — 北京 : 人民交通出版社股份有限公司，2019.11

ISBN 978-7-114-15879-7

Ⅰ. ①地… Ⅱ. ①陈… Ⅲ. ①城市铁路—轨道交通—工程施工—案例—中国 Ⅳ. ①U239.5

中国版本图书馆CIP数据核字(2019)第245761号

**书　　名**：地方铁路与城际轨道交通危大工程专项施工方案示例
**著 作 者**：陈尚新　刘向东　等
**责任编辑**：牛家鸣
**文字编辑**：闫吉维
**责任校对**：赵媛媛
**责任印制**：张　凯
**出版发行**：人民交通出版社股份有限公司
**地　　址**：(100011)北京市朝阳区安定门外外馆斜街3号
**网　　址**：http://www.ccpress.com.cn
**销售电话**：(010)59757973
**总 经 销**：人民交通出版社股份有限公司发行部
**经　　销**：各地新华书店
**印　　刷**：北京市密东印刷有限公司
**开　　本**：880×1230　1/16
**印　　张**：19
**字　　数**：563千
**版　　次**：2019年11月　第1版
**印　　次**：2019年11月　第1次印刷
**书　　号**：ISBN 978-7-114-15879-7
**定　　价**：120.00元
(有印刷、装订质量问题的图书由本公司负责调换)

# 《地方铁路与城际轨道交通危大工程专项施工方案示例》编写委员会


主　　编：陈尚新　刘向东

副 主 编：韦　征　慕建刚　张均清　周逊泉　吴桂刚

成　　员：李　辉　徐　晗　江　浩　冯　辉　杨　强

张兴茂　陈建军　张　凡　吕聪儒　廖乾旭

孙晓军　涂荣辉　张　侃　杨　政　封　露

沈月松　翁文林　沈永峰　陈熙贵　毛琛琛

王积鹏　曾　勇　应超凌　韩　刚　昌志峰

# 前　　言

据统计,近几年全国建设工程领域死亡3人以上的较大安全事故中,绝大多数发生在危大工程范围内,为规范和加强危大工程安全管理,在《建设工程安全生产管理条例》的基础上,住建部先后印发了《危险性较大工程安全专项施工方案编制及专家论证审查办法》和《危险性较大的分部分项工程安全管理办法》,并在这两个文件基础上发布了《危险性较大的分部分项工程安全管理规定》(37号令),从而确立了危大工程安全管理基本制度,明确了方案编制、审查、论证、现场实施等要求,有效促进了安全管理和技术水平的提升,对遏制危大工程安全事故起到了重要作用。同时,业内专家学者也出版了针对危大工程专项施工方案编写的工具书。

然而,在铁路工程领域和城际轨道交通领域,管理部门尚未出台危大工程安全管理相关的规范性文件和明确、统一的专项施工方案编制标准。对于危大工程安全管理,项目建设、监理、施工单位往往是参照住房和城乡建设部的文件执行,但是住建部的文件仅适用于房屋建筑,危大工程的范围没有包含路基、桥梁、隧道等地方铁路与城际轨道大范围涉及的单位工程。这就造成了参建单位在危大工程安全管理上存在漏洞且执行不到位,具体表现为危大工程施工现场安全管理混乱、方案编制针对性及操作性不强、论证和审批不规范、方案落实不到位。

从2014年开始,浙江省陆续开建了12个地方铁路和城际轨道交通项目,浙江省交通工程管理中心承担了这些项目的质量安全监督管理工作,在对这些项目开展检查的过程中,发现危大工程专项施工方案编制工作存在较多问题。若方案编制有误,在实际施工时极易引发安全生产事故,所以规范专项施工方案的编写工作刻不容缓。针对方案编制存在问题,鉴于目前国内尚无铁路工程和城际轨道工程领域危大工程专项施工方案编制的参考资料,浙江省交通工程管理中心成立了《地方铁路与城际轨道危大工程安全专项施工方案示例研究》课题组,编写出版《地方铁路与城际轨道交通危大工程专项施工方案示例》。施工单位在编制方案时可参考借鉴,使编制的方案满足"内容完整、措施可行、计算准确"的基本要求。

本书紧紧围绕如何编制好一份合理完善的危大工程专项施工方案这个主题,结合地方铁路与城际轨道建设中常见的专项施工方案,分路基工程、桥梁工程、隧道工程、地下工程共四类15个专项施工方案,每个专项施工方案按照"编制要求""工程示例"和"示例点评"三部分进行编写,具有较好的借鉴和指导作用。

"编制要求"着重介绍了适用范围、工程重难点和内容要点,使方案编制人员从总体上把握工程的重点和必须要写进方案的要点。

"工程示例"详细阐述了选取实例方案的工程概况、编制依据、施工方法及工艺、危险因素分析、施工安全保障措施、现场处置措施和验算等内容,使方案编制人员有了翔实具体的参考。同时为保证方案编写的规范性和完整性,统一了专项施工方案的内容结构,对浙江省地方铁路与城际轨道专项施工方案编写的规范性和完整性起到了积极的引导和促进作用。

"示例点评"从总结工程示例的内容和提出示例的不足及其他需要关注的重点方面,对示例进行了总结点评。

本书编写组长期工作在地方铁路与城际轨道建设一线，对地方铁路与城际轨道建设施工中存在的难点和问题有着切身的体会，对地方铁路与城际轨道建设的规范化和标准化要求有着深刻的理解，本书是在吸取国外先进创新成果的基础上编写而成，书中难免存在疏漏，敬请广大读者指正。

**作　者**

**二〇一九年二月**

# 目　录

## 第一篇　编制说明

## 第二篇　路基工程



## 第三篇　桥梁工程

## 第四篇　隧道工程



## 第五篇　地下工程

# 第一篇

# 编 制 说 明

## 1 编制目的

为了贯彻落实《中华人民共和国安全生产法》及有关建设工程质量安全技术标准、规范，加强地方铁路与城际轨道交通工程的质量安全生产监督管理，保障人民群众生命财产的安全，依据《建设工程安全生产管理条例》《危险性较大的分部分项工程安全管理规定》（住建部令2018年第37号）和《浙江省地方铁路与城际轨道交通危险性较大分部分项工程安全专项施工方案管理指导意见》（浙交监〔2018〕35号）的相关规定，危大工程在施工前要单独编制专项施工方案并经施工单位技术负责人和总监理工程师审查通过，超过一定规模的危大工程专项施工方案应经专家审查论证通过。专项施工方案直接指导现场施工，可有效规范危大工程的安全管理，对遏制危大工程生产安全事故起到了至关重要的作用。因此，编制一份内容完整、措施可行、计算准确的危大工程专项施工方案是非常必要的。

## 2 适用范围

本书阐述的危大工程专项施工方案编制要求及示例，适用于地方铁路与城际轨道交通工程建设项目在施工过程中常见的，容易导致群死群伤、或造成重大经济损失、或可能对工程周边环境造成严重损害的分部分项工程，主要包括：

（1）路基工程：陡坡路基填筑工程、高边坡路堑工程、桩板墙工程。

（2）桥梁工程：围堰工程、支架现浇工程、悬臂现浇工程、系杆拱桥工程、预制梁运输架设工程。

（3）隧道工程：山岭隧道工程、隧道不良地质及特殊岩土地段工程、隧道斜井工程。

（4）地下工程：地下连续墙钢筋笼吊装工程、深基坑开挖工程、盾构机吊装及安拆工程、盾构工程。

其他危大工程专项施工方案可以参考本书提供示例的内容框架进行编写。

## 3 主要编制依据

（1）《建设工程安全生产管理条例》（国务院令第393号）

（2）《危险性较大的分部分项工程安全管理规定》（住建部令2018年第37号）

（3）《铁路路基工程施工质量验收标准》（TB 10414）

（4）《铁路路基工程施工安全技术规程》（TB 10302）

（5）《爆破安全规程》（GB 6722）

（6）《施工现场临时用电安全技术规范》（JGJ 46）

（7）《建筑机械使用安全技术规程》（JGJ 33）

（8）《建筑施工高处作业安全技术规范》（JGJ 80）

（9）《建筑施工土石方工程安全技术规范》（JGJ/T 180）

（10）《铁路混凝土工程施工技术规程》（Q/CR 9207）

（11）《铁路混凝土工程施工质量验收标准》（TB 10424）

（12）《铁路工程测量规范》（TB 10101）

（13）《铁路混凝土强度检验评定标准》（TB 10425）

（14）《铁路桥涵工程施工安全技术规程》（TB 10303）

（15）《铁路隧道工程施工安全技术规程》（TB 10304）

（16）《铁路隧道设计规范》（TB 10003）

（17）《铁路隧道工程施工质量验收标准》（TB 10417）

（18）《城市轨道交通技术规范》（GB 50490）

（19）《盾构法施工隧道及验收规范》（GB 50446）

（20）《混凝土结构工程施工质量验收规范》（GB 50204）

（21）《城市轨道交通工程安全控制技术规范》（GB/T 50839）

(22)《浙江省建筑基坑工程技术规程》(DB33 T1096)

(23)《城市轨道交通工程测量规范》(GB 50308)

(24)《城市轨道交通地下工程建设风险管理规范》(GB 50625)

(25)《建筑基坑支护技术规程》(JGJ 120)

(26)《地下铁道工程施工及验收规范》(GB 50299)

(27)《地下连续墙施工规程》(DG/T J08—2073)

(28)《建筑地基基础工程施工质量验收规范》(GB 50202)

(29)《建筑施工计算手册》

(30)《钢筋混凝土地下连续墙施工技术规程》(DB-29-103)

(31)《钢结构设计规范》(GB 50017)

(32)《建筑施工起重吊装安全技术规范》(JGJ 276)

(33)《建筑地基处理技术规范》(JGJ 79)

(34)《建筑施工碗扣式钢管脚手架安全技术规程》(JGJ 166)

(35)《关于发布〈铁路路基工程施工质量验收标准〉等十九项铁路工程施工质量验收标准局部修订条文的通知》(铁建设〔2007〕159 号)

(36)《隧道施工安全九条规定》(安监总管二〔2014〕104 号)

(37)《复杂地质条件下铁路建设安全风险防范若干措施》(国铁工程监〔2017〕82 号)

(38)《浙江省地方铁路与城际轨道交通危险性较大分部分项工程安全专项施工方案管理指导意见》(浙交监〔2018〕35 号)

上述标准、规范、规程和指南等以最新发布的为准。

## 4 专项施工方案编制内容

为了保证专项施工方案内容的规范性和完整性,本书采用统一的编制内容,如图 1-0.1 所示。

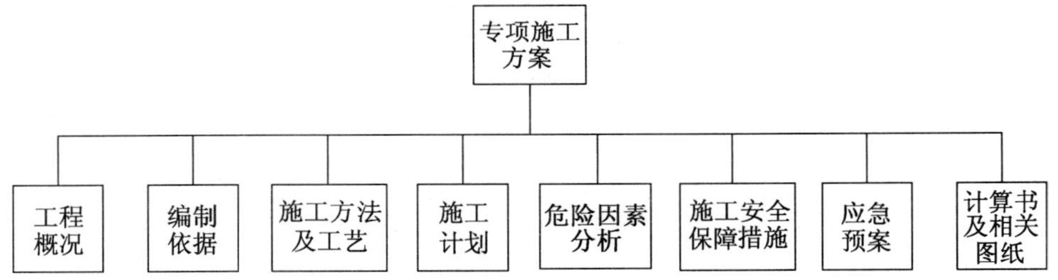


**图 1-0.1 专项施工方案编制内容**

## 5 专项施工方案编制注意事项

### 5.1 危验因素分析

危大工程专项施工方案编制要对各施工过程中的危险源进行辨识,本书采用 LEC 评价法对施工过程中的危险因素进行分析。LEC 评价法是一种简单、易行的,对具有潜在危险性作业环境中的危险源进行半定量的安全评价方法。

该方法用与系统风险有关的 3 种因素指标值的乘积来评价操作人员伤亡风险大小,这 3 种因素分别是:L(likelihood,事故发生的可能性),E(exposure,人员暴露于危险环境中的频繁程度)和 C(consequence,一旦发生事故可能造成的后果)。

3 种因素的等级划分及赋值如表 1-0.1 ~ 表 1-0.3 所示。

表 1-0.1 事故发生可能性 L 等级划分及赋值

| 分数值 | 事故发生的可能性 | 分数值 | 事故发生的可能性 |
|---|---|---|---|
| 10 | 完全可以预料 | 0.5 | 很不可能,可以设想 |
| 6 | 相当可能 | 0.2 | 极不可能 |
| 3 | 可能、但不经常 | 0.1 | 实际不可能 |
| 1 | 可能性小,完全意外 | | |

表 1-0.2 人员暴露时间 E 等级划分及赋值

| 分数值 | 暴露于危险环境的频繁程度 | 分数值 | 暴露于危险环境的频繁程度 |
|---|---|---|---|
| 10 | 连续暴露 | 2 | 每月一次暴露 |
| 6 | 每天工作时间内暴露 | 1 | 每年几年次暴露 |
| 3 | 每周一次或偶然暴露 | 0.5 | 非常罕见暴露 |

表 1-0.3 事故后果严重程度 C 等级划分及赋值

| 分数值 | 发生事故产生的后果 | 分数值 | 发生事故产生的后果 |
|---|---|---|---|
| 100 | 10 人以上死亡 | 7 | 严重 |
| 40 | 3 ~ 9 人死亡 | 3 | 重大,致残 |
| 15 | 1 ~ 2 人死亡 | 1 | 引人注意 |

对 3 种因素的不同等级分别确定不同的分值,再以 3 个分值的乘积 D(danger,危险性)来评价作业条件危险性的大小。

LEC 评估结果 D 值分级如表 1-0.4 所示。

表 1-0.4 LEC 法评估结果分级

| D 值 | 危险程度 | D 值 | 危险程度 |
|---|---|---|---|
| >320 | 极高危险,不能继续作业 | 20 ~ 70 | 一般危险,需要注意 |
| 160 ~ 320 | 高度危险,要立即整改 | <20 | 稍有危险,可以接受 |
| 70 ~ 160 | 显著危险,需要整改 | | |

经过评估,分值在 70 以下是低危险的,需要注意;分值在 70 ~ 160 之间,是有显著危险的,需要及时整改;分值在 160 ~ 320 之间,是高度危险的,必须立即采取措施进行整改;分值在 320 以上,是极高危险的,应立即停止施工,直到作业环境得到改善为止。

### 5.2 施工安全保障措施

本书主要从组织保障、技术保障、监测监控等方面,制定各专业危大工程相应的保障措施。

### 5.3 应急预案

本书应急预案包括应急救援组织机构及职责、应急救援流程和针对性的现场应急处置措施,同时应急预案应符合各级政府应急部门的相关规定。

### 5.4 其他

本书提供的各专业工程示例仅作为方案编写单位参考使用,方案编写单位应结合自身工程实际进行编写,参照本书示例编制的方案不免除方案编制单位的责任。

# 第二篇

# 路 基 工 程

# 第一章 陡坡路基填筑工程专项施工方案

## 第一节 编制要求

### 1 适用范围

地面横坡斜率陡于1:2.5的路堤工程。

### 2 工程重难点

陡坡路基地面横坡较陡、基底地质地形条件变化不均匀，在荷载、水等作用下，极易产生路堤及地基的整体失稳破坏、路堤沿斜坡或软弱层带滑动破坏，因此防渗和防滑是陡坡路基施工的难点。施工应重点做好临时防、排水系统。

### 3 内容要点

(1)危险因素分析中重点评估开挖填筑顺序和方式不符合规定产生坍塌的风险。
(2)施工方法及工艺中重点阐述路堤在不稳定边坡上填筑和压实的施工方法和施工要求。
(3)安全保障措施中重点阐述陡坡路基开挖填筑的技术保障措施和边坡稳定监测检测措施。

## 第二节 工程示例

### 1 工程概况

本合同段××段，长度××m，地面坡度范围22°~24°，陡坡平均高度6.7m，最大高度11.88m，属高陡坡路基。设置3层土工格栅，加强路基整体性，防止路基不均匀沉降引起的开裂。

### 2 编制依据

参见第一篇“3 主要编制依据”。

### 3 施工方法及工艺

#### 3.1 施工工艺流程

路基填筑施工工艺流程如图2-1.1所示。

#### 3.2 施工测量

测量人员按设计陡坡坡率利用全站仪、水准仪采用渐近法放出边桩点，边桩点的连线即路基填筑边线。施工队对填土边线桩进行加固保护，并做出醒目标识。确定填土边线时，路基每侧按设计宽度加宽50cm，确保路基边坡范围压实度满足设计要求。

#### 3.3 清表及填前碾压

(1)对于一般路段的水田、菜地，先用人工割掉杂草并清除运至弃土场，再用小型推土机推开浮泥、有机物残渣及原地面以下植物根系等，及时清除运至弃土场内，并开挖出纵横向排水沟排除积水，用机械压实，然后回填工作垫层。

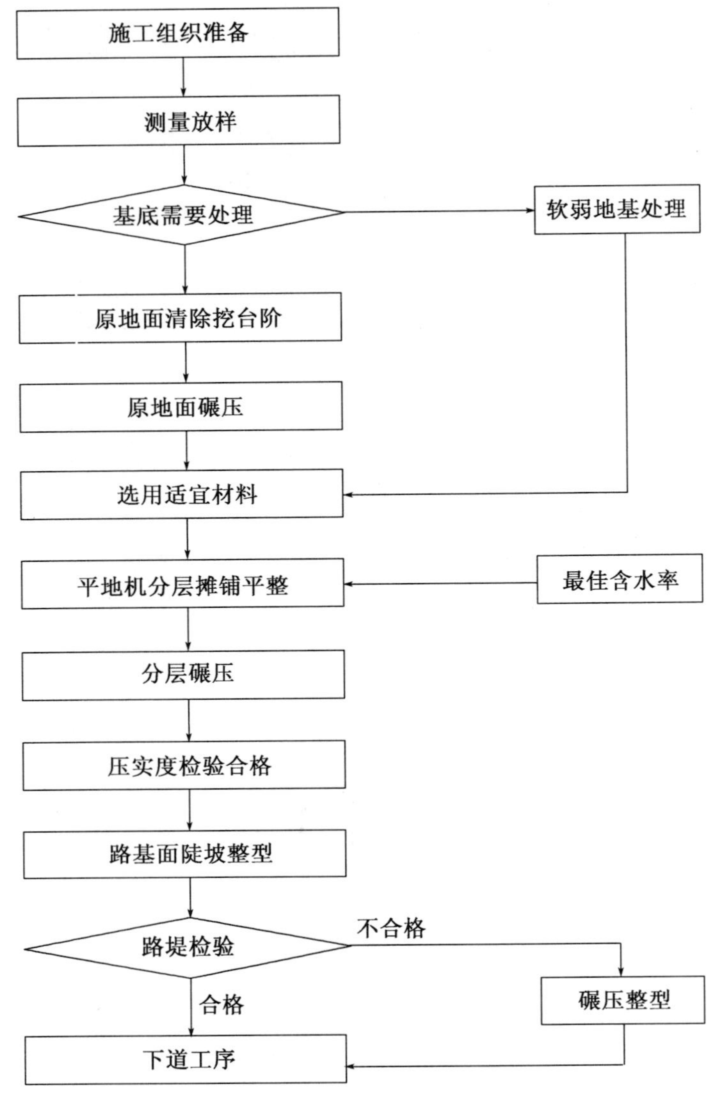


图 2-1.1　路基填筑施工工艺流程图

(2)对于一般路段上的山丘，则先砍掉上面树木，再用推土机或挖掘机清理面上的植被、有机物残渣及植物根系等，把弃土运到弃土场内堆放。

(3)施工中应根据实际耕植土的厚度予以清除，一般山坡、旱地路段清表 20cm，水稻田路段清表 30cm。

(4)对于较深的换填路段，则按一定高度分层分带用挖掘机开挖，将淤泥或腐木清除掉后并碾压密实，然后用透水性好的砂、砾土分层回填、分层压实至原地面高程，压实度为 90% 。

(5)路基清除表土、局部清淤换填应做到施工组织计划，合理利用，减少废方，清除的表土用于路基陡坡坡面植草防护、中央分隔带上部填土，利于植物生长。

### 3.4　陡坡路基施工方法

#### 3.4.1　施工要求

(1)填土高度不大于 20m 的陡坡路基、填土高度大于 20m 的稳定陡坡路基及半填半挖交界路基处治：

①纵横向填挖均根据地面坡度确定挖台阶及其尺寸。当地面坡度超过1∶5时，需要挖台阶，台阶宽度不小于2m。

②路基在填挖交界处向挖方方向超挖，横向超挖长度不小于6m，纵向超挖长度不小于10m；超挖后回填粒径为120cm或80cm石屑，直至压实度达到设计要求。

③地面坡率大于1∶2.5，且横向填挖路基填方一侧路基顶宽大于3m时，根据填土高度和地面横坡情况以及地质情况设置1～4层土工格栅。顶部2层土工格栅设在超挖层底部和中部，长10m；其他几层土工格栅由上到下设在开挖台阶上，长6m，对称布置于填挖交界处。

④当挖方区为土质时，应优先采用渗水性好的材料填筑；当挖方区为坚硬岩石时，宜根据土石方调配情况采用填石路堤。

⑤施工中应根据地下水分布情况和岩土性质，设置完善的地下排水系统，路面结构中全段全宽设置碎石垫层。

(2)对于填土高度大于20m的半填半挖及陡坡路基处治应逐坡计算路基稳定性，主要采取以下处治措施：

①基底承载力应满足设计要求。特殊地段或承载力不足的路基应按设计要求进行处理。覆盖层较浅的岩石地基，宜清除覆盖层。

②高陡坡路基填料：采用强度高、水稳定性好的材料，或采用轻质材料。在受水淹、浸的部分应采用水稳性和透水性均好的材料。

③填土高度小于18m的路基，路基填料需结合土石方调配情况确定，其中陡坡路段路基填料须参照陡坡路基设计文件执行。填土高度大于24m的路基，最下一级陡坡必须填石，其上的部分根据土石方调配情况确定是否填石。填土高度小于24m的路基，最下一级陡坡优先填石。用石料填筑时，按照填石路基的填筑要求压实，石质陡坡边部用石块码砌。

④当填土高度大于32m时，第三级陡坡平台宽4.0m，其下陡坡率采用1∶2。

⑤高填土陡坡路基上下路床底面设两层土工格栅；两层土工格栅间距为50cm，并通过计算确定是否设置陡坡填土内土工格栅。

⑥应充分调查陡坡处原山体的地质水文情况，对地下水发育处，水流集中处及易受水流冲刷处应做好详细记录，并采用相应的处治措施，如设置支撑渗沟或者碎石盲沟等，保证陡坡内部土体处于干燥或中湿状态。

⑦陡坡施工中或完成后，应对陡坡进行长期的严格监控，如有异常，应立即停工。

⑧一般路基基底的压实度应不小于90%，对于填土高度大于15m的高填路基，路基基底的压实度应不小于93%。

(3)斜陡坡路基、填挖交界处路段设计采用高性能压路机进行补压。高性能压路机压实是在达到要求的压实度的基础上再进行压实增强，以减少工后沉降。高性能压路机包括液压式夯实机和冲击式压路机。

①设计采用高性能压路机补压的路段：涵洞顶部填土高度小于3.0m的盖板涵、箱涵路段，涵后采用液压式夯实机补压，其他路段采取冲击式压路机补压。

②液压式夯实机最大夯击势能为30kJ，按施工作业点净距50cm的梅花形布置夯锤位置，以三档九锤为压实一遍。采用液压式夯实机压实时，第一排夯锤位置距离涵台的距离为1.0m，且应由涵台方向向远离涵台的方向压实。

③冲击式压路机最大夯击势能为25kJ，由两侧向路中心夯实。位于桥头位置时，由桥台方向向远离桥台方向的路基压实。

④采用高性能压路机补压时应注意：涵洞顶的补强压实面距涵顶的竖向距离不宜小于2.5m(填土路基)和3.0m(填石路基)，距离土工格栅等合成材料不宜小于1.5m。补强压实工作面距离桥涵台的水平距离对U形桥台和涵洞通道不少于5m，对其余类型桥台不少于10m，对挡土墙墙背内侧不少于2m；对于

预应力管桩处治地基的路段,基底不再进行高性能压路机补压。

⑤高陡坡路基基底在填前压实度达到要求后,采用高性能冲击式压路机补压 20 遍。

填土高度小于 12m,每层碾压 20 遍。

高陡坡路基处治横断面示意图如图 2-1.2 所示。

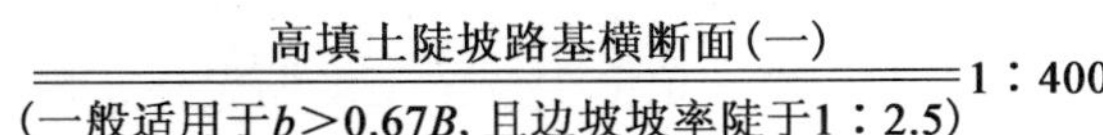


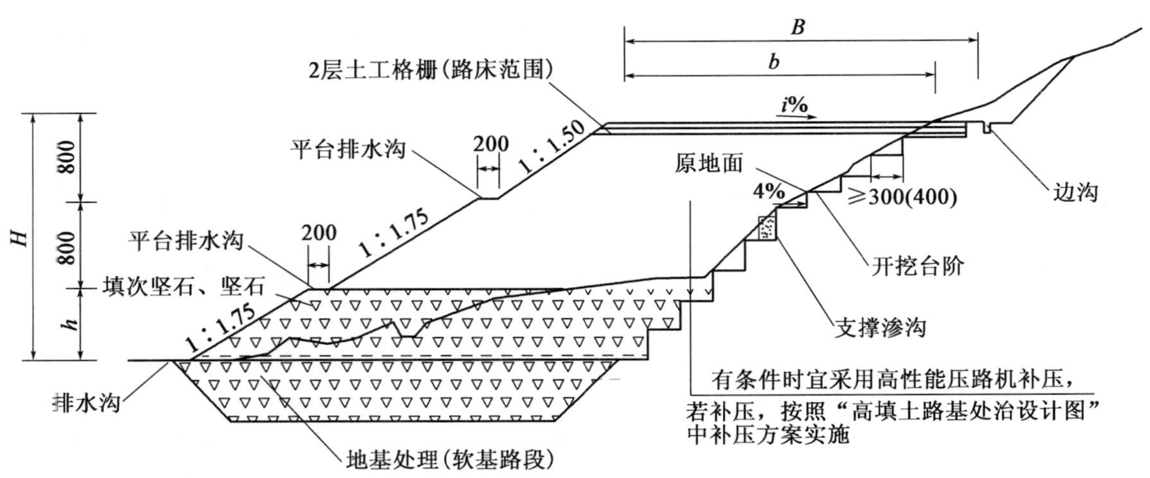


图 2-1.2 高陡坡路基处治横断面示意图(尺寸单位:cm)

### 3.4.2 土工格栅施工

土二格栅用于路基补强,使粒状填料与网格互相锁合在一起,形成稳定的平面,防止填料下陷及翻浆造成的路面沉陷和裂纹,并可将垂直荷载有效分散。地理条件恶劣地区可采用多层补强,加快施工速度,缩短工程建设周期。

(1)土工格栅材料质量要求

根据施工图设计要求,高陡坡路基、半填半挖路段、纵横填挖交界路段设置双向聚酯焊接土工格栅 PET50-50。技术参数为:纵横向抗拉强度≥50kN/m,纵横向延伸率≤10%,焊接点极限剥离强度≥500N/m,幅宽 5m;土工格栅采用聚酯原生料生产,网孔尺寸为 6cm×6cm。土工格栅拉紧后用 U 形钉固定,U 形钉采用 $\phi$8mm 钢筋制作,正方形布置,间距 2m×2m。每批土工格栅运抵工地后应进行外观检查和质量验收,外观和强度应满足设计及规范相关要求。

(2)土工格栅铺设施工工艺流程

测量放样→原地面平整→铺设土工格栅→插钉固定→纵向搭接→绑扎→格栅摊铺完毕→填土碾压施工。

(3)土工格栅铺设的施工要点

①第一层土工格栅铺设在原地面上,铺设时应沿路基横向摊铺(主受力方向为路基横向),木工格栅应摊铺平整、张紧,不得出现松弛现象,土工格栅在填土之前应处于绷紧状态,满足设计要求,采用机械拉紧的施工方法。沿路线横向土工格栅不宜搭接;沿路线纵向,土工格栅宜采用搭接法连接,搭接长度不宜小于 0.1m,并用高强塑料扎扣扎牢,之后沿搭接方向每隔 4m 设置一个门钉,门钉压入土中 50cm。

②土工格栅按路堤底宽全断面铺设,摊铺时不得出现扭曲、折皱、重叠现象。

③土工格栅施工铺设过程中应尽量避免长时间暴晒或暴露,以免其性能劣化。

④土工格栅铺设完成后,应及时填土,首先在土工格栅两侧填土,将土工格栅固定,再向中间推进,碾压的顺序是先两侧后中间,严禁车辆直接与土工格栅接触。

### 3.4.3 支撑渗沟施工

高填土陡坡路基应按动态设计的原则，做好防、排、截、疏水措施，施工时应充分调查陡坡处原山体的地质水文情况，对地下水发育处，水流集中处、易受水流冲刷处施作支撑渗沟。将水收集并排出路基，保证陡坡内部土体处于干燥或中湿状态。

### 3.4.4 半填半挖路基施工

(1)横向半填半挖地段

①认真清理半填断面的原地面，将原地面翻松或挖成台阶，再进行分层填筑。

②纵横向半填半挖地段填方，按图纸要求分层填筑，避免因填筑不当出现路基纵向裂缝。

③在填方和挖方结合部的横向必须加强结合部之间的整体性，主要措施是：在挖方的边坡上挖成宽度不小于2.5m、高填方路段台阶宽度不小于3m、阶面呈4%向内横坡，以加强挖填面之间连接。在填挖方的交界处视地下水或地面水情况，酌情设纵横向盲沟，或在路基填挖交界填筑一层透水性材料，以利路基内的水排出。

④半填半挖的路段，填挖交界处的路段，在半幅的3%水泥稳定碎石底基层1/2处布设$\phi$8mm的钢筋网，间距20cm×20cm。

⑤挖填交界处填方区边坡高度大于8m的，为了减小路基填挖间的差异变形，采用冲击碾压等措施进行增强补压。

⑥路基当纵坡缓于1:1.25时，陡坡路基处，首先需清除开挖面浮土，整平开挖面后碾压，表层应平整，严禁有碎、块石等坚硬凸出物才能铺设高强土工格栅，格栅均采用$\phi$8mm的U形钢筋钉固定，纵横间距1.5m。土工格栅在横断面方向不得搭接绑扎接长，而相邻幅之间的土工格栅搭接宽度为15cm，土工格栅固定端(即台阶位置)应回折2.0m锚固。

(2)纵向半填半挖地段

①清理半填断面填方路段的原地面，清理长度依据填土高度和原地面坡度而定，地面自然横坡或纵坡陡于1:5时，将原地面挖成台阶，台阶宽度应满足摊铺和压实设备操作的需要，且不小于2m，台阶高度根据实际确定，每层台阶均切入稳固土层或岩层，形成台阶工作面。台阶顶做成4%的内倾斜坡。当基岩面上的覆盖层较薄时，先清除覆盖层再挖台阶；当覆盖层较厚且稳定时，可予保留，并在挖方段设置不小于10m长的过渡段，高0.3~0.8m，然后与填方段一起分层填筑，分层碾压，达到设计要求的压实度。

②纵向半填半挖地段填方，按图纸要求分层填筑，避免因填筑不当，而出现路基横向裂缝。填土路基当纵坡缓于1:1.25时，陡坡路基处，首先需清除开挖面浮土，整平开挖面后碾压，表层应平整，严禁有碎、块石等坚硬凸出物才能铺设高强土工格栅，格栅均采用$\phi$8mm的U形钢筋钉固定，纵横间距1.5m。土工格栅在横断面方向不得搭接绑扎接长，而相邻幅之间的土工格栅搭接宽度为15cm，土工格栅固定端(即台阶位置)应回折2.0m锚固。填筑至路堤边缘时采用冲击式碾压机碾压。

横纵向填挖交界路段在所在部分的3%水泥稳定碎石底基层厚度的1/2处布设间距为20cm×20cm的钢筋网补强，钢筋应拉直、绑扎牢固并平铺在基层1/2顶面。

③纵向填、挖交界处的开挖，将待填方处原地面处理好并经监理工程师检验合格后，开挖挖方断面，对挖方中非适用材料不得用于填筑。

④填、挖交界处常伴随半填半挖横断面，在施工时按横向半填半挖要求妥善安排，做到纵、横交界填筑均衡，碾压密实，无拼痕。

## 3.5 施工要求

(1)路基填料应经过试验检验合格，并经监理同意后方可使用。

(2)不同填料应分别填筑，不得混填，超粒径石块必须清除，以免影响路基压实的均匀性。

(3)路基填筑必须严格控制每层的厚度和压实度，可以采用方格网来控制厚度和压实度。

(4)路基填筑前必须按要求做好临时排水设施，包括路拱横坡、拦水土埂、临时急流槽(应采用水泥砂浆抹面)等,损坏后应及时修复,以免造成路基积水、陡坡冲刷等问题。临时排水的设置,应作为填土验收计量的条件。

(5)每填筑2m高,陡坡应进行刷坡修整。刷坡前,应准确测设边桩桩位,打桩并洒灰线。坡度可用自制坡比尺配水准尺控制。

(6)路基填挖交界部位和陡坡基底处理,必须严格按施工图、施工规范要求开挖台阶并分层填筑、分层碾压。一般情况下,应在路基填筑前提前做好台阶开挖。

# 4 施工计划

## 4.1 施工进度计划

确定工程具体的开工日期和完工日期,根据施工工序制订施工进度计划,明确具体施工内容。

## 4.2 机械设备计划

主要施工机械设备包括挖掘机、自卸汽车、液压式夯实机、冲击式压路机、推土机、平地机等。

## 4.3 劳动力计划

主要施工人员包括工班长、专职安全员、挖掘机驾驶员、自卸车驾驶员、压路机驾驶员、推土机驾驶员、平地机驾驶员等。

# 5 危险因素分析

## 5.1 危险源辨识

危险源辨识及防范措施见表2-1.1。

**表2-1.1 陡坡路基填筑工程危险源清单**

| 序号 | 作业内容 | 潜在事故类型 | 造成事故原因 | 防范措施 |
|---|---|---|---|---|
| 1 | 陡坡路基工程施工 | 高处坠落 | 开挖危险地段无警示标,高处作业不符合规定 | 开挖高陡边坡、崩塌、落石和岩堆地段路堑,应先清理危石,修建拦截设施,并设警示标志和专人防护;高处作业应符合相关规定;清理危石、刷坡应自上而下进行,严禁上下重叠作业 |
| 2 | | 机械伤害 | 挖掘机作业不符合规定 | 起动后,挖斗内、管杆、履带和机棚上严禁站人;上下坡道的坡度不得超过机械自身允许坡度;作业时,最大开挖高度和深度不得超过机械本身性能的规定;在高陡工作面上挖掘夹有石块的土方时,应将较大的石块和杂物清除;严禁用挖斗碰砸悬空土石 |
| 3 | | 坍塌 | 开挖方法错误,路堑开挖未分段支护、及时支挡或重叠作业,特殊地段没有因地制宜采取措施,露天雨水长时湿润 | 开挖应自上而下进行,严禁掏底开挖;路堑施工应分段分层开挖、支护;作业面应相互错开,严禁上下重叠作业;在岩石走向、倾向不利于边坡及施工安全的地段,应顺层或加固后开挖,并采取减弱施工振动的措施 |
| 4 | | 危石 | 松动危岩下违规作业,机具违规停放 | 严禁在松动危石下方作业;多人相邻挖土时,相互距离不得小于3m,禁止面对面开挖作业;严禁在松动危石下方、滑坡体范围内停留和停放机具 |
| 5 | | 运输伤害 | 运输车辆超载或人料混载,挖掘机向运输车卸土时不符合规程 | 运输车辆不得超载,严禁人料混载。挖掘机向运输车辆卸土石时,应符合下列规定:<br>(1)应降低挖斗,减小卸落高度,防止偏载或砸坏车厢;<br>(2)挖斗回转范围内,严禁人员停留或通过 |

### 5.2 危险因素评估

评估方法选择、量化分值标准参见第一篇“6.1 危险因素分析”。

LEC 法危险因素评估计算结果见表 2-1.2。

**表 2-1.2 LEC 危险因素评估计算**

| 作业内容 | 事故类型 | 风险估测 | | | |
|---|---|---|---|---|---|
| | | 可能性 L | 暴露频率 E | 严重程度 C | 风险大小 D |
| 陡坡路基工程施工 | 高处坠落 | 3 | 6 | 3 | 54 |
| | 机械伤害 | 1 | 6 | 3 | 18 |
| | 坍塌 | 6 | 6 | 15 | 540 |
| | 危石 | 6 | 6 | 3 | 108 |
| | 运输伤害 | 6 | 6 | 1 | 36 |

根据 LEC 危险因素评估计算结果表和 LEC 法评估结果分级，分值大于 160 的属于重大危险源，因此陡坡路基施工中的重大危险源为坍塌。

## 6 施工安全保障措施

### 6.1 组织保障措施

#### 6.1.1 安全总目标

(1)在本项目工程施工全过程中，创建“安全生产、文明施工标准化工地”。

(2)杜绝人身死亡事故和重大机械设备损失事故。

(3)不发生火灾事故、不发生负主要责任的重大交通事故及其他重大事故。杜绝重伤，轻伤率控制在 6‰及以下。

(4)严格控制各种习惯性违章。

#### 6.1.2 安全保证体系及说明

(1)安全生产管理组织机构

建立完善的安全生产管理机构，分部成立“安全施工领导小组”，分部经理、安全总监任组长，副经理、总工任副组长，各部室负责人与队领导为组员，加强组织领导，负责施工安全措施的落实。分部设安质环保部，配备 2 名安检工程师分别负责安全生产的日常管理工作；指定 1 人专门负责本单位月度施工计划的申报、编制、审核、传达、布置等工作，制订月度施工安全把关措施，落实参与把关人员。安全生产管理组织见图 2-1.3。

(2)强有力的安全生产保证体系

建立强有力的安全生产保证体系，既注重安全思想宣传教育和安全技能培训，又注重日常安全生产工作的检查、落实。

安全施工领导小组组长定期亲自主持召开施工安全例会，分析安全情况，总结评比前期情况，预想后期施工安全隐患并拟定解决方案。

安全质量监督人员发现违章作业、安全措施不落实、质量不合格及施工隐患，责令施工队立即纠正。

同时把安全生产纳入竞争机制，纳入承包内容，逐级签订包保责任状，以此来确保安全工作落到实处。

严格按批准的设计文件和施工方案进行施工，并在实施过程中经常向建设单位报告施工进展情况；抓管理、抓制度，盯住现场，跟班作业，抓住关键，超前预防；分部负责人到现场把关。

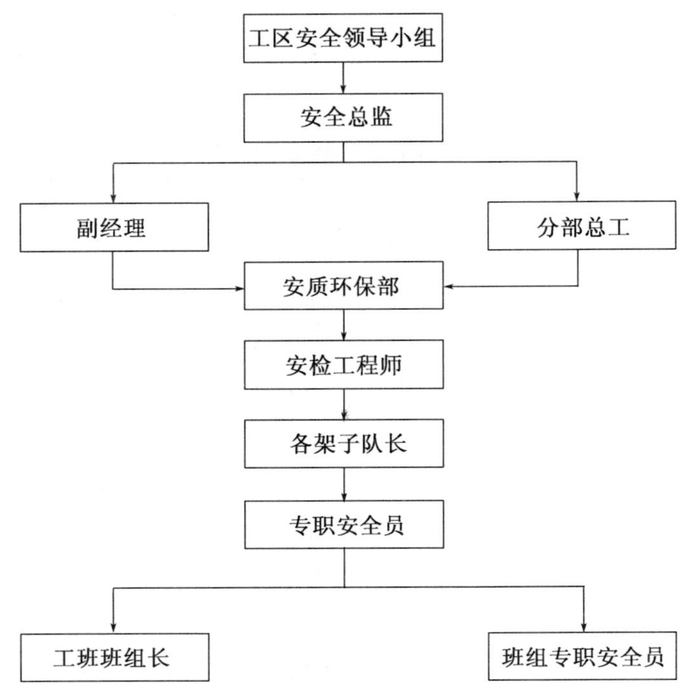


图 2-1.3　安全生产管理组织机构图

### 6.2　技术保障措施

陡坡路基开挖安全保障措施如下：

(1)施工机械作业时,除按规范操作外应按事先设计的行走路线进行,其工作位置应平坦稳固,并应有专人指挥,指挥人员不得进入机械作业范围内。

(2)挖方陡坡实行"随开挖、随加固、随防护",施工时严格按照设计方案进行施工。

(3)施工人员必须戴好安全帽,系好安全带,安全带的绳索应牢固地拴在可靠的安全桩上,绳索应垂直,不得在同一个安全桩上拴2根及以上安全绳或在一根安全绳上拴2人及以上。

(4)陡坡施工应设置安全通道;开挖工作面应与装运作业面相互错开,严禁上、下交叉作业。陡坡上方有人工作时,陡坡下方不准有人停留或通行。

(5)清理陡坡上凸出的块石和整修陡坡时,应从上而下顺序进行,坡面上的松动土、石块必须及时清除。严禁在危石下方作业、休息和存放机具。

## 7　应急预案

### 7.1　应急救援组织机构及职责

#### 7.1.1　应急救援组织机构

项目经理部成立应急救援组织机构(图2-1.4),成立应急救援领导小组和各专业救护组进行应急救援的具体工作,总指挥由项目经理担任,如有特殊情况项目经理不能到位时,由副经理、安全总监代任,副总指挥由项目书记和项目总工程师担任。

#### 7.1.2　应急救援组织机构主要成员及职责

(1)应急救援总指挥、副总指挥主要职责

①主要任务是施工风险的预防、控制、扑救、查处的管理指挥工作。负责调集人员、救援物资、车辆,抢救生命财产,事故现场的指挥工作。

②组织制订应急救援预案,并组织演练主要预案,当突发事件发生时,按照应急预案迅速组织开展抢

险救灾工作。

③根据事故、事件发生情况，统一部署应急预案的实施工作，并对应急救援工作中发生的争议采取紧急处理措施。

④在项目经理部内紧急调用各类应急物资、设备、人员，根据现场情况决定是否向外界求援。

⑤分析事故、事件灾害实际情况，当有危及周边单位和人员的险情时，及时组织人员和物资疏散工作。

⑥负责事故、事件现场恢复与应急关闭。

⑦组织事故、事件的内部调查、处理，配合上级和政府进行事故、事件调查处理工作。

⑧负责做好稳定社会秩序和伤亡人员的善后处理及安抚工作。

⑨组织对外公布事故、事件救援进展情况（由项目经理部书记负责向外界发布意见）。

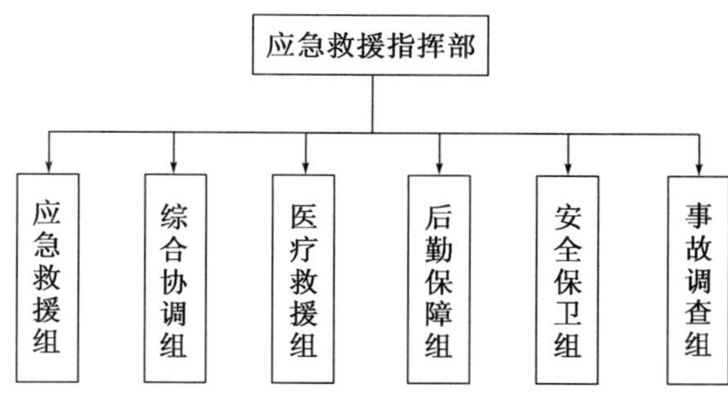


**图 2-1.4　项目经理部应急救援组织机构图**

(2)应急救援组主要职责

①组织实施救灾抢险工作，把事故控制在最小限度。

②负责事故事件现场安全状态的监测。

③负责事故现场紧急情况下人员疏散工作。

④负责抢险结束后现场的清理恢复。

(3)综合协调组主要职责

①负责与上级和社会各界保持联络。

②按照要求及时报告事故事件抢险救援情况。

③负责向社会各界和政府寻求帮助。

(4)后勤保障组主要职责

①负责抢险救援的后勤保障工作。

②负责抢险救援时通信畅通。

③负责救援交通车辆保障工作。

(5)医疗救护组主要职责

①负责事故事件现场伤员紧急救护、联络、运送及送往医院。

②负责事故事件现场卫生防疫工作。

(6)安全保卫组主要职责

①负责现场安全保卫工作，维持事故现场秩序。

②负责事故现场外围人员的疏散工作。

(7)事故调查组主要职责

①负责组织各类突发事件的调查处理，配合上级和地方政府的调查工作。

②对各类事故事件提出处理意见和预防措施。

③上报事故事件调查报告。

### 7.2 应急救援流程

应急救援流程如图2-1.5所示。

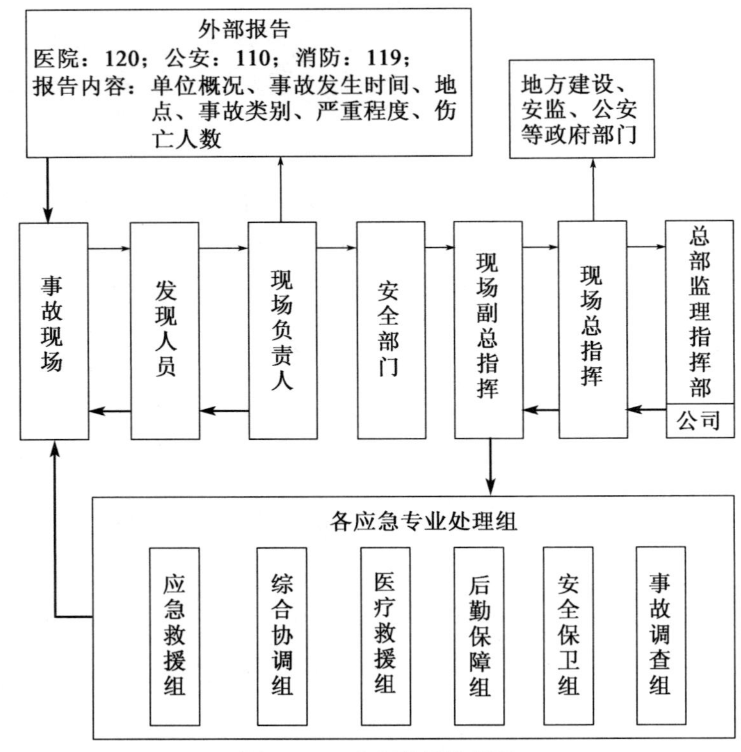


图2-1.5 应急救援流程图

注：→表示事故报告流程；→表示应急响应流程。

### 7.3 现场处治措施

坍塌应急处治措施如下：

(1)施工中如发现山体有滑动、崩坍迹象危及施工安全时，应立即停止施工，撤出人员和机具，并报告监理办和指挥部处理。

(2)滑坡地段的处理，应从滑坡体两侧向中部自上而下进行，严禁全面拉槽开挖。

(3)施工中要设专人观察，严防塌方。遇有大雨、大雪、大雾及六级(含六级)以上大风等恶劣天气时，应停止作业。

(4)陡坡路基下方有道路的，施工时应设置警示标志。施工机械靠近路堤边缘作业时，应根据路堤高度留有必要的安全距离，并应有专人指挥，指挥人员不得进入机械作业范围内。弃土下方和有滚石危及范围的道路，应设警告标志，作业时下方禁止车辆、行人通行。

(5)弃渣时，应有专人指挥机械的运输车辆，运输车辆不得直接在坡顶边缘卸渣，应在坡顶边缘一定安全距离的位置卸渣，再由推土机或装载机弃渣推出边缘。

## 第三节 示例点评

示例中列举了陡坡路基填筑施工方法，陡坡路基施工风险高，方案中要根据施工过程中的风险和病害发生情况，提出具体的处置措施。

根据陡坡路基施工的特点，应补充坡面残积土处理、陡坡错台处理、排水措施、支挡防护等相关内容。

应急预案应根据可能发生的事故类型补充完善所需应急物资清单。

# 第二章 高边坡路堑工程专项施工方案

## 第一节 编制要求

### 1 适用范围

岩质边坡高度超过30m以上或土质边坡高度超过20m以上的路堑工程。

### 2 工程重难点

(1)高边坡路堑工程施工过程易发生坠落、坍塌。边坡开挖及支护施工过程中边坡稳定性控制是本工程重难点。

(2)路堑爆破开挖过程中易发生飞石、垮塌,操作不当易出现盲炮状况,属于高风险作业。爆破设计、爆破开挖、安全防护和盲炮处理是本工程重难点。

(3)锚杆(索)施工一般在不稳定的坡面或滑坡体上,锚杆(索)打入过程易发生滑坡、坍塌等,防止施工过程中的滑坡和坍塌是工程重难点。

### 3 内容要点

(1)危险因素分析中重点评估边坡较高易导致坍塌的风险,爆破过程产生飞石、坍塌和盲炮的风险,锚杆(索)打入过程易发生坍塌的风险。

(2)施工方法及工艺中重点阐述高边坡土石方开挖、钻爆设计和边坡防护的施工方法和施工要求。

(3)安全保障措施中重点阐述高边坡开挖、爆破防护、边坡防护的技术保障措施和边坡稳定性监测监控措施。

## 第二节 工程示例

### 1 工程概况

××路堑位于××,紧邻××高速公路,多为双壁路堑,长度为600.1m,路基土石方开挖工程量共计约31.92万$m^3$,其中土方开挖6.92万$m^3$,石方开挖25万$m^3$。最大挖深有33m。

路堑开挖时对××段近380m长的既有××高速公路北侧边坡进行部分削坡,在开挖过程中,既存在地表机械开挖时产生的滚石,也存在临近边坡爆破时产生的滚石对××高速公路产生威胁。

### 2 编制依据

参见第一篇“3 主要编制依据”。

# 3 施工方法及工艺

## 3.1 路堑开挖

### 3.1.1 土方开挖

(1)测量定位

在施工现场设置测量控制网,采用全站仪进行测量施工控制,根据设计坡比精确放样出路基边坡开挖轮廓,月白石灰画出轮廓线。边坡控制放样精度不大于±1cm,以利于施工过程中辨识提高工作效率。在开挖过程中,测量人员及时进行线位、边坡及高程的测量,保证路基开口宽度满足设计要求。

(2)清表

清除地表杂物、草皮和树根,同时施工两侧坡顶截水沟,完善排水系统。清表土方为可弃方,表层土应清理干净,采用挖掘机配合自卸汽车将表层土运到指定的弃土场堆放。

(3)开挖

路基开挖采用与边沟、边坡开挖相结合的方式同时进行,并一次成型。应做到开挖一层防护一层,路堑土方按横断面自上而下开挖,逐层进行。挖掘机配合自卸汽车,挖出的土方直接装车运至弃土场。

### 3.1.2 石方开挖

#### 3.1.2.1 机械开挖

石方开挖分为两部分,松软岩石、覆盖层及浮土采用挖掘机自上而下分层挖装,自卸汽车运输,边坡采用挖掘机辅以人工清刷;较硬岩层采用液压岩石破碎锤分层破碎,挖掘机配合清除岩块。

施工中根据实际地形修出第一级施工平台,以方便破碎锤及挖机摆放。破碎岩石采用红油漆进行画圈布点,布点间距为30cm,破碎锤根据布置好的红油漆点进行冲击破碎,液压岩石破碎锤破碎施工时,将液压岩石破碎锤的钎杆压在岩石上,并保持一定压力后开动破碎锤,利用破碎锤的冲击力,将岩石破碎。

破碎锤破碎岩体时必须严格按照坡比进行破碎,不允许出现亏坡或坡比过大的情况,第一级施工平台上的岩层破到位并采用挖掘机将坡面修正平整后,然后进行下一施工平台岩体的破碎施工。

破碎锤破碎时挖掘机配合,清除破碎岩体,并将已破碎的岩体装车,运输车辆采用自卸车,运至指定地点,挖掘机进行修坡,直至该段路基坡面成型,并且路基高程达到设计要求。

#### 3.1.2.2 爆破开挖

1)施工工艺流程

工艺流程图见图2-2.1。

2)爆破设计

路堑石方爆破前,根据岩性、产状、边坡高度进行爆破设计,选定合理的爆破参数。在施工过程中,根据地质变化情况,利用类比法及时调整和修改爆破设计。

对于开挖深度大于6m且石方数量较大的工点,每5~6m为一层,进行深孔梯段松动爆破,潜孔钻机钻孔。开挖深度小于6m且石方数量较小的工点,每3m左右为一层,进行浅孔台阶松动爆破,风枪钻孔。

边坡采用光面爆破,炮孔按挖方边坡坡率布置,严格控制装药量及孔距,防止超挖或欠挖。靠近边坡的两列炮孔采用减弱松动爆破,确保边坡稳定。中央路槽爆破开挖炮孔按梅花形布置,采用70°~75°倾斜钻孔。

为确保路床面的平整度,在路床顶面,采用密集小型排炮施工。炮眼底高程低于设计高程10~15cm,在孔底留5~10cm空眼不装药。装药按松动爆破计算,爆破后路床面人工修整,对个别凸起部位,采用放小炮开挖,超挖凹坑用浆砌片石补平。

(1)台阶浅孔爆破

①选用凿岩机钻孔。

②采用塑料导爆管非电复式起爆网路,孔内和孔外相结合的微差爆破网路,直线型起爆。

③采用2～4m高的台阶，台阶宽度应能满足操作需要；炮孔方向大致与台阶壁面平行或垂直，并以较大角度与岩层面相交。

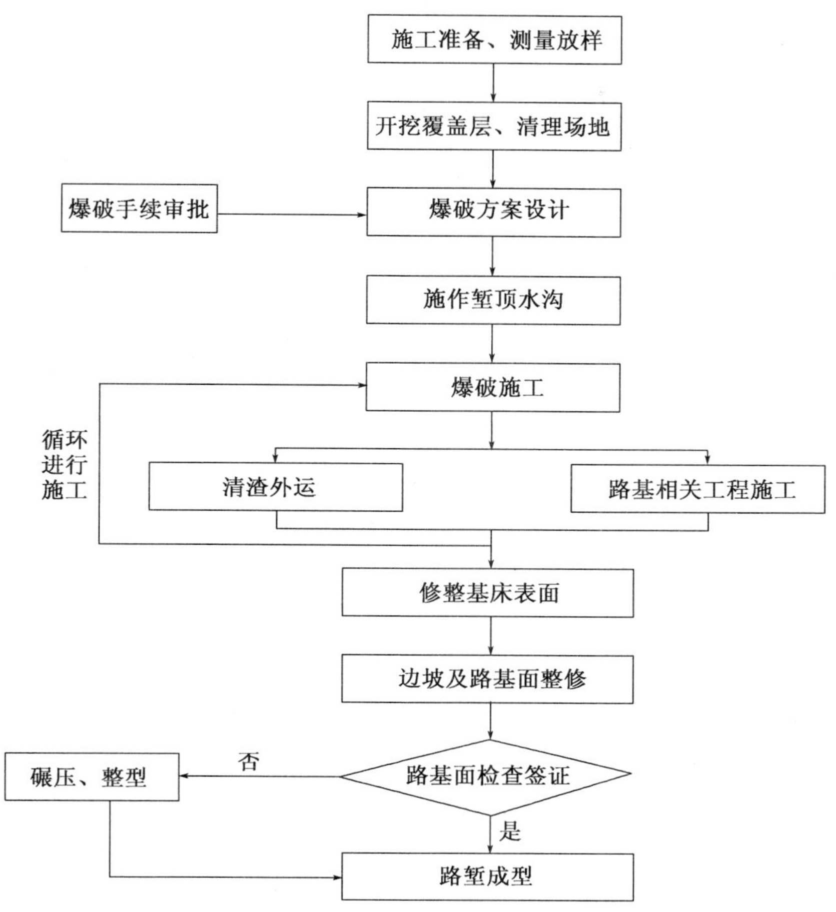


**图2-2.1 石质边坡路堑爆破开挖施工工艺流程图**

④台阶浅孔爆破参数的选取及药量计算：

炮孔超钻深度 $h$ 根据岩层石质情况确定：

$$h=\mu' W_p$$

式中：$\mu'$——超钻系数，一般可取 $\mu'=0.1\sim0.33$，岩石较坚硬完整时取较高值，对松软岩石不宜超钻，底板处为破碎岩层时，适当欠钻；

$W_p$——台阶浅孔爆破底板抵抗线（m）。

装药深度不大于炮孔深度的2/3。

堵塞系数 $\beta$（堵塞长度与底板抵抗线之比值）：当炮孔与台阶坡面大致平行时，取 $\beta=0.75$，当炮孔垂直，台阶壁面角 $\alpha$ 为60°～70°时，可取 $\beta=0.75\sim1.20$，$\alpha$ 较大时，$\beta$ 取较小值。

$W_p$ 根据岩石类别特征、台阶高度 $H$ 及其壁面角 $\alpha$、炮孔直径 $d$、装药密度参数 $\Delta$ 及采用的堵塞、超钻系数 $\beta$、$\mu'$ 等综合计算确定。

同排炮孔间距 $a$：可根据 $a=(1.0\sim1.5)W_p$ 选取；岩石较坚硬完整时取较低值，反之，取较高值。

多排炮孔及排间距 $b$：布孔宜取梅花形，当各排炮孔间距、深度及单孔装药量均相同时，$b=(0.8\sim0.9)a$（前后排同时起爆），或 $b=(0.9\sim1.0)a$（延期起爆）。

单个炮孔装药量 $Q$（kg），可分别按下式计算：

前排炮孔：

$$Q=qW_p aH$$

后排炮孔：

$$Q=(1.25\sim1.3)qW_pbH$$

式中：$W_p$——台阶浅孔爆破底板抵抗线(m)。

$a$、$b$——炮孔间距、排距(m)。

$H$——台阶高度(m)。

$q$——台阶浅孔爆破正常松动药包的单位用药量($kg/m^3$)，$q=0.33k$，其中 $k$ 为单位用药量。$k$ 值参考施工规范和类似地质施工经验选取，取 $k=1.0\sim1.4(kg/m^3)$。

当药包长度大于炮孔深度的2/3时，加密炮孔(减小 $a$ 值)重新计算装药量。

(2)零星孤石的浅孔爆破

零星孤石一般具有两个以上的临空面。临空面越多，爆破单位体积石块所消耗的炸药量就越少，爆破效果也越好。对同样体积的岩石，每增加一个临空面，单位炸药消耗量可减少10%～20%。因此，在实际施工中，尽可能增加需要爆破石块的临空面，如清除石块周围的堆积物，上次爆破为下次爆破创造临空面等。

3)爆破开挖

松软岩石及覆盖层浮土采用推土机、挖掘机并辅以部分人工松动开挖；岩层较厚、强度大，无法用机械或人工开挖的，采用中小型爆破法开挖，主要采用炮孔爆破法，包括台阶浅孔爆破、深孔爆破等方法，边坡采用预裂或光面爆破。

(1)钻孔

钻孔前，首先清理场地浮土、松石，然后进行测量按设计布孔，准备定位，采用YT28风动凿岩机钻孔。石方量大的地方，选用潜孔钻机少量钻孔，以提高功效，且底部及边坡预留光爆层。

(2)装药

装药前先清孔，检查炮孔的最小抵抗线与原设计有无变化，防止过小的抵抗线引起冲炮；检查孔深有无变化，并根据检查结果调整装药量。干燥的孔可装散装的硝铵类炸药，潮湿的孔要对炸药进行防水处理或使用防水炸药。

(3)堵塞

堵塞的作用在于使炸药爆破达到良好的效果，同时改边爆后气体，堵塞的好坏还直接影响到装药量的多少。堵塞材料选用砂黏土，并有一定的含水率。堵塞长度在施工中根据孔径、最小抵抗线确定，一般不小于最小抵抗线。

(4)爆破

①爆破作业的组织与起爆

爆破作业一般在下班后进行。爆破指挥人员要在确认周围的安全警戒工作完成后，方可发出起爆命令。爆破指挥人员严格执行预报、警戒和解除三种统一信号，并由爆破指挥人员统一发出。防护、警戒人员按规定信号执行任务，不得擅离职守。指定专人核对装炮、点炮。起爆后由爆破作业人员检查结束，确认安全后，方可发出解除信号，撤出防护人员。如发生盲炮，要设立防护标志。

②盲炮的处理

由原爆破员当班处理，特殊情况下如不可能时，爆破员在现场将装炮情况、炮眼方向、装药数量交代给处理人员。对盲炮孔内的爆破线路、导爆管等检查完好，并检查了盲炮的抵抗线情况，重新布置警戒后，才能重新起爆。

(5)石方清运及边坡修整

石质路堑爆破开挖完成后，采用挖掘机配合自卸汽车挖运炮渣，边坡按设计坡度随挖随清，路堑两侧平台、截水沟、排水沟，应随同路堑开挖一次完成。边坡外露的孤石采用风镐凿除，坑穴、凹槽使用浆砌片石嵌补，路堑路床面应平顺，肩棱整齐，断面尺寸应满足设计要求。

石质挖方边坡应顺直、圆滑、大面平整。边坡上不得有松石、危石。凸出于设计边坡线的石块，凸出尺寸不应大于20cm，超爆凹进尺寸也不应大于20cm，对于软质岩石，凸出及凹进尺寸均不应大于10cm，否则应进行清理。

4)爆破安全技术要求

①爆破前先进行试爆,根据试爆结果调整爆破参数,确保达到理想的爆破效果。

②爆破过程严格控制一次起爆的最大用药量,采用多段微差起爆方法,减少对周围环境的影响,控制爆破飞石。

③爆破时必须与附近相关部门及时沟通,确定允许爆破时间。

④严格按照《爆破安全规程》组织施工,爆破前疏散警戒区内的人员车辆,爆破后由专人检查确认无盲炮,按照规定解除警戒信号及标志。

### 3.2 边坡防护

#### 3.2.1 骨架护坡防护

土石方开挖的同时进行边坡开挖支护,开挖一层防护一层,确保边坡的稳定性。

(1)施工顺序

上级边坡开挖→上级边坡支护(支护措施强度达到75%)→下级边坡开挖支护。

(2)边坡开挖

①挖方边坡按照自上至下的顺序逐级开挖,待上级边坡加固过程全部实施并产生支护效应后进行下一级堑坡的土石方开挖作业,即逐级开挖,逐级支护,直至全部防护工程结束,确保坡体稳定和结构安全。

②边坡分级开挖,分段施工的长度取10～20m,具体长度根据现场岩土性质并结合施工队伍技术水平综合确定。

(3)防护形式

防护形式分为两种:客土植草+种植灌木和M7.5浆砌片石孔窗式护坡。

两种防护形式在路堑每8m设置一、二级边坡。每级边坡设置宽3m、厚0.3m平台,平台内侧处设底宽0.3m、高0.4m的M7.5浆砌片石平台截水沟。

#### 3.2.2 锚杆防护

##### 3.2.2.1 施工工艺流程

确定孔位→脚手架搭设→钻机就位→调整角度→钻孔→清孔→安装锚杆→注浆→框格梁施工。

##### 3.2.2.2 施工方法

1)锚杆孔测量放线

按设计立面图要求,在锚杆施工范围内,起止点用仪器设置固定桩,中间视条件加密,并应保证在施工阶段不得损坏。其他孔位以固定桩为准钢尺丈量,全段统一放样,孔位误差不得超过±50mm。测定的孔位点,埋设钢筋标志,严禁边施工边放样。

2)搭设施工脚手架及操作平台

(1)脚手架搭设方案

锚杆施工作业平台采用钢管脚手架满铺搭设,脚手架采用$\phi 48\times3.5$钢管,钢管横向间距0.6m,纵向间距1.5m,竖向间距1.5m。坡角第一根立杆顶入排水沟沟底,沿坡面的每根立杆及水平杆,都将其打入山坡土层或岩层内固定;顺坡面斜杆搭设三层,在架体下部作为斜撑,斜撑撑在水平平台上。锚杆在施工作业层铺设脚手板,以便放置锚杆施工机械及施工。脚手架搭设形式如图2-2.2所示。

(2)搭设要求

①在脚手架搭设前,必须先放出锚杆和框格梁的位置,以免与脚手架发生冲突。

②脚手架严格按照《建筑施工扣件式钢管脚手架安全技术规范》(JGJ 130—2001)的要求进行搭设。

③脚手架所用钢管质量要好,无破损和变形现象,上下对齐。

④此工程属于高边坡工程,搭设施工平台采用竹跳板搭设,故搭过程中注意施工安全、扣件间的螺丝松紧程度、跳板两端应牢牢固定在脚手架上,禁止搭"瞎子跳、悬挑跳"。

⑤根据现场地形情况看地基均属于硬质岩,采用人工对基底松动、浮石部分进行彻底清理并在地基上凿开凹槽,确保施工脚手架基础坚固。

⑥脚手架及平台搭设要稳固,具有抗冲击、振动能力。

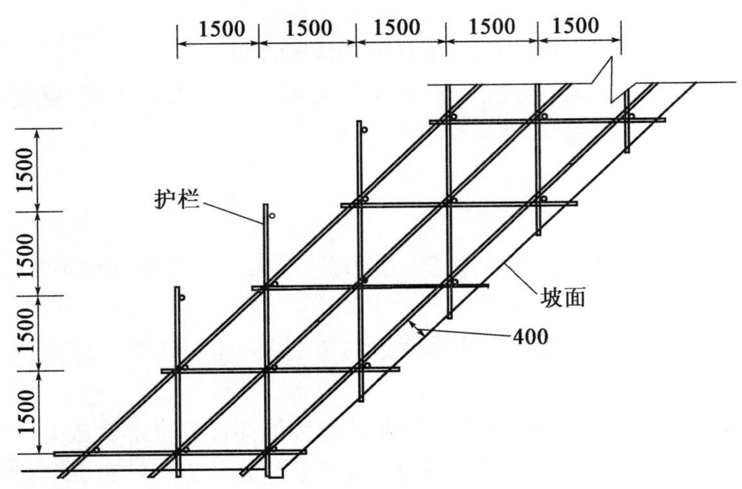


图 2-2.2 脚手架搭设形式(尺寸单位:cm)

3)钻孔设备选择

钻孔机具的选择,根据锚固地层的类别、锚孔孔径、锚杆深度以及施工场地条件等来选择钻孔设备。本段路基采用 MG-50 锚杆钻机钻孔成孔;在岩层破碎或松软饱水等易于塌缩孔和卡钻埋钻的地层中采用跟管钻进技术。

4)钻机就位

利用钢管脚手架杆搭设平台,平台用锚杆与坡面固定,钻机用三脚支架提升到平台上。锚杆孔钻进施工,搭设满足相应承载能力和稳固条件的脚手架,根据坡面测放孔位,准确安装固定钻机,并严格认真进行机位调整,确保锚杆孔开钻就位纵横误差不得超过 ±50mm,高程误差不得超过 ±100mm,钻孔倾角和方向符合设计要求,倾角允许误差 ±1.0°,方位允许误差 ±2.0°。锚杆与水平面的交角不大于 45°,设计为 10°~20°。钻机安装要求水平、稳固,施钻过程中应随时检查。

5)钻进方式

钻孔要求干钻,禁止采用水钻,以确保锚杆施工不至于恶化边坡岩体的工程地质条件和保证孔壁的黏结性能。钻孔速度根据使用钻机性能和锚固地层严格控制,防止钻孔扭曲和变径,造成锚固困难或其他意外事故。

6)钻进过程

钻进过程中对每个孔的地层变化,钻进状态(钻压、钻速)、地下水及一些特殊情况做好现场施工记录。如遇塌孔缩孔等不良钻进现象时,须立即停钻,及时进行固壁灌浆处理(灌浆压力 0.1~0.2MPa),待水泥砂浆初凝后,重新扫孔钻进。

7)孔径孔深

钻孔孔径、孔深要求不得小于设计值,孔口偏差≤±50mm。为确保锚杆孔直径,要求实际使用钻头直径不得小于设计孔径。为确保锚杆孔深度,要求实际钻孔深度大于设计深度 0.2m 以上。

8)锚杆孔清理

钻进达到设计深度后,不能立即停钻,要求稳钻 1~2min,防止孔底尖磨损、达不到设计孔径。钻孔孔壁不得有沉渣及水体黏滞,必须清理干净,在钻孔完成后,使用高压空气(风压 0.2~0.4MPa)将孔内岩粉及水体全部清除出孔外，以免降低水泥砂浆与孔壁岩土体的黏结强度。除相对坚硬完整的岩体锚固外，不得采用高压水冲洗。若遇锚孔中有承压水流出，待水压、水量变小后方可下安锚杆与注浆，必要时在周围适当部位设置排水孔处理。

9）锚杆孔检验

锚杆孔钻孔结束后，须经现场监理检验合格后，方可进行下道工序。孔径、孔深检查采用设计孔径、钻头和标准钻杆在现场监理旁站的条件下验孔，要求验孔过程中钻头平顺推进，不产生冲击或抖动，钻具验送长度满足设计锚杆孔深度，退钻要求顺畅，用高压风吹验不存明显飞溅尘渣及水体现象。同时要求复查锚孔孔位、倾角和方位，全部锚孔施工分项工作合格后，即可认为锚孔检验合格。

10）锚杆体制作及安装

锚杆杆体采用双 $\phi$25 螺纹钢筋，沿锚杆轴线方向每隔 2.0m 设置一组钢筋定位支架，保证锚杆的保护层厚度达到设计要求。锚筋尾端防腐采用刷漆、涂油等防腐措施处理。锚杆端头应与框架梁钢筋焊接，与框架钢筋、箍筋相干扰时，可局部调整钢筋、箍筋的间距，竖、横主筋交叉点必须绑扎牢固。

安装前，要确保每根钢筋顺直，除锈、除油污，安装锚杆体前再次认真核对锚孔编号，确认无误后再用高压风吹孔，人工缓慢将锚杆体放入孔内，用钢尺量测孔外露出的锚杆长度，计算孔内锚杆长度（误差控制在 ±50mm 范围内），确保锚固长度。

制作完成的锚杆经监理工程师检验确认后，应及时存放在通风、干燥之处，下垫上盖。锚杆在运输过程中，应防止钢筋弯折、定位器松动。

11）锚固注浆

注浆作业从孔底开始，实际注浆量一般要大于理论的注浆量，或以孔口不再排气且孔口浆液溢出浓浆作为注浆结束的标准。如一次注不满或注浆后产生沉降，要补充注浆，直至注满为止。注浆压力为 0.2～0.4MPa，注浆量不得少于计算量，压力注浆时充盈系数为 1.1～1.3。注浆材料宜选用水灰比 0.45～0.5的 M40 水泥砂浆。注浆压力、注浆数量和注浆时间根据锚固体的体积及锚固地层情况确定。注浆结束后，将注浆管、注浆枪和注浆套管清洗干净，同时做好注浆记录。

12）锚杆抗拔力试验

为确保锚杆具有可靠的锚固力，要求在现场条件下对每段坡面不小于 3 根锚杆做严格的抗拔力试验，试验数据必须同原设计相比较，如试验结果与原设计结果有较大差异时，应由设计方调整锚杆锚固参数。

**3.2.3** 锚索防护

××段边坡采用的预应力锚索为 4 根 $\phi$15.24mm 钢绞线组成，标准抗拔强度为 1860MPa，张拉控制应力为 930kN。边坡锚索长为 18m，坡面反向下倾与水平面呈 15°，锚索锚固段长 10m。锚索孔径 $\phi$110mm，边坡锚具采用 HVM15-4 型，锚斜托钢垫板尺寸为 25cm×25cm×2cm。

**3.2.3.1** 施工工艺流程

锚孔放样→脚手架搭设→钻机就位→角度调整→钻孔→清孔→安装锚索→注浆→张拉→锚固。

**3.2.3.2** 施工方法

（1）锚索孔测量放线

边坡施工边挖边加固，即开挖一级，防护一级，不得一次开挖到底。根据各点工程立面图，按设计要求，将锚孔位置准确测放在坡面上，孔位误差不得超过 ±50mm。

（2）搭设施工脚手架及操作平台

见本章“3.2.2.2 2）搭设施工脚手架及操作平台”。

（3）钻孔设备选择

钻孔机具的选择，根据锚固地层的类别、锚孔孔径、锚孔深度以及施工场地条件等来选择钻孔设备。岩层中采用潜孔冲击成孔；在岩层破碎或松软饱水等易于塌缩孔和卡钻埋钻的地层中采用跟管钻进技术。本段路基锚索施工采用 KSZ-110 型潜孔钻机。

(4)钻机就位

锚孔钻进施工,搭设脚手架,根据坡面放样孔位,准确安装固定钻机,并严格认真进行机位调整,确保锚孔开钻就位纵横误差不得超过 ±50mm,钻孔倾角和方向符合设计要求,倾角允许误差 ±3.0°。

(5)钻进方式

钻孔要求干钻,禁止采用水钻,以确保锚索施工不致恶化边坡岩体的地质条件和保证孔壁的黏结性能。钻孔速度根据使用钻机性能和锚固地层严格控制,防止钻孔扭曲和变径,造成下锚困难或其他意外事故。

(6)钻进过程

钻进过程中对每个孔的地层变化,钻进状态(钻压、钻速)、地下水及一些特殊情况做好现场施工记录。如遇塌孔缩孔等不良钻进现象时,须立即停钻,及时进行固壁灌浆处理(灌浆压力 0.1 ~0.2MPa),待水泥砂浆初凝后,重新扫孔钻进。

(7)孔径孔深

钻孔孔径、孔深要求不得小于设计值。为确保锚孔直径,要求实际使用钻头直径不得小于设计孔径。为确保锚孔深度,要求实际钻孔深度大于设计深度 0.2m 以上。

(8)锚孔清理

钻进达到设计深度后,不能立即停钻,要求稳钻 1 ~2min,防止孔底尖灭,达不到设计孔径。钻孔孔壁不得有沉渣及水体黏滞,必须清理干净,在钻孔完成后,使用高压空气(风压 0.2 ~0.4MPa)将孔内岩粉及水体全部清除出孔外,以免降低水泥砂浆与孔壁岩体的黏结强度。除相对坚硬完整的岩体外,不得采用高压水冲洗。若遇锚孔中有承压水流出,待水压、水量变小后方可下安锚索与注浆,必要时在周围适当部位设置排水孔处理。

(9)锚孔检验

锚孔钻孔结束后,须经现场监理检验合格后,方可进行下道工序。孔径、孔深检查一般采用设计孔径、钻头和标准钻杆在现场监理旁站的条件下验孔,要求验孔过程中钻头平顺推进,不产生冲击或抖动,钻具验送长度满足设计锚孔深度,退钻要求顺畅,用高压风吹验不存在明显飞溅尘渣及水体现象。同时要求复查锚孔孔位、倾角,全部锚孔施工分项工作合格后,即可认为锚孔钻孔检验合格。

(10)锚索制作及安装

锚索采用 4 根 $\phi$15.24 的钢绞线制作,钢绞线强度 $R_b$ = 1860MPa,用 HVM15-4 型锚具锁定。锚索制作时,其长度应增加 1.5m 的张拉段。锚索锚固段要求涂抹防腐涂料,自由段套 $\phi$20mm 的 PVC 管,套管长度范围内用黄油充填,外绕胶布固定。

(11)锚固注浆

注浆采用 M40 水泥砂浆常压灌注,采用水灰比 0.4 ~0.5,应确保浆体灌注密实;注浆管端头到孔底距离宜为 15 ~20cm,管底在注浆前应临时密封;二次注浆管沿管身每米螺旋形钻 6 ~7 个 $\phi$6mm 的注浆孔,孔外用透明胶带密封。

(12)锚索张拉及锁定、封锚

通过现场张拉试验,确定张拉锁定工艺。锚索的张拉及锁定分级进行,严格按照操作规程执行。在设计张拉完成 30 ~45d 后再进行一次补偿张拉,然后加以封锚。

补偿张拉后,从锚具量起,留出长 5 ~10cm 钢绞线,其余部分截去,须用机械切割,严禁电弧烧割。最后用水泥净浆注满锚垫板及锚头各部分空隙,然后对锚头采用不低于 20MPa 的混凝土进行封锚,防止锈蚀并兼顾美观。

**3.2.4** 框格梁施工

锚杆(索)间距 3.0m ×3.0m,框格梁采用 C35 钢筋混凝土,横梁截面尺寸为 0.4m ×0.4m,纵梁截面尺寸为 0.6m ×0.5m。

**3.2.4.1**　施工工艺流程

施工准备→测量放样→基础开挖→脚手架搭设→钢筋绑扎→立模→混凝土浇筑→修整边坡→回填种植土。

**3.2.4.2**　施工方法

(1)施工准备

施工现场三通一平工作要完成,进入工作面等施工辅道已经修建完毕;各钢筋、砂石材料已经试验抽检合格;各施工机具已进场并满足施工生产要求;各作业人员已进场并进行技术交底培训;根据工程需要及工程划分,技术人员、管理人员及其他人员均已到位。

(2)测量放样

开挖后断面的复测工作已经完成,开挖坡体在人工修整其坡比等达到要求,然后测放出框架纵梁、横梁位置及施作起始范围。

(3)基础开挖

石质边坡尽量修整好,凸出地方要削平,然后按框架竖梁、横梁尺寸及模板厚度精确挖出单根梁轮廓。为保证框格梁整体线形,坡面基础施工时统一按测量放样点进行开挖。

(4)脚手架搭设

脚手架搭设前必须先对现有边坡的稳定情况进行观察,确定安全后再搭设脚手架。脚手架采用$\phi$48mm 钢管搭设,支架立柱应置于坚硬稳定的岩石上或垫方木,不得置于浮渣上;立柱间距1.5m。架子宽度1.2~1.5m;横杆高度1.2m,以满足施工操作要求;并应设置安全栏杆以应付突然出现的情况。搭设管扣要牢固和稳定,钢架与壁面之间必须楔紧,相邻钢架之间应连接牢靠,以确保施工安全。

脚手架搭设完成后,应根据施工需要在脚手架上设置模板和爬梯,且模板和爬梯应用铁丝绑死,以保证人员及机具的施工安全。

(5)钢筋绑扎

①在施工安置框架钢筋之前,先清除框架基础底浮渣,保证基础密实。

②在坡面上打短钢筋锚钉,准备好与混凝土保护层厚度一致的砂浆垫块。

③绑扎钢筋,用砂浆垫块垫起,与坡面保持一定的距离,并和短钢筋锚钉连接牢固。

(6)模板安装

①模板采用木板按设计尺寸进行拼装。模板线形每5m 放一控制点挂线施工,保证线形顺畅,符合施工要求。

②立模前首先检查钢筋骨架施工质量,并做好记录,然后立模板。

③模板表面刷脱模剂,模板接装要平整、严实,净空尺寸准确,符合设计要求并美观。

④模板安装时,模板加固尽量不与脚手架发生联系,以免在脚手架上运存材料和工人操作时引起模板变形。

⑤用脚手架钢管支撑固定模板,模板底部要与基础紧密接触,以防漏浆、胀模。

⑥检查立模质量,并做好原始质检记录。

(7)混凝土浇筑

①浇筑前应检查框架的截面尺寸,要严格检查钢筋数量及布置情况。

②框架主筋的保护层一定要满足设计要求,最小不能小于50mm,箍筋净保护层不得小于35mm。

③钢筋宜制成整体长骨架,其制作、搭接、安装要符合设计及技术规范要求。

④浇筑框架混凝土必须连续作业,边浇筑边振捣。浇筑过程中如有混凝土滑动迹象可采取速凝或早强混凝土或用盖模压住。各竖梁混凝土应不间断浇筑,若因故中断浇筑,其接缝按通常方式处理。

⑤锚杆框架的施工是锚杆与混凝土框架两项工程密切配合的过程。锚杆和框架的相对位置比二者的绝对位置更重要,必须精确测量,准确定位。

⑥浇筑框架混凝土时,应分别从下而上在三个部位制取混凝土试件各一组,进行试验。

## 4 施工计划

### 4.1 施工进度计划

确定工程具体的开工日期和完工日期，根据施工工序制订施工进度计划，明确具体施工内容。

### 4.2 机械设备计划

主要施工机械设备包括挖掘机、自卸汽车、液压岩石破碎锤、推土机、装载机、凿岩机、张拉穿心式千斤顶、张拉油泵、砂轮切割机、试验检测仪器、潜孔钻机等。

### 4.3 劳动力计划

主要施工人员包括工班长、专职安全员、挖掘机驾驶员、自卸车驾驶员、推土机驾驶员、装载机驾驶员、钻机操作手、钢筋工、模板工、混凝土工等。

## 5 危险因素分析

### 5.1 危险源辨识

危险源辨识及防范措施见表 2-2.1。

**表 2-2.1 高边坡路堑工程危险源清单**

| 序号 | 作业内容 | 潜在事故类型 | 造成事故原因 | 防范措施 |
|---|---|---|---|---|
| 1 | 高边坡路堑工程施工 | 高处坠落 | 开挖危险地段无警示标、高处作业不符合规定 | 开挖高陡边坡、崩塌、落石和岩堆地段路堑，应先清理危石，修建拦截设施，并设警示标志和专人防护；高处作业应符合相关规定；清理危石、刷坡应自上而下进行，严禁上下重叠作业 |
| 2 | | 机械伤害 | 挖掘机作业不符合规定 | 起动后，挖斗内、管杆、履带和机棚上严禁站人；上下坡道的坡度不得超过机械自身允许坡度；作业时，最大开挖高度和深度不得超过机械本身性能的规定；在高陡工作面上挖掘夹有石块的土方时，应将较大的石块和杂物清除；严禁用挖斗碰砸悬空土石 |
| 3 | | 坍塌 | 开挖方法错误，路堑开挖未分段支护、及时支挡或重叠作业，特殊地段没有因地制宜采取措施，露天雨水长时湿润，未及时施作锚杆，长时间暴露 | 开挖应自上而下进行，严禁掏底开挖；路堑施工应分段分层开挖、支护；作业面应相互错开，严禁上下重叠作业；在岩石走向、倾向不利于边坡及施工安全的地段，应顺层或加固后开挖，并采取减弱施工振动的措施；注意开挖方法，及时排除不稳定部位，对特殊部位应加以支护，开挖完成后及时施工锚杆 |
| 4 | | 危石 | 松动危岩下违规作业、机具违规停放 | 严禁在松动危石下方作业；多人相邻挖土时，相互距离不得小于 3m，禁止面对面开挖作业；严禁在松动危石下方、滑坡体范围内停留和停放机具 |
| 5 | | 运输伤害 | 运输车辆超载或人料混载、挖掘机向运输车卸土时不符合规程 | 运输车辆不得超载，严禁人料混载；挖掘机向运输车辆卸土石时，应符合下列规定：<br>(1)应降低挖斗，减小卸落高度，防止偏载或砸坏车厢；<br>(2)挖斗回转范围内，严禁人员停留或通过 |
| 6 | | 爆破飞石 | 警戒线不到位、指挥失误，高边坡施工无防护措施 | 作业现场应有专门指挥人员，提示给操作人员，危石位置设置防护；对施工人员进行安全教育培训 |
| 7 | | 盲炮爆炸 | 操作不当，安全交底不到位 | 制定规章制度，加强安全教育培训，现场技术交底、安全防护，设置安全警示牌，现场施工过程监控 |

### 5.2 危险因素评估

评估方法选择、量化分值标准参见第一篇“5.1 危险因素分析”。

LEC 法危险因素评估计算结果见表 2-2.2。

**表 2-2.2 LEC 危险因素评估计算**

| 作业内容 | 事故类型 | 风险估测 | | | |
|---|---|---|---|---|---|
| | | 可能性 L | 暴露频率 E | 严重程度 C | 风险大小 D |
| 高边坡路堑工程施工 | 高处坠落 | 3 | 6 | 7 | 126 |
| | 机械伤害 | 1 | 6 | 3 | 18 |
| | 坍塌 | 6 | 6 | 15 | 540 |
| | 危石 | 6 | 6 | 3 | 108 |
| | 运输伤害 | 6 | 6 | 1 | 36 |
| | 爆破飞石 | 6 | 6 | 15 | 540 |
| | 盲炮爆炸 | 6 | 6 | 7 | 252 |

根据 LEC 危险因素评估计算结果表和 LEC 法评估结果分级,分值在 160 以上的属于重大危险源,因此高边坡路堑施工中的重大危险源为坍塌、爆破飞石和盲炮爆炸。

## 6 施工安全保障措施

### 6.1 组织保障措施

参见第二篇第一章“6.1 组织保障措施”。

### 6.2 技术保障措施

#### 6.2.1 高边坡开挖技术保障措施

(1)土方开挖应严格按照自上而下,先清除危石、滑坡体,后开挖的程序施工,严禁将坡面挖成反坡。

(2)滑坡地段的开挖应从滑坡体两侧向中间、自上而下分层开挖,严禁全面抽槽开挖,弃土不得堆在主滑区。施工中应有专人观察,严防塌方。

(3)在靠近其他建筑物边沿或电杆、电缆、电线、水管等附近开挖时,安排专人到现场监控、指导作业。

(4)对边坡上出现的断层、裂隙、破碎带等不良地质构造,要及时处理。

(5)高边坡在实施梯段开挖时,应在施工平台或马道上设置拦渣墙等防护措施。

(6)要严格按设计边坡坡度施工,削坡要随进度进行,严禁在形成较大高差后再削坡。

(7)削坡、危石挖掘人员必须掌握安全施工方法。严禁站在易滑坡落石块下方橇挖,严禁同一断面上下同时挖掘。挖掘作业应在白天进行。

(8)在开挖工作面的下方严禁人员、机械进入,除设有明显的安全警示外,还应派专人在现场监护。

(9)随着开挖高边坡的进行,一定要跟进形成边坡排水系统,防止施工用水、雨水及地下水的破坏,造成边坡失稳。做到边开挖边防护,禁止挖完第三层,再防护第一层。

(10)高边坡开挖现场周围及工作面的危险部位、出渣路口及可能遇到溶洞、地缝、地勘洞等情况,都应采取相应的安全措施,设置安全标志和必要的安全防护措施。需要设安全警戒哨卡的,必须确保班班落实到位。

(11)进入施工部位,必须给施工人员提供安全通道,上下爬梯应设扶手和防滑措施,较高爬梯中间应设休息平台,严禁违章攀爬。

(12)施工中要对边坡的稳定性进行严密监测,发现有异常变化,要立即报告处理。对风化危石要及时清除。

(13)进入工作面的临时机行道路,其宽度、坡度、转弯半径要满足规范要求,施工中对其有损坏时,要及时修整,要确保机械、运输车辆行走安全。

(14)在陡坡上修筑机行道时,必须保证机械的自身安全。如不能满足施工机械工作水平度,要先用人工整修,不得强行用机械作业。

(15)严禁在危险的边坡、峭壁处休息。严禁在高边坡下搭设临时设施、房屋。

### 6.2.2 边坡防护施工安全措施

(1)边坡防护作业,必须搭设牢固的脚手架。脚手架必须落地,严禁采用支挑悬空脚手架。

(2)砌石作业必须自上而下进行。片石改小,不得在脚手架上进行。护墙砌筑时,墙下严禁站人。抬运石块上架,跳板应牢固,并设防滑条。

(3)抹面、勾缝作业必须先上后下。严禁在坡面上行走,上下必须用爬梯,作业在脚手架上进行。架上作业时,架下不准有人操作或停留,不得上面砌筑、下面勾缝。

(4)边坡支护应紧跟开挖进度进行,以确保施工安全和边坡稳定。即挖完一层,必须进行相关防护后才能挖下一层。

(5)施工前,应认真检查支护作业区及周边边坡的稳定情况。排除危石及障碍物,确保在安全的状态下进行边坡支护施工。

(6)边坡支护应在工作平台、脚手架上进行,工作平台、脚手架搭设必须牢固,并确保满足作业操作或承重荷载要求,承重连接部位应采用双扣件。在临空面应设置安全防护栏杆。

(7)在工作平台、脚手架上进行打孔、安装锚索、锚杆和混凝土喷护等作业,要严格执行其操作规程和高空作业的各项安全规定。

(8)作业人员在进行混凝土喷护作业时,必须正确佩戴劳保用品。

(9)向锚杆孔注浆时,注浆罐内保持一定数量的砂浆,以防罐体放空,砂浆喷出伤人。注浆管前方严禁站人。

(10)预应力锚索张拉时,应在千斤顶伸长端设置警戒线,以防出现异常情况伤人。

(11)预应力锚索张拉时,孔口前方严禁站人。

(12)检验锚杆锚固力时,拉力计必须固定牢靠;拉拔锚杆时,拉力计前方或下方严禁站人;锚杆杆端一旦出现缩径,应及时卸荷。

### 6.2.3 施工机械安全措施

(1)进入高边坡部位施工的机械,必须全面检查其技术性能,确保安全运行。

(2)施工机械进入施工部位,必须检查行走路线,确认道路宽度、坡度、弯度、桥梁、涵洞等能满足安全条件后方可行进。

(3)施工机械工作时,严禁一切人员在回转半径内停留。配合机械作业进行清理、平整、修坡等人员,应在机械的回转半径外工作,如必须在回转半径内工作时,必须停止机械并制动好以后方可工作。机上机下人员随时取得联系。

(4)挖掘机工作位置要平坦,工作前履带要制动,回转时不得从汽车的驾驶室顶部通过,汽车未停稳不许装车。

(5)机械在靠近边坡作业时,距边沿应保持必要的安全距离,确保轮胎(履带)压在坚实的基础上。大型设备进入工作面,必须保证道路有足够的承载力。

(6)钻爆机械要确保扑尘装置完好,风管接头必须绑扎牢靠,严防脱管伤人。

(7)装载机行走时,驾驶室两侧和挖斗内严禁站人。

(8)推土机在开山辟路时,要严格将其工作水平度控制在规范的规定以内。下坡时,严禁空挡滑行,必要时可放下刀片作为辅助制动。

(9)运输车辆必须确保方向、制动、信号等安全可靠。装渣高度不得高出车厢,要防止行进中掉石伤人。

(10)喷射机、注浆器等带压力工作的设备,均安装压力表和安全阀,并确保其灵敏可靠。

(11)施工机械停止作业,必须停放在安全可靠、基础牢固的地方。斜坡上停车,必须用三角木等对车轮阻滑,严禁在大于15°的斜坡上停放,夜间有专人看管。

(12)施工设备要坚持班班检查,加强现场维护保养,严禁“带病”运行;禁止在斜坡上或危险地段进行设备的维修保养工作。

(13)机械运转中不得上、下人。施工机械(运输车辆)驾驶室内严禁超载,严禁人、物混载。

### 6.2.4 滚石防护措施

1)开挖工艺控制滚石措施

首先,对能机械挖掘的,在削坡段临高速公路边坡处,预留宽2~2.5m、高1m以上的岩土坎,作为路堑内侧机械开挖的防滚石保护坝,待路堑内侧下降3~4m,再根据机械开挖预留坝的安全状况来决定下一步开挖计划。

如果削坡段的高速边坡比较平缓的,可在安全员的监督下机械进行预留坝的削坡,削至比内侧路堑高半米左右时停止,进入下一个“预留坝、先内侧路堑、后削预留坝”的机械开挖循环。

如果削坡段的高速公路边坡坡率不大,可在临边堆上宽1m、高0.8m的泥土防护坝,优先考虑临边堆坝来防机械开挖产生的滚石。堆坝后,可在安全员的监督下机械进行预留坝的削坡,削至比内侧路堑高半米左右停止,进入下一个“预留坝、先内侧路堑、后削预留坝”的机械开挖循环。

其次,对机械削坡不具备防滚石条件及不能机械削坡的区域,必须考虑先在高速公路挡墙绿化带上搭设防护排架及设置防滚石缓冲坝后,才能考虑开挖。

2)滚石防护排架

滚石防护排架,主要针对路堑邻近高速公路边坡开挖部位,为确保开挖滚石安全,在××高速公路北侧边坡挡墙上的绿化带上沿高速公路北侧搭设。搭设要求:双层钢管排架,排架采用$\phi$50mm×5mm的无缝钢管,间距为0.8m,钢管底端通过$\phi$25mm锚杆与挡墙岩石固定,顶部用16mm钢丝绳将排架拉到既有高速公路北侧边坡上部的地锚上,防护架后方需设置钢管斜撑。水平方向每隔1m布设$\phi$50mm×5mm、长度为6m横杆钢管,立杆与横杆之间用套管连接,在排架两端及中间每隔24m布设剪刀撑,剪刀撑采用$\phi$50mm×5mm、长为4~6m钢管,每根剪刀撑连接3根斜杆,斜杆与地面的夹角为45°~65°,两层横向钢管间堆码宽约1.0m、高0.8m的沙土坝作滚石缓冲(如果场地宽度允许,可改在防护排架后面,靠近山体侧,用沙土包堆砌防滚石墙),以阻挡底部滚石滚入高速公路路面,防护架前后面各安装一层毛竹脚手片。排架搭设高度不低于6m、两端加长需大于防护区域各10m。防护排架示意见图2-2.3。设计的钢管排架要密实、坚固,要做到滚石、滑块冲不出、冲不倒,才能起到防护的作用。

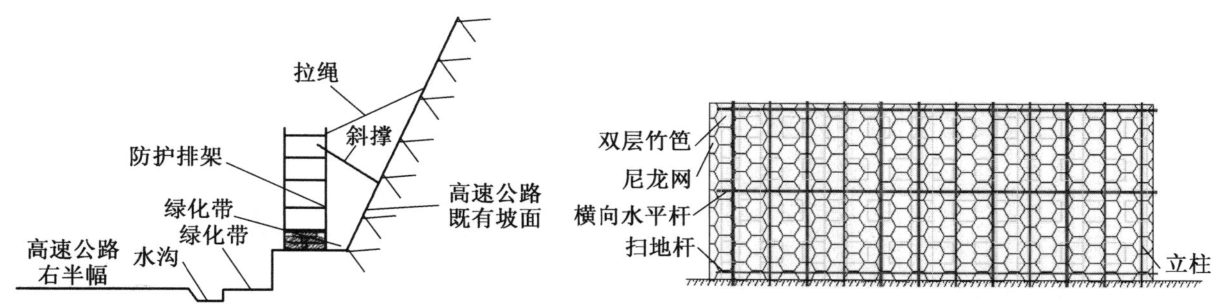


图2-2.3 防护排架示意图

3)其他防滚石措施

(1)滚落沟设置:由于××高速公路北侧场地有限,在不更改公路北侧断面结构的情况下,已无设置的可能,但在设立防护排架后,仍然可以利用高速公路挡墙下的绿化带及水沟来进一步预防滚石。

(2)按高速公路管理部门要求,在既有××高速公路北侧离施工地段一定距离处,设置施工防滚石警示牌,并限速,以最大限度确保既有××高速公路行车安全。如能同××高速公路管理部门协商,对铁路下湾山路堑施工地段对应的北侧半幅高速公路进行封道,南侧半幅高速公路改为双向车道并限速通行,虽对高速公路产生短暂影响较大,但可加快铁路路堑施工,从而可缩短对高速公路的影响总时间。

**6.2.5** 爆破飞石控制防护措施

(1)爆破时岩石的抛掷方向应力求避免朝向保护对象,将爆下的岩石控制在施工场地之内。

(2)炮孔用岩粉或黄泥填塞,保证孔口堵塞长度和加强堵塞质量。

(3)严格按设计和具体地质条件选择单位炸药消耗量和填塞长度,利用地形地质条件,避免炮孔布置在地质弱面或断层、裂隙上。

(4)爆破最小抵抗线方向应避开保护物。

(5)合理的起爆模式,每个炮孔都具备侧向自由面和延迟起爆时间。

(6)浅孔爆破应对爆体表面进行覆盖防护。

**6.2.6** 盲炮处理措施

(1)浅孔爆破时,经检查确认起爆网路完好时,可重新起爆。深孔爆破时爆破网路未受破坏,且最小抵抗线无变化者,可重新连线起爆;最小抵抗线有变化者,应校核安全距离,并加大警戒范围后,再连线起爆。

(2)浅孔盲炮,可打平行孔装药爆破,平行孔距盲炮不应小于0.3m。为确定平行炮孔的方向,可从盲炮孔口掏出部分填塞物。

(3)深孔盲炮,可在距盲炮孔口不少于10倍炮孔直径处另打平行孔装药起爆。爆破参数由爆破工程技术人员确定并经爆破负责人批准。

(4)可用木、竹或其他不产生火花的材料制成的工具,轻轻地将炮孔内填塞物掏出,扩大爆破警戒范围,用药包诱爆。

(5)可在安全地点外用远距离操纵的风水喷管吹出盲炮填塞物及炸药,但应采取措施回收雷管。

(6)盲炮应在当班处理,当班不能处理或未处理完毕,应将盲炮情况(盲炮数目、炮孔方向、装药数量和起爆药包位置,处理方法和处理意见)在现场交接清楚,由下一班继续处理。

**6.2.7** 锚杆(索)施工技术保障措施

(1)锚索施工前,完成其上各级边坡的开挖防护和危石松土的清理工作,确保施工正常进行。

(2)避免安排在雨季施工,无法避免时,开挖前必须做好地表和山顶的临时排水系统。

(3)加密勘察钻探,按照地质情况开挖断面并按设计坡率进行施工放线。

(4)为确保施工安全,坚硬岩石的边坡开挖做好防落石措施。

(5)路堑开挖时经常注意坡面的稳定,每天开工、收工前对坡面、坡顶附近进行检查,发现有裂缝和坍方的迹象时,立即处理。路堑开挖做到自上而下分层进行,严禁掏底开挖。

(6)凡进入现场的人员,均要服从值班员指挥,遵守各项安全生产管理制度,正确使用个人防护用品。操作人员必须佩戴安全帽,无安全帽者不得进入施工现场进行施工。禁止穿拖鞋、高跟鞋或光脚进入施工现场。

(7)抓好现场管理,搞好文明施工,经常保持现场管理整齐。要做到灯明、路平、无积水。易燃品仓库设专人防守,危险区要设有栏杆和标志,备齐消防器材,并能防盗。

(8)锚索加强与施工队的协调,在边坡坡脚处开挖拦石沟,并加设拦石网,并在施工安全区域内设立安全警戒隔离标志。防止边坡上下垂直操作,避免落石伤害。

(9)非作业人员不得进入锚索张拉作业区,张拉时千斤顶出力方向45°内严禁站人。

(10)采用预留保护层开挖并严格控制,避免对锚索框梁基础造成破坏。

(11)在作业台架上设立醒目的安全警示标志,并在四周设置安全护栏。施工期间对台架的支撑体系经常巡视,保证施工安全。

(12)锚索施工期间,注意对上下平台埋设的高边坡监测装置进行保护,保证监测数据采集的连续性,准确反映边坡变形规律,对潜在危险能及时预警。

(13)同一横断面的锚索的施工必须合理安排,避免上下垂直操作,产生危险。

(14)边坡开挖及修整产生的土石方,必须及时清运,或做拍实处理,并形成排水坡度,不得贴坡堆放,避免因暴雨形成泥石流。

### 6.3 监测监控措施

高边坡路堑施工要加强边坡稳定监测。检测数据应及时整理,对数据做到周期分析与相关分析,并根据分析结果及时预测坡体变形发展动态,及时上报上级单位进行处理。根据本路段边坡的特点,对所有高边坡采用地表变形监测。

#### 6.3.1 监测工作内容及方法

地表变形监测的主要内容有:边坡地表变形,观测裂缝发展情况。地表变形监测的工作方法为:采用全站仪监测各位移监测点的坐标、高程,利用直尺或游标卡尺等量测裂缝宽度变化情况。通过对比各次测量数据,监测边坡变形情况。

#### 6.3.2 监测点布设原则

监测断面一般选择在地质条件差,变形大,并有断层、裂隙、危岩体等可能潜在破坏的部位,或者边坡坡度陡、稳定性差的部位,或者在结构上有代表性的部位。布置断面时以监控边坡的整体稳定性为主,兼顾局部稳定性。根据坡高、坡长及岩土体情况,一个边坡可布置 1 ~ 5 个观测断面,每个断面布置多个测点,重点边坡则增加观测断面和测点数。

在高边坡路堑边坡范围内,从挖方边坡最高处开始设监测断面,并沿路线方向每隔 30 ~ 50m 间距向两侧均匀布置地表变形监测断面,于断面边坡坡口线外 2m 处埋设位移监测桩。开挖过程中,在对应边坡平台位置埋设位移监测桩,直至边坡坡脚。

地表变形监测点可根据边坡地层结构、变形现状及稳定状态,遵循"全面监测、突出重点"的原则在现场调整布设。位移的观测基点宜设置在相对稳定区域,施工过程中应注意保护位移监测桩,避免被施工机具破坏,影响观测结果。

#### 6.3.3 监测频率

地表变形的监测频率应与施工情况和降雨相联系,雨季和边坡开挖期间应加密监测。

地表变形监测测点埋设后即开始监测,一般监测过程持续至边坡加固完成 6 个月或经历 1 ~2 个雨季后,3 个月无明显位移即可结束。在此期间的监测频率建议按照表 2-2.3 控制。

**表 2-2.3 边坡监测频率表**

| 阶段 | 时间 | 次数 | 备注 |
|---|---|---|---|
| 仪器安装后 | — | 2 ~3 | 如遇坡体发生破坏、监测数据发生异常等特殊情况,适当加密监测次数 |
| 边坡开挖期及雨季 | 1 周 | 1 | |
| 旱季和少雨季节 | 1 月 | 2 | |
| 暴雨期或雨后数天内 | 1 天 | 1 | |

每个监测项目的监测周期宜与施工和降雨量相适应,雨季、边坡开挖或已出现变形破坏时应加密观测。边坡每开挖一级时,至少应观测 1 次。连续 3d 降雨量大于 50mm/d 时,应连续观测 2 ~3 次,间隔时间不大于 2d。

监测数据应及时整理,监测结果用于指导施工。

#### 6.3.4 预警标准

(1)位移控制:边坡开挖后位移不收敛,持续增长。

(2)坡面裂缝控制,裂缝是边坡变形的结果,坡面裂缝张开或下错严重。

在实际监测的过程中如果出现有上述一点或几点现象时,都应引起注意,结合地质资料综合分析,进一步论证边坡的稳定性,以便及早发现安全隐患,进行预测预警,采取相应的补救措施。

**6.3.5** 资料整理要求

监测资料应及时分析，当天测试数据当天分析，及时发现问题及时补救，监测成果将以周报、月报、年报、总结报告提交，紧急情况下提交监测警报。整编成果应考证清楚、项目齐全、数据可靠、方法合适、图表完整、说明完备。报告主要内容包括：监测工作概述；地表位移（含裂缝）观测图表；监测分析与结论；措施建议。

**6.3.6** 监测措施预案

在监测期间，如发现超过边坡预警管理标准，及时提出监测警报，当天向驻地监理、总监办、总包工程部、咨询单位报警；如时间紧迫，报警可以先电话通知，随后书面通知。除提交完备监测成果外，将与业主、设计、监理及咨询单位一起开展应急预案，提出应急对策方案，协助各单位完成应急抢险工作，最大限度降低损失。

## 7 应急预案

参见第二篇第一章“7 应急预案”。

# 第三节 示例点评

本示例概述了高边坡路堑开挖及防护的施工方法及要求，方案中应明确边坡坡比、光面爆破的控制措施。

边坡爆破开挖作业前应按《爆破安全规程》相关规定办理安全评估及相关审批手续。

路堑爆破开挖前必须进行试爆。钻孔施工时，若发现节理、层理破碎带发育等特殊地质构造，应积极采取措施，会同监理等有关单位人员进行讨论，调整钻孔位置、爆破参数等。

# 第三章　桩板墙工程专项施工方案

## 第一节　编制要求

### 1　适用范围

桩板墙支挡防护工程。

### 2　工程重难点

桩板墙施工一般采用人工挖孔,竖直向下作业,孔内缺氧、易出现有毒气体,防止桩孔护壁坍塌和防止中毒缺氧是工程重难点。

### 3　内容要点

(1)危险因素分析中重点评估桩孔开挖过程坍塌和中毒缺氧的风险。

(2)施工方法及工艺中重点阐述开挖护壁、降排水、钢筋混凝土浇筑、挡土板预制安装、墙后回填的施工方法和施工要求。

(3)安全保障措施中重点阐述防坍塌和防止中毒缺氧技术保障措施。

## 第二节　工程示例

### 1　工程概况

××铁路××段左侧 20~70m 山体坡脚处因当地乱采乱挖取土表层土体已发生了溜塌,如在降雨、人工扰动等工况下可能会再次失稳溜塌。右侧路堑设 C35 钢筋混凝土人工挖孔桩,桩中心间距 5.0m,桩截面尺寸为 2.0m×2.5m,共设 14 根桩分两种桩型:Ⅰ型桩桩长 16~18m,悬臂段 8~10m,锚固段 8m;Ⅱ型桩桩长 19~20m,悬臂段 9~10m,锚固段 10m。相邻桩间悬臂端使用 C40 钢筋混凝土槽形预制挡板,共计 242 块,挡板尺寸(高×厚×长)为 0.5m×0.3m×3.4m。挡土板侧沟平台以上部分设 0.3m 厚通长土工织物袋装砂夹卵石反滤层,反滤层底部外不少于 0.2m 宽度至桩背范围内设置 0.3m 厚 M7.5 浆砌片石找平层。

### 2　编制依据

参见第一篇“3 主要编制依据”。

### 3　施工方法及工艺

#### 3.1　施工工艺流程

桩板墙施工工艺流程如图 2-3.1 所示。

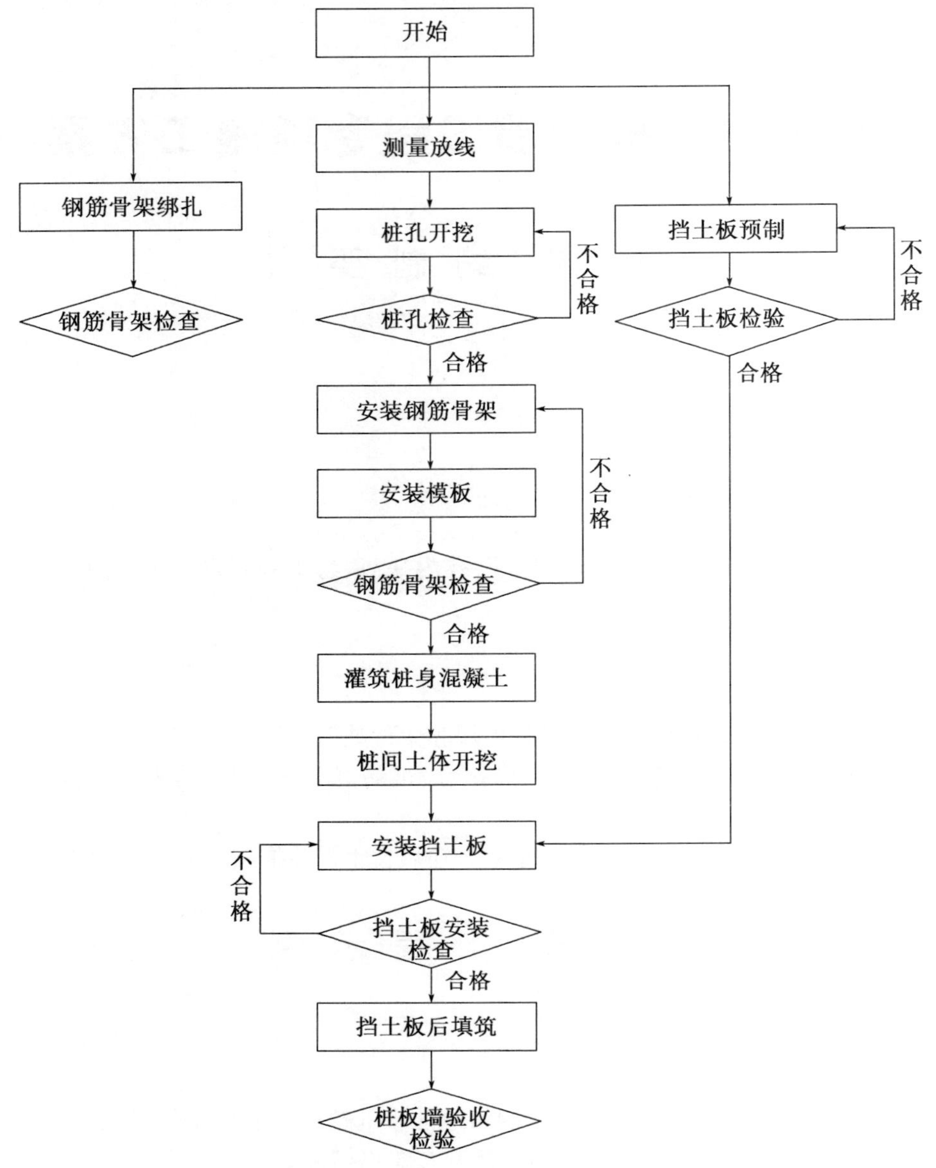


图 2-3.1　桩板墙施工工艺流程图

## 3.2　施工方法

### 3.2.1　测量放线

(1)复测定线:恢复中心线,定出桩柱的基线桩,准确定出挡墙位置和高程。

(2)测定孔位:用仪器测出各个桩孔的位置,并设置孔位方向桩,以便校核。

### 3.2.2　柱孔开挖

(1)桩孔开挖

应在路堑开挖到桩顶高程后进行。开挖桩孔应从上到下逐层进行,开口时先挖四周土方,留住中部中心桩部分,用以校核锁口模板。待锁口施工完成后开挖下节时再挖掉中心部位,然后由测量技术人员将中心桩十字线引到锁口混凝土面上,以此控制开挖中心位置,方可逐节下挖。每节的高度应根据土质好坏、操作条件而定,一般以 1.0m 为宜。

(2)锁口施工

井口上部 1.2m 范围为锁口,开挖深度达到 1m 时立即施作锁口。锁口高出地面 0.2m,采用 C20 钢筋混凝土。施作前先由测量技术人员复核桩位,然后支护模板,模板要支护稳定,在内部进行支撑。安装完钢筋后报验监理工程师,验收合格后浇筑混凝土。桩顶处横坡较陡时,锁口顶面可顺地形做成斜面。

(3)桩身掘进

采用边开挖边支护的方法,每节的高度应根据土质好坏、操作条件而定,一般每节挖1m,灌筑一节混凝土护壁。护壁混凝土应紧贴围岩浇筑,浇筑前应清除孔壁上的松动石块、浮土。开挖下一节应在上一节护壁混凝土拆模后进行。为减轻开挖时对井壁的震动,宜采用水磨钻开挖为主,局部可配合风镐。开挖时应先挖中间,后开挖井壁四周,且须采取跳桩开挖方式进行桩身开挖。

(4)出渣

井内采用人工出渣,使用井架作提升设备,使用$\phi$50cm、高60cm的铁桶作为出渣桶,每次出渣数量不得高于桶深的2/3。井架配置紧急制动装置,防止溜绳。

(5)护壁支撑

为保证桩井开挖的施工安全,每开挖一节,在四周井壁立模灌筑一节钢筋混凝土,形成矩形框架保护井壁,禁止在土石层变化和滑动面处分节。护壁混凝土的灌筑可利用串筒将混凝土送入井下,也可用料斗通过提升设备将混凝土送入井下,每节最后收口时要在四周模板顶部留一缺口,进行封闭处理。上下节护壁的搭接长度不得小于50mm,每节护壁均应在当日连续施工完毕。

(6)井内排水、通风、照明

桩孔挖至10m以下后,为改善井下的施工环境,在井口应设通风设施。一般是在井口设一台5.5~11kW轴流式通风机,通过胶管向井下送风。当桩井挖至有水时,采用离心泵或多级泵抽水。

每日开工前必须检测井下的有毒、有害气体,并进行通风,当桩孔开挖深度超过5m或遇有黑色土、深色土时,应有专门向井下送风的设备进行强制通风,作业前强制通风不得少于30min,作业中每隔2h进行一次强制通风。

### 3.2.3 制作安放钢筋骨架

(1)铺底清孔

为减少井内渗水,保持清洁,用与混凝土同级的砂浆铺底,厚10~20cm。

(2)制作钢筋笼

每节钢筋笼按施工图尺寸及配筋,在井口利用箍筋作框架先将四角的主筋固定,再进行其他钢筋的焊接、绑扎成笼,在同一截面上钢筋的接头的截面积不得超出50%。

(3)安放及固定

一般每节钢筋笼长5~7m,利用井架上的提升设备或吊机将钢筋下放,在井下进行安装作业。钢筋笼安装完成后,其与护壁的间距应以混凝土垫块楔紧。

### 3.2.4 桩身立模

(1)上部桩身柱体模板可以根据施工图在施工现场制作,采用竹胶板作为外露面及耳墙模板,要保证表面平整、光滑,形状、尺寸正确,有足够的强度和刚度。

(2)待钢筋绑扎后,柱基清理干净,依次立竖挡、横挡及斜撑,在顶部用线锤吊直,拉线找平,撑牢钉实。

(3)为便于拆模和混凝土表面整洁光滑,应在模板上涂刷隔离剂。外露面混凝土模板应使用同一品种的隔离剂。隔离剂不得使用废机油等油料,以免黏附于混凝土表面,影响柱体的美观。

(4)根据施工图或工艺设计要求在桩身地面以上部位预埋铁件或设置牛腿,以便安装挡土板。模板安装完毕后,应对其平面位置、顶部高度、节点联系及稳定性进行检查,检查合格方可灌筑混凝土。

(5)灌筑时,发现模板漏浆或有超过允许偏差变形值时,应及时加固纠正。

### 3.2.5 灌筑桩身混凝土

(1)灌筑混凝土前,应全面地进行复查,确认模板内的杂物、积水已清理干净。

(2)灌筑混凝土时,宜使用输送泵,利用串筒输送混凝土到井下,用插入式振动棒进行捣固,串筒出口距离混凝土面不得大于2.0m。与箍筋上穿设带孔混凝土定位块,按设计要求留够保护层,防止钢筋与井壁(模板)相贴。每一处振动完毕后,应边振动边徐徐提出振动棒,应避免振动棒碰撞模板、钢筋及其他预埋件。桩身混凝土应一次灌筑成型,避免出现水平施工缝。

(3)桩基施工完成后对桩基完整性进行检测,桩基经检测合格后,方可进行挡土板安装。

**3.2.6** 挡土板预制

(1)挡土板由小型预制构件加工场统一预制,要求板体长度允许偏差 -5 ~ +10mm,板对角线允许偏差10mm,横截面尺寸误差允许偏差 ±5mm,侧向弯曲允许偏差 0.4mm,表面平整度允许偏差 5mm。混凝土结构表面应密实平整、颜色均匀,不得有露筋、蜂窝、孔洞、疏松、麻面和缺棱断角等缺陷。A、B 型板在施工现场进行预制,为保证混凝土表观质量,采用 5cm 厚的光滑覆膜板制作。预制挡土板时预留好吊装孔。

(2)挡土板内混凝土振捣时,必须采取有效措施严格控制钢筋的设计位置,避免钢筋上爬、侧移而影响其承载力。

(3)钢筋混凝土挡土板采用翻转脱模时,混凝土的强度必须达到 70% 以上才能翻身搬运。

(4)挡板混凝土养护必须及时,且养护时间不得少于 7d。

**3.2.7** 挡土板安装

(1)必须待桩身混凝土强度达到设计强度的 75% 后方可开挖桩前岩土,进行挡土板施工。开挖完成后,清除桩体表面浮土,人工破除混凝土护壁外露面和挡土板安装处混凝土,禁止用挖掘机直接挖除。

(2)挡土板应按照设计型号进行安装。采用人工配合吊车进行安装,由吊车吊起人工进行就位指挥,挡土板运输、吊装时应布置好合理的支点和吊点,避免强烈震动与摔打,防止挡土板或桩身挡板卡槽受损。吊装第一块挡土板时,板下要清除松散土体,并进行夯实,必要时换填碎石,采用 0.2m 厚 C20 混凝土找平。

(3)挡土板施工时应严格控制垂直度,并使挡土板外露面平整。

(4)待桩前挡土板全部施工结束后,进行桩身及桩身与挡土板连接处封闭混凝土灌筑,应保证挡土板与桩身的连接密贴,外观整齐如一。

桩间板就位示意如图 2-3.2、图 2-3.3 所示。

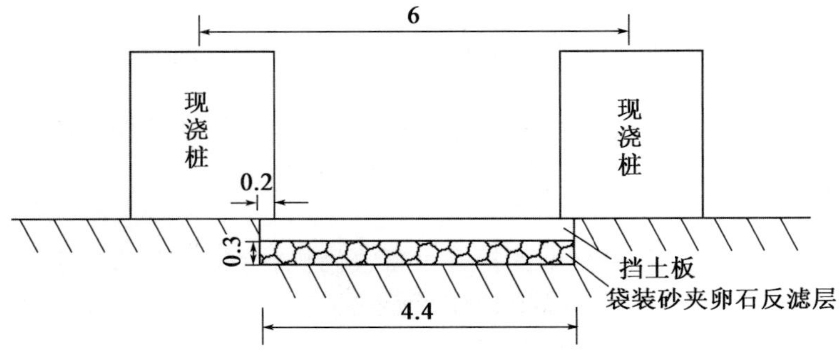


**图 2-3.2 挡土板安装平面图**(尺寸单位:m)

**3.2.8** 墙后填筑

(1)墙后填筑和反滤层应在桩身强度达到设计要求后方可施作。填料的质量及密实度满足设计要求。

(2)挡土板侧沟平台以上部分设 0.3m 厚通长土工织物袋装砂夹卵石反滤层,反滤层底部外不少于 0.2m 宽度至桩背范围内设置 0.3m 厚 M7.5 浆砌片石找平层。

## 4 施工计划

### 4.1 施工进度计划

确定工程具体的开工日期和完工日期,根据施工工序制订施工进度计划,明确具体施工内容。

### 4.2 机械设备计划

主要施工机械设备包括挖掘机、自卸汽车、液压岩石破碎锤、装载机、水磨钻、空压机、插入式振动器、卷扬机、水泵、电焊机、风机、风镐等。

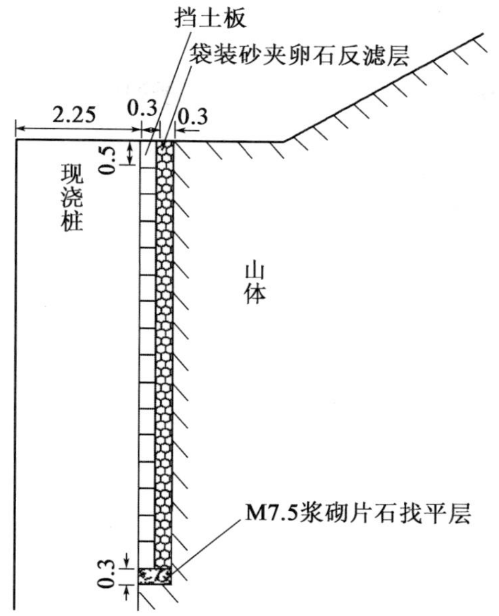


图 2-3.3　挡土板安装立面图(尺寸单位:m)

### 4.3　劳动力计划

主要施工人员包括工班长、专职安全员、挖掘机驾驶员、自卸车驾驶员、装载机驾驶员、钻机操作手、钢筋工、模板工、电焊工、混凝土工等。

## 5　危险因素分析

### 5.1　危险源辨识

危险源辨识及防范措施见表 2-3.1。

表 2-3.1　桩板墙工程危险源清单

| 序号 | 作业内容 | 潜在事故类型 | 造成事故原因 | 防 范 措 施 |
|---|---|---|---|---|
| 1 | 桩板墙工程施工 | 机械伤害 | 作业场地承载力不足、机械移位不符合规程且未做相应检查;吊装作业不规范 | 机械进场前,应对作业场地进行平实,其承载力应满足机械作业要求;机械移位时应根据行走装置的操作规程,由专人指挥,协调行动,防止机械倾覆;移位后应再次对机械各部位进行检查;按规范要求进行吊装 |
| 2 | | 物体打击 | 操作行为不当,高边坡施工无防护措施 | 尽量避开上下垂直作业,当边坡作业面下方有人、车通过时,应当放慢作业速度,必要时现场应有专门指挥人员,在边界位置设置防护隔离带;对施工人员进行安全教育培训 |
| 3 | | 坍塌 | 操作不当,高边坡施工无防护措施,恶劣天气下作业 | 注意开挖方法,及时排除不稳定部位,对特殊部位应加以支护,正确得当操作机械;恶劣天气及时停止作业 |
| 4 | | 高处坠落 | 临边防护措施不到位 | 作业人员应注意力集中,不随便在边缘处走动,对不稳定的部位及时排除;对施工人员进行安全教育培训 |
| 5 | | 基坑失稳 | 深孔突然涌水,流沙淹没操作人员或未按设计要求做护壁而发生坍塌事故 | 严禁不按设计要求不做混凝土护壁,严禁采用挖地道的挖法;井下作业人员在作业过程中,应随时注意井内的各种变化情况,如地下水、流沙、流泥、塌方、井圈护壁变形、有害气体、不明物等,发现问题及时回到井上报告项目管理负责人员采取措施处理解决 |

续上表

| 序号 | 作业内容 | 潜在事故类型 | 造成事故原因 | 防范措施 |
| --- | --- | --- | --- | --- |
| 6 | 桩板墙工程施工 | 中毒缺氧 | 孔桩内操作人员被井底下有害气体中毒昏迷甚至死亡而发生的窒息中毒 | 每日开工前检测井下有无危害气体和不安全因素，桩孔开挖过程中，应经常检测井孔内有无毒害气体，是否产生缺氧现象；坚持井下作业排风抽水先行，施工中应不断向孔内输送足够的新鲜空气，必要时抽、送同时进行；地面还需常备氧气瓶等急救设备，并且配备相应的有一定窒息中毒抢救知识的专业人员在现场按应急救援措施实施救援和抢救，根据情况及时送医院进一步抢救治疗，并根据事故调查处理相关规定报相关部门 |

### 5.2 危险因素评估

评估方法选择、量化分值标准参见第一篇“6.1 危险因素分析”。

LEC 法危险因素评估计算结果见表 2-3.2。

**表 2-3.2 LEC 危险因素评估计算**

| 作业内容 | 事故类型 | 风险估测 | | | |
| --- | --- | --- | --- | --- | --- |
| | | 可能性 L | 暴露频率 E | 严重程度 C | 风险大小 D |
| 桩板墙工程施工 | 机械伤害 | 1 | 6 | 7 | 42 |
| | 物体打击 | 3 | 6 | 3 | 54 |
| | 坍塌 | 6 | 6 | 15 | 540 |
| | 高处坠落 | 3 | 6 | 7 | 126 |
| | 基坑失稳 | 1 | 10 | 13 | 130 |
| | 中毒缺氧 | 6 | 6 | 7 | 252 |

根据 LEC 危险因素评估计算结果表和 LEC 法评估结果分级，分值在 160 以上的属于重大危险源，因此桩板墙工程中的重大危险源为坍塌、中毒缺氧等。

## 6 施工安全保障措施

### 6.1 组织保障措施

参见第二篇第一章“6.1 组织保障措施”。

### 6.2 技术保障措施

#### 6.2.1 防坍塌安全保障措施

(1)预防土方坍塌的安全措施

①土方开挖前要做好排水处理，防止地表水、施工用水和生活废水浸入施工现场或冲刷边坡。下大雨时，应暂停施工。

②桩身开挖应从上而下逐层挖掘，且相隔 2 根桩开挖。

③挖土时要随时注意土壁变动的情况，如发现有裂纹或部分塌落现象，要及时进行支撑或改缓放坡，并应注意支撑的稳定和边坡的变化。夜间土方施工时，应有足够的照明。

④坑(槽)沟边 1.5m 以内不得堆土、堆料、停置机具。坑(槽)沟边与建筑物、构筑物的距离不得小于 1.5m，特殊情况时，必须采取有效技术措施，报请领导同意后方准施工。

(2)模板防止坍塌安全技术措施

①基础及地下工程模板安装。

应先检查基坑土壁边坡的稳定情况，发现有塌方的危险时，必须采取加固措施确保安全后，方可进行模板作业。操作人员上下坑(槽)时,应设置坡道或爬梯。坑(槽)上口边缘1.5m以内不得堆土、堆物或停放机械。向坑(槽)内运送模板,工人应使用溜槽或绳索,不得向下投掷,运送时应有专人指挥,上下呼应。模板支撑支在护壁上时,应在支点处加垫板,以免支撑不牢或造成护壁坍塌。采用起重机械吊运模板等材料时,被吊的模板构件和材料应捆牢,起落应听从指挥,被吊重物下方回转半径内禁止人员停留。分层分段的柱基支模,应在下层模板校正并支撑牢固后,再进行上一层模板的支搭工作。

②在模板施工过程中,应选用符合材质规定的材料做立柱,支撑立柱基础应牢固,下铺通长大板,严禁垫砖,严格控制模板支撑系统的沉降量。

③在施工过程中,模板上应均匀堆放物料,严禁集中堆放。

④拆模施工前,必须向拆模人员进行交底,拆除过程中,有专人指挥,并在下面划出作业区,严禁非操作人员进入或通过。拆除模板一般采用长撬棍。作业人员不得站立在被拆除的模板上。已拆除的模板、拉杆、支撑等应采用边拆、边运、边码垛。拆模间隙时,应将已松动模板、拉杆、支撑等拆除或固定牢固,防止自行塌落伤人。

⑤遇六级以上大风时,应暂时停止室外的高处作业。模板上有水、木屑等杂物时应先清扫干净后再进行登高作业,以防高处坠落。

(3)临时围挡防止坍塌措施

临时围挡应采取加固措施,禁止在施工围挡墙体上方或紧靠施工围挡架设广告或宣传标牌,施工围挡外侧应有禁止人群停留、聚集和堆砌土方、货物等的警示。

#### 6.2.2 防中毒缺氧保障措施

为了预防有害气体导致中毒和孔内缺氧导致窒息以及桩孔内产生爆炸气体而意外引起爆炸,每天下井开挖前及开挖过程中,必须使用气体测试仪器定期进行孔井内气体抽样。

凡一次检测发现有害气体含量超过允许值时,应立即进行换气充氧;凡发现井孔内氧气含量达不到要求时,应立即进行除毒措施,重新检测达到要求后,方可恢复作业。凡发现井孔内爆炸气体含量超过允许值时,应立即停止作业,并杜绝附近火源,避免一切金属物体碰撞摩擦,将井内人员迅速转移到地面后,进行排气和换气冲氧,重新检测合格后,方可恢复井内作业。

### 6.3 监测监控措施

参见第二篇第二章“6.3 监测监控措施”。

## 7 应急预案

应急救援组织机构及职责、应急救援流程参见第二篇第一章“7 应急预案”。

开挖桩井时,难免会遇到不良地质、滑动面等情况,有时井壁一侧或多处发生坍塌。针对此种情况,应立即停止开挖,尽快把坍塌的土、石清理干净,采用浆砌片石填筑,再进行护壁施工,灌筑与护壁同等级的砂浆把片石内的空隙、空洞塞满,使护壁和开挖面结合成一整体。

## 8 计算书

### 8.1 垂直运输设备安全验算

(1)钢丝绳的受力计算

根据作业队施工工作实际及吊桶承载力,吊桶出土的允许最大质量为400kg(含水分质量),采用规格为18×7、直径为8mm的软钢丝绳作业。

钢丝绳的破断拉力可由相关表格查出,考虑钢丝绳捻制使每根钢丝受力不均匀,整根钢丝绳的破断拉力应按下式计算:

$$S_P = \Psi \sum S_i$$

式中：$S_P$——钢丝绳的破断拉力（kN）；

$\sum S_i$——钢丝丝绳规格表中提供的钢丝破断拉力的总和（kN）；

$\Psi$——钢丝捻制不均折减系数，对规格 18×7 绳，$\Psi=0.85$。

经查表，规格 18×7、直径 8mm 钢丝绳的破断拉力总和 32900N。

$$S_P=32900\times0.85=27965(\text{kN})$$

为了保证起重作业的安全，确保钢丝绳在使用过程中不断裂，一般钢丝绳应在破断拉力的基础上取一个安全系数。根据相关标准要求，当钢丝绳用于起重作业时，安全系数取 5～6。

所以 $S_{P现实}=S_P/(5\sim6)=5593\sim4661\text{kN}$。

而实际工作中，钢丝绳起重的最大重量为 3000N，远小于钢丝绳的破断拉力，所以在实际操作中，不会发生断丝而引发高处坠落事故。

（2）卷扬机的抗倾覆力验算

为了保障抗滑桩施工中卷扬机不发生倾覆事故，在实际操作中我们采取用土包配重的方法保持卷扬机两端平衡。

在实际操作中，卷扬机通过定滑轮改变方向从桩孔中提升渣土。根据现场实际情况及能量守恒原理，卷扬机的受力情况即为实际质量（400kg）。为了保障卷扬机在使用过程中不发生倾覆，根据实际情况取 1.5 的保障系数，实际配重为：

$$400\times1.5=600(\text{kg})$$

所以，在实际操作中，只要配重 600kg（卷扬机自重忽略不计）卷扬机就不会发生倾覆事故。

## 8.2 桩孔通风安全验算

根据桩孔风量需要，主要取以下 3 个变量：人数呼吸空气量 $Q_人$、机械运转需风量 $Q_{机械}$、摩擦阻力等造成的风量损失 $Q_损$，故总需风量 $Q_总=Q_人+Q_{机械}+Q_损$。

因风管内很少有障碍物，摩擦阻力忽略不计。

根据（路桥计算手册）查得：

$$Q_人=k\cdot m\cdot q$$

式中：$k$——风量备用系数，取 1.1～1.2；

$m$——孔内同时施工最多人数 2；

$q$——孔内每人每分需要空气量 0.5L。

$$\begin{aligned}Q_人&=k\cdot m\cdot q\\&=1.1\times2\times0.5=0.001(\text{m}^3)\end{aligned}$$

$$\begin{aligned}Q_{机械}&=n_t\cdot N\\&=200\times0.8=160(\text{m}^3)\end{aligned}$$

式中：$n_t$——洞内机械作业总功率，取 200kW；

$N$——洞内机械每千米所需风量，取 $0.8\text{m}^3$。

经路桥计算手册查得 1500m、直径 1.2m 胶皮风管漏风系数 $P=2.5\sim3$。

经查资料查得 110kW 轴流风机每分钟供风量为 $5700\sim6400\text{m}^3$。

取 $Q_供=6300\text{mm}^3/\text{min}$，得：

$$\begin{aligned}Q_总&=Q_人+Q_{机械}\\&=0.001\times20+160\times20=3200(\text{m}^3)\end{aligned}$$

最多同时施工 5 根抗滑桩，$Q_{供总}=3200\times5=16000(\text{m}^3)$；即 20min 内风机可提供风量 $Q_供=6300\times20=126000(\text{m}^3)$；风管都按新风管计算漏风系数取 3，即 $Q_{实供}=126000/3=42000(\text{m}^3)$；经过上述计算，$Q_{实供}$ 大于 $Q_{供总}$，所以设一台风机能够满足现场需求。

## 第三节 示例点评

本示例概述了桩板墙工程中桩孔开挖、桩身浇筑、挡土板制安的施工方法及要求，方案中要明确抗滑桩成桩后必须进行检测，桩身混凝土浇筑必须一次成型，严禁留施工缝。若桩身采用机械成孔，应补充机械开挖的施工方法及相关安全保障措施。若人工挖孔采用爆破作业，应补充爆破开挖的施工方法及相关安全保障措施。

挡土板的预制宜采用定型模板，墙后填筑应明确施工工艺和机具，防止对桩板墙结构造成破坏。

# 第三篇

# 桥 梁 工 程

# 第一章　围堰工程专项施工方案

## 第一节　编制要求

### 1　适用范围

适用于水深15m以下的钢管桩围堰工程。

### 2　工程重难点

（1）围堰结构平面布置及围堰结构强度、刚度、稳定性计算，封底混凝土厚度的计算，围堰的抗浮及抗倾覆计算等为围堰设计的重难点。

（2）围堰止水效果好坏直接影响作业人员安全、施工效率和围堰稳定，是施工的重点。

（3）围堰封底混凝土的厚度及质量是封底混凝土能否抵抗浮力以及后续工序能否正常施工的关键，因此其施工质量控制是本工程重点。

### 3　内容要点

（1）危险因素分析中重点评估围堰结构失稳和安装拆除未按照方案执行导致坍塌的风险。

（2）施工方法及工艺中重点阐述钢管桩的插打、围檩及内支撑的安装、围堰封底、围堰止水、围堰拆除等重要工序。

（3）安全保障措施中重点阐述围堰吊装、插打、围檩内支撑安装及水上作业相关保障措施。

（4）应急预案应重点阐述围堰坍塌事故及淹溺事故的现场处置措施。

（5）计算重点包括封底混凝土厚度，不同工况下钢管桩、围檩、内支撑强度、刚度和稳定性的计算。

## 第二节　工程示例

### 1　工程概况

#### 1.承台概况

××墩承台为面积最大、埋深最深的主墩承台，××墩承台基础为22根直径为2.0m的钻孔桩，桩基设计长度79m，承台设计为双层结构，下层设计为对称八边形结构，设计厚度4.0m，外部轮廓尺寸顺桥向为19.1m，横桥向为28.2m，倒角为3.33m×5.72m（图3-1.1）。上层为矩形结构，设计厚度3.0m，顺桥向为11.6m，横桥向为15.9m。承台顶面高程为－4.845m，承台底面高程为－11.845m。××墩承台施工采用锁扣钢管桩围堰，侧板钢管桩采用$\phi$820×14mm螺旋钢管，锁扣桩间距0.976m，钢管桩长度为42m，平面尺寸22.6m×30.4m。钢管桩锁扣采用C-O型，C型阴锁扣采用$\phi$152×8mm钢管，开口宽度60mm，O型阳锁扣采用$\phi$133×4.5mm钢管。

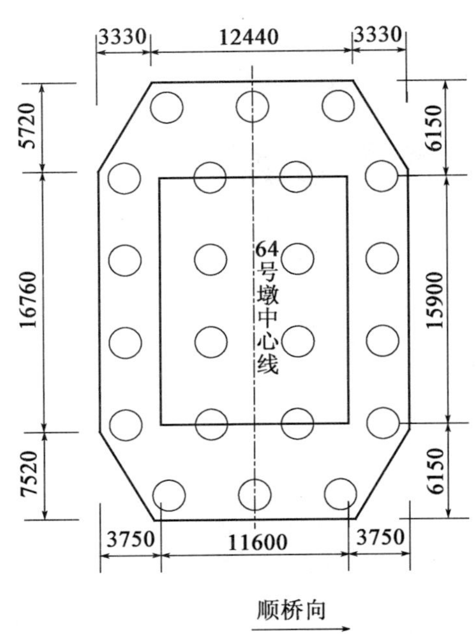


图 3-1.1 ××墩承台结构图
（尺寸单位：mm）

## 1.2 水文地质气候特征

（1）水文特征

××处跨越××江，线路与水流方向右前角为 82°，××江流域面积 1609.4km$^2$，桥位处设计流量 $Q_{1/100}$ = 17373m$^3$/s，百年一遇水位 $H_{1/100}$ = 6.67m，二十年一遇水位 $H_{1/20}$ = 4.01m，常水位 $H$ = 3.4m，设计流速 $V$ = 2.3m/s，最大潮水位 $H$ = 7.33m。

（2）地质特征

承台设计为埋置式承台，承台全部位于⑦$_{61}$淤泥质粉质黏土层中，承台位置河床面高程为 -6.5m。淤泥质粉质黏土参数如表 3-1.1 所示。

（3）气候特征

桥址属亚热带季风气候区，具有温暖潮湿，雨量充沛，四季分明的气候特征，为温暖地区。多年平均气温 16.4～18.3℃；极端最高气温为 40.2～42.0℃，极端最低气温为 -13.1～-6.9℃；冬季寒冷而干燥，夏季炎热而多雨，常有台风袭击，经统计 7～9 月为台风季节，近 10 年（2006—2015 年）影响台州的台风年平均个数为 4.4 个，年平均影响天数 14.7 天；年平均风速 1.3～1.6m/s。桥址位置临海市十年一遇风速为 33.5m/s。

表 3-1.1 ××墩土层地质参数表

| 土层 | 天然重度 $r$（kN/m$^3$） | 内摩擦角（°） | 黏聚力（kPa） | 土层厚度（m） |
|---|---|---|---|---|
| ⑦$_{61}$淤泥质粉质黏土 | 17.0 | 7.0 | 3.6 | 29.99 |

# 2 编制依据

参照第一篇“3 主要编制依据”。

# 3 施工方法及工艺

## 3.1 施工工艺流程

钻孔桩施工完成→拆除钻孔平台→钢护筒第一次切割→钢护筒上安装下面两层牛腿及支撑梁→拼装第四层内支撑圈梁并下放至下层支撑梁上→拼装第三层内支撑圈梁并与第四层内支撑圈梁可靠连接→第三、四层内支撑圈梁一起下放直至第三层内支撑圈梁落于下层支撑梁上→拼装第二层内支撑圈并与第三层内支撑圈梁可靠连接→第二、三、四层内支撑圈梁一起下放直至第二层内支撑圈梁落于下层支撑梁上→安装顶层牛腿和支撑梁→拼装第一层内支撑圈梁→由上游至下游依次插打钢管桩围堰→围堰内吸泥至封底混凝土底高程→水下封底及养生→围堰内抽水从上至下依次安装圈梁支撑装置→拆除钢护筒上牛腿及支撑梁→按设计要求割除钢护筒→施工第一层 4m 高承台并养生→承台四周填砂 3.5m 并压实→施工第一层 0.5m 厚混凝土圈梁并养生→拆除第四层内支撑及其与第三层内支撑的连接装置→施工第二层 3.0m 高承台并养生→承台四周填砂 2.5m 并压实→施工第二层 0.5m 厚混凝土圈梁并养生→拆除第二、三层内支撑及其之间的连接装置→施工第一节墩身→拆除剩余钢管桩围堰。

## 3.2 施工方法

### 3.2.1 钢管桩围堰的布置

××墩承台施工采用锁扣钢管桩围堰，侧板钢管桩采用 $\phi$820×14mm 螺旋钢管，钢管桩长度为

42m，平面尺寸 22.6×30.4m。钢管桩锁扣采用 C-O 型，C 型阴锁扣采用 $\phi$152×8mm 钢管，开口宽度 60mm，O 型阳锁扣采用 $\phi$133×4.5mm 钢管。钢管桩围堰设计水位按 20 年一遇水位加 1.5m 计算（经向当地海事部门咨询此高程在施工期间满足要求），围堰顶面高程取 +5.51m，围堰底高程为 −36.49m。钢管桩及内支撑材料全部采用 Q235B 钢材。根据围堰结构和水文地质资料，围堰设计四层内支撑如下：

第一层内支撑设置在高程 +4.01m 位置，圈梁采用 2HW588 型钢，圈梁内支撑采用 $\phi$630×8mm 钢管。

第二层内支撑设置在高程 −0.045m 位置，圈梁采用 2HW588 型钢，圈梁内支撑采用 $\phi$630×8mm 钢管。

第三层内支撑设置在高程 −3.145m 位置，圈梁采用 2HN700 型钢，圈梁内支撑采用 $\phi$800×10mm 钢管。

第四层内支撑设置在高程 −6.245m 位置，圈梁采用 2HN900 型钢，圈梁内支撑采用 $\phi$1000×12mm 钢管。

钢管桩围堰总体布置如图 3-1.2 所示。

### 3.2.2　钢管桩围堰施工前的准备工作

（1）钻孔桩完成后，拆除钻孔平台，保留支栈桥。

（2）钢管桩变形检查：钢管桩采用受力性能较好的螺旋管桩。钢管桩采用 Q235B 钢板卷制而成，交货时应有合格的“质量检验证明书”，证明书中各项内容应符合设计文件和国家标准要求，进场后应按现行标准进行抽检、复验，表面不得有裂缝、气泡、起鳞、夹层等缺陷。因钢管桩在装卸、运输过程会出现撞伤、弯扭及锁扣变形等现象，因此，钢管桩在插打前有必要对其进行变形检查。对变形严重的钢管桩进行校正并做销口通过检查。对于检查通过的投入使用，不合格的再进行校正或淘汰不用。

（3）锁扣钢管的检查：锁扣钢管材料（$\phi$152×8mm、$\phi$133×4.5mm）运到现场后，详细检查其尺寸和规格是否与设计图纸一致。

（4）钢管桩的焊接加工：锁扣钢管桩必须由专业钢结构加工厂制造，以保证钢管桩的制造精度要求。单根锁扣钢管桩加工长度为 42m 一根，为方便运输，可以分成 2 节制造，但对接接头必须错开，现场对接由制造厂家安排人员加工。对接完成后，锁扣必须进行通过试验，通过合格后方可使用。

（5）钢管桩的存放和运输：钢管桩应按不同的规格分别堆存，堆放层数和形式应安全可靠，为防止滑动，钢管桩两侧必须用木楔塞紧。为避免钢管桩产生纵向变形和局部压曲变形，堆放场地尽量平整、坚实且排水畅通。在钢管桩的起吊、运输和堆存过程中，应尽量避免由于碰撞、摩擦等原因造成的管身变形和损伤。装卸钢管桩采用两点吊，吊运方式采用单根起吊，并注意保护锁扣阴阳头，以防止锁扣变形。钢管堆放在平坦坚固的场地上，堆放前对场地进行压实处理。

（6）振动锤检查：振动锤是打拔钢管桩的关键设备，在打拔前一定要进行专门检查，确保线路畅通，功能正常，夹板牙齿不能有太多磨损。

### 3.2.3　钢护筒第一次切割

钻孔桩施工完成后拆除施工平台，采取水下切割工艺对影响内支撑安装的钢护筒进行第一次切割，切割至高程 −6.845m 以下。为钢管桩围堰的安装做好准备。

### 3.2.4　安装牛腿、支撑梁和下放装置

在外圈钢护筒的外侧根据设计要求安装牛腿，牛腿上摆放支撑梁，便于内支撑圈梁的摆放。牛腿和支撑梁均在低水位的时候进行安装，共焊接两层牛腿和支撑梁，底层支撑梁顶面高程为 −0.345m，二层支撑梁顶面高程为 +2.805m，顶层支撑梁顶面高程为 +3.71m，在施工第一层圈梁时安装。牛腿采用 2[40a型钢，支撑梁采用 2HW588 型钢。下放装置分配梁采用 2HN700 型钢，吊挂梁采用 2[20b 型钢。牛腿、支撑梁布置如图 3-1.3 所示。

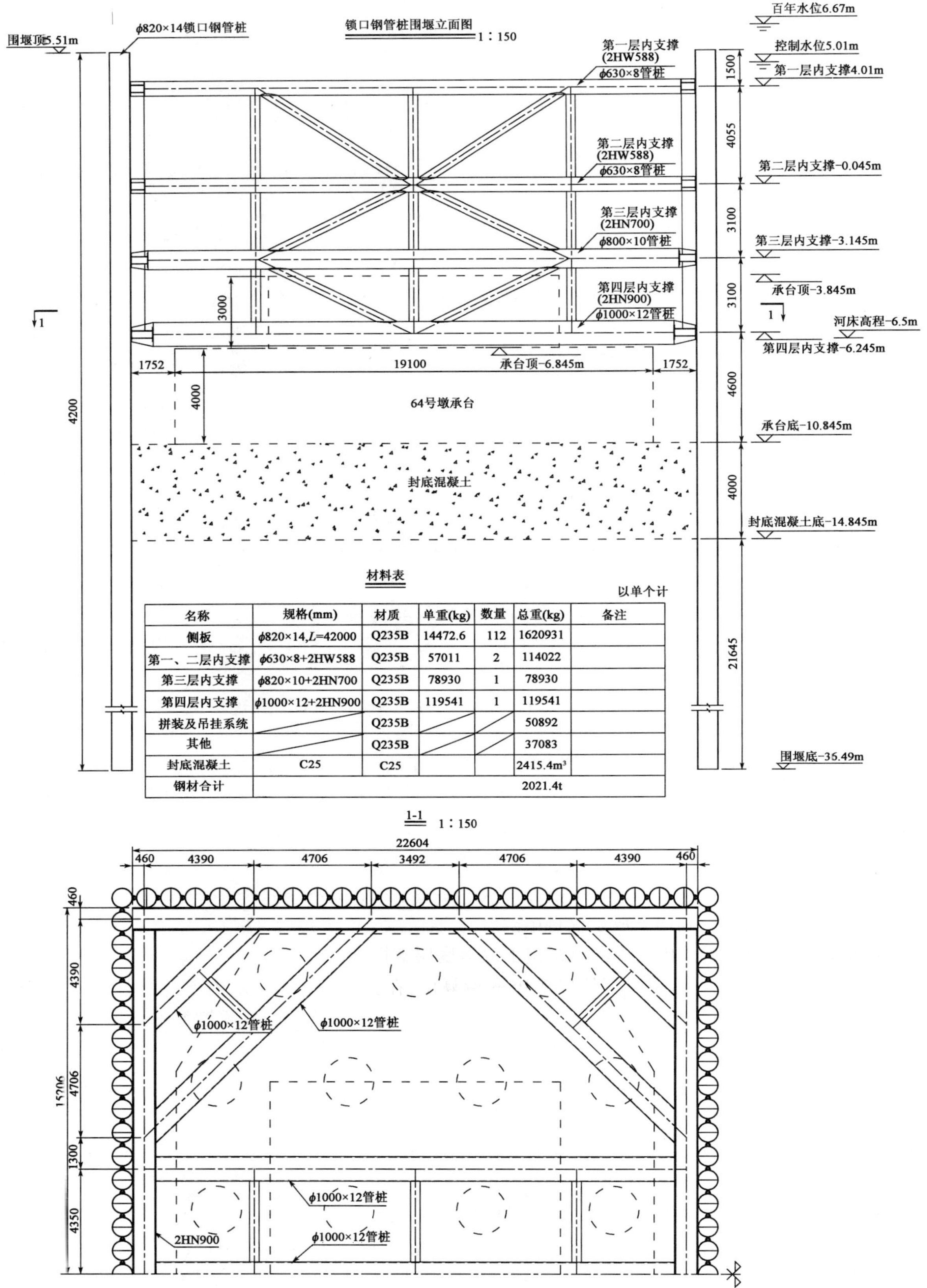


| 名称 | 规格(mm) | 材质 | 单重(kg) | 数量 | 总重(kg) | 备注 |
|---|---|---|---|---|---|---|
| 侧板 | ϕ820×14,L=42000 | Q235B | 14472.6 | 112 | 1620931 | |
| 第一、二层内支撑 | ϕ630×8+2HW588 | Q235B | 57011 | 2 | 114022 | |
| 第三层内支撑 | ϕ820×10+2HN700 | Q235B | 78930 | 1 | 78930 | |
| 第四层内支撑 | ϕ1000×12+2HN900 | Q235B | 119541 | 1 | 119541 | |
| 拼装及吊挂系统 | | Q235B | | | 50892 | |
| 其他 | | Q235B | | | 37083 | |
| 封底混凝土 | C25 | C25 | | | 2415.4m³ | |
| 钢材合计 | 2021.4t | | | | | |



图 3-1.2　钢管桩围堰总体布置图(尺寸单位:mm)

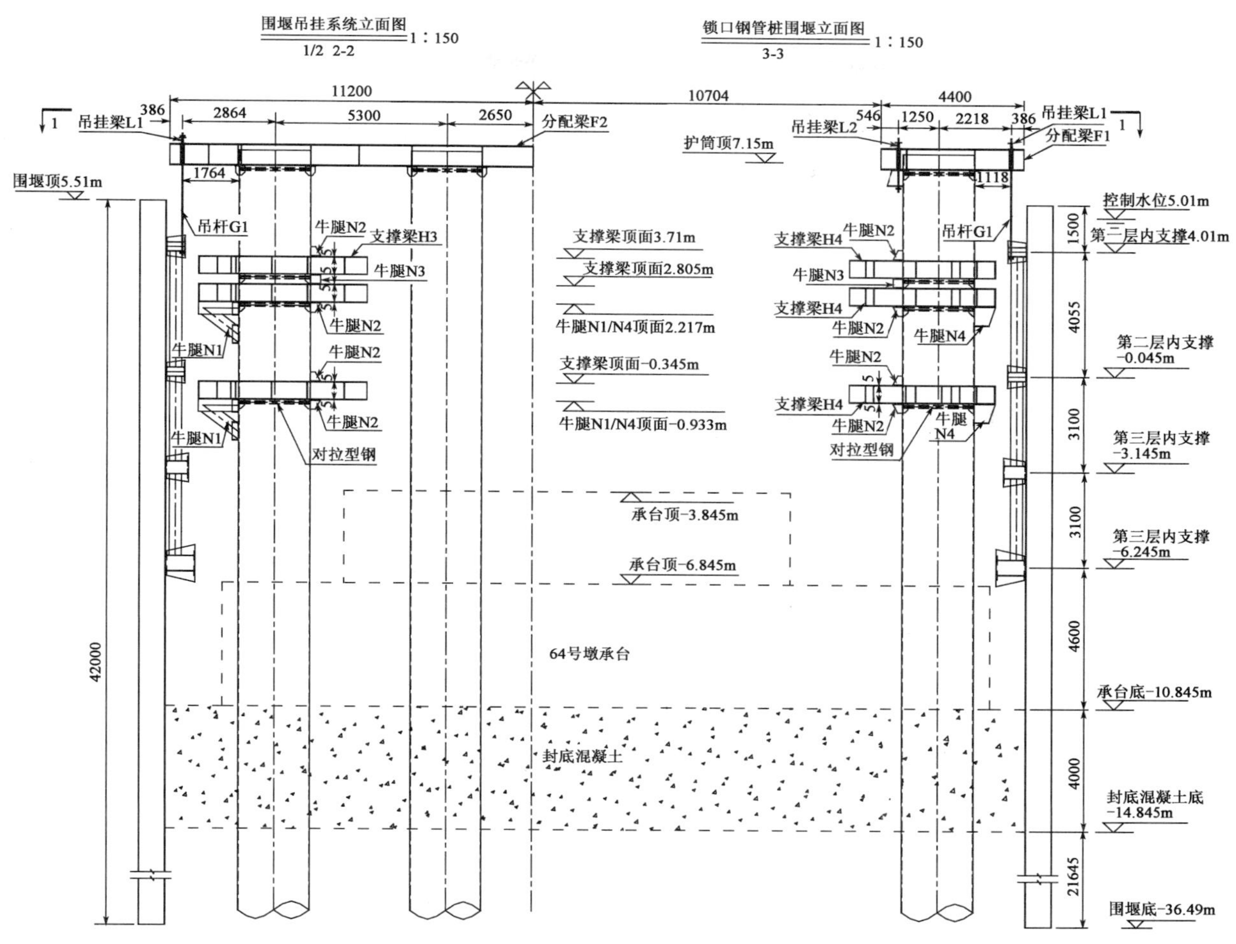

图 3-1.3 牛腿、支撑梁布置图(尺寸单位:mm)

### 3.2.5 制造安装圈梁和内支撑

内支撑圈梁和内支撑在钢结构加工场内提前制作完成,然后运输至施工现场进行拼装和下放。内支撑的拼装采用 50t 履带吊站位于支栈桥上完成作业,内支撑安装按如下顺序进行施工作业:

(1)按照设计图纸安装底层、第二层牛腿和支撑梁。在第二层支撑梁上拼装第四层内支撑和圈梁,然后安装内支撑下放系统,利用下放系统将第四层内支撑圈梁起吊 20cm,将第二层支撑梁往承台中心位置内移 0.95m,然后将第四层内支撑圈梁缓慢下放至底层支撑梁上。

(2)将第二层支撑梁往承台外侧外移 0.95m 后复位,在其上拼装第三层内支撑及圈梁,将第三层内支撑圈梁与第四层内支撑圈梁进行可靠连接,将吊挂系统转换至第三层内支撑圈梁上。

(3)利用下放系统将第三、第四层内支撑圈梁提升 20cm,将支撑梁往承台中心位置内移 0.95m,然后将第三、第四层内支撑圈梁缓慢下放,直至第三层内支撑圈梁落于底层支撑梁上。

(4)将第二层支撑梁往承台外侧外移 0.95m 后复位,在其上拼装第二层内支撑圈梁,将第二层内支撑圈梁与第三、第四层内支撑圈梁进行可靠连接,将吊挂系统转换至第二层内支撑圈梁上。

(5)利用下放系统将第二、第三、第四层内支撑圈梁提升 20cm,将支撑梁往承台中心位置内移 0.95m,然后将第二、第三、第四层内支撑圈梁缓慢下放,直至第二层内支撑圈梁落于底层支撑梁上。

(6)安装顶层支撑梁和牛腿,在第二层圈梁上拼装第一层内支撑及圈梁,并将其与第二、第三、第四层内支撑圈梁做可靠连接。

(7)内支撑圈梁下放过程中做好体系转换,确保各层内支撑圈梁的平稳下放,下放后做好临时固定措施,防止内圈梁的变形和移位。

### 3.2.6 钢管桩的插打

钢管桩插打利用 80t 履带吊作为起吊设备，站位于支栈桥配合 DZ150 型振动锤的施工方法逐根插打，具体施工工序为：

(1)将下放到位的四层内支撑圈梁作为钢管桩插打的导向架，以控制钢管桩的平面尺寸和垂直度，在钢护筒露出水面部分刷上警示标志，在打桩时作为高程控制标志。

(2)钢管桩打入总体施工流程

钢管桩从上游侧围堰中心开始打入第一根钢管桩，然后逐步向两边插打，在下游中间部位合龙，最初的一、二根钢管桩的打设位置和方向要确保精度，以起到样板的作用。为防止锁扣中心线平面位移，在打桩进行方向的钢管桩锁扣处设卡板，阻止钢管位移。同时在导向框(第一层内支撑外圈梁)上预先算出每根钢管桩的位置，以便随时检查纠正；每完成 3m(在圈梁上划出定位线)测量校正 1 次，确保在同一直线上且平面位置准确，每根钢管桩施打完毕后，即与圈梁焊接牢固。逐根插打到设计高程。钢管桩合龙通过精确计算，确定合龙口位置，一般合龙口的位置选择在距离角桩 4～5 根的钢管桩位置。

(3)为了确保每一根钢管桩插打准确，第一根钢管桩是插打的关键，第一根钢管桩位置选择在上游中心位置，插打前在导向架上设置限位装置，大小比钢管桩每边放大 1cm，插打时，钢管桩桩背紧靠导向架，边插边将吊钩缓慢下放，为保证钢管桩的垂直度，在相互垂直的两个方向用全站仪进行观测，以确保钢管桩插正、插直。打入到 2/3 设计深度时暂停沉桩，检查桩身的倾斜度是否超过桩长的 0.5%，如满足要求则继续开启振动锤沉桩；否则拔出重打。其他的钢管桩在定位架和咬合锁扣的共同作用下，一般不会产生较大偏差，只需每插打 15～20 根做一次检查，保证桩身的倾斜度不超过桩长的 1% 即可。

(4)通过检测，确定第一根钢管桩插打合格后，然后以第一根钢管桩为基准，再向两边对称插打每一根钢管桩到设计位置。整个施工过程中，要用全站仪始终控制每根桩的垂直度在 0.5% 以内，出现偏差时及时调整。

(5)在整个钢管桩围堰施打过程中，开始时插一根打一根，即将每一根钢管桩打到设计位置，到剩下最后 5 根时，要先插后打，若合龙有误，用倒链或滑车组对拉使之合龙，合龙后，再逐根打到设计深度。当钢管桩插打困难时，移开振动锤，先拔出钢管桩，采用旋挖钻机进行引孔，土层松散后再用振动锤接着施工，直接至打到设计深度。

(6)每一根钢管桩先利用自重下插，当自重不能下插时，才进行加压。

(7)钢管桩插打至设计高程后，立即与导向架进行焊接，以抵抗水流冲击。

(8)插打过程中，须遵守"插桩正直，分散即纠，调整合龙"的施工要点。在插打过程中，钢管桩下端有向上的挤压，钢管桩锁扣和锁扣之间缝隙较大，上端总会产生向远离第一根钢管桩的方向倾斜。因此，每打四五根钢管桩就要用垂球吊线，将钢管桩的倾斜度控制在 0.5% 以内，超过限定的倾斜度应予纠偏(一次性纠偏不能太多，以免锁扣卡住，影响下一根钢管桩的插打)。当钢管桩偏移太多时，采用多次纠偏的方法逐步减少偏移量，若因土质太硬纠偏困难时，采用倒链组纠偏。

(9)合龙措施：锁扣钢管桩由上游开始插打，到下游进行合龙。钢管桩围堰合龙前，在插打至最后 4～5根桩时，测量缺口宽度，准确计算出合龙桩的直径，加工大小合适的钢管桩运至施工现场进行插打。为保证钢管桩围堰合龙时两侧锁扣互相平行，避免使用异型桩进行合龙，减小合龙难度，当钢管桩两端相距 10～15 根桩的间距时，之后每打一根桩均须用经纬仪控制其垂直度，若桩身存在偏斜，应逐根进行纠偏，分散偏差，调整合龙。

### 3.2.7 围堰止水及基底清理

钢管桩围堰渗漏一般出现在锁扣位置，因此施工过程中重点加强对锁扣的检查。施工前制作同等锁扣样品进行渗漏试验，检查钢管桩锁扣松紧程度，过松或过紧都可能导致钢管桩施工后渗漏；施打前在钢管桩阴阳锁扣内抹黄油混合物油膏(重量配合比为沥青：黄油：滑石粉：锯末 =4：6：10：1)；施打时控制好垂直度，不得强行施打，损坏锁扣。

施工后的小渗漏处理：抽水后发现钢管桩锁扣漏水，但不太严重时，抽水时观察是哪条缝出现漏水，利用漏水处水压差降产生吸力的原理，在漏水处钢管桩外壁迅速溜下一袋干细砂或锯木屑、粉煤灰（煤渣）等填充物，在吸力的作用下，填充物会被吸入接缝的漏水处，将漏水通道堵塞，有效地减少漏水量。

施工后的大渗漏处理：抽水后发现钢管桩锁扣漏水较为严重时，在钢管桩围堰渗漏外侧堵砂袋或内侧用板条、棉絮、麻绒等在板内侧嵌塞。在桩脚漏水处，采用局部混凝土封底等措施。

围堰止水工作完成后对围堰范围内的河床进行清理工作，清理采用吸泥机进行抽吸清理，清理至封底混凝土底面高程 -14.845m 位置，基底清理过程中进行实时高程测量，防止清理深度不够或超深。

由于封底混凝土位于淤泥质粉质黏土上，地质软弱，封底混凝土容易挤压淤泥并汇集到一起造成封底失败，所以封底前要对清底后的淤泥顶面进行必要处理，可以回填 30cm 厚中砂或袋装砂，也可以在顶面铺一层竹篾网片，具体由现场根据实际情况处理。

### 3.2.8 封底混凝土施工

水下吸泥、清淤到封底混凝土底面高程 -14.845m，进行表面处理后，即可进行水下封底混凝土施工，封底混凝土强度等级为 C30，封底厚度为 4.0m。

(1)封底平台布置

在围堰封底混凝土浇筑时，需临时搭设施工操作平台，作为封底导管安装与人员操作平台。封底平台由贝雷梁、吊挂分配梁、桥面板分配梁、桥面板等组成；在导管处布置吊挂分配梁吊挂储料斗，其他地方横向布置工 12.6 型钢作为小分配梁（间距 300mm），小分配梁上铺 8mm 厚花纹钢板作为桥面板。另外，为确保施工人员安全，平台四周设置防护栏杆。

(2)封底导管

围堰封底采用垂直导管法灌注水下混凝土。封底导管采用外径 325mm、壁厚 6mm 的钢管，长度 20m，采用倒链打梢和提升导管，共配备 34 套。导管悬空控制在 15 ~ 20cm，采用 80t 履带吊逐根下放导管。

导管使用前应进行水密性试验，试压压力以静水压力的 1.5 倍为宜，压入计算的水压力后持荷 15min，观察漏水情况，不漏水即为合格。

围堰封底时的导管数量及在平面上的布置，应使各导管的有效灌注半径互相搭接，不留盲区，覆盖基底全范围，导管作用半径按 3.5m 考虑。

(3)测点布置

在围堰封底混凝土浇筑过程中，为准确掌握混凝土顶面高程，应在封底平台上均匀布置足够数量的测量控制点，按照一定的时间频率进行混凝土面高程测量。封底混凝土浇筑前测出每个测点处的平台顶面高程，并用油漆标示在该点处，作为测量混凝土顶面高程的基准点。混凝土顶面高程测量采用测绳 + 重锤法，测绳使用前须对其进行长度校核并在水中浸泡 48h。

(4)钢护筒、围堰内壁的清理

为了保证混凝土与钢管（围堰内壁）的握裹力，在封底前需要潜水员用高压水枪和钢丝刷进行清理。同时在钢护筒上安装环形钢板箍进行清理，并由潜水员在钢护筒上加焊短钢筋头，以增大封底混凝土与钢护筒的握裹力。

(5)首批混凝土方量计算

围堰水下封底混凝土的施工关键是保证混凝土与水接触而不相混，安静地在水下堆积增加，与灌注桩基混凝土类似，施工时首批混凝土的数量应能满足导管初次埋置深度（不小于 0.6m）和施工规范要求及填充导管底部的需要。因此，封底混凝土施工前，应准确计算封底首批混凝土方量，保证封底混凝土施工质量。首批混凝土方量计算图式如图 3-1.4 所示。

首批混凝土方量按以下公式计算：

$$V = \frac{h_1 \pi d^2}{4} + H_c \cdot \frac{\pi R^2}{3}$$

式中：$R$——导管作用半径；

$d$——导管直径；

$H_c$——首批混凝土灌注高度，按 0.8m 考虑（0.5m 导管埋深）；

$h_1$——吊箱内混凝土高度达到 $H_c$ 时导管内混凝土柱与管外水压平衡的高度（m）。

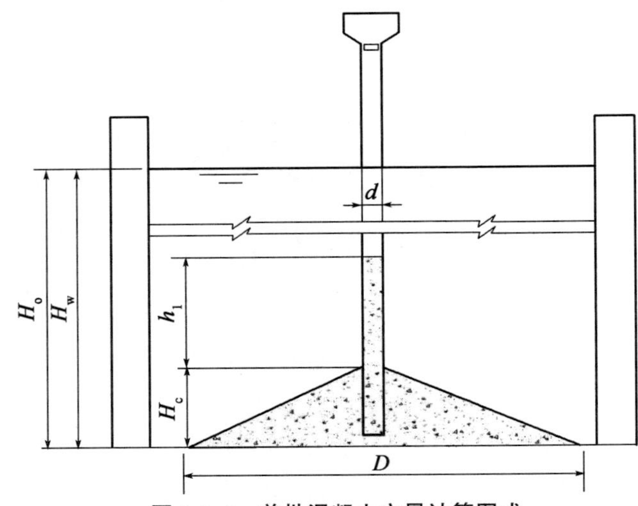


图 3-1.4　首批混凝土方量计算图式

$$h_1 = \frac{H_w \times \gamma_w}{\gamma_c}$$

式中：$\gamma_w$——吊箱内水的密度，为 10kN/m$^3$；

$\gamma_c$——混凝土拌和物密度，按 24kN/m$^3$ 取值；

$H_w$——导管内水面至首批混凝土锥体重心的高度，$H_w = H_o - H_c/3$；

$H_o$——围堰内水面至围堰底板高度。

计算得到：

$$H_w = 5.01 + 14.845 - 0.8/3 = 19.59(\text{m})$$

$$h_1 = 19.59 \times 10/24 = 8.16(\text{m})$$

$$V = 8.16 \times 3.14 \times 0.352/4 + 0.8 \times 3.14 \times 3.52/3 = 11.04(\text{m}^3)$$

由此得首批混凝土须不少于 12m$^3$ 即可确保剪球质量。

（6）灌注架、料斗布置

根据封底首批混凝土方量计算结果，现场设置 2 个 12m$^3$ 大料斗和灌注架进行导管内剪球埋管施工。埋管成功后的导管上安装 2m$^3$ 的料斗剪球，利用 80t 履带吊在平台上移动灌注架和料斗并按照预定的顺序逐个剪球。

（7）封底混凝土浇筑顺序

封底混凝土施工前根据施工现场实际条件，合理确定混凝土浇筑顺序。

（8）混凝土原材料的选择及性能要求

①水泥：采用 42.5 的普通硅酸盐水泥，水泥应分批检验，质量稳定。

②粉煤灰：采用符合规范要求的合格粉煤灰。

③细集料：宜采用中砂。细度模数控制在 2.3～3.0 之间，含泥量不大于 2.5%。

④粗集料：粗集料最大公称粒径不应大于 25mm。

⑤外加剂：外加剂应选用质量稳定的产品，外加剂与水泥及矿物掺和料之间应具有良好的相容性。

⑥水：混凝土拌和用水采用检验合格的自来水。

封底混凝土强度等级为水下 C30，其工作性能要求如下：

①混凝土凝结时间：初凝时间不小于 16h，终凝时间不小于 20h。

②混凝土坍落度：180～220mm。

③拌和物和易性良好，无离析和集料堆积现象。

④满足泵送要求。

(9)混凝土生产、运输

混凝土搅拌前，试验员应测定粗、细集料的含水率，及时调整施工配合比。开始搅拌后，应每隔一段时间抽测一次，每工班至少抽测一次，雨天应增加抽测次数。混凝土原材料计量后，宜先向搅拌机投入集料、水泥和矿物掺和料，搅拌均匀后，加水和液体外加剂，直至搅拌均匀为止。混凝土的搅拌时间为全部材料装入搅拌机开始至搅拌结束所用时间，最短搅拌时间不少于2min。

混凝土由6台$8m^3$的混凝土搅拌车将混凝土从混凝土工厂运送至墩位处，在支栈桥上各布置1台臂长37m的汽车泵，混凝土通过两台汽车泵泵送至灌注架或导管内进行封底混凝土浇筑。

(10)封底混凝土浇筑

混凝土浇筑时，试验员应随时观察混凝土工作性能，定时检测混凝土坍落度及砂石、水泥和水的用量(至少4h测试一次并记录)。混凝土从出厂到浇筑，应层层把关，发现离析、拌和不均、坍落度不符合要求的混凝土时应立即报告负责人立即处理，严禁将不合格的混凝土放入泵车受料斗内。

①首批封底混凝土的浇筑

首批混凝土浇筑采用剪球法。在导管顶部安装$2m^3$小料斗，$10m^3$灌注架作为储料斗布置于小料斗旁。汽车泵将混凝土泵送至$10m^3$灌注架内，首先打开灌注架阀门，混凝土通过溜槽流入小料斗内，使小料斗内装满混凝土；然后关闭灌注架阀门，当灌注架内混凝土快装满时，打开灌注架阀门，同时拔出小料斗内栓塞，进行首批封底混凝土下放。

注意：当灌注架及小料斗内装满混凝土后开始剪球，剪球后汽车泵应持续不间断地往灌注架内泵送混凝土，确保实际首批混凝土方量满足导管埋深要求。

首盘封底混凝土下放完后，要求导管埋深0.4～0.6m，在导管口附近的测点测量导管埋深及混凝土流动范围。剪球时，灌注架内的混凝土应连续快速有控制地送入导管内，不得中断，以防导管进水导致剪球失败。剪球后，在测量确认导管埋深在1.5m左右后进行下根导管的剪球。

第二根导管剪球埋管成功后应对第一根导管持续灌注混凝土直到其周边混凝土达到设计高程。依次进行第三根导管的剪球，第三根导管剪球成功后，应对第一、第二根导管持续灌注混凝土直至其周边混凝土达到设计高程，以此类推，直至全部封底完成。封底过程中不能引起水流动荡，潜水员检查水下情况时也要动作轻缓，并不得扰动混凝土。

尚未剪球的导管，应根据封底混凝土面上升高度的测量数据，随时将导管提升至混凝土面以上一定的高度，以防混凝土进入导管内导致剪球时发生堵管，在剪球前必须重新确定此类导管底口离混凝土面高度并调整悬空为15～20cm。

②正常浇筑混凝土

首盘封底成功后，即进入正常浇筑阶段，将灌注架和小料斗撤出平台，采用泵管插入导管浇筑混凝土。

为保证导管口有一定的埋深，在混凝土浇筑顺利时尽量不提升导管；需要提升导管时采用导链慢慢提升，提升高度控制在导管底口在混凝土面以下100cm，提升后继续灌注混凝土。提升点处的混凝土高度应勤量勤测，杜绝提漏导管的现象发生，严格以实际测量深度为提管依据。通过混凝土浇筑方量和实测浇筑高度及时提升导管，注意协调各导管浇筑速度使围堰内混凝土保持大致相同的高程，混凝土面高差不大于1.5m。

已剪球的导管在正常灌注过程中，混凝土灌注间隔时间不宜超过30min。若超过30min不能供料，应将导管反复升、降几次，每次升降幅度约0.1m，每根导管每小时内必须保证至少一次的混凝土供应，每次$4～8m^3$。

③封底混凝土的高程控制

围堰平面尺寸较大，为控制混凝土的浇筑高度，同时掌握混凝土的扩散情况，浇筑过程中必须加强监测。在浇筑过程中应注意控制每一浇筑点高程，每浇筑一次，能引起混凝土面变动的点即该导管作用半径范围内的测点都要测一次，并记录浇筑、测量时间。

在浇筑过程中，应控制并要求现场定时绘制混凝土面高程线，低的地方及时补充混凝土，混凝土顶面高差不得大于15cm。由于封底混凝土顶面不平整，因此，在灌注时将封底混凝土顶面高程控制在设计高程以下20cm，待封底混凝土灌注结束并达到设计强度后抽水，再浇筑20cm垫层混凝土并找平。在混凝土面浇筑到距离预计高度约50cm时控制浇筑速度，加强观测，严格控制封底混凝土顶面高程。

根据现场测点实测得出的混凝土顶面高程，确定该点是否终止浇筑。终止浇筑前上提导管，适当减小埋深，尽量排空导管内混凝土，使其表面平整。混凝土浇筑临近结束时，全面测出混凝土面高程，重点检测导管作用半径交会处以及周边倒角等部位，根据结果对高程偏低的测点附近导管增加浇筑量，力求混凝土顶面平整，并保证厚度达要求。当所有测点均符合要求后，暂停混凝土浇筑，并核对混凝土的灌入数量，以确定所测混凝土的高度是否准确，当确定混凝土的顶面高程到位后终止混凝土浇筑，拆除导管，冲洗堆放。

**3.2.9** 围堰抽水安装圈梁支撑装置

围堰封底混凝土达到设计强度后进行围堰内抽水，抽水过程中准备好干细砂或锯木屑、粉煤灰和棉絮，及时对围堰局部漏水、渗水位置进行针对性的封堵，确保钢管桩围堰内的施工安全。

随着围堰内水位的降低，从上至下依次按照设计图纸安装各层纵横向支撑杆，并将围檩与钢管桩缝隙较大的地方塞入型钢，使水压力通过钢管桩、围檩传递到支撑杆上，拆除焊接于钢护筒上的牛腿、支撑梁及吊挂系统。安装完成后继续抽水，抽水过程中检查钢管桩、圈梁、内支撑的变形情况，发现异常立即停止抽水，分析原因，采取措施。围堰抽水完成后如仍有局部渗水，根据现场渗水情况在围堰四角设置集水井，放置水泵进行实时抽水，保证围堰内无水施工。同时对渗水位置采用棉絮进行封堵。

**3.2.10** 承台施工（第一层）

围堰内抽水完成后，按照设计图纸对钢护筒进行切割。凿除封底混凝土顶面浮浆，对封底混凝土顶面高程进行测量，对过高的位置进行凿除，对过低的位置凿毛后用混凝土修补，确保封底混凝土顶面高程和承台底高程一致。

封底混凝土顶面处理工作完成后，绑扎承台钢筋，并预留好第一层承台与第二层承台的连接钢筋，安装第一层承台模板。由于承台体积大，属于大体积混凝土施工，为防止混凝土水化热引起承台内部裂纹，在承台内安装冷却水管，承台内部冷却水管采用$\phi$32mm钢管，主排水和进水管采用$\phi$80mm钢管，冷却水管安装完成后进行密水试验，试验合格后方可开始混凝土浇筑。承台施工完成后需对冷却水管进行压浆密封。利用混凝土泵车站位于支栈桥上浇筑第一层承台，然后做好承台养生工作。

**3.2.11** 第一层混凝土圈梁施工

承台养生达到设计强度后拆除承台模板，在围堰和承台空隙间灌沙，一边灌沙一边压实，灌沙厚度控制在3.5m。在压实的沙子顶上浇筑50cm厚的C25混凝土圈梁，浇筑完成后及时做好混凝土养生工作，待圈梁混凝土达到设计强度后拆除第四层内支撑及其与第三层内支撑的连接装置，将第四层内支撑荷载转换至混凝土圈梁上。

**3.2.12** 承台施工（第二层）

对第一层承台顶面的混凝土进行凿毛，绑扎第二层承台钢筋，并预留好墩身预埋钢筋，安装第二层承台模板和冷却水管，利用混凝土泵车站位于支栈桥上浇筑第二层承台，然后做好承台养生工作。

**3.2.13** 第二层混凝土圈梁施工

第二层承台养生达到设计强度后拆除承台模板，在围堰和承台空隙间灌沙，一边灌沙一边压实，灌沙厚度控制在2.5m。在压实的沙子顶上浇筑50cm厚的C25混凝土圈梁，浇筑完成后及时做好混凝土养生工作，待圈梁混凝土达到设计强度后拆除第二、第三层内支撑及其之间的连接装置，将第二、第三层内支撑荷载转换至混凝土圈梁上。

**3.2.14** 第一节墩身施工

对第二层承台顶面的混凝土进行凿毛,绑扎第一节墩身钢筋,并预留好墩身接高的钢筋,安装第一节墩身模板,利用混凝土泵车站位于支栈桥上浇筑第一节墩身,然后做好第一节墩身养生工作。

**3.2.15** 围堰内灌水,拆除第一层内支撑

第一节墩身施工完成后,对围堰内灌水,待水位升高至第一层内支撑下方1m位置时,拆除第一层内支撑装置。

**3.2.16** 剩余墩身施工

采用翻模法施工剩余墩身,墩身施工过程中做好钢筋预留和接触面凿毛工作,直至墩身施工全部完成。

**3.2.17** 钢管桩围堰拆除

墩身出水后拆除第一层内支撑圈梁,利用80t履带吊站位于支栈桥拔除钢管桩围堰的钢管桩,钢管桩采用DZ150振动锤进行拔除。

钢管桩拔除时先用打拔桩机夹住钢管桩头部振动1~2min,使钢管桩周围的土松动,产生"液化",减少土对桩的摩阻力,然后慢慢地往上振拔,拔桩时注意桩机的负荷情况,发现上拔困难或拔不上来时,停止拔桩,可先行往下施打少许,再往上拔,如此反复可将桩拔出来。钢管桩拔除施工要点:

(1)钢管桩拔除采用振动锤,作业前对每根钢管的打入情况,做详细调查,以此判断拔桩作业的难易程度,先拔出容易拔动的相邻钢管桩。

(2)钢管桩的拆除按与插打的顺序相反的次序拔桩。在拔桩时,采用振动锤进行拔除,拔一根清理一根,并及时运走,以保证场地的清洁。拔出的钢管桩应及时清除土砂,涂以油脂。变形较大的桩需调直,完整的桩要及时运出工地,堆置在平整的场地上。

**3.2.18** 钢管桩围堰变形监测

根据对钢管桩的计算,第四道支撑控制各工况,第四道支撑安装完成后在圈梁角点及离圈梁中间共布置16个变形观测点。钢管桩由于所受应力相对较小,且自身刚度大,因此不在钢管桩设置观测点。每个观测点处均焊接长10cm的钢筋,指定专人轮流进行观测,每4h观测一次,工况转换时观测次数加密。将观测的数据及时整理并与计算数据进行对照。

## 4 施工计划

### 4.1 施工进度计划(表3-1.2)

**表3-1.2 施工进度计划表**

| 工作内容 | 工期(d) | 开始时间 | 完成时间 |
|---|---|---|---|
| ××第一、四道围檩及内支撑安装 | 10 | 2017年3月1日 | 2017年3月10日 |
| ××钢管桩围堰钢管桩插打 | 30 | 2017年3月11日 | 2017年4月10日 |
| ××围堰清淤 | 5 | 2017年4月11日 | 2017年4月15日 |
| ××围堰封底混凝土浇筑 | 2 | 2017年4月16日 | 2017年4月17日 |
| ××围堰抽水 | 2 | 2017年4月18日 | 2017年4月19日 |
| ××承台施工 | 30 | 2017年4月20日 | 2017年5月20日 |

### 4.2 机械设备计划

根据现场施工安排及需要,所有施工机械设备需提前进场,具体施工机械设备配置包括:泥浆船、打桩锤、履带吊、汽车吊、潜水设备、潜水泵、空气吸泥机、空压机、射水装置、运输汽车、混凝土泵车、混凝土封底设备、发电机、钢筋加工设备、电焊机等。

### 4.3 劳动力计划

主要作业人员包括：司索工、焊工、钢筋工、混凝土工、模板工及普工等。

## 5 危险因素分析

### 5.1 危险源辨识（表3-1.3）

**表3-1.3 钢管桩围堰施工危险源辨识表**

| 序号 | 作业内容 | 潜在事故类型 | 造成事故原因 | 防范措施 |
|---|---|---|---|---|
| 1 | 钢管桩围堰施工 | 坍塌 | 围堰结构失稳，承载力不足，安装拆除未按照方案执行 | 严格按照设计图纸和方案施工，加强监测 |
| 2 | | 高处坠落 | 临边无安全防护或防护不到位，作业人员未系安全带，六级以上大风未停止作业 | 做好临边防护工作，临边设置不低于1.2m的防护栏，加强安全教育，加强现场监督；项目部及时和气象部门保持联系，提前通知工班禁止作业 |
| 3 | | 物体打击 | 吊点选择不当，材料堆放不当，劳保用品佩戴不规范 | 做好交底工作，加强监督；材料分类堆码；进入现场人员必须佩戴安全帽 |
| 4 | | 触电 | 临时用电不规范，线路老化 | 严格临时用电管理，并经常性进行检查 |
| 5 | | 起重伤害 | 违章操作指挥，设备故障或配件老化，起重设备缺失安全防护功能 | 加强教育，加强现场监督；机械设备定期维修和保养，不准带故障作业，并做好机械设备台账维修保养记录 |
| 6 | | 容器爆炸、火灾 | 氧气乙炔瓶使用不规范 | 氧气乙炔分开存放，安全距离大于5m，距离明火点10m以上 |
| 7 | | 淹溺 | 临边邻水防护不到位，作业人员未系安全带、未穿救生衣 | 做好临边邻水防护措施；水上作业必须穿救生衣，系安全带 |

### 5.2 危险因素评估

评估方法选择、量化分值标准参照第一篇“6.1 危险因素分析”。LEC法危险因素评估计算结果见表3-1.4。

**表3-1.4 LEC危险因素评估结果计算表**

| 作业内容 | 事故类型 | 风险估测 | | | |
|---|---|---|---|---|---|
| | | 可能性L | 暴露频率E | 严重程度C | 风险大小D |
| 钢管桩围堰施工 | 坍塌 | 1 | 3 | 100 | 300 |
| | 高处坠落 | 3 | 3 | 15 | 135 |
| | 物体打击 | 3 | 3 | 7 | 63 |
| | 触电 | 0.5 | 1 | 100 | 50 |
| | 起重伤害 | 3 | 3 | 15 | 135 |
| | 容器爆炸、火灾 | 3 | 3 | 15 | 135 |
| | 淹溺 | 3 | 3 | 7 | 63 |

根据 LEC 危险因素评估计算结果表和 LEC 法评估结果分级，分值在 160 以上的属于重大危险源，因此钢管桩围堰工程施工中的重大危险源为围堰结构失稳和安装拆除未按照方案执行导致的坍塌。

## 6　施工安全保障措施

### 6.1　组织保障措施

参见第二篇第一章“6.1 组织保障措施”。

### 6.2　技术保障措施

#### 6.2.1　钢管桩作业安全保障措施

(1)水中插打钢管桩，必须有安全可靠的打桩船或工作平台，四周设安全防护。

(2)吊桩时吊点位置不得低于桩顶以下 1/3 桩长处。

(3)在钢管桩插打过程中，要设专人指挥，避免人多时乱指挥，出现意外安全事故。

(4)用吊车进行水平和垂直起吊时，对吊车起吊能力和吊起后是否稳定进行实测，保证在起吊时安全可靠，防止发生意外安全事故。

(5)在钢管桩围堰开始抽水时，要派人定时进行检查，时刻注意并记录围堰变化情况。同时在平台外钢管支撑桩上设立水位标尺，与气象和上游水文观测部门建立联系，及时了解天气和水位变化情况，安排专人监测水情。

(6)钢管桩围堰内支撑一定要按设计进行施工，施工焊缝要满足规范要求，断面尺寸和数量要符合设计要求；所有围堰内开挖及吸泥的砂土等均应用长臂挖机清理至指定地点堆放，不得堵塞河道，同时也避免对围堰增加额外侧压力。

(7)对所有滑轮和钢丝绳每天进行检查，特别是要注意滑轮的轴和钢丝绳磨损情况，危及安全的要及时维修、更换。

(8)钢管桩组拼插打，应沿桩长设置横向夹板，确保组拼钢板桩刚度，夹板间距视具体情况确定，严禁将吊具拴在钢管桩夹具上或捆在钢管桩上进行吊装。

(9)钢管桩吊环的直径和焊接长度应通过计算确定。施工时必须确保吊环的焊接质量，并必须进行试吊方可正式起吊。

(10)起吊钢管桩时，应拴好溜绳；吊起钢管桩未就位前，桩位附近不得站人。

(11)桩帽(垫)与钢管桩连接牢固，初始阶段应轻打贯入，桩帽(垫)变形时，应及时更换。

(12)钢管桩插入锁扣后，因锁扣阻力不能插放到位而需桩锤压插时，应控制桩锤下落行程，防止桩锤随钢管桩突然下滑。

(13)拔桩时应符合下列要求：

①拔桩前应向围堰内灌水，使围堰内外水位基本相等，从下游开始，向上游依次进行。

②拔桩设备应有超载限制器，严禁超载硬拔。

③钢管桩顶层围檩不得一次性预先拆除，应拆除一组拔一组。

④拔桩前应拴好溜绳。拔桩作业时，机械作业范围及桩位附近不得站人。

#### 6.2.2　水上作业安全措施

(1)对操作人员进行安全思想教育，提高操作人员安全意识，实行培训持证上岗制度，不经培训或无证者，不得进行上岗操作。

(2)六级以上大风应停止打桩、吊装等施工作业并做好防风措施。

(3)水上施工作业人员须严格遵守水上施工安全防护相关规定，所有进入作业区人员均须戴好安全帽，穿好救生衣，必要时拴挂好安全带。

(4)由围堰外至围堰内须设置临时出入通道，并焊好栏杆、踏步板。

(5)进入现场施工人员必须佩戴安全帽，严禁人员酒后上平台。

(6)注意工地防火,现场要摆放防火器材。每墩配置10~12个灭火器。

(7)合理安排作业区域和时间,保证施工人员正常工作。

(8)施工现场必须要备有落水救生设施:救生圈20~30个、救生绳10~15根、水面船只1艘。根据现场施工劳力安排沿围堰四周至平台顶共设置30部逃生爬梯,逃生爬梯采用建筑钢管和钢筋焊接,顶部焊接固定在支栈桥或钢管桩围堰上。

(9)墩台临近航道方向做好防撞设施,避免船只直接撞上钢管桩围堰。

#### 6.2.3 确保航道畅通安全措施

严格按照航道管理部门的规定,办理相关的航道临时占用手续,并采取相应的防护措施确保安全畅通。根据航道管理部门要求,在河道上下游设置全天候导航和警示标志。

## 7 应急预案

### 7.1 应急救援组织机构、职责、流程

参见第二篇“7 应急预案”。

### 7.2 现场处置措施

#### 7.2.1 坍塌事故处置措施

(1)当发生围堰坍塌,发生人身伤亡事故或其他事故时,立即停止围堰施工等作业,查看是否有人员伤亡和掩埋,通知项目经理部领导,成立救援小组,以抢救人员生命为第一,立即组织抢救。

(2)加强支护,利用吊车施打钢管桩,采用直径200mm钢管桩作为支撑。情况严重的,立即回填基坑。

(3)如有受伤人员,立即送往医院救治。

(4)设置警戒线,确保其他人员不得进入现场。

(5)工程部立即组织人员对垮塌部分进行观测,并做好过程记录。

(6)发生垮塌后,由项目经理负责现场总指挥,安质部立即派人赶赴事故现场,负责事故的现场保护,工程部协助开展收集资料,如发现有人,高呼通知安全员,由安全员打事故抢救电话,向上级有关部门汇报,同时通知总指挥紧急进行现场施救。组织相关人员进行土方和杂物的清理,如有人被埋,应首先按部位进行人员抢救,其他组员采取有效措施,防止事故发展扩大,让现场安全负责人随时监护围堰状况,防止事故的再次发生。

(7)如有需要还应启动浮吊、救生船、拖轮进行施救。

#### 7.2.2 淹溺事故应急处置措施

在得知有人溺水、落水时,快速了解落水的准确地点与当时基本情况,第一时间拨打医院急救电话并迅速组织现场救助工作,组织有经验的成年人抢救落水者,发现溺水者后应尽快将其救出水面,如施救者不懂得水中施救方法和不了解现场水情,不可轻易下水,充分利用现场器材,如绳、竿、救生圈等救人。

溺水者救上岸后,将溺水者平放在地面,迅速撬开其口腔,清除其咽内、鼻内的异物,如淤泥、杂草等,使其呼吸道保持通畅。当溺水者呼吸停止或极为微弱时,应立即实施人工呼吸法,需要时施行胸外心脏按压法。

## 8 钢管桩围堰计算书

### 8.1 概述

××墩基础为桩基加两层承台。下层承台为不规则八边形结构,高度4m。上层承台为矩形结构,承台尺寸为15.9m×11.6m×3m。墩位处主要土层为$⑦_{61}$淤泥质粉质黏土,承台施工方案为钢管桩围堰,见图3-1.2。

### 8.1.1 主墩承台参数(表 3-1.5)

**表 3-1.5 ××主墩承台参数**

| 墩 号 | 河床高程 | 围堰顶 | 承台顶 | 承台底 | 控制水位 |
|---|---|---|---|---|---|
| ×× | -6.5m | +5.51m | -6.845m | -10.845m | +5.01m |

控制水位采用 20 年一遇水位高 1m 计,根据桥位处河床高程及地质情况计算。

### 8.1.2 材料选择

(1)钢管桩规格为 $\phi820 \times 14$,单根截面特性 $W = 7023.3\text{cm}^3$。

(2)第一、第二道圈梁均采用 2HW588,支撑采用 $\phi630 \times 8$。第三道圈梁采用 2HN700,支撑采用 $\phi800 \times 10$。第四道圈梁采用 2HN900 + 20mm 钢板,支撑采用 $\phi1000 \times 12$。

(3)材料容许应力:Q235B 钢材,$[\sigma] = 140 \times 1.2 = 168\text{MPa}$,$[\tau] = 80 \times 1.2 = 96\text{MPa}$。

### 8.1.3 地质资料

××墩钢管桩全部在$⑦_{61}$淤泥质粉质黏土层中。

根据现场地质资料,土的有关参数取值见表 3-1.6。

**表 3-1.6 土的有关参数取值**

| 土 层 | 天然重度 $r$(kN/m³) | 内摩擦角(°) | 黏聚力(kPa) | 土层厚度(m) |
|---|---|---|---|---|
| $⑦_{61}$淤泥质粉质黏土 | 17.0 | 7.0 | 3.6 | 29.99 |

## 8.2 计算依据

(1)《钢结构设计规范》(GB 50017—2003)。

(2)《简明施工计算手册》。

(3)××设计文件及地质勘察资料。

## 8.3 设计说明

(1)采用容许应力法,Q235 钢结构,$[\sigma] = 168\text{MPa}$,$[\tau] = 100\text{MPa}$,角焊缝$[\tau] = 80\text{MPa}$。

(2)设计荷载:①素混凝土密度:$q_1 = 24\text{kN/m}^3$;②净水压力:$q_2 = 10\text{kN/m}^2$。

由于墩位处深度较深,围堰施工时主要承受净水压力,水流力及波浪相对于净水压力较小,对围堰验算忽略水流力荷载;海水对钢管桩的侵蚀在 1 年内可以忽略不计。

## 8.4 围堰计算

### 8.4.1 封底混凝土厚度计算

(1)围堰封底完成后,封底混凝土需承受水头差引起的向上浮力,封底混凝土强度等级为 C30,其密度 $\gamma = 24\text{kN/m}^3$,封底混凝土厚度 4.0m。

封底混凝土所受荷载为 $q = \gamma_{水} h_{水} - \gamma_{混凝土} h_{混凝土} = 10 \times 19.855 - 24 \times 4 = 102.55(\text{kN/m}^2)$。

(2)封底混凝土应力计算。

用 MIDAS 建立空间模型,对封底混凝土进行分析,结果为:

$$\sigma_{max} = 0.463\text{MPa} < [\sigma] = 0.8\text{MPa}$$

(3)护筒黏结力计算。

围堰投影面积:$A = 30.412 \times 22.604 - 3.14 \times 2.22 \times 22/4 = 603.85(\text{m}^2)$;

封底混凝土重量:$G = 24 \times 603.85 \times 4 = 57969.2(\text{kN})$;

浮力:$F_{浮} = 19.855 \times 10 \times 603.85 = 119894.4(\text{kN})$;

用 MIDAS 建立空间模型,对护筒反力进行分析,主墩护筒所需提供最大黏结力为 4055.7kN。

容许黏结力:$3.14 \times 2.2 \times 4 \times 150 = 4144.8(\text{kN}) > 4055.7\text{kN}$,满足要求。

(4)结论:4m 厚封底混凝土满足受力要求。

**8.4.2** 钢管桩计算

工况一:下放第一层至第四层内支撑,内支撑之间做好可靠连接,然后插打钢管桩。该工况下钢管桩受力平衡,不做计算。

工况二:围堰抽水开挖至 −14.845m(封底混凝土底高程),准备水下浇筑封底混凝土。

工况三:待封底混凝土达到强度,围堰内抽水准备下层 4m 承台施工。

工况四:待下层 4m 承台强度达设计要求,已施工承台与钢管桩间灌沙。在灌沙顶部浇筑 500mm 厚垫梁,垫梁顶与下层承台顶齐平。垫梁强度达设计要求后拆除第四层内支撑。

工况五:待上层 3m 承台强度达设计要求,在已施工承台与钢管桩间灌沙。在灌沙顶部浇筑 500mm 厚垫梁,垫梁顶与上层承台顶齐平。垫梁强度达设计要求后底水位拆除第三层以及第二层内支撑。

(1)工况二计算

按单锚深埋试算,假设钢管桩围堰内土面以下 $y$m 处内外压力相等。用等值梁法计算板桩,为简化计算,常用土压力等于零点的位置来代替正负弯矩转折点的位置,计算图如图 3-1.5 所示。

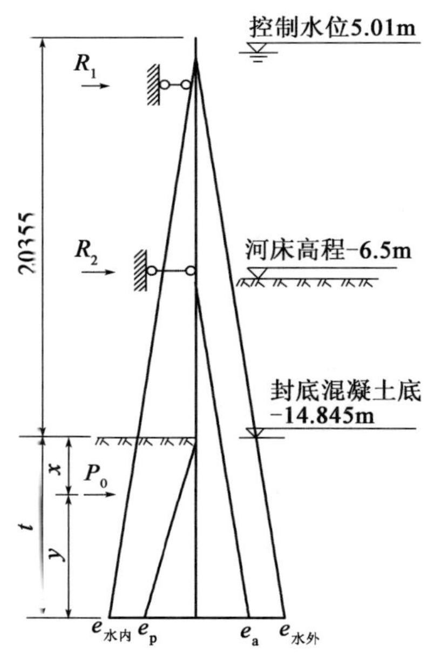


**图 3-1.5 钢管桩受力简图**(尺寸单位:mm)

钢管桩压力计算步骤如下:

第一步:参数计算。

主动土压力系数 $K_a=\tan^2(45-7/2)=0.783$;

被动土压力系数 $K_p=\tan^2(45+7/2)=1.278$;

被动土压力修正系数取 $K=1.15$。

处在水中土层,均按浮密度考虑:

$$\gamma'=\gamma-\gamma_w=17-10=7(\text{kN/m}^3)$$

第二步:用等值梁法计算钢管桩入土深度。

钢管桩上压力强度等于零的点离河床面的距离 $y$,可根据在 $y$ 处板桩前的压力强度等于板桩后的压力强度,即:

$$e_{水内}+e_p+2c\sqrt{K_p}=e_a+e_{水外}-2c\sqrt{K_a}$$

$$K\gamma_pK_py+2C\sqrt{K_p}=\gamma_aK_a(H+y)-2C\sqrt{K_a}$$

$$1.15\times7\times1.278y+2\times3.6\times\sqrt{1.278}=0.783\times7\times(y+8.345)-2\times3.6\times\sqrt{0.783}$$

计算得 $y=6.49$m。

①应力计算:

通过 MIDAS 建模计算钢管桩应力:$\sigma=98.2\text{MPa}<168\text{MPa}$,满足要求。

②反力计算:

通过 MIDAS 建模计算 $R_1=-3.8$kN/m;$R_2=41.2$kN/m;$R_3=-255.5$kN/m;$R_4=409.9$kN/m;$P_0=126.5$kN/m;

计算桩的最小入土深度 $t=y+x$;

根据 $P_0$ 和钢管桩土压力对板桩底端的力矩相等原理可求得 $x$。

$$x=\sqrt{\frac{6P_0}{KK_p\gamma_p-K_a\gamma_a}}=12.57(\text{m})$$

考虑安全系数 $t=1.1\times(6.49+12.57)=20.966(\text{m})$;

钢管桩长度 $L=20.355+20.966=41.321(\text{m})$,故钢管桩长度取 42m。

(2)工况三计算

封底混凝土达到强度后围堰内抽水至封底混凝土顶面准备施工承台。取封底混凝土顶面下 0.5m 作为支撑点,验算钢管桩受力。

①应力计算:

通过 MIDAS 建模计算钢管桩应力:$\sigma_{max}$ = 52.8MPa < 168MPa,满足要求。

②反力计算:

通过 MIDAS 建模计算:

第一层内支撑最大反力为 $R_{1max}$ = 37.3kN/m;

第二层内支撑最大反力为 $R_{2max}$ = 192.0kN/m;

第三层内支撑最大反力为 $R_{1max}$ = 165.6kN/m;

第四层内支撑最大反力为 $R_{1max}$ = 656.8kN/m。

(3)工况四计算

待下层 4m 承台强度达设计要求,在已施工承台与钢管桩间灌沙。在灌沙顶部浇筑 500mm 厚垫梁,取垫梁中心位置为支撑点,计算钢管桩受力。

①应力计算:

钢管桩应力:$\sigma_{max}$ = 26.9MPa < 168MPa,满足要求。

②反力计算:

第一层内支撑最大反力为 $R_{1max}$ = 41.5kN/m;

第二层内支撑最大反力为 $R_{2max}$ = 147.2kN/m;

第三层内支撑最大反力为 $R_{1max}$ = 378.7kN/m。

(4)工况五计算

待上层 3m 承台强度达设计要求,在已施工承台与钢管桩间灌沙。在灌沙顶部浇筑 500mm 厚垫梁,取垫梁中心位置为支撑点,计算钢管桩受力。

①应力计算:

钢管桩应力:$\sigma_{max}$ = 70.5MPa < 168MPa,满足要求。

②反力计算:

第一层内支撑最大反力为 $R_{1max}$ = 156.8kN/m。

**8.4.3** 内支撑及导环计算

通过上述计算:第一、第二层内支撑控制荷载 $R_{2max}$ = 192.0kN/m,圈梁采用 2HW588,支撑采用 $\phi$630×8;第三层内支撑控制荷载 $R_{3max}$ = 378.7kN/m,圈梁采用 2HN700,支撑采用 $\phi$800×10;第四层内支撑控制荷载 $R_4$ = 656.8kN/m,圈梁采用 2HN900 + 2×10mm 钢板,支撑采用 $\phi$1000×12。

(1)第一、第二层内支撑

最大应力:

杆件最大组合应力 102.9MPa < 168MPa,满足要求。

位移:

$Y$ 向最大位移 $D_Y$ = 1.5 < 4706/400 = 11.765(mm),满足刚度要求。

$X$ 向最大位移 $D_X$ = 0.6 < 4350/400 = 10.875(mm),满足刚度要求。

(2)第三层内支撑

最大应力:

杆件最大组合应力 154.4MPa < 168MPa,满足要求。

位移:

$Y$ 向最大位移 $D_Y$ = 1.5 < 4706/400 = 11.765(mm),满足刚度要求。

$X$ 向最大位移 $D_X$ = 0.4 < 4350/400 = 10.875(mm),满足刚度要求。

(3)第四道内支撑

最大应力:

杆件最大组合应力 158.2MPa < 168MPa,满足要求。

位移：

$Y$ 向最大位移 $D_Y = 1.5 < 4706/400 = 11.765(\text{mm})$，满足刚度要求。

$X$ 向最大位移 $D_X = 0.4 < 4350/400 = 10.875(\text{mm})$，满足刚度要求。

**8.4.4** 内支撑下放系统计算

(1)下放工况下内支撑以及吊点受力计算

由施工步骤得出内支撑下放时承担下部三层内支撑重量，第四层由拼装平台承担。内支撑下放时应力为：杆件最大组合应力 103.2MPa < 168MPa，满足要求。

吊点反力为：573.5kN，411.1kN。

(2)分配梁及支撑梁受力计算

杆件最大组合正应力 73.8MPa < 168MPa，最大剪应力为 45.7MPa < 100MPa，满足要求。

分配梁 $F_1$ 反力为：857.2kN，-268.2kN；

分配梁 $F_2$ 反力为：555.4kN，-104.8kN；

支撑梁 $H_3$ 反力为：526.3kN，-100.4kN；

支撑梁 $H_4$ 反力为：834.5kN，-248.1kN。

位移如下：

分配梁 $F_1$ 最大位移为：$2.2\text{mm} < 1504/250 = 6(\text{mm})$；

分配梁 $F_2$ 最大位移为：$6.1\text{mm} < 2150/250 = 8.6(\text{mm})$；

支撑梁 $H_3$ 最大位移为：$1.7\text{mm} < 1152/250 = 4.6(\text{mm})$；

支撑梁 $H_4$ 最大位移为：$2.5\text{mm} < 1281/250 = 5.1(\text{mm})$。

(3)牛腿 $N_1$、$N_4$ 以及分配梁 $F_1$ 位置反拉牛腿计算

由支撑梁 $H_3$ 得出牛腿 $N_1$ 上最大荷载为 526.3kN，建立模型计算牛腿 $N_1$。

杆件最大组合正应力 95.5MPa < 168MPa，最大剪应力为 15.1MPa < 100MPa，满足要求。

牛腿压杆最大弯矩 $M = 67.4\text{kN} \cdot \text{m}$，最大轴力 $N = 656.5\text{kN}$，则 $\lambda = \dfrac{l}{i} = \dfrac{1.936}{0.153} = 12.65$，查表得 $\varphi = 0.988$。

管桩应力：

$$\sigma = \frac{N}{\varphi A} + \frac{\beta M}{\gamma W\left(1 - 0.8\dfrac{N}{N'_{EX}}\right)}$$

其中：$\gamma = 1.15$（与截面模量相应的截面塑性发展系数），$\beta = 1.0$（等效弯矩系数）。

$$N'_{EX} = \frac{\pi^2 EA}{1.1\lambda^2} = \frac{3.14^2 \times 210 \times 10^3 \times 1.48 \times 10^4}{1.1 \times 12.65^2} \times 10^{-3} = 174087$$

$$\sigma = \frac{N}{\varphi A} + \frac{\beta M}{\gamma W\left(1 - 0.8\dfrac{N}{N'_{EX}}\right)} = \frac{656.5 \times 10^3}{0.988 \times 1.48 \times 10^4} + \frac{1 \times 67.4 \times 10^6}{1.15 \times 1.73 \times 10^6 \times \left(1 - 0.8 \times \dfrac{656.5}{174087}\right)} = 78.9(\text{MPa})$$

满足要求。

牛腿 $N_1$ 反力，焊缝高度为 10mm，焊缝应力：

$$[\sigma] = \frac{N}{h_e \Sigma l_{w1}} = \frac{506.3 \times 1000}{0.7 \times 10 \times 1160} = 62.35(\text{MPa}) < 100\text{MPa}$$

牛腿 $N_2$ 最大荷载为 248.1kN，焊缝高度为 10mm，焊缝应力：

$$[\sigma] = \frac{N}{h_e \Sigma l_{w1}} = \frac{248.1 \times 1000}{0.7 \times 10 \times 1200} = 29.54(\text{MPa}) < 100\text{MPa}$$

牛腿 $N_3$ 受力同 $N_2$，不另做计算。

牛腿 $N_4$最大荷载为 834.5kN,焊缝高度为 10mm,焊缝应力:

$$[\sigma]=\frac{N}{h_e\sum l_{w1}}=\frac{834.5\times1000}{0.7\times10\times2400}=49.67(\mathrm{MPa})<100\mathrm{MPa}$$

### 8.5 结论

综上计算,钢管桩及内支撑受力满足规范要求。

## 第三节 示例点评

本示例概述了钢管桩围堰的施工方法、施工保障措施和围堰结构计算等内容,对类似钢管桩围堰工程具有一定借鉴意义,对其他类型围堰(如单双壁钢围堰、土围堰)施工的指导性不足。其他类型围堰可参照本示例内容框架体系,结合围堰设计,编制相应的专项施工方案。

示例应考虑围堰内外潮汐引起的水头差对围堰稳定性的影响。基底清理过程中应细化吸泥的控制要点。示例中应增加围堰稳定性的内力监测和围堰外河床的监测监控内容。示例中应完善钢管桩加工的焊接质量检测。

# 第二章 支架现浇工程专项施工方案

## 第一节 编 制 要 求

### 1 适用范围

适用于搭设高度5m及以上、搭设跨度10m及以上、施工总荷载10kN/m$^2$及以上、集中线荷载15kN/m及以上的支架现浇工程。

### 2 工程重难点

(1)满堂支架构配件材料质量控制为工程重点。

(2)满堂支架地基处理及其承载力计算为工程重点。

(3)满堂支架方案设计及其强度、刚度、稳定性相关计算,为工程重难点。

(4)满堂支架搭设质量、预压、拆除顺序等为工程重难点。

### 3 内容要点

(1)危险因素分析中重点评估跨线施工未按照方案作业导致坍塌侵限的风险,脚手架搭设及拆除未按方案施工导致坍塌的风险和模板组装及拆除未按方案执行导致坍塌的风险。

(2)施工方法及工艺中重点阐述地基处理、支架搭设、预压、混凝土浇筑和支架拆除等重要工序的施工方法。

(3)安全保障措施中重点阐述支架搭设及拆除、高空作业和预应力张拉等施工的保障措施。

(4)计算书中重点阐述组合荷载下棚架、支架构配件的强度、刚度和稳定性计算。

## 第二节 工 程 示 例

### 1 工程概况

本槽形梁采用满堂支架现浇施工,本槽形梁全桥共7个梁段,跨中梁高3.5m,边支点处梁高4.3m,中支点处梁高5.6m,梁顶由支点向两侧按圆曲线变化,曲线半径为231.52m。纵梁腹板宽度0.3~0.4m,按折线变化;顶板厚度0.47m,道床板厚度0.45m;支点处设置横梁,高1.25m,边支点宽度1.1m,中支点处高度1.5m。

### 2 编制依据

参照第一篇“3 主要编制依据”。

# 3 施工方法及工艺

## 3.1 施工工艺流程

槽形梁施工工艺流程如图3-2.1所示。

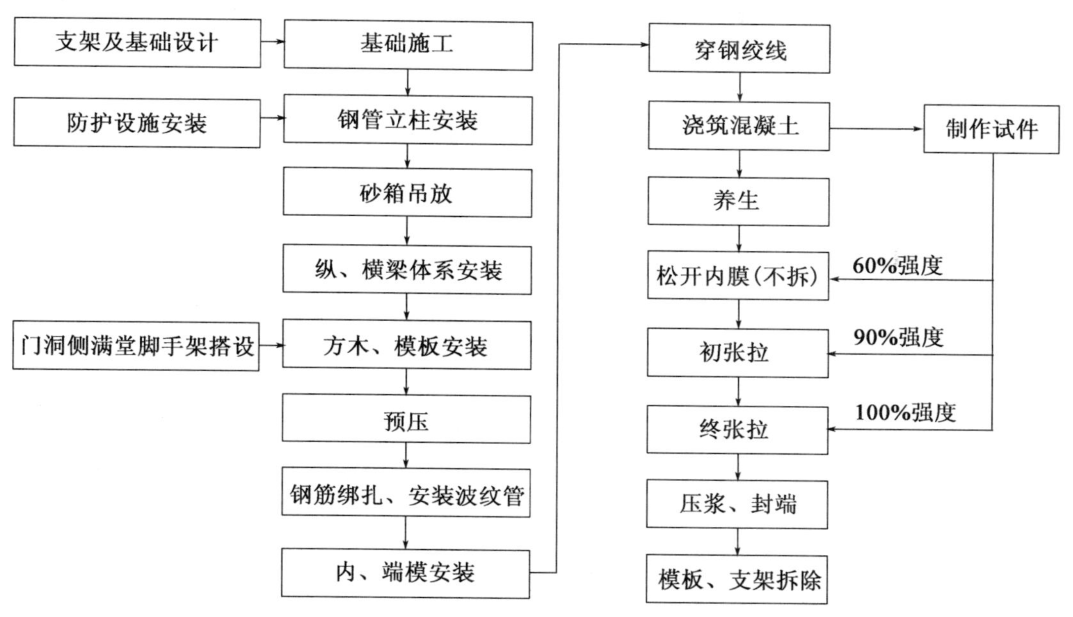


图3-2.1 槽形梁施工工艺流程图

## 3.2 施工方法

### 3.2.1 支架工程

(1)地基处理

××大道与80号、83号承台区域地基处理采用砂夹石换填2m深,浇筑20cm厚C20混凝土,硬化后地面高于原地面20cm,四周设置U形排水沟,防止雨天积水。大道中间设置2~4m门洞。大道路面上3排门洞立柱基础采用C20钢筋混凝土条形基础,条形基础长13m,两侧支墩基础断面为0.96m×0.75m,基础上预埋0.9m×0.9m、厚1cm钢板。作为第三排立柱基础,钢板底部设有直径为$\phi$20的螺纹U形钢筋。钢板埋设时,要求钢板顶面比基础顶面低1cm,钢板四角误差不超过2mm。

砂夹石换填采用分层换填,分层厚度为50cm,采用20t钢轮压路机进行压实。压实过程中采用先静后振,直至无明显轮迹印。每层压实度不小于94%,检测合格后进行下一层填筑。换填完成之后高于原地面20cm。

(2)支架布置

满堂碗扣式钢管脚手架采用$\phi$48×3.5mm钢管搭建,支架立杆顺桥向间距均为60cm,横杆步距120cm,其中靠近梁支点处立杆间距为30cm。在槽形梁道床板处立杆横桥向间距为90cm、60cm,腹板下立杆横桥向间距为30cm。立杆上下端均设可调节高度的托座,以方便进行高度调节。立杆顶托上设10cm×10cm方木纵梁。支架纵、横向及水平向设置$\phi$48×3.0mm钢管剪刀撑,纵向每5排设置一排,横向考虑到桥位处风荷载不大,每5排设置一排,且外侧立面和两端必须设置剪刀撑,剪刀斜杆与地面的倾角应为45°~60°,确保满堂支架的整体稳定性(图3-2.2)。

门架钢管柱支墩采用钢板焊接管,直径$\phi$630mm,壁厚8mm。钢管立柱长度根据现场高程计算,现场切割。设置3排支墩,每排5根立柱,间距按2.2m+3m+3m+2.2m布置。同排钢管柱间采用[14a槽钢作联系梁。立柱与预埋钢板焊接固定,并设置30cm×30cm×2cm三角肋板。

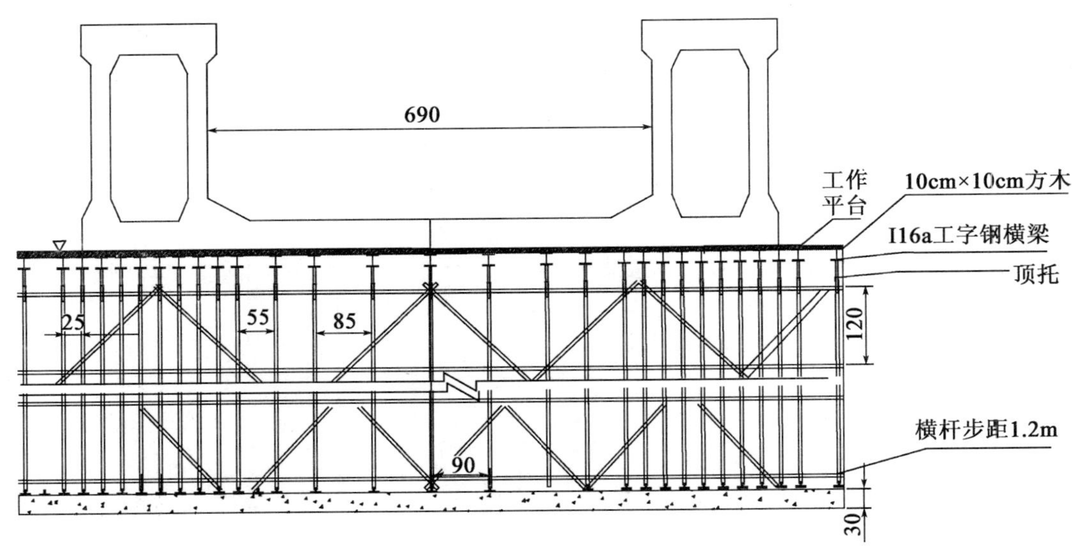


**图 3-2.2　满堂碗扣式钢管脚手架横断面布置图**(尺寸单位:cm)

立柱顶上焊接 20mm 钢板端头板,端头板上设置落模砂箱,砂箱顶设置双拼 I50a 工字钢横梁,长度 12m,横梁利用 25t 汽车吊吊放至砂箱顶部,吊放时注意应确保横梁的纵向中心线与四个砂箱的中线连线在一条直线上。工字钢下翼缘与砂箱顶板接触部位全焊缝焊接。工字钢横梁上使用 I36a 工字钢作纵梁,两侧腹板底部采用双排工字钢并焊,分配梁布置中心间距为 48cm,中间道床板处间距为 0.6m、0.9m,纵梁分配梁总共 33 根,横桥向铺设总宽 12.8m,单根长度 8.7m。工字钢纵梁上铺设间距为 0.3m 的横向 10cm × 10cm 方木分配梁,分配梁铺设总宽度为 12.8m,其中梁体两侧各有 1.0m 宽工作平台。

**3.2.2**　支架预压

(1)预压目的

为确保梁体质量和线形,满堂支架的设计安全,并准确掌握现浇梁施工过程中支架各工况下的实际挠度、刚度和稳定性,支架使用前在现场做静载预压试验,通过模拟支架在梁体混凝土施工过程中的加载来分析、验证支架及其附属结构的弹性变形,消除其非弹性变形,检验支架的安全性,计算施工荷载作用下的弹性变形。以此来指导混凝土分层浇筑的顺序,以确保支架在投入使用后能正常工作和安全使用。

(2)加载顺序

槽形梁梁体按节段施工,分别为 A、B、C、D 共 4 个节段,4 个节段施工前分别进行支架预压,A、B、C、D 节段钢筋混凝土质量分别为:948t、797.5t、49.7t、526.6t。

4 个节段分次预压,支架预压采用在平台上加载预制块。荷载分 4 级施加,加载顺序为 0→50%→80%→100%→130%,总荷载为托架实际受力的 1.3 倍。

(3)实物加载

根据 A 节段钢筋混凝土质量 1.3 倍计算得 1232t,实物堆载采用混凝土预制块 + 砂袋,预制块(1m × 1m × 1.5m)单个质量为 1.5 × 2.4 = 3.6(t),A 节段所需预压块 343 块。

(4)加载步骤流程

施工准备(技术交底、人员、机械、材料等)→支架按设计安装就位→支架全面检查→观测点布设标记→分级加载→观测读数记录全面检查→稳定静置观测读数记录全面检查→卸载→观测读数记录全面检查→稳定观测读数记录全面检查→观测数据整理、分析→预压结果报告→整修调整支架待用。

(5)加载过程中应注意的问题

①对各个压重荷载必须认真称量、计算和记录,由专人负责。

②所有压重荷载应提前准备至方便起吊运输的地方。

③在加载过程中,要求详细记录加载时间、吨位及位置,及时通知测量组做现场跟踪观测。未经观测不能进行下一级荷载。每完成一级加载应对支架进行检查,支架稳定后进行观测,加载过程中发现异常情况应立即停止加载,及时分析,采取相应措施。如果实测值与理论值相差太大应分析原因后再确定下一步方案。

(6)测点布置

纵向按在架空距离 $L$ 的1/2、1/4、1/8 处分别布置观测点。加载前,先准确确定各测点位置,用红漆做记号,横向观测点按图3-2.3进行布置。

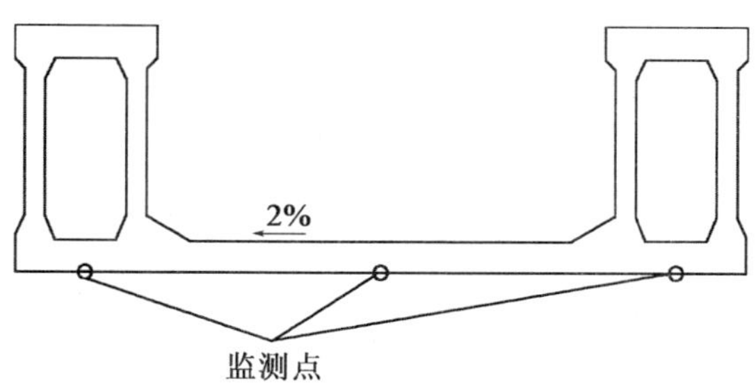


图3-2.3　沉降观测点横向布置图

预压前测出沉降观测点高程,预制块按照堆载顺序堆放,每一级加载后静停1h测量沉降点的高程,第四级加载后静停24h(当连续24h观测的累计变形不大于2mm时,即认为是稳定状态)开始分级卸载;按照相反的顺序卸载,并逐级观测弹性变形值;计算支架的变形量,支架弹性变形量可作为立模预拱度值。

(7)数据计算、分析、整理

加载前的初始读数 - 满载稳定后的终读数 = 总变形量;

加载前的初始读数 - 卸载稳定后的终读数 = 非弹性变形量;

总变形量 - 非弹性变形量 = 弹性变形量。

(8)预压成果整理

根据现场实测的数据,对原始数据加以分析、汇总,并与设计计算值加以对比,依据对比结果给出试验结论,最后整理成现场预压试验成果。

### 3.2.3　支座安装

支座安装前,在支承垫石上放好每个支座的十字线,并测出顶面高程、调平,对支座地脚螺栓预留孔的孔径、深度、垂直度进行检查并清除干净。在垫石顶面从预留孔向外凿灌浆槽以便砂浆的浇筑。各项指标检查合格后利用吊车吊起支座就位。支座安装时,应注意支座的安装方向。

支座清洁完成后将其上下连接板固定,对于多向活动支座和纵向活动支座还要按照安装时的气温与设计合龙温度差、混凝土的徐变等对支座上座板预留偏移量。

支座安装好后用无收缩高强度灌注材料灌注锚栓预留孔及支座底面垫层。灌注材料要求抗压强度不低于50MPa。在使用前应进行配比试验,掌握材料的固化时间。灌浆前,应初步计算所需的浆体体积,灌注实用浆体数量不应与计算值产生过大误差,应防止中间缺浆。支座上下板采用连接铁件连接固定。

### 3.2.4　模板施工

考虑到模板成本和施工质量,本工程内外模、端模、底模均采用厚为1.2cm的竹胶板,面板尺寸1.22m×2.44m,以适应立杆布置间距,面板后竖向背10cm×10cm方木。内外模方木背楞后设横向双[10槽钢,采用 $\phi$25精轧螺纹钢对拉加固,槽形梁外侧搭设脚手架,加固翼缘顶部模板。槽形梁内部采用 $\phi$48×3.5mm钢管支撑两侧腹板模板。

### 3.2.5　钢筋及预应力加工

钢筋和预应力筋(预应力管道)在现场钢筋场制作,采用25t吊车起吊至底模上,进行钢筋绑扎。纵向预应力管道采用90mm金属波纹管成孔,横向预应力管道采用90×19mm扁形金属波纹管成孔。

### 3.2.6　混凝土施工

梁体混凝土一次浇筑成型,槽型梁C50混凝土在拌和站集中拌和,用罐车运至墩底由输送泵泵送入模,两侧的混凝土对称灌筑成型。

### 3.2.7 预应力施工

槽形梁按全预应力混凝土设计,采用纵向、横向预应力,预应力钢绞线采用 GB/T 5224—2003 标准高强度低松弛钢绞线,标准强度 1860MPa,钢束每股直径 15.2mm,纵向设计锚下张拉控制应力 1302MPa。混凝土强度达到设计的 95%,弹性模量达到设计的 100%,且混凝土养护时间达到 7d 后,即可对纵向预应力钢筋进行张拉施工。横向设计锚下张拉控制应力 1302 MPa,混凝土强度达到设计的 95%,弹性模量达到设计的 100%,且混凝土养护时间达到 7d 后,即可对横向预应力钢筋进行张拉施工。纵向预应力管道采用 90mm 金属波纹管成孔,横向预应力管道采用 90 × 19mm 扁形金属波纹管成孔。

### 3.2.8 桥面系及附属工程

桥面铺装施工主要包括挡砟墙、接触网支柱基础、人行道和桥面防水层、保护层、伸缩缝的铺设安装施工。

挡砟墙:为使施工方便,挡砟墙在梁体施工完成后进行现场灌注,梁体施工时在挡砟墙相应部位预埋挡砟墙钢筋,灌注梁体混凝土时一同灌注 100mm 高的挡砟墙,待作桥面时再现场灌注至要求高度,以确保挡砟墙与梁体的整体性。

接触网支柱基础:梁体浇筑时在相应位置安装接触网锚固螺栓及加强钢筋,支柱基础混凝土在梁体混凝土浇筑时一并灌注,如在桥面设置接触网锚柱。

防水层、保护层:防水层及保护层应在挡砟墙施工完成后施工。挡砟墙施工时应注意预埋钢筋的埋设。为保证桥面排水畅通,在保护层施工时,桥梁设置排水坡度,同时根据泄水孔的位置设置一定的汇水坡度。

## 4 施工计划

### 4.1 施工进度计划(表 3-2.1)

**表 3-2.1 槽形梁施工工期计划安排表**

| 序号 | 主要施工项目 | 工期(d) | 开始时间 | 结束时间 |
|---|---|---|---|---|
| 1 | 地基处理 | 15 | 2017 年 6 月 20 日 | 2017 年 7 月 5 日 |
| 2 | 支架搭设及预压 | 5 | 2017 年 7 月 6 日 | 2017 年 7 月 10 日 |
| 3 | B 节段施工 | 60 | 2017 年 7 月 11 日 | 2017 年 8 月 31 日 |
| 4 | D 节段施工 | 20 | 2017 年 9 月 1 日 | 2017 年 9 月 20 日 |
| 5 | C 节段施工 | 10 | 2017 年 9 月 21 日 | 2017 年 10 月 5 日 |
| 6 | A 节段施工 | 100 | 2017 年 9 月 21 日 | 2017 年 12 月 31 日 |
| 7 | 桥面系 | 15 | 2018 年 1 月 1 日 | 2018 年 1 月 15 日 |

### 4.2 机械设备计划

槽形梁施工使用的主要机械包括:混凝土搅拌站、汽车泵、混凝土运输车、汽车吊、电焊机、钢筋弯曲机、钢筋截断机、钢筋调直机、张拉千斤顶、压浆机、振捣棒等。

### 4.3 劳动力计划

槽形梁主要施工人员包括:安全、质量、技术、试验人员,司索工、起重工、支架工、电工、焊工、钢筋工、混凝土工、模板工、普工等。

## 5 危险因素分析

### 5.1 危险源辨识(表 3-2.2)

表 3-2.2 槽形梁满堂支架施工危险源辨识表

| 序号 | 作业内容 | 潜在事故类型 | 造成事故原因 | 防范措施 |
|---|---|---|---|---|
| 1 | 连续梁跨线施工 | 坍塌、侵限 | 连续梁施工未按照方案作业,施工过程中吊材料到公路线内,棚架搭设不符合专项安全防护方案 | 严格按照施工方案及作业指导书施工,现场加强盯控;跨线部位搭设防护棚架,棚架宽度大于连续梁投影宽度,防止坠物直接掉落公路上;严格按照专项安全防护方案搭设棚架 |
| 2 | 脚手架搭设及拆除 | 人员伤亡 | 作业人员安全防护用品佩戴不全,施工前未进行技术交底 | 作业人员安全防护用品佩戴齐全;作业前技术交底、加强管理 |
| 3 | | 物体打击 | 搭设、拆除时随意抛料、物品 | 加强安全教育,加强现场监督 |
| 4 | | 坍塌 | 脚手架搭设不合格,无验收预压手续,脚手架上堆物过多,或过于集中超过设计荷载,脚手架外侧敷设着卸料平台等,模板支撑体系和脚手架相连 | 严格制度管理,规范支架预压;模板支撑体系避免和架体相连 |
| 5 | 模板组装及拆除 | 高处坠落 | 3m 以上高空作业不系安全带,六级以上大风未停止作业,模板工程施工前未对作业人员进行安全技术交底,上下同一垂直面上同时进行装拆模板,作业工人在连接件和支撑件上攀登 | 加强安全教育,加强现场监督;项目部及时和气象部门保持联系,提前通知工班禁止作业;同一垂直面上下不得同时作业 |
| 6 | | 物体打击 | 高处作业,抛掷工具,将工具放在平台和木料上,高处拆除模板时,向下抛掷,模板未固定就进行下道工序的施工 | 加强安全教育,加强现场监督;模板未固定前不得进行下道工序施工 |
| 7 | | 坍塌 | 模板工程未按规范和方案要求施工,未按顺序拆除模板 | 严格按规范和方案要求进行模板拆除 |

### 5.2 危险因素评估

评估方法选择、量化分值标准参照第一篇“6.1 危险因素分析”。LEC 法危险因素评估计算结果见表3-2 3。

表3-2.3 LEC 危险因素评估结果计算表

| 作业内容 | 事故类型 | 风险估测 | | | |
|---|---|---|---|---|---|
| | | 可能性 L | 暴露频率 E | 严重程度 C | 风险大小 D |
| 连续梁跨线施工 | 坍塌、侵限 | 0.5 | 6 | 100 | 300 |
| 脚手架搭设及拆除 | 人员伤亡 | 3 | 3 | 15 | 135 |
| | 物体打击 | 6 | 3 | 7 | 126 |
| | 坍塌 | 0.5 | 6 | 100 | 300 |
| 模板组装及拆除 | 高处坠落 | 3 | 3 | 15 | 135 |
| | 物体打击 | 3 | 3 | 15 | 135 |
| | 坍塌 | 0.5 | 6 | 100 | 300 |

根据 LEC 危险因素评估计算结果表和 LEC 法评估结果分级，分值在 160 以上的属于重大危险源，因此支架现浇工程施工中的重大危险源为连续梁跨线施工未按照方案作业导致的坍塌侵限、脚手架搭设及拆除未按方案施工导致的坍塌和模板组装以及拆除未按方案执行导致的坍塌。

## 6 施工安全保障措施

### 6.1 组织保障措施

参见第二篇第一章“6.1 组织保障措施”。

### 6.2 技术保障措施

#### 6.2.1 支架搭设安全保障措施

(1)支架搭设完毕，用合格密目安全网围护于支架的外围。

(2)钢管与扣件进场前应经过检查检验，所用扣件在使用前应清理加油一次，扣件一定要上紧，不得松动。

(3)支架搭设到 3m 高度时由支架搭设人员进行自检。支架搭设完毕后由搭设人员会同施工、监理单位对整个脚手架进行验收检查，验收合格后方可投入使用。

(4)满堂支架搭设完毕后，在施工过程中严禁将模板支架、揽风绳、泵送混凝土和砂浆的输送管道等固定在脚手架上，脚手架严禁悬挂起重设备。

(5)满堂支架的安全性是由支架的整体性和支架结构完整性来保证的，未经允许严禁他人破坏支架结构或擅自拆除脚手架各构件。其中在满堂支架使用期间，严禁拆除主节点处横、纵向水平杆。

(6)支架基础的场地应设排水措施，遇洪水或大雨浸泡后，应重新检验支架基础、验算支架受力。

(7)支架使用前应预压。预压加载、卸载应按预压方案要求实施，使用砂(土)袋预压时应采取防雨措施。

#### 6.2.2 高空作业安全保障措施

(1)高空作业时必须设置外挂安全防护网。

(2)严禁患有恐高症、高血压、癫痫病等不适宜高空作业的人员从事高空作业，严禁酒后作业。

(3)针对每道工序存在的安全隐患，在上岗前对工人进行安全教育培训，使工人了解施工过程中存在的安全隐患以及相应的防范措施。

(4)参加高处作业人员应按规定要求戴好安全帽、系好安全带,衣着符合高处作业要求,穿软底鞋,不穿带钉易滑鞋,并要认真做到“十不准”。

(5)严禁从高空往下抛掷材料,材料须堆码成形,由起重设备或人工运输。

(6)门架两侧应设置警示标志,提醒来往车辆、行人注意安全。警示牌内容“前方施工,车辆慢行”应分别设置于距门架100m、50m处。

(7)高处作业前,应检查作业点行走和站立处的脚手板、临空处的栏杆或安全网及上、下梯子,确认符合安全规定后,方可进行作业。

(8)高处作业所用的料具,应用绳索捆扎牢靠,小型料具应装在工具袋内吊运,并摆放在牢靠处,以防坠落伤人,严禁抛掷。

(9)夜间施工应有足够的照明,在人员上下运输过道处,均应设置固定的照明设施。

(10)吊装施工危险区域,应设围栏和警告标志,禁止行人通过,夜间高处作业必须配备充足的照明。

(11)施工人员通道采用梯笼,梯笼安装前先对地基进行处理,夯实整平,硬化长5m、宽3m、厚0.3m的C25混凝土。

#### 6.2.3 预应力张拉安全保障措施

(1)预应力钢束张拉施工前,应遵守下列规定:

①张拉作业区无关人员不得进入。

②检查张拉设备、工具是否符合施工及安全的要求。

③锚环及夹片使用前应经检验,方可使用。

④高压油泵与千斤顶之间的连接点,各接口必须完好无损。

⑤油泵开动时,进回油速度与压力表指针升降应平稳、均匀一致。

⑥张拉前,操作人员要确定联络信号,张拉两端相距较远时,宜设对讲机等通信设备。张拉作业平台,拉伸机支架要搭设牢固,平台四周应加设护栏,张拉时千斤顶的对面及后面严禁站人,作业人员应站在千斤顶的两侧。

(2)张拉操作中若出现异常现象,应立即停机进行检查。

(3)张拉钢束完毕,退锚时应采取安全防护措施,人工拆卸工具夹片时,不得强击。

(4)张拉完毕后,对张拉施工锚两端,应妥善保护不得压重,严禁撞击锚具及钢筋。

#### 6.2.4 支架拆除安全保障措施

支架拆除顺序:护栏→脚手板→底模板→方木→工字钢→顶托→剪刀撑→小横杆→大横杆→立杆;严禁随意拆卸。

拆除前应先清除支架上杂物及地面障碍物,由上而下逐层拆除,严禁上下同时作业。拆除过程中,凡是已经松开的连接杆件、配件应及时拆除运走,避免误扶、误靠。拆下的杆件应以安全方式吊走或运出,严禁向下抛掷。拆除支架时地面应设围栏和警示标志,并派专人看守,严禁非操作人员入内。

## 7 应急预案

参见第二篇第一章“7 应急预案”。

## 8 计算书及相关图纸

### 8.1 概述

槽形梁采用满堂支架现浇施工,道路中间设置门洞。

### 8.2 验算依据

参见第一篇“3 主要编制依据”。

### 8.3 设计参数

材料设计应力：Q235B 钢材；$[\sigma]=215\text{MPa}$，$[\tau]=125\text{MPa}$。

钢的弹性模量：$E=2.06\times10^5(\text{MPa})$。

## 8.4 连续槽形梁现浇支架验算

### 8.4.1 结构概况

满堂支架部分：采用 $\phi48\times3.5\text{mm}$ 碗扣式钢管架，立杆主要采用 3.0m、2.4m、1.8m 几种，横杆采用 0.9m、0.6m、0.3m 三种规格。

腹板顺桥向间距按 60cm 控制，横桥向间距按 30cm 控制；底板顺桥向间距为 60cm，横桥向间距为 90cm。横向和纵向水平杆步距 1.2m，顶托上横向设置[16 工字钢分配梁，上铺 10cm×10cm 方木作为纵向分配梁，间距 30cm，模板采用厂家定制木模。

如图 3.2-4、图 3.2-5 所示，门洞混凝土基础上分别设置三排纵向间距 4m、每排 5 根 $\phi630\text{mm}\times8\text{mm}$ 钢管立柱，横向间距 2.2m+3m+3m+2.2m，立柱顶端设置落模砂箱，砂箱顶设置双拼[50a 工字钢横梁，横梁上设置[36a 工字钢纵梁，纵梁上设 10cm×10cm 方木分配梁，分配梁上安放底模板。

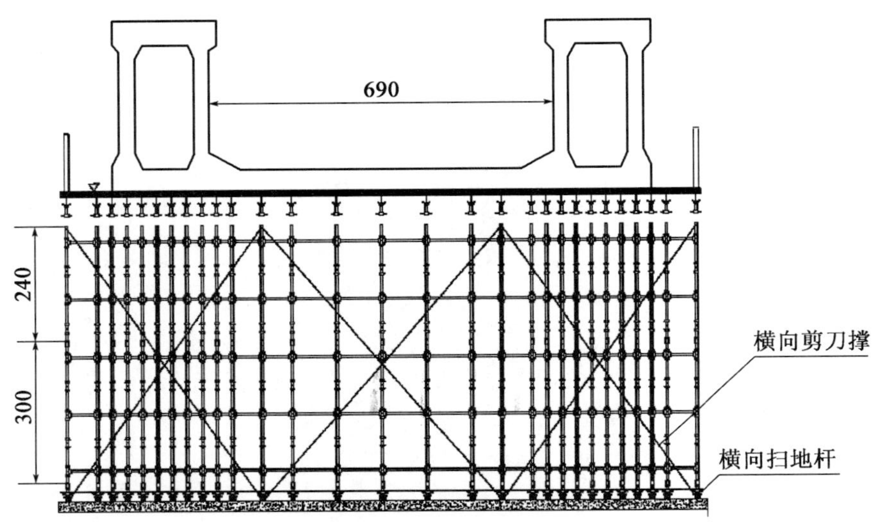


图 3.2-4 现浇支架断面布置图(尺寸单位：cm)

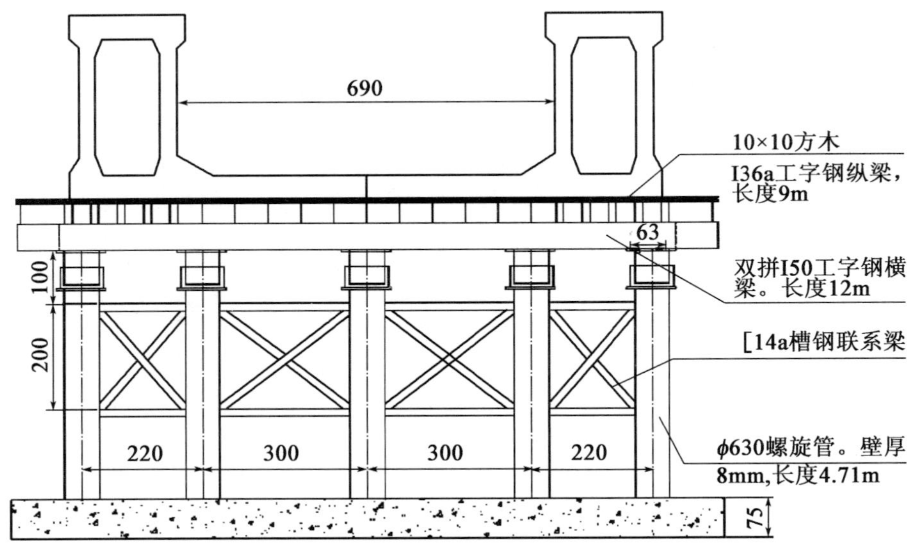


图 3.2-5 现浇支架门洞布置图(尺寸单位：cm)

**8.4.2** 验算荷载

箱梁混凝土自重 26.5 $kN/m^3$；

模板及支架自重 2 $kN/m^2$；

施工人员及机具荷载 2.5$kN/m^2$；

倾倒及振捣混凝土荷载 2.5 $kN/m^2$。

**8.4.3** 验算结果

(1)脚手架处验算

①方木验算

方木尺寸为 100mm×100mm，弹性模量为 7500MPa。方木纵桥向布置间距 300mm，腹板处计算跨度为 300mm，底板处计算跨度为 900mm。按多跨连续梁进行验算。

方木的截面惯性矩 $I$ 和截面抵抗矩 $W$ 分别为：$W = 100^3/6 = 166666.7(mm^3)$；$I = 100^4/12 = 8333333.3(mm^4)$。

腹板处，均布荷载值为：

$q_f = 1.2 \times (26.5 \times 5.6 \times 0.3 + 2 \times 0.3) + 1.4 \times (2.5 + 2.5) \times 0.3 = 56.3(kN/m)$。

底板处，均布荷载值为：

$q_d = 1.2 \times (26.5 \times 0.45 \times 0.3 + 2 \times 0.3) + 1.4 \times (2.5 + 2.5) \times 0.3 = 7.2(kN/m)$。

a. 强度计算：

腹板处弯矩：$M = 0.1qL^2 = 0.1 \times 56.3 \times 0.32 = 0.51(kN \cdot m)$。

弯曲应力：$\sigma = M/W = 0.51 \times 106/166666.7 = 3(MPa) < [\sigma] = 24MPa$，满足要求。

底板处弯矩：$M = 0.1qL^2 = 0.1 \times 7.2 \times 0.92 = 0.59(kN \cdot m)$。

弯曲应力：$\sigma = M/W = 0.59 \times 106/166666.7 = 3.5(MPa) < [\sigma] = 24MPa$，满足要求。

b. 挠度计算：

腹板处方木最大挠度计算值：

$f = 0.677ql^4/(100EI) = 0.677 \times 56.3 \times 300^4/(100 \times 7500 \times 8333333.3) = 0.1(mm) < [f] = 300/400 = 0.75(mm)$，满足要求。

底板处方木最大挠度计算值：

$f = 0.677ql^4/(100EI) = 0.677 \times 7.2 \times 900^4/(100 \times 7500 \times 8333333.3) = 0.52(mm) < [f] = 900/400 = 2.25(mm)$，满足要求。

②纵梁Ⅰ16 验算

纵梁采用Ⅰ16 型钢。纵梁横桥向，腹板处布置间距 300mm，底板处布置间距 900mm，计算跨度为 600mm。按多跨连续梁进行验算。

纵梁的截面惯性矩 $I$ 和截面抵抗矩 $W$ 分别为：$I = 11300000mm^4$；$W = 141250mm^3$。

腹板处，均布荷载值为：

$q_f = 1.2 \times (26.5 \times 5.6 \times 0.3 + 2 \times 0.3) + 1.4 \times (2.5 + 2.5) \times 0.3 = 56.3(kN/m)$。

底板处，均布荷载值为：

$q_d = 1.2 \times (26.5 \times 0.45 \times 0.9 + 2 \times 0.9) + 1.4 \times (2.5 + 2.5) \times 0.9 = 21.4(kN/m)$。

a. 强度计算：

腹板处荷载最不利，验算此处。

最大弯矩：$M = 0.1qL^2 = 0.1 \times 56.3 \times 0.62 = 2.03(kN \cdot m)$；

弯曲应力：$\sigma = M/W = 2.03 \times 10^6/141250 = 14.4(MPa) < [\sigma] = 215MPa$，满足要求。

b. 挠度计算：

最大挠度计算值：

$f = 0.677ql^4/(100EI) = 0.677 \times 56.3 \times 600^4/(100 \times 206000 \times 11300000) = 0.1(mm) < [f] = 600/400 =$

1.5(mm),满足要求。

③立杆验算

立杆最大轴力 $N=20.3\text{kN}$,立杆步距为 1.2m,计算长度 $l=1200\text{mm}$;

长细比 $\lambda=L/i=1200/15.7=76.5$,按 b 类截面,查稳定系数 $\varphi=0.71$。

按稳定算容许承载力:$\sigma=\dfrac{N}{A\varphi}=\dfrac{20.3\times10^3}{0.71\times489.3}=58.5(\text{MPa})<[\sigma]=215\text{MPa}$,满足要求。

(2)基础验算

立杆最大轴力 $N=20.3\text{kN}$,施工前设计对原地面采用砂夹石进行换填,换填深度为 2m,经压路机碾压整平之后浇筑一层 20cm 厚 C15 混凝土。地基承载力设计值:$f_g=k_c\times f_{gk}=176\text{kPa}$,立杆最小底面积要满足 $A>N/f_g=0.12\text{m}^2$。

(3)门洞处验算

①方木验算

方木尺寸为 100mm × 100mm,弹性模量为 7500MPa。方木纵桥向布置间距 300mm,计算跨度为 600mm。按多跨连续梁进行验算。

方木的截面惯性矩 $I$ 和截面抵抗矩 $W$ 分别为:$I=100^4/12=8333333.3\text{mm}^4$;$W=100^3/6=166666.7\text{mm}^3$。

腹板处,均布荷载值为:

$q_f=1.2\times(26.5\times4\times0.3+2\times0.3)+1.4\times(2.5+2.5)\times0.3=41(\text{kN/m})$。

底板处,均布荷载值为:

$q_d=1.2\times(26.5\times0.45\times0.3+2\times0.3)+1.4\times(2.5+2.5)\times0.3=7.2(\text{kN/m})$。

a. 强度计算:

腹板处荷载最不利,最大弯矩:$M=0.1qL^2=0.1\times41\times0.62=1.5(\text{kN}\cdot\text{m})$;

弯曲应力:$\sigma=M/W=1.5\times10^6/166666.7=10(\text{MPa})<[\sigma]=24\text{MPa}$,满足要求。

b. 挠度计算:

方木最大挠度计算值:

$f=0.677ql^4/(100EI)=0.677\times41\times600^4/(100\times7500\times8333333.3)=0.6(\text{mm})<[f]=600/400=1.5\text{mm}$,满足要求。

②纵梁(I36a)验算

纵梁采用I36a 型钢,横桥向布置间距 0.6m,底部横梁纵桥向间距 4m。按两跨连续梁计算。纵梁截面参数:面积 $A=7640\text{mm}^2$,截面抵抗矩 $W=877777\text{mm}^3$,截面惯性矩 $I=158000000\text{mm}^4$,面积矩 $S=501337\text{mm}^3$。

a. 强度计算:

腹板处荷载最不利,均布荷载值为:

$q_f=1.2\times(26.5\times4\times0.6+2\times0.6)+1.4\times(2.5+2.5)\times0.6=82(\text{kN/m})$。

纵梁最大弯矩为:$M_{max}=164\text{kN}\cdot\text{m}$。

弯曲应力:$\sigma_{max}=\dfrac{M}{W}=\dfrac{164\times10^6}{877777}=187(\text{MPa})<[\sigma]=215\text{MPa}$,满足要求。

最大剪力为:$Q_{max}=164\text{kN}$。

剪应力:$\tau_{max}=\dfrac{QS}{It}=\dfrac{164\times10^3\times501337}{158000000\times10}=52.1(\text{MPa})<[\tau]=125\text{MPa}$,满足要求。

b. 刚度计算:

纵梁跨中最大变形:

$f_{max}=4.4\text{mm}<\dfrac{l}{400}=\dfrac{4000}{400}=10(\text{mm})$,变形满足要求。

③横梁(2 Ⅰ50a)验算

横梁截面参数:面积 $A=23577\text{mm}^2$,截面抵抗矩 $W=3661081\text{mm}^3$,截面惯性矩 $I=915270346\text{mm}^4$,面积矩 $S=2137115\text{mm}^3$。

横梁最大弯矩为:$M_{\max}=118\text{kN}\cdot\text{m}$。

最大弯曲应力:$\sigma_{\max}=\dfrac{M}{W}=\dfrac{118\times10^6}{3661081}=32.3(\text{MPa})<[\sigma]=215\text{MPa}$,满足要求。

横梁最大剪力为:$Q_{\max}=470.4\text{kN}$。

最大剪应力:$\tau_{\max}=\dfrac{QS}{It}=\dfrac{470.4\times10^3\times2137115}{915270346\times24}=46(\text{MPa})<[\tau]=125\text{MPa}$,满足要求。

横梁最大变形:$f_{\max}=1.4\text{mm}<\dfrac{l}{400}=\dfrac{2200}{400}=5.5(\text{mm})$,变形满足要求。

④钢管立柱($\phi630\times8$)验算

钢管立柱轴力:钢管立柱最大轴力 $N_{\max}=834.3\text{kN}$。

立柱截面参数:面积 $A=15632\text{mm}^2$,截面抵抗矩 $W=2400392\text{mm}^3$,截面惯性矩 $I=756123722\text{mm}^4$,面积矩 $S=1547621\text{mm}^3$。

计算长度 $l=4700\text{mm}$,长细比 $\lambda=\dfrac{l}{i}=\dfrac{4700}{219}=21.5$,按 b 类截面,查稳定系数 $\varphi=0.965$。

立柱稳定计算:$\sigma=\dfrac{N}{A\varphi}=\dfrac{834.3\times10^3}{15632\times0.965}=55.3(\text{MPa})<[\sigma]=215\text{MPa}$,满足要求。

⑤扩大基础验算

扩大基础长 13m,宽 0.96m,厚度 0.75m,采用 C20 混凝土,$f_t=1.06\text{MPa}$。

基础自重:$G=25\times(0.96\times0.75\times13)=234(\text{kN})$。

钢管反力:$N=2\times(834.3+556.8)+247.9=3030.1(\text{kN})$。

基底压力:$p=\dfrac{G+N}{0.96\times13}=262(\text{kPa})$(80 号~83 号墩跨内地基经现场处理地基容许承载力值不得小于 300kPa)。

通过对 80 号~83 号墩现浇支架验算,有以下主要结论:现浇支架方木、Ⅰ16 梁、立杆、门洞部分各构件验算满足要求;80 号~83 号墩跨内地基经现场处理地基容许承载力值不得小于 300kPa,其他位置地基容许承载力值不得小于 200kPa。

## 第三节　示例点评

本示例概述了槽形连续梁支架施工中地基处理、支架搭设、支架预压等施工方法,对于槽形连续梁支架法施工具有一定借鉴意义。其他类似的满堂支架法现浇梁施工可参照本示例内容框架体系,并结合工程实际情况编制支架专项施工方案。

示例中支架预压应补充预压块的堆载示意图。

示例中未对支架的整体稳定性进行验算。

类似连续梁采用支架法时可以采用受力性能更好、承载能力更高的盘扣等新型材料搭设满堂支架或采用钢管贝雷梁搭设,并做好相应的专项设计。

# 第三章　悬臂现浇连续梁专项施工方案

## 第一节　编 制 要 求

### 1　适用范围

适用于挂篮悬臂浇筑连续梁工程。

### 2　工程重难点

(1)悬臂浇筑连续梁施工0号块和边跨直线段支架设计及其强度、刚度、稳定性计算为工程重难点。

(2)挂篮专项设计、强度、刚度及稳定性计算和挂篮预压、行走控制为工程重难点。

(3)悬灌浇筑连续梁墩顶临时固结措施施工和计算复核为工程重点。

(4)悬臂浇筑连续梁施工线型监控为工程重点。

(5)悬臂浇筑连续梁合龙段和体系转换为工程重点。

(6)悬臂浇筑连续梁T构不平衡重控制为工程重点。

### 3　内容要点

危险因素分析中重点评估悬臂浇筑中0号块(边跨直线段)支架坍塌和挂篮倾覆的风险。

施工方法及工艺中重点阐述支架搭设,临时固结,挂篮安装、预压、行走,体系转换等重要工序的施工方法。

安全保障措施中重点阐述挂篮施工和线形控制的相关保障措施。

计算重点包括:0号块(边跨直线段)支架和挂篮构件的强度、刚度、稳定性计算,墩顶临时固结计算。

## 第二节　工 程 示 例

### 1　工程概况

××桥55~58号墩采用(44+72+44)m预应力混凝土变高度连续箱梁,设计跨越灵江沿江水泥路与灵江江堤,连续梁采用三角挂篮悬臂灌筑施工方法施工。梁体为单箱单室、变高度、变截面结构。桥面宽度:挡砟墙内侧净宽4.5m,挡砟墙宽度为20cm,人行道总宽为1.05m,桥梁建筑总宽7m。

### 2　编制依据

参照第一篇“3 主要编制依据”。

### 3　施工方法及工艺

#### 3.1　施工工艺流程

悬浇连续梁施工工艺总流程如图3-3.1所示。

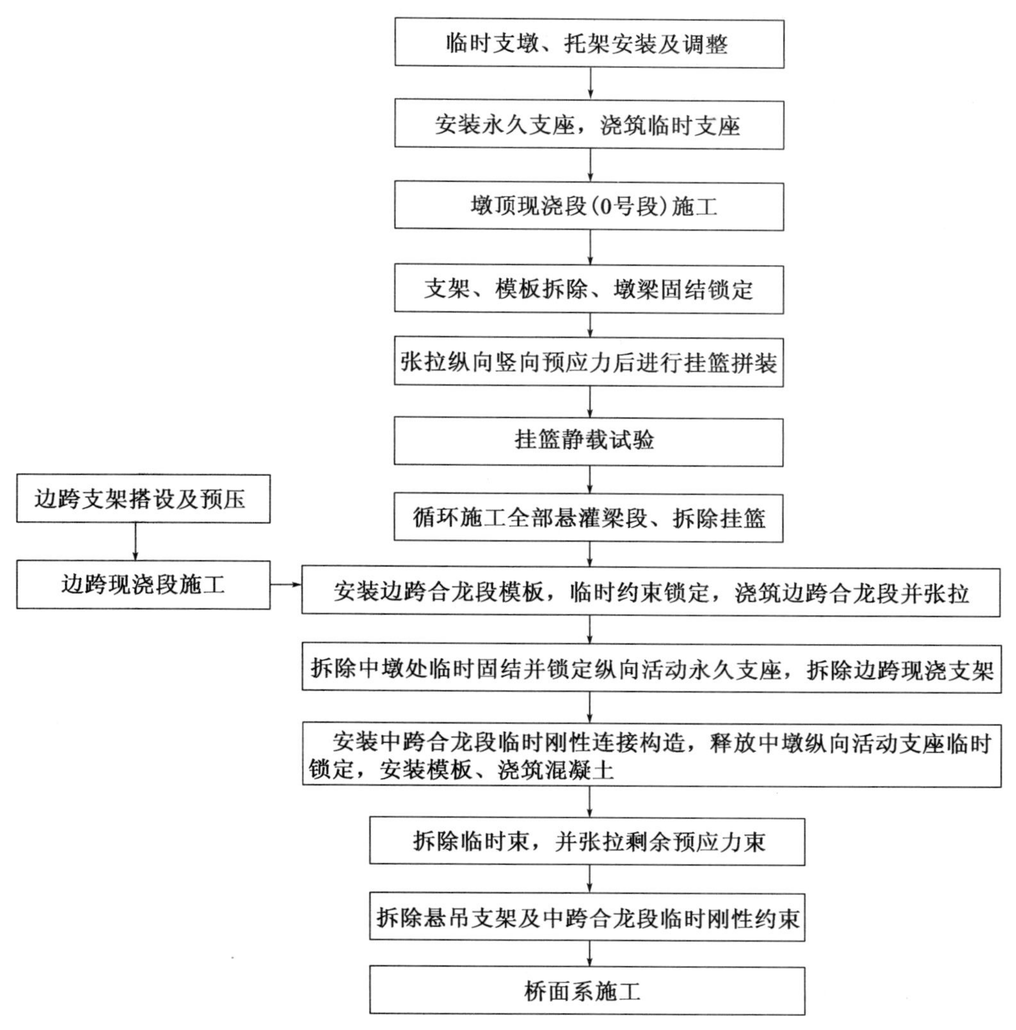


图 3-3.1 悬浇连续梁施工工艺总流程图

## 3.2 施工方法

### 3.2.1 墩顶现浇段(0 号段)施工

墩顶现浇梁段(0 号段)采用临时支墩托架法施工,0 号段混凝土一次浇筑成型。

#### 3.2.1.1 施工工艺流程(图 3-3.2)

#### 3.2.1.2 临时支座安装

连续梁设计方案采用挂篮悬臂浇筑施工工法。为防止挂篮悬臂浇筑过程中 T 构发生倾覆,施工前应将 T 构与墩身进行临时固结。本连续梁主墩 56 号、57 号处 T 构需要进行临时固结。临时固结支座采用 C50 钢筋混凝土,每个支座布置 10 根 $\phi$32 精轧螺纹钢筋、80 根 $\phi$32HRB400 钢筋。分别布置在 56 号、57 号墩。每个主墩墩顶布置 2 条临时支座。

#### 3.2.1.3 永久支座安装

该连续梁采用球形支座产品“TJQZ”系列。

(1)支座安装前精确测设出支座中心位置,用墨线弹出支座十字线。将支座板范围内及周围 3cm 的区域人工凿毛。

(2)本系列支座采用套筒 + 地脚螺栓的连接方式,地脚螺栓伸至支承垫石预留的螺栓孔,上锚栓待 0 号段浇筑混凝土时浇入梁体。

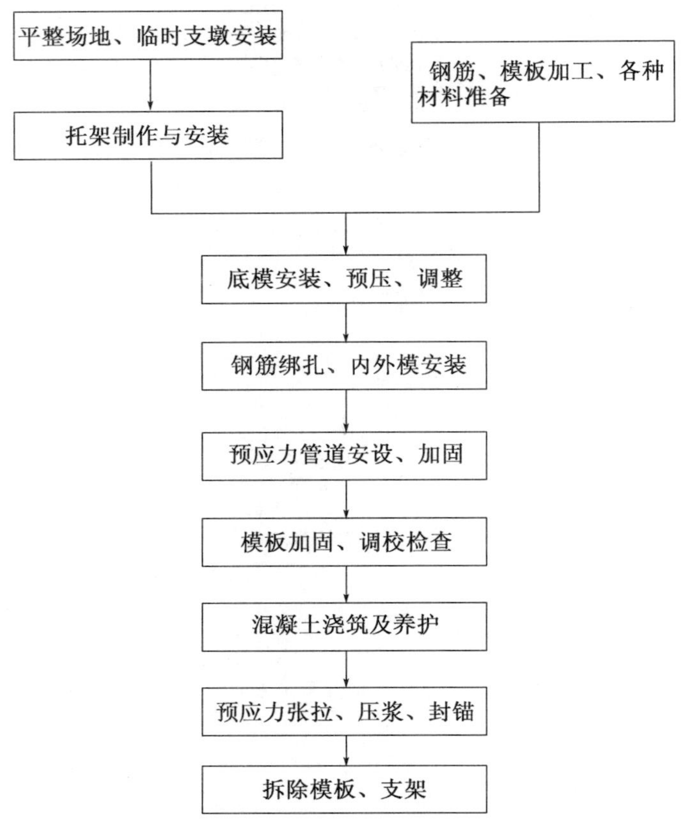


图 3-3.2　墩顶 0 号段施工工艺流程图

(3)支座安装。

①拧紧支座上锚栓和地脚锚栓,凿毛支座就位部分的支承垫石表面,清除预留锚栓孔中的杂物,安装灌浆用模板,并用水将支承垫石表面浸湿。吊装支座,用混凝土垫块(垫块为楔形)置于支座四角,找平支座,并使用水准仪将支座调整到设计高程,在支座底面与支承垫石之间预留 20～30mm 的空隙,安装灌浆模板,模板底面做好防漏处理,并固定灌浆模板。

②检查支座中心位置及高程后,用无收缩高强度浆料,采用重力式灌浆。灌浆过程从中心部位向四周注浆,直至从钢模与支座板周边间隙观察到灌浆材料全部灌满为止。灌浆前,计算所需的浆体体积,灌浆实际浆体数量与计算体积不能产生过大误差,不允许中间缺浆。

③灌浆材料终凝后拆除模板,检查是否有漏浆处,必要时对漏浆处进行补浆,及时拆除各支座的上、下座板连接螺栓,进行纵向预偏量调整。

(4)纵向预偏量。

根据施工图纸中的要求,支座预偏量按照表 3-3.1 设置。

表 3-3.1　支座预偏量设置表

| 支座所在墩号 | 55 号边支座 | 56 号固定支座 | 57 号中支座 | 58 号边支座 |
|---|---|---|---|---|
| 预偏量(mm) | 19 | 0 | -31 | -50 |

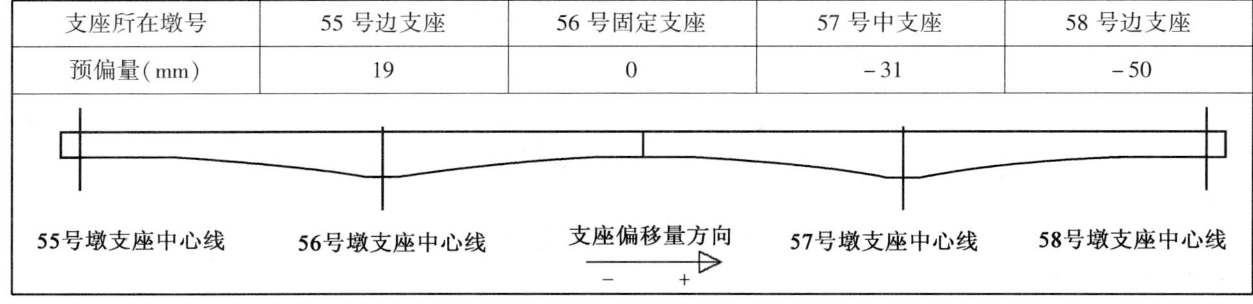

支座纵向预偏量是指支座上板纵向偏离支座理论中心线的位置，各支座处的纵向预偏量由式 $\Delta = -(\Delta_1 + \Delta_2)$ 求得（式中负号表示按计算所得的偏移量反方向设置预偏量）。施工过程中应根据具体的合龙温度、预应力情况、施工工期等确定合理的预偏量。

**3.2.1.4** 支墩设置

连续箱梁0号段临时支墩直接安装在承台上，托架采用型钢与临时支墩焊接而成。根据桩基承台设计结果，地基承载力满足施工要求。

**3.2.1.5** 托架设计

托架设计须进行托架刚度和稳定性验算、地基允许承载力的验算、地基沉降的验算，各项验算指标符合规范要求后按设计图进行托架安装与焊接。

**3.2.1.6** 托架、支架安装

连续箱梁0号段托架采用型钢拼装焊接而成，型钢托架与临时支墩连接联合受力。翼板及箱室内支架采用托架，内模托架为I10槽钢组焊，内模托架设计为可变长度形式，随梁内腔的变化可自由调整间距，施工时外模与外模及外模与内模采用 $\phi30$ 精轧螺纹钢对拉，同时与箱梁支撑连接以保证稳定性。

**3.2.1.7** 支架预压

现浇混凝土箱梁支架及模板搭设完成后需进行堆载预压试验，以消除支架的塑性变形，防止因支架下沉造成混凝土出现裂缝，并保证梁段的线形与设计一致，应对支架进行预压，预压采用堆预制块法。

箱梁按照实际混凝土分布情况进行加载预压，墩顶及支架全部预压，根据结构特点，翼板薄，重量较轻，箱室部位较厚，重量较重，预压采取翼板与箱室部位分开进行预压，翼板部位较轻，一次预压到位（120%结构重）；箱室部位按分级加载预压，加载过程中分别按所承受的重量的50%、100%、120%时三种工况进行加载预压。

底模板安装完成后，在底板上每隔3.5m布设1个沉降测量控制断面，每个断面布置3个测量控制点，测出相应控制点的高程（$H_1$），然后将预制块均匀堆放在模板上进行加载，每级加载、卸载均要对沉降点进行观测，每次观测均对应各点作好记录。根据各级加载、卸载测得的变形数值，绘出沉降变形曲线，据此分析支架变形数据。

加载过程中，荷载达到50%、100%、120%时各观测一次，加载至120%荷载后，6h、12h、24h分别测量各观测点高程。加载至120%并观测24小时后，预压沉降量观测平均值相差不大于1mm时，认为托架预压已达稳定，可以卸载；卸载也要均匀进行（同加载），卸载完成后，测量观测点高程，即卸载后高程。在加载过程中必须保护好观测点不被破坏。加载完成并待沉降稳定后测出个控制点的高程（$H_2$）；卸载后测出相应控制点的高程（$H_3$）。

由以上观测结果可计算出支架系统的变形值为：非弹性变形 $\delta_0 = H_1 - H_3$，弹性变形 $\delta_1 = H_3 - H_2$。

梁段施工控制高程除考虑支架系统的变形外，还应考虑梁段预应力束张拉后所产生的起拱值（预估 $\delta_2 = 3\text{mm}$）和施工时引起的挠度 $\delta_3$（挠度值设计已给出）。其中：$H_0$ 为相应控制点的设计高程。

对于首先施工的经过预压块段标高控制时采用值 $H$ 为：$H = H_0 + \delta_1 - \delta_2 + \delta_3$。

本试验的总变形量主要是托架的弹性变形，故取各点总弹性变形的平均值作为本试验的试验值，从而确定托架的预留沉落量，以此为依据对底模的高程进行调整，确保箱梁底高程和线形符合设计要求。

全部压重和卸载工作完成后，首先要进行一次全面的测量，并仔细检查现场托架下面的连接是否出现异常，检查托架本身有无明显的变形等异常情况，检查底模下的楔块的压缩情况是否正常，检查测量观测记录是否正常，记录是否齐全，全部检查结束后未发现异常情况时报监理验收合格后方可进入下一道工序施工。

**3.2.1.8** 模板

梁底模板：0号块底模采用2cm厚竹胶板与10cm×10cm方木组合而成。梁底变截面部分与纵坡采用钢制楔形支架调整，从而使底模达到设计截面与线路坡度要求。

侧模:外侧模采用大块挂篮钢侧模,在梁变宽部分加工特制钢模板调整宽度,外侧模采用型钢固定支架加固。内侧模板采用3015钢模板拼装,梁内拼装脚手架加固。顶板底模与外侧模连接处镶橡胶条塞紧,以防漏浆。

隔墙模板及腹板内模板:均采用定型组合钢模板现场拼装,内模板的紧固主要用脚手架连接,并用对拉螺杆加固。倒角模板采用木模。

人洞模板及支架:隔墙人洞采用木模板、木支架,顶板临时人洞模板采用钢板焊接,支撑用$\phi$12钢筋与梁顶板钢筋网片焊接。

端模:端模用自行加工的钢模板,与内外模及其骨架连接牢固,中间留进人洞方便捣固人员出入,待混凝土浇筑到位后再行补加。

钢筋及预应力孔道安装、混凝土灌筑及养护、预应力施加、孔道压浆等工序见后详述。

### 3.2.2 悬臂梁段施工

#### 3.2.2.1 施工工艺流程(图3-3.3)

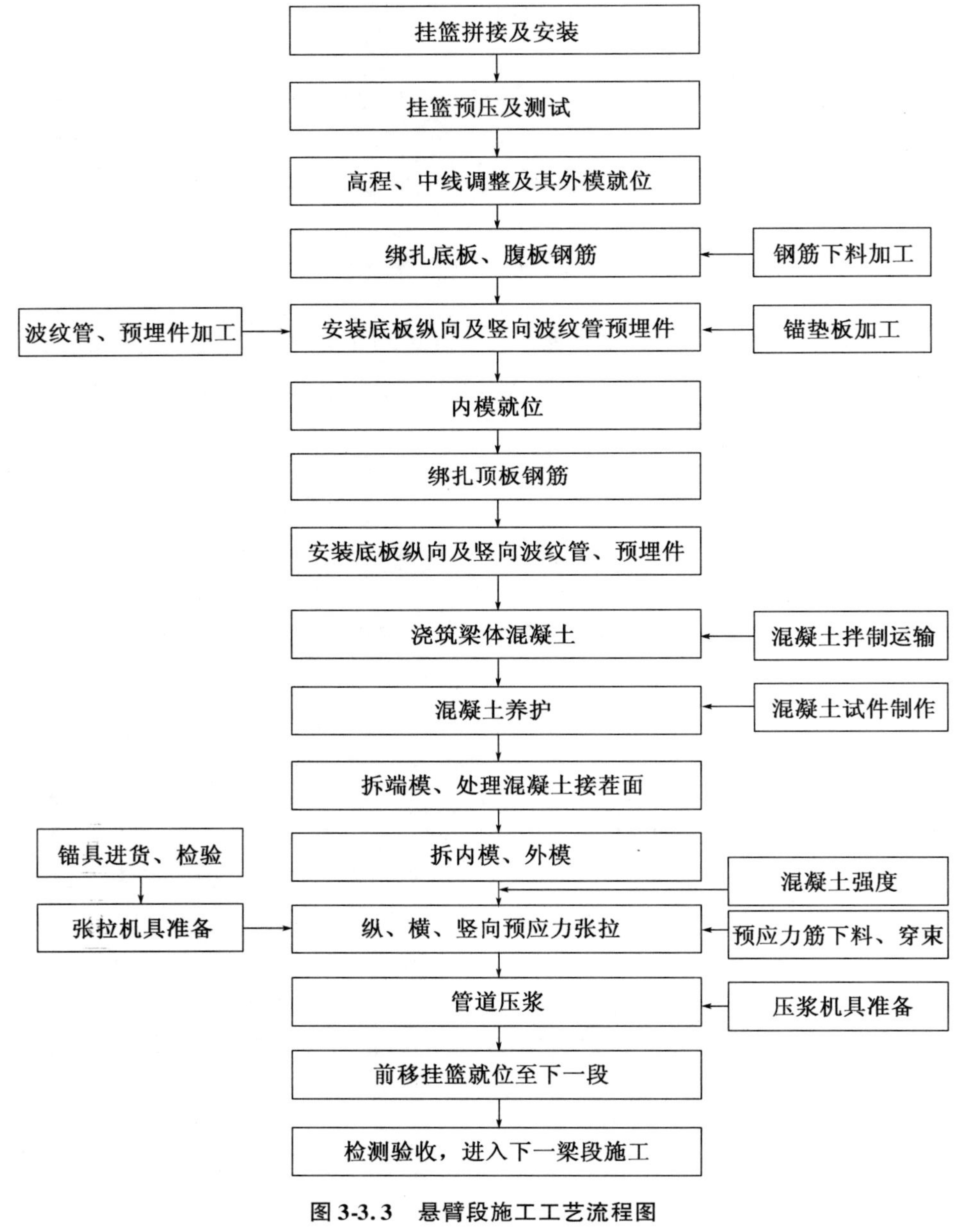


图3-3.3 悬臂段施工工艺流程图

#### 3.2.2.2 挂篮施工

(1)挂篮结构

施工挂篮采用厂家设计制作的三角挂篮,主要由主桁架、行走及锚固系统、吊带系统、底平台系统、模板系统5大部分组成。该挂篮承载能力和刚度大,机械化程度高,操作方便快捷、安全可靠。

(2)挂篮拼装

挂篮结构构件运达施工现场后,利用塔吊吊至已浇梁段顶面,在已浇好的0号梁段顶面拼装,拼装完毕后,对挂篮施加梁段荷载进行预压,充分消除挂篮产生的非弹性变形,悬灌施工过程中,将挂篮的弹性变形量纳入梁段施工预拱度计算。

在挂篮施工过程中要始终保证有4个锚点锚固每个上主梁(一篮为8个锚点)。在挂篮走行过程中要始终保证每篮至少有2个保险点。在走行过程中始终要保证主梁后吊轮滑轨两边有锚点锚固滑轨。

①桥面组件的拼装

在桥面靠里竖向预应力筋位置放置滑轨,竖向预应力筋要伸出桥面750~850mm左右以保证能锚固滑轨,保证滑轨间距3.2m(偏差≤2mm),并保证两轨面水平(高差不平度≤1mm),并用锚具锚固滑轨,在前滑动支座处不设滑轨接头。滑轨纵向位置采用以下方法调整:用千斤顶支顶主桁下平杆使活动支座稍稍离开滑轨面(2mm),然后窜动滑轨到理想位置。

先将活动支座安装好,再将平杆安放在工作位置,后部用枕木支平支稳,保证下平杆的平直,然后用精轧螺纹钢锚住。安装立杆后用4部3T倒链将其4个方向拉住,然后依次安装上平杆、后斜杆及前斜杆,一组主桁安装好后安装另一组桁片。

②桥面下组件的拼装

先将翼模及滚轮架组装在滑梁工作位置上,将翼模点焊在滑梁上,在滑梁尾部焊挡块;将其吊至工作位置,先将后锚用精轧螺纹钢吊住,然后安装滑梁前吊带吊住滑梁前部。

根据挂篮施工条件,1号段施工时内外滑梁需向外移动600mm才可满足施工。内外滑梁有两组备用孔来满足1号段的施工,但内外滑梁前吊带在1号段施工时不能用而改用精轧螺纹钢临时替代。

(3)挂篮静载试验

挂篮拼装完毕后,进行荷载试验以测定挂篮的实际承载能力和梁段荷载作用下的变形情况。

荷载试验时,加载按施工中挂篮受力最不利的梁段荷载进行等效加载,测定挂篮自身弹性变形和非弹性变形值,作为悬灌梁立模时的参考数据,对挂篮的设计计算图式及技术参数进行验证。

具体加载点及加载量如表3-3.2所示。

**表3-3.2 荷载分级加载**

| 加载程序 | 加载力(kN) | 持载时间(min) | 备注 |
|---|---|---|---|
| 一载(50%) | 580 | 5 | 测下沉量 |
| 二载(75%) | 870 | 5 | 测下沉量 |
| 三载(90%) | 1044 | 5 | 测下沉量 |
| 四载(100%) | 1160 | 5 | 测下沉量 |
| 五载(110%) | 1276 | 10 | 测下沉量 |
| 六载(120%) | 1392 | 5 | 测下沉量 |
| 卸载 | 0 | | 测下沉量 |

注:本静载试验是以1号段重量值为试验荷载值。1号段混凝土为1160kN。节段长度3.0m。

根据各级荷载作用下挂篮产生的挠度绘出挂篮的荷载—挠度曲线,为悬臂施工的线性控制提供可靠的依据。根据最大荷载作用下挂篮控制杆件的内力,可以计算挂篮的实际承载能力,了解挂篮使用中的实际安全系数,确保安全可靠。

加载方法采用混凝土预制块通过吊装至挂篮上进行加载。

(4)挂篮的移动

①松动内外滑梁后吊轮组,使后吊轮组下落滑梁上移8cm左右。松动内外滑梁后锚,使滑梁缓慢落在悬挂轮上。同时利用内外滑梁后锚孔加设保险钢丝绳。

②安装外滑梁和后托梁之间走行吊杆和主桁悬吊平杆和后托梁之间吊杆,安装长度应留有约80mm间隙。拆下边锚,松动底锚,使底模后部缓慢下落悬挂在两边走行吊杆上使底模下落,然后拆掉底锚丝杠。

③底模下落到位后用两部10t倒链连接在外滑梁和后托梁之间作为保险装置。

④在主桁下平杆靠后端适当位置用上锚板加设一保险锚点,此锚点要略松。然后拆除后结点所有锚点,使后吊轮吊在滑轨上,在走行过程中始终保证每片主桁有一保险点不能松脱。

⑤加设千斤顶顶座,利用千斤顶顶推活动支座逐渐将挂篮前移。前移时要保证两桁片同步进行并且要缓慢避免冲击。可在滑轨面上涂些黄油方便滑动。前移过程中要始终保证后结点有一个保险锚点。

⑥挂篮到位后进行调整锚固。在每一梁段混凝土浇筑及预应力张拉完毕后,将挂篮沿行走轨道移至下一梁段位置进行施工,直到悬灌梁段施工完毕。

(5)挂篮拆除

箱梁悬灌梁段施工完毕后,进行挂篮结构拆除。拆除顺序为:箱内拱顶支架→侧模系统→底模系统→主桁架,吊带系统及行走锚固系统在其过程中交叉操作。箱内拱顶支架采取拆零取出,侧模、底模系统采用卷扬机整体吊放,主桁架采取先退至墩位附近再利用吊机进行拆零。

(6)挂篮拼、拆装注意事项

①挂篮的安装、行走、使用及拆除过程均系高空作业,因此一定要按规定采取安全防护措施,进行安全教育,随时进行安全检查。

②创造高空作业安全条件。悬空作业人员必须系牢安全带,危险处要设安全防护网,人员操作处要设吊篮或栏杆,上下梯需固定牢靠。所有作业人员必须戴安全帽,以策安全。

③使用的机具设备,要随时检查、维修保养。特别是起重用的千斤顶、倒链、钢丝绳等要有足够的安全系数,若有断丝、硬伤等不符合使用条件者要立即更换,不准凑合、马虎使用。所有动力、照明电路,应按规定和上级单位要求铺设,定时检查确保安全。

④现场技术人员必须检查挂篮位置,前后吊带,吊架及后锚杆等关键受力部位的情况,发现问题及时解决,重要情况及时报告。

⑤检查竖向顶应力钢束的埋设位置、数量是否符合设计要求,特别注意后吊带、内外模后吊架预留孔洞位置是否正确及孔洞是否垂直等。

⑥施工中应加强观测高程,轴线及挠度等,并分项做好详细记录,每梁段箱梁施工后,都要绘制出挠度曲线。

### 3.2.3 悬臂灌注施工

悬臂灌注施工主要包括挂篮前移、挂篮调整及锚固、钢筋及孔道安装、混凝土灌注及养护、预应力施加、孔道压浆6个工序循环进行。悬灌梁段施工长度3.5~4m,当混凝土强度和弹性模量达到设计要求后进行预应力张拉,根据梁体情况具体调整,各个工序的施工周期见图3-3.4。

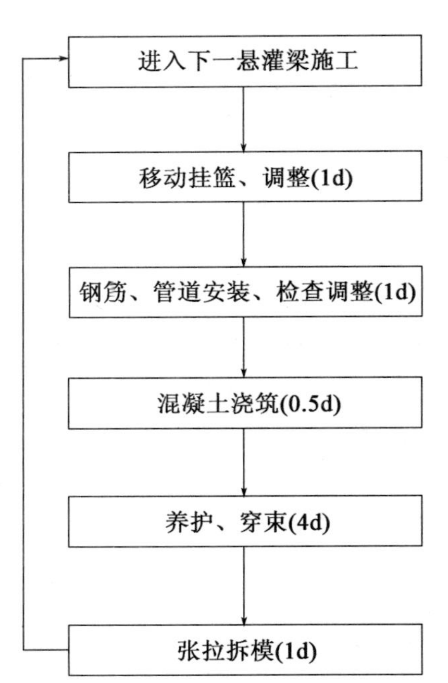


图3-3.4 悬灌梁段施工周期安排示意图

#### 3.2.3.1 挂篮前移

在前一梁段施工完毕后,解除放松各吊点,使模板脱离梁体,解除梁上后锚点,进行锚固转换,行走小车托力转换在滑道上,通过手拉葫芦拖拉主桁采取整个挂篮前移至下一梁段位置。

3.2.3.2 挂篮调整及锚固

挂篮就位后,先进行主桁梁上锚固转换给梁体的锚筋上和底篮后锚安装转换在梁体上,然后通过测量仪器进行中线、高程测量、定位,通过千斤顶进行高程调整,经过检查确定合格后,最后进行全面锚固。

3.2.3.3 钢筋及孔道安装、混凝土灌筑及养护、预应力施加、孔道压浆等工艺见后详述。

3.2.4 边跨现浇段施工

3.2.4.1 施工工艺流程(图3-3.5)

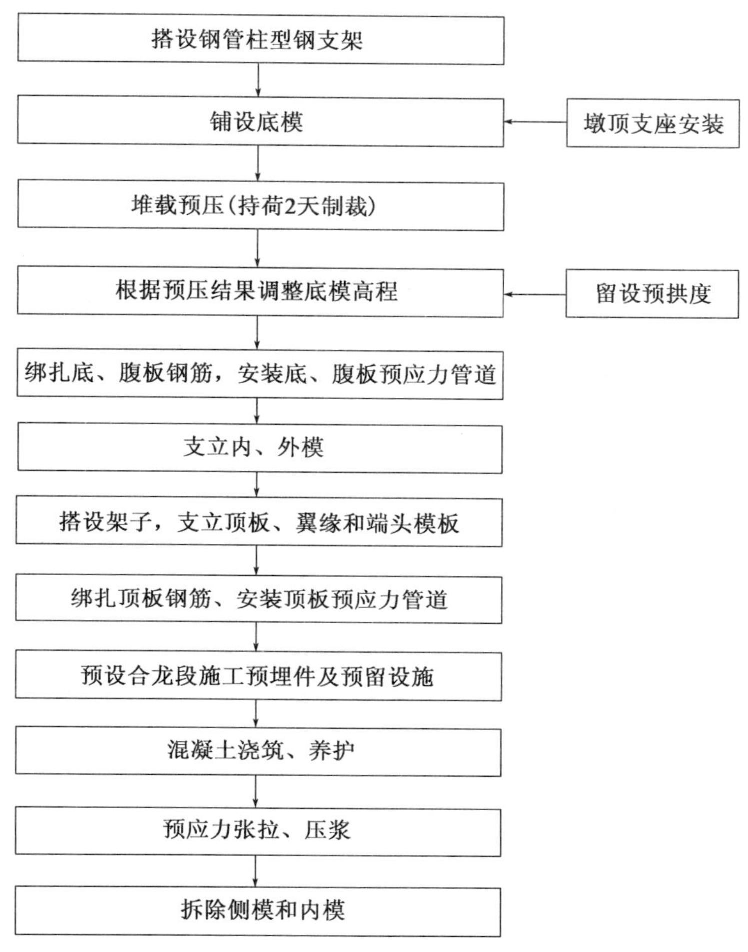


图3-3.5 边跨现浇段施工工艺框图

3.2.4.2 施工方法

(1)支架设计。

进行支架刚度和稳定性验算、地基允许承载力的验算,各项验算指标符合规范要求后进行支架搭设。

(2)支架搭设:支架组合钢结构钢架,支架搭设后,加设纵、横向斜撑,以确保支架结构稳定。

铺设底模时在底模与分配梁间设置圆钢管作为滑动层,以确保边跨合龙临时束张拉时梁体与支架之间的相对滑动,但在边跨合龙锁定前,采取临时措施限制底模的纵向移动。

(3)支架预压:参见本章“3.2.1.7 支架预压”。

(4)模板:底模采用15mm竹胶板,外模采用整体钢模板、外侧模板拼装后用$\phi18$的对拉螺杆对拉;内模采用组合钢模,箱梁内顶板采用钢管支架支模,钢管支架直接支撑在底模板上,脚手架底垫同强度等级的混凝土垫块,其调模、拆模采用木楔调整完成。

(5)混凝土灌注:采用泵送混凝土浇筑,混凝土施工顺序由支架中间向支点和悬浇端扩散,以减少支架不均匀沉降的影响。

### 3.2.5 合龙段施工及结构体系的转换

连续箱梁合龙施工时先合龙边跨,再合龙中跨。合龙温度应符合设计要求,合龙段两端悬臂高程及轴线允许偏差应符合设计或规范要求。

#### 3.2.5.1 合龙段施工工艺(图3-3.6)

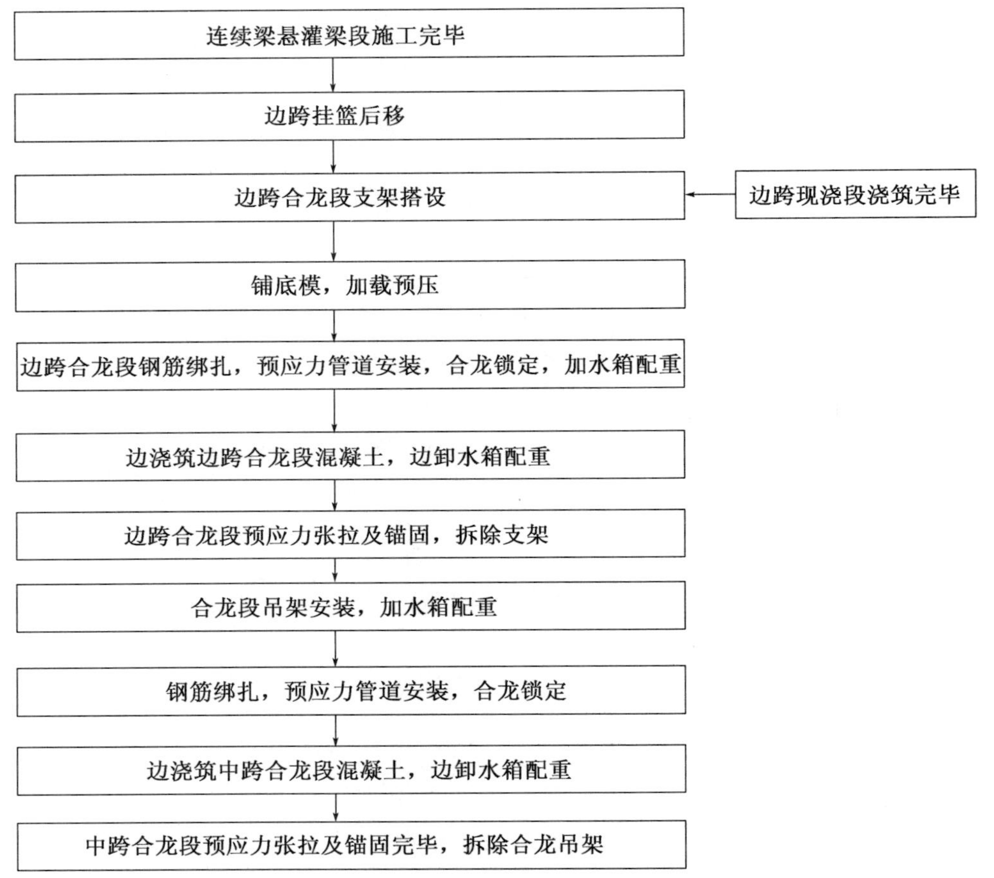


图3-3.6 合龙段工艺流程图

#### 3.2.5.2 边跨合龙施工

(1)施工准备。

①悬臂梁段浇注完毕,拆除悬臂挂篮。

②清除箱顶、箱内的施工材料、机具,用于合龙段施工的材料、设备有序放至墩顶。

③在“T构”两悬臂端预备配重水箱。

④近期气温变化规律测量记录。

(2)边跨合龙段支架及模板。

边跨合龙段与边跨等高度现浇段一样,采用型钢支架支模施工。悬臂梁段浇筑完毕,拆除挂篮,接长边跨等高变现浇段支架,拼装合龙段支架,支架的搭设与现浇段要求一样。外模采用挂篮模板,底模采用15mm竹胶板,内模采用组合钢模。

(3)设平衡重。

采用在悬臂端的水箱中加水的方法设平衡重,近端及远端所加平衡重吨位由施工平衡设计确定。配重及合龙步骤见图3-3.7。

(4)普通钢筋及预应力管道安装。

普通钢筋在地面集中加工成型,运至合龙段绑扎安装,绑扎时将劲性骨架安装位置预留,等劲性骨架锁定后补充绑扎。底板束管道安装前，应试穿所有底板束，发现问题及时处理。合龙段底板束管道采用钢管，或者用双层波纹管替代，管道内穿入钢绞线芯模，以保证合龙段混凝土浇筑后底板束管道的畅通。其余预应力束及管道安装同箱梁悬灌梁段。

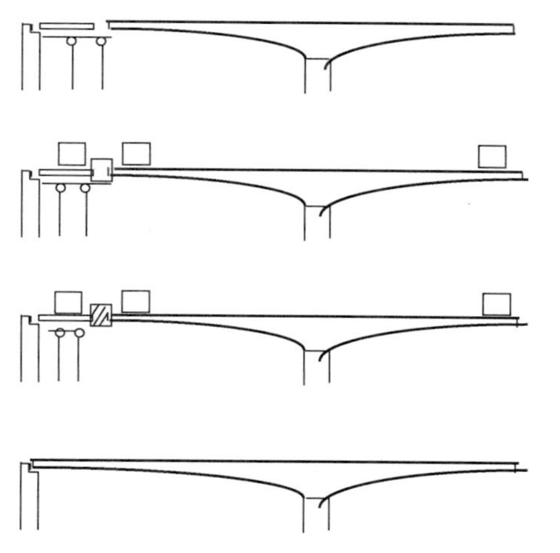

1.“T构”悬臂浇筑及边跨等高度现浇段施工完毕。搭设合龙段支架。

2.加水箱配重，钢筋绑扎，预应力管道安装，边跨合龙段锁定。

3.选择当天最低温度时间浇筑混凝土，逐渐卸除水箱配重。

4.边跨合龙段预应力张拉及锚固完毕，拆除合龙段支架。

图 3-3.7　边跨合龙施工步骤图

(5)合龙锁定。

合龙前使悬臂端与边跨等高度现浇段临时连接，尽可能保持相对固定，以防止合龙段混凝土在浇筑及早期硬化过程中发生明显的体积改变，锁定时间按合龙段锁定设计执行，临时“锁定”是合龙的关键，合龙“锁定”遵循又拉又撑的原则，即“锁定”包括焊接劲性骨架和张拉临时预应力束。支撑劲性骨架采用“预埋槽钢 + 连接槽钢 + 预埋槽钢”三段式结构，其断面面积及支承位置根据锁定设计确定，合龙时，在两预埋槽钢之间设置连接槽钢，并由联结钢板将连接槽钢与预埋槽钢焊接成整体，同时注意焊缝应设在不同截面处。临时预应力束按设计布置，临时预应力张拉吨位按锁定设计确定，劲性骨架顶紧后进行张拉，临时束张拉锚固后不压浆，合龙完毕后将拆除。合龙锁定布置见图 3-3.8。

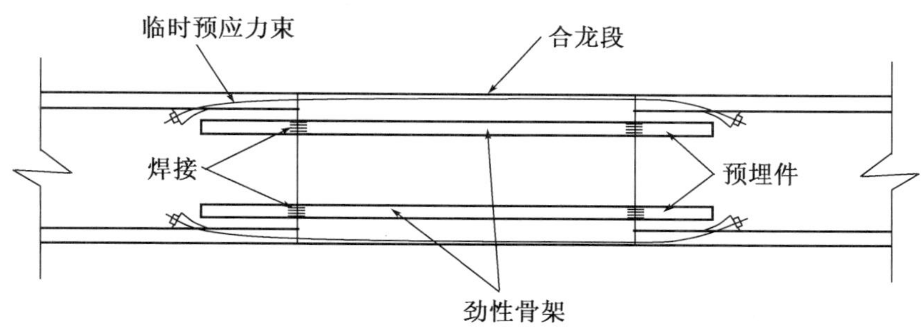


图 3-3.8　合龙段合龙锁定布置示意图

(6)解除三跨连续梁两边 T 构墩梁临时支座固结，同时锁定一侧墩顶永久支座(三跨连续梁有固定支座的 T 构与边跨现浇段合龙时，不存在锁定永久支座)。

(7)浇筑合龙段混凝土。

合龙段混凝土在浇筑过程中，按新浇筑混凝土的重量分级卸去平衡重(即分级放水)，保证平衡施工。合龙段混凝土选择在一天中气温较低时进行浇筑，可保证合龙段新浇筑混凝土处于气温上升的环境中，在受压的状态下达到终凝，以防混凝土开裂，混凝土的浇筑速度每小时 10$m^3$ 左右，3 ~ 4h 浇完。

(8)预应力施工。

合龙段永久束张拉前，覆盖箱梁悬臂并洒水降温以减小箱梁悬臂的日照温差。底板预应力束管道安装时要采取措施保证管道畅通，待合龙段混凝土达到设计规定强度和相应龄期后，先张拉边跨顶板预应力束，再张拉底板第一批预应力束，按照设计要求的张拉吨位及顺序双向对称进行张拉。横向、竖向及顶板纵向预应力施工同箱梁悬灌梁段施工，合龙段施工完毕后，拆除临时预应力束更换永久预应力并张拉压浆。

(9)直线段支架下落，拆除模板及支架。

**3.2.5.3** 中跨合龙施工

(1)吊架及模板安装。

中跨合龙梁段采用合龙吊架施工，合龙吊架和模板采用施工挂篮的底篮及模板系统组装施工。

安装步骤为：①将挂篮的底篮整体前移至合龙段另一悬臂端；②在悬臂端预留孔内穿入钢丝绳，用几组滑车吊起底篮前横梁及内外滑梁的前横梁；③拆除挂篮前吊杆；④用卷扬机调整所有钢丝绳，使底篮及内外滑梁移到相应位置，安装锚杆、吊杆和连接器将吊架及模板系统锚固稳定；⑤将主桁系统退至0号梁段后拆除。

(2)设平衡重。

采用在悬臂端的水箱中加水的方法设平衡重，近端及远端所加平衡重吨位由施工平衡设计确定。配重及合龙步骤见图3-3.9。

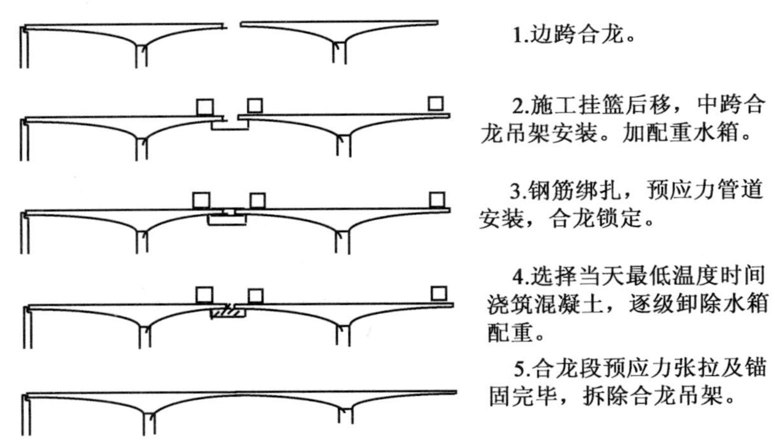


图3-3.9 中跨合龙段施工过程示意图

(3)普通钢筋及预应力管道安装与边跨合龙段相同。

(4)合龙锁定。

合龙前使合龙段两悬臂端临时连接，尽可能保持相对固定，以防止合龙段混凝土在浇筑及早期硬化过程中发生明显的体积改变。合龙前除"T构"悬臂端按平衡要求设置平衡重外，如施工控制有要求时还将对合龙段处采取调整措施。合龙段支撑劲性钢骨架施工及临时预应力束张拉施工同边跨合龙段施工。

(5)解除连续梁墩顶的临时锁定，并切断该墩临时支座锚固钢筋，完成体系转换。

(6)浇筑合龙段混凝土。

中跨合龙段混凝土浇筑与边跨合龙段施工相同。

(7)预应力施工。

中跨合龙完成后，张拉中跨预应力束，再张拉边跨底板第二批预应力束，合龙段施工完毕后，拆除临时预应力束更换永久预应力并张拉压浆。

(8)拆除模板及吊架。

**3.2.5.4** 平衡设计

合龙段施工时，每个"T构"悬臂加载应尽量做到对称平衡，合龙前，悬臂受力以弯矩为主，故平衡设计遵循对墩位弯矩平衡的原则，平衡设计中考虑如下几种施工荷载：

(1)合龙吊架自重及混凝土浇筑前作用于合龙吊架的荷载。

(2)直接作用于悬臂的荷载。

(3)合龙段混凝土重。

平衡配重在合龙锁定之前加到相应悬臂端，可使合龙锁定之后骨架处于“不动”，避免薄弱处受剪破坏。

#### 3.2.5.5 合龙锁定设计

合龙锁定中采用又拉又撑的方法，即用劲性骨架承受压力，用临时预应力束承受拉力。劲性骨架根据温度荷载计算其所需截面积，同时应验算其压杆稳定性；临时预应力应确保降温时劲性骨架中既不出现拉应力，又要满足升温时骨架不致受压过大而失稳，具体张拉吨位根据合龙期间可能出现的温度范围计算，合龙锁定温度选择在设计要求的合龙最佳温度范围内。

### 3.2.6 桥面系及附属工程

参见本篇第二章“3.2.8 桥面系及附属工程”。

## 4 施工计划

### 4.1 施工进度计划(表 3-3.3)

表 3-3.3 工期进度计划

| 序号 | 项目 | 开始时间 | 结束时间 | 工期(d) |
|---|---|---|---|---|
| 1 | 施工准备 | 2017 年 03 月 15 日 | 2017 年 04 月 15 日 | 30 |
| 2 | 临时支墩及支架施工 | 2017 年 04 月 16 日 | 2017 年 04 月 30 日 | 15 |
| 3 | 连续梁 0 号块 | 2017 年 05 月 01 日 | 2017 年 06 月 15 日 | 45 |
| 4 | 连续梁 1 ~9 号块 | 2017 年 06 月 16 日 | 2017 年 09 月 30 日 | 105 |
| 5 | 边跨直线段 | 2017 年 08 月 10 日 | 2017 年 09 月 30 日 | 50 |
| 6 | 边跨合龙段 | 2017 年 10 月 01 日 | 2017 年 10 月 10 日 | 10 |
| 7 | 中跨合龙段 | 2017 年 10 月 11 日 | 2017 年 10 月 25 日 | 15 |
| 8 | 桥面系施工 | 2017 年 10 月 26 日 | 2017 年 11 月 30 日 | 35 |

### 4.2 机械设备计划

悬臂现浇梁施工使用的主要机械包括：汽车泵、混凝土运输车、汽车吊、塔吊、挂篮、电焊机、钢筋弯曲机、钢筋切断机、钢筋调直机、张拉千斤顶、压浆机、振捣棒等。

### 4.3 劳动力计划

根据悬臂现浇梁施工安排进行劳动力组织，主要包括：司索工、支架工、电工、电焊工、钢筋工、模板混凝土工、张拉压浆工、普工等。

## 5 危险源分析

### 5.1 危险源辨识(表 3-3.4)

表 3-3.4 LEC 危险因素评估结果计算表

| 序号 | 作业内容 | 潜在事故类型 | 造成事故原因 | 防范措施 |
|---|---|---|---|---|
| 1 | 悬臂现浇连续梁施工 | 支架坍塌 | 支架、模板未按方案施工，支架地基处理不到位，没有限高及限速设施 | 严格按照方案施工 |
| 2 | | 挂篮倾覆 | 挂篮进场未进行验收，挂篮强度不足，挂篮拼装、走行不按方案施工 | 挂篮进场严格执行验收程序；挂篮拼装、走行严格按照方案施工 |

续上表

| 序号 | 作业内容 | 潜在事故类型 | 造成事故原因 | 防范措施 |
|---|---|---|---|---|
| 3 | 悬臂现浇连续梁施工 | 高处坠落 | 临边无安全防护或防护不到位，作业人员未系安全带；六级以上大风未停止作业 | 做好临边防护工作，临边设置不低于1.2m的防护栏，加强安全教育，加强现场监督；项目部及时和气象部门保持联系，提前通知工班禁止作业 |
| 4 | | 物体打击 | 材料堆放不当，劳保用品佩戴不规范 | 材料分类堆码；进入现场人员必须佩戴安全帽 |
| 5 | | 起重伤害 | 违章操作指挥，设备故障或配件老化，起重设备缺失安全防护功能 | 加强教育，加强现场监督；机械设备定期维修和保养，不准带故障作业，并做好机械设备台账维修保养记录 |

### 5.2 危险因素评估

评估方法选择、量化分值标准参照第一篇“6.1 危险因素分析”。LEC法危险因素评估计算结果见表3-3.5。

**表3-3.5 LEC危险因素评估计算**

| 作业内容 | 事故类型 | 风险估测 | | | |
|---|---|---|---|---|---|
| | | 可能性L | 暴露频率E | 严重程度C | 风险大小D |
| 悬臂现浇连续梁施工 | 支架坍塌 | 1 | 3 | 100 | 300 |
| | 挂篮倾覆 | 0.5 | 7 | 100 | 350 |
| | 高处坠落 | 3 | 3 | 7 | 63 |
| | 物体打击 | 0.5 | 1 | 100 | 50 |
| | 起重伤害 | 3 | 3 | 15 | 135 |

根据LEC危险因素评估计算结果表和LEC法评估结果分级，分值在160以上的属于重大危险源，因此悬臂现浇连续梁施工中的重大危险源为支架坍塌和挂篮倾覆。

## 6 施工安全保障措施

### 6.1 组织保障措施

参见第二篇第一章“6.1 组织保障措施”。

### 6.2 技术保障措施

#### 6.2.1 挂篮施工安全保障措施

(1)挂篮操作必须由经过培训的起重工操作，并由有经验的工长统一指挥，其他施工人员不得移动、拆卸挂篮设备。

(2)所有反锚、行走反压吊杆用连接器安装时要在精轧螺纹钢筋上做明显标记，确保旋进长度满足要求。

(3)挂篮行走前检查轨道与箱梁锚固情况，在挂篮行走时后端设保险倒链。

(4)挂篮行走应平稳、缓慢，严防出现冲击力。

(5)混凝土浇筑前安全员及监理工程师对挂篮每一部件进行检查验收，验收合格后方可浇筑混凝土。

(6)对所有施工挂篮及施工平台均设栏杆扶手，挂篮前端及两侧挂双层密目安全网与外界隔离，以防人员或杂物坠落。

(7)已完成的梁段应在护栏两侧设置临时栏杆，挂安全网。

(8)施工机具材料不得堆积在箱梁边缘以防坠落。

(9)挂篮走行时严禁人员进入挂篮下方区域内。

(10)挂篮在安装前对其型号按照厂家提供图纸进行尺寸确定,防止挂篮混用。

#### 6.2.2 高空作业安全保障措施

参见本篇第二章“6.2.2 高空作业安全保障措施”。

#### 6.2.3 预应力张拉安全保障措施

参见本篇第二章“6.2.3 预应力张拉安全保障措施”。

#### 6.2.4 支架安全保障措施

参见本篇第二章“6.2.1 支架搭设安全保障措施”和“6.2.4 支架拆除安全保障措施”。

### 6.3 线形控制

为确保施工中结构的可靠性和安全性以及保证桥梁线形及受力状态符合设计要求,对桥梁悬臂施工进行控制。

#### 6.3.1 线形控制相关参数的测定

(1)挂篮的变形值

施工挂篮的变形难以准确计算,要通过挂篮荷载试验测定。在挂篮拼装后,采用反压加载法进行荷载试验,加载量按最不利梁段重量计算确定。分级加载,加载过程中测定各级荷载下挂篮前端变形值,可以得到挂篮的荷载与挠度关系曲线。

(2)施工临时荷载测定

施工临时荷载包括施工挂篮、人员、机具等。

(3)箱梁混凝土密度和弹性模量的测定

混凝土弹性模量的测试主要是为了测定混凝土弹性模量 $E$ 随时间的变化规律,即 $E\text{-}t$ 曲线,采用现场取样通过万能实验机进行测定,分别测定混凝土在7d、14d、28d、60d龄期的 $E$ 值,以得到完整的 $E\text{-}t$ 曲线。

混凝土弹性模量和密度的测量通过现场取样,采用实验室的常规方法进行测定。

(4)预应力损失的测定

预应力损失分几种,本桥施工中主要测定纵向预应力钢绞线的管道摩阻损失,以验证设计参数取值和实际是否相符,根据有效预应力计算由预应力施工引起的悬臂挠度。测定时,在预定的测点位置,将波纹管开孔,采用电阻应变片和电阻应变仪测量钢绞线的实际管道摩阻损失。

(5)混凝土的收缩与徐变观测

混凝土的收缩与徐变采用现场取样,进行7d、14d、28d、90d的收缩徐变系数测定,在测定结果没有出来以前,采用以前施工中相同或相似条件下同等级混凝土的试验数据。

(6)温度观测

温度是影响主梁挠度的最主要的因素之一,温度变化包括日温度变化和季节变化两部分,日温度变化比较复杂,尤其是日照作用,季节温差对主梁的挠度影响比较简单,其变化是均匀的。因此为了摸清箱梁截面内外温差和温度在截面上的分布情况,在梁体上布置温度观测点进行观测,以获得准确的温度变化规律。

#### 6.3.2 施工预拱度计算

在桥梁悬臂施工的控制中,最困难的任务之一就是施工预拱度的计算。箱梁预拱度计算根据现场测定的各项参数由专业程序计算得出。

#### 6.3.3 悬臂箱梁的施工挠度控制

(1)根据预拱度及设计高程,确定待悬灌梁段立模高程,严格按立模高程立模。

(2)挠度观测资料是控制成桥线形最主要的依据,在现场成立专门观测小组,加强观测每个节段施工中混凝土浇筑前后、预应力张拉前后4种工况下悬臂的挠度变化。每节段施工后,整理出挠度曲线进行分析,及时准确地控制和调整施工中发生的偏差值,保证箱梁悬臂端的合龙精度和桥面线形。为了尽量减少温度的影响,挠度的观测安排在早晨太阳出来之前进行。

(3)合龙前将合龙段两侧的最后2~3个节段在立模时进行联测,以保证合龙精度。

#### 6.3.4 高程监测

(1)高程测点布置与监测安排

在每个箱梁节段上布设两个对称的高程控制点,以监测各段箱梁施工的挠度及整个箱梁施工过程中是否发生扭转变形。

(2)测量仪器选择与测量时间安排

采用S1精密水准仪来进行高程测量监控,每次的读数都采用主尺、辅尺观测,测量时间安排在一天中温度变化较小的时间里观测。

(3)箱梁悬灌段高程控制程序(图3-3.10)

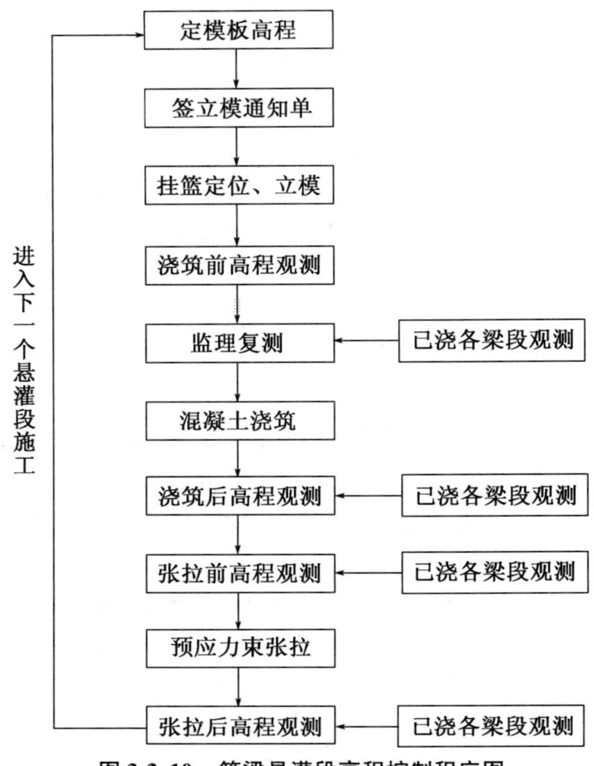


图3-3.10 箱梁悬灌段高程控制程序图

#### 6.3.5 悬臂施工中的中线控制

在0号段施工完后,用全站仪将箱梁的中心点放置0号段上,并在箱梁段未施工前将两墩0号段上放置的箱梁中心点进行联测,确认各个箱梁中心点在误差精度范围内,才进行下一步的箱梁施工测量。测量仪器采用全站仪。

## 7 应急预案

参见第二篇第一章“7 应急预案”。

## 8 计算书及相关图纸

### 8.1 挂篮计算书

#### 8.1.1 设计计算说明

##### 8.1.1.1 设计依据

(1)(44+72+72+44)m施工图纸。

(2)《钢结构设计规范》(GB 50017—2003)。

(3)《路桥施工计算手册》。

(4)《桥梁工程》《结构力学》《材料力学》。

(5)《机械设计手册》。

**8.1.1.2** 工程概况

本工程主桥桥跨组成为(44 + 72 + 72 + 44)m 的单箱单室双线连续梁。箱梁顶宽 7m,翼缘板长 2.75m,支点处梁高 5.8m,跨中梁高 3.2m,梁高及底板厚按二次抛物线变化。腹板厚 80cm(支点)至 40cm(跨中)折线变化,底板厚度为 80cm(支点)至 40cm(跨中)按直线线性变化,顶板厚度为 40cm。

箱梁 0 号块梁段长度为 10m,合龙段长度为 2.0m;挂篮悬臂浇注箱梁最重块段为 1 号块,其质量为 96t,长度 3m。该特大桥箱梁悬臂浇筑段采用三角形挂篮施工。

**8.1.1.3** 挂篮设计

(1)主要技术参数

①钢弹性模量 $E_s = 2.1 \times 105\text{MPa}$。

②材料强度设计值:Q235 钢厚度或直径≤16mm,$f = 215\text{N/mm}^2$,$f_V = 125\ \text{N/mm}^2$。

Q345 钢厚度或直径≤16mm,$f = 310\text{N/mm}^2$,$f_V = 180\ \text{N/mm}^2$。

厚度或直径 >16 ~ 40mm,$f = 295\text{N/mm}^2$,$f_V = 170\ \text{N/mm}^2$。

(2)挂篮构造

挂篮为三角挂篮,三角架横杆采用 2HN350 × 175 × 7 × 11 普通 H 形钢,斜拉杆采用 2[28a 槽钢组焊,竖杆采用 2[30a 槽钢组焊,前横梁由 2[30a 组焊,底托系统前托梁由 2[28b 组焊,后托梁由 2[28b 组焊,底纵梁由 2[32b 组焊。主桁系统质量 6.4t、行走系统质量 3.2t、前横梁质量 0.9t、底托系统质量4.3t(含底模模板质量)、内模系统质量 3.76t(内模质量估算)、侧模质量 6.1t,整个挂篮系统质量 37.5t。

(3)挂篮计算设计荷载及组合

①荷载系数

考虑箱梁混凝土浇筑时胀模等系数的超载系数:1.05。

浇筑混凝土动力系数:1.2。

挂篮空载行走时的冲击系数:1.3。

浇筑混凝土和挂篮行走时的抗倾覆稳定系数:2.0。

恒载分项系数:$K_1 = 1.2$。

活载分项系数:$K_2 = 1.4$。

②作用于挂篮主桁的荷载

箱梁荷载:箱梁荷载取 1 号块计算。1 号块段长度为 3m,质量为 98t。

施工机具及人群荷载:$2.5\text{kN/m}^2$。

挂篮自重(不含行走及主桁架系统):37.5t。

③荷载组合

荷载组合Ⅰ:混凝土重量 + 超载 + 动力附加荷载 + 挂篮自重 + 人群和机具荷载。

荷载组合Ⅱ:挂篮自重 + 冲击附加荷载。

荷载组合Ⅰ用于主桁承重系统强度和稳定性计算,荷载组合Ⅱ用于挂篮系统行走算。

**8.1.2** 挂篮底托系统计算

**8.1.2.1** 底纵梁计算

(1)腹板下纵梁的计算

腹板下纵梁按 1 号梁段计算。1 号梁段两端截面高度分别为 5.436m 和 4.937m,箱梁腹板厚 0.8m,腹板每侧荷载由 2 根底纵梁承担,纵梁间距为 0.46m。

腹板处混凝土线荷载为:$q_1 = \dfrac{(5.436 + 4.937) \times 0.8 \times 3}{2 \times 3} \times 26 \times 1.2 \times 1.05 = 135.9(\text{kN/m})$

底模板重量按 $1.0kN/m^2$ 计,底模板荷载为:$q_2 = 1.0 \times 0.8 \times 1.2 = 0.96(kN/m)$

人群及机具荷载为:$q_3 = 2.5 \times 0.8 \times 1.4 = 2.8(kN/m)$

倾倒和振捣混凝土产生的荷载;$q_4 = 3 \times 0.8 \times 1.4 = 3.36(kN/m)$

1 号块加强纵梁的荷载为: $q = \dfrac{q_1 + q_2 + q_3 + q_4}{3} = 47.7(kN/m)$

加强纵梁的受力及计算模型如图 3-3.11 所示。

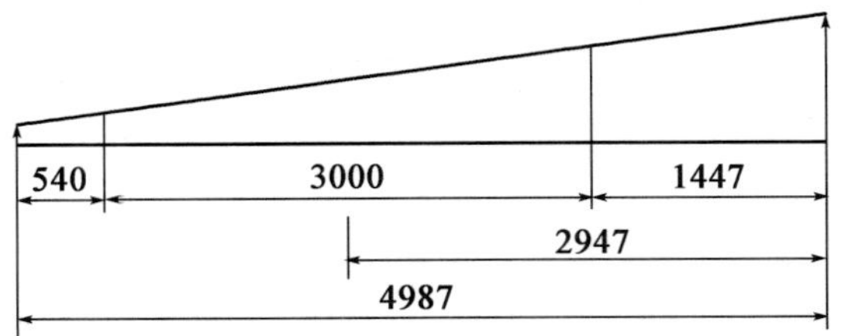


**图 3-3.11 加强纵梁受力计算图**(尺寸单位:mm)

支点反力分别为:

$$R_A = \frac{q \times b \times a_2}{l} = \frac{47.7 \times 3 \times 2.947}{4.987} = 84.5(kN)$$

$$R_B = \frac{q \times b \times a_1}{l} = \frac{47.7 \times 3 \times 2.04}{4.987} = 58.8(kN)$$

最大弯矩:$M_{max} = R_A\left(1.012 + \dfrac{ba_2}{2l}\right) = 160.4kN/m$

底纵梁选用 2 - [32b,查表知其截面特性参数为:

$A = 2 \times 54.913cm^2, W_x = 2 \times 509000mm^3, I_x = 2 \times 64479000mm^4$

弯曲应力:$\sigma_w = \dfrac{M}{W} = \dfrac{160.4 \times 10^6}{2 \times 509000} = 157.6(MPa) < f = 215MPa$,满足要求。

剪切应力:$\tau = \dfrac{V}{A} = \dfrac{84.5 \times 10^3}{2 \times 5491.3} = 76.9(MPa) < f = 215MPa$,满足要求。

由以上计算知,腹板下纵梁应力强度和变形条件均满足要求。

(2)底板下纵梁的计算

底板下纵梁按 1 号梁段计算。计算混凝土厚度 0.8m,底板荷载由 7 根纵梁承担。

底板混凝土荷载:$q_1 = \dfrac{3.6 \times 0.8 \times 3}{3} \times 26 \times 1.2 \times 1.05 = 89.1(kN/m)$

模板重量按 $1kN/m^2$ 计,模板荷载为:$q_2 = 3.6 \times 1.2 \times 1 = 4.32(kN/m)$

人群及机具荷载:$q_3 = 3.6 \times 2.5 \times 1.4 = 12.6(kN/m)$

倾倒和振捣混凝土产生的荷载:$q_4 = 3.6 \times 5.2 \times 1.4 = 26.2(kN/m)$

每根底板下纵梁的荷载为:$q = \dfrac{q_1 + q_2 + q_3 + q_4}{3} = 44.1(kN/m)$,底板纵梁载荷小于腹板,故不做验算。

由以上计算可知,腹板下纵梁应力强度和变形条件均满足要求。

**8.1.2.2** 底托梁计算(按 1 号梁段计算)

(1)浇注状态后托梁

由底板下纵梁的计算可知,支座反力 $R_A = 84.5kN$ ,$R_B = 58.8kN$。

$$\frac{R_B}{R_A + R_B} = \frac{98.2}{118.4 + 98.2} \times 100\% = 45\%$$

$$\frac{R_B}{R_A + R_B} = 0.41$$

因此前托梁近似承担底部荷载的 41% ,后托梁承担底部荷载的 59% 。故在此只对后托梁在浇筑状态进行受力分析。

底纵梁自重 4.7kN,故对于后托梁,腹板处每根底纵梁的集中荷载:$(143.1 \times 3/3 + 4.7) \times 59\% = 87.2(kN)$,底板处每根底纵梁的集中荷载:$(132.3 \times 3/3 + 4.7) \times 59\% = 80.2(kN)$。后托梁受力情况和内力如图 3-3.12 ~ 图 3-3.14 所示。

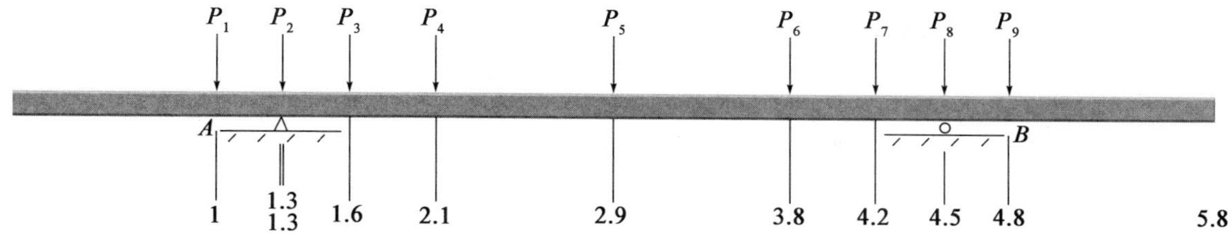


图 3-3.12　后托梁受力简图(单位:m)

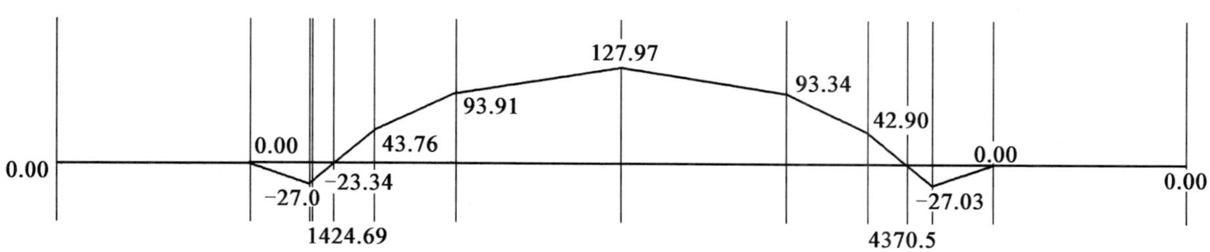


图 3-3.13　后托梁弯矩图(单位:kN·m)

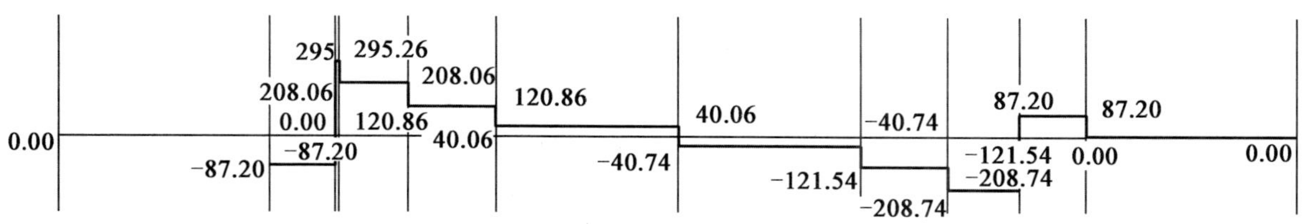


图 3-3.14　后托梁剪力图(单位:kN)

后托梁由 2[30a 组成,查表可知型钢组合截面特性参数为:

$A=2\times6100\text{mm}^2$,$W_x=2\times538000\text{mm}^3$,$I_x=2\times74800000\text{mm}^4$。

由弯矩图可知最大弯矩:$M_{max}=127.97\text{kN/m}$。

弯曲应力:$\sigma_w=\dfrac{M}{W}=\dfrac{127.97\times10^6}{2\times538000}=118.9(\text{MPa})<f=215\text{MPa}$,满足要求。

剪切应力:$\tau=\dfrac{V}{A}=\dfrac{295.26\times10^3}{2\times6100}=24(\text{MPa})<f=215\text{MPa}$,满足要求。

由以上计算可知,后托梁在浇注状态下,满足要求。

(2)浇筑状态前托梁

在此对前托梁在浇筑状态进行受力分析。

底纵梁自重 4.7kN,故对于前托梁,腹板处每根底纵梁的集中荷载:$(143.1\times3/3+4.7)\times41\%=60.6(\text{kN})$,底板处每根底纵梁的集中荷载:$(132.3\times3/3+4.7)\times41\%=56.2(\text{kN})$。前托梁受力情况和内力如图 3-3.15～图 3-3.17 所示。

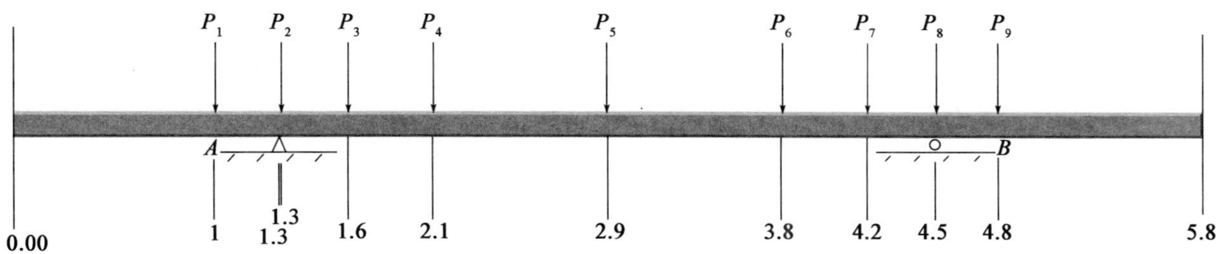


图 3-3.15　前托梁受力简图(单位:m)

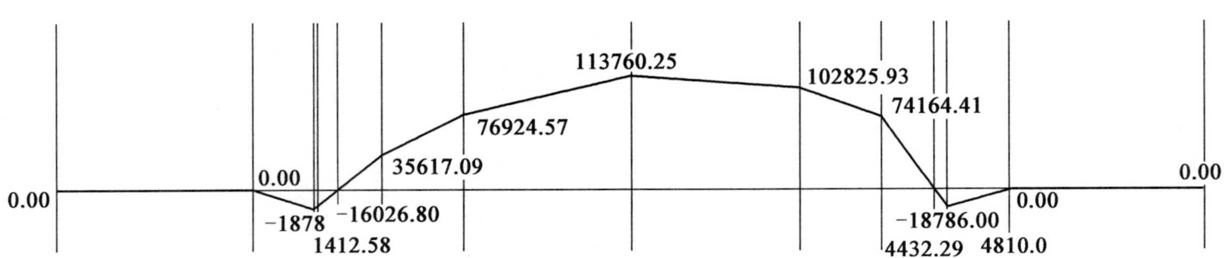


图 3-3.16 前托梁弯矩图(单位:kN·m)

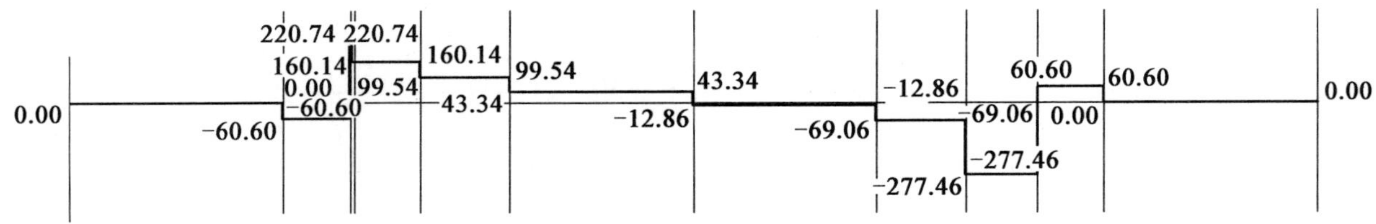


图 3-3.17 前托梁剪力图(单位:kN)

对二前托梁:由于后底托两的支反力小于后托梁,所有不予校核。

(3)吊带(杆)计算

假设前托梁所有荷载只由腹板两侧吊带承担,根据托梁剪力图,可得受力最大吊带(杆)受力值为:

$$R = 295.26 + 87.2 = 382.5(\text{kN})(\text{后吊点})$$

$$R = 220.74 + 60.6 = 281.34(\text{kN})(\text{前吊点})$$

吊杆用 $\phi$32mm 精轧螺纹钢筋,$\sigma = \dfrac{R}{W} = \dfrac{382.5 \times 10^6}{803.4} = 476.1(\text{MPa}) < f = 560\text{MPa}$,满足要求。

### 8.1.3 前横梁

前横梁浇筑状态下受力计算(按1号梁段计算):

$P_1 = 237.6 + 100.4 = 338(\text{kN})$,为上横梁作用力。

$$P_2 = \frac{1}{2} \times 12.2 \times 10 \times 1.2 \times 1.05 + \frac{(0.7 + 0.3) \times 1.5 \times 4 \times 26 \times 1.2 \times 1.05}{2} + (2.5 + 3) \times 2.75 \times 3 \times 1.4$$

$$= 196.3(\text{kN})$$

(腹板外侧吊带作用力)

$$P_3 = \frac{1}{4} \times 3.76 \times 10 \times 1.2 \times 1.05 + \frac{(0.7 \times 0.28 + 2.4 \times 0.32) \times 4 \times 26 \times 1.2 \times 1.05}{2} + (2.5 + 3) \times$$

$$5.2 \times 3 \times 1.4 = 195.3(\text{kN})$$

(内模系统吊杆作用力)

前横梁受力情况和内力如图3.3-18~图3.3-20。

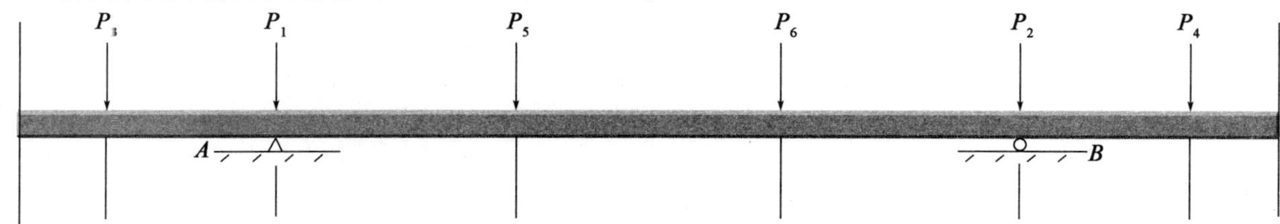


图 3-3.18 前横梁受力简图

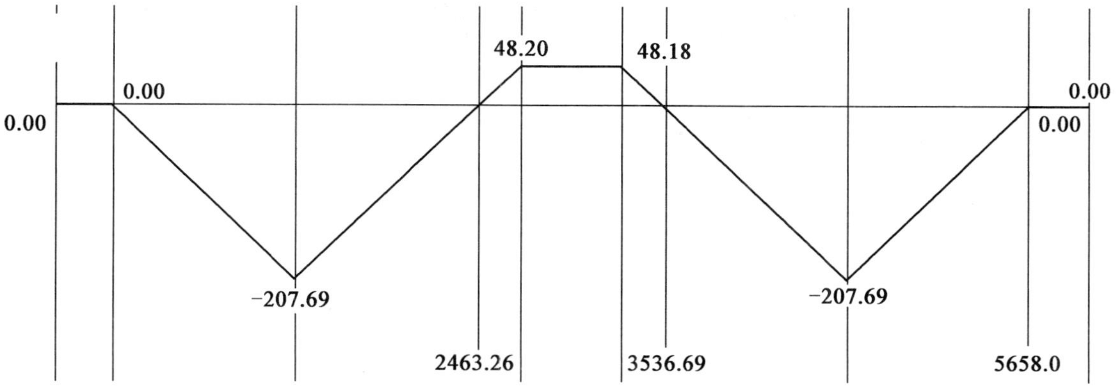

图 3-3.19 前横梁弯矩图(单位:kN·m)

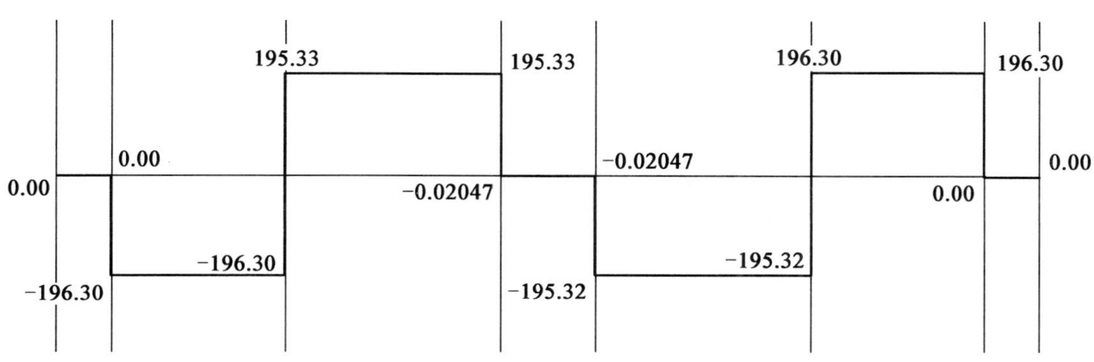


图 3-3.20 前横梁剪力图(单位:kN)

前横梁由 2[30a 组成,查表可知型钢组合截面特性参数为:

$A=2\times6125\text{mm}^2$,$W_x=2\times597000\text{mm}^3$,$I_x=2\times89500000\text{mm}^4$。

由弯矩图可知最大弯矩:$M_{\max}=207.69\text{kN/m}$。

弯曲应力:$\sigma_w=\dfrac{M}{W}=\dfrac{207.69\times10^6}{2\times597000}=173.7(\text{MPa})<f=215(\text{MPa})$,满足要求。

剪切应力:$\tau=\dfrac{V}{A}=\dfrac{196.3\times10^3}{2\times6125}=16.1(\text{MPa})<f=215\text{MPa}$,满足要求。

由以上计算可知,前横梁在浇筑状态下,满足要求。

**8.1.4** 挂篮主桁架计算

(1)浇筑最重块(1 号块)时受力计算

①混凝土重量+浇筑动力荷载+超载+模板自重:$G=98\times10\times1.2\times1.05=1234.8(\text{kN})$。

前吊点承担混凝土荷载的 41%,即 $G_1=1234.8\times41\%=506.2(\text{kN})$。

②挂篮荷载:前横梁自重 5.8kN。

前吊点承担底托系统、侧模、内模、端模、操作平台的 50% 荷载:$P_1=22\times10\times1.2\times50\%=264(\text{kN})$。

③前吊点承担人群和机具荷载的 50%:$P_2=2.5\times12.2\times3\times1.4\times50\%=64(\text{kN})$。

④倾倒和振捣混凝土荷载的 50%:$P_3=4\times12.2\times3\times1.4\times50\%=102.5(\text{kN})$。

⑤单片主桁前吊点荷载:

结构计算简图如图 3-3.21 所示。

$$P=\frac{G_1+5.8+P_1+P_2+P_3}{2}=\frac{506.2+5.8+264+64+102.5}{2}=471.4(\text{kN})$$

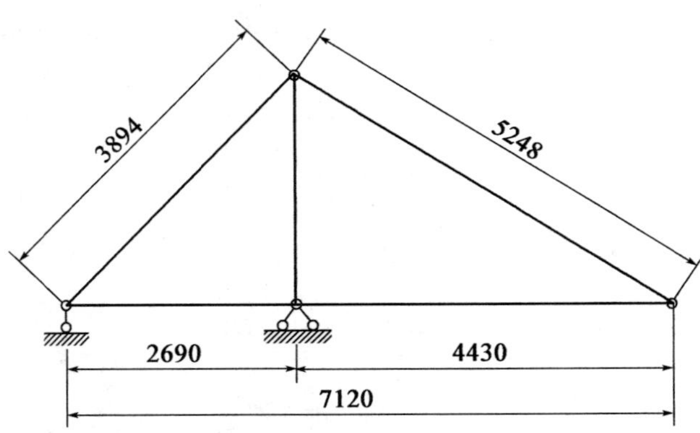


图 3-3.21 结构计算简图(尺寸单位:mm)

每片主构架有 4 根钢筋后锚,采用预埋形式后锚。$\phi$32mm 的精轧螺纹钢筋抗拉强度为 787kN,后锚群的锚固力按 70% 折减,$F=787\times4\times70\%=2204(\text{kN})$。

设后锚力为 $Q$,则:$4430\times P=2690\times Q$,$Q=776.3$kN。

安全系数:$S=\dfrac{2204}{776.3}=2.8>2$,满足抗倾覆要求。

(2)主构架各杆件计算

按浇筑 1 号节块时的状态计算,由力学计算软件计算得,各杆件均由 2-H350×175 组成。

建立力学模型进行力学计算,经过力学模型分析,主桁架设计满足力学要求。

(3)主构架销轴计算

通过建立 MIDAS 模型主桁架销轴采用 40Cr,直径 $\phi$100mm,最大轴力 546.78kN。

①销轴强度验算:

剪应力:$\tau=\dfrac{V}{A}=\dfrac{\dfrac{546.78}{2}\times10^3}{\pi\times\left(\dfrac{d}{2}\right)^2}=35.97(\text{MPa})<215\text{MPa}$,满足要求。

②节点板销孔承压计算:

节点板板厚为 20mm,每块节点板单面焊 10mm 厚补强板,销孔直径 $D=100$mm,压力 $P=546.78/2=273.39(\text{kN})$。

压应力:$\sigma=\dfrac{P}{D\times\delta}=\dfrac{273.39\times10^3}{100\times(10+10)}=136.7(\text{MPa})<215\text{MPa}$,满足要求。

③杆件销孔承压计算:

杆件销孔处槽钢厚度为 9.5mm,每块节点单面焊 10mm 厚补强板,销孔直径 $D=100$mm,压力 $P=546.78/2=273.39(\text{kN})$。

压应力:$\sigma=\dfrac{P}{D\delta}=\dfrac{273.39\times10^3}{100\times(9.5+10)\times2}=35.05(\text{MPa})<215\text{MPa}$,满足要求。

(4)挂篮空载行走时受力计算

挂篮空载前移时,只靠反扣轮及配重平衡其倾覆力,每个反扣轮的极限承载力为 90.8kN。挂篮的前横梁、底模系、侧模、内模、端模、吊带系统以及操作平台等总重 220kN,设主构架前支点承受其中 50% 的荷载,故作用于主构架前支点的荷载为:$F_1=110(\text{kN})$。

挂篮前进时冲击荷载系数取 1.3,主桁架含 2 片菱形架,故单个前支点荷载为:$F=110\times1.3/2=$

71.5(kN)。

设后锚力为 $Q$,则:$Q = 71.5 \times 4430/2690 = 117.7$(kN)。

每片桁架后有两对反扣轮,则每个轮子承载的压力为 117.6/4 = 29.4。安全系数 $S = 90.8/29.4 = 3.1 > 2$ 符合要求。

## 8.2　0 号块支架计算书

### 8.2.1　工程概述

××桥(44 +72 +44)m 连续梁为单箱单室截面,两边腹板为直腹板,0 号块梁段长度为 10.0m,宽度为 7m,主墩墩顶处梁高 5.8m。0 号块采用支架现浇施工。

0 号块主梁结构图如图 3-3.22 所示。

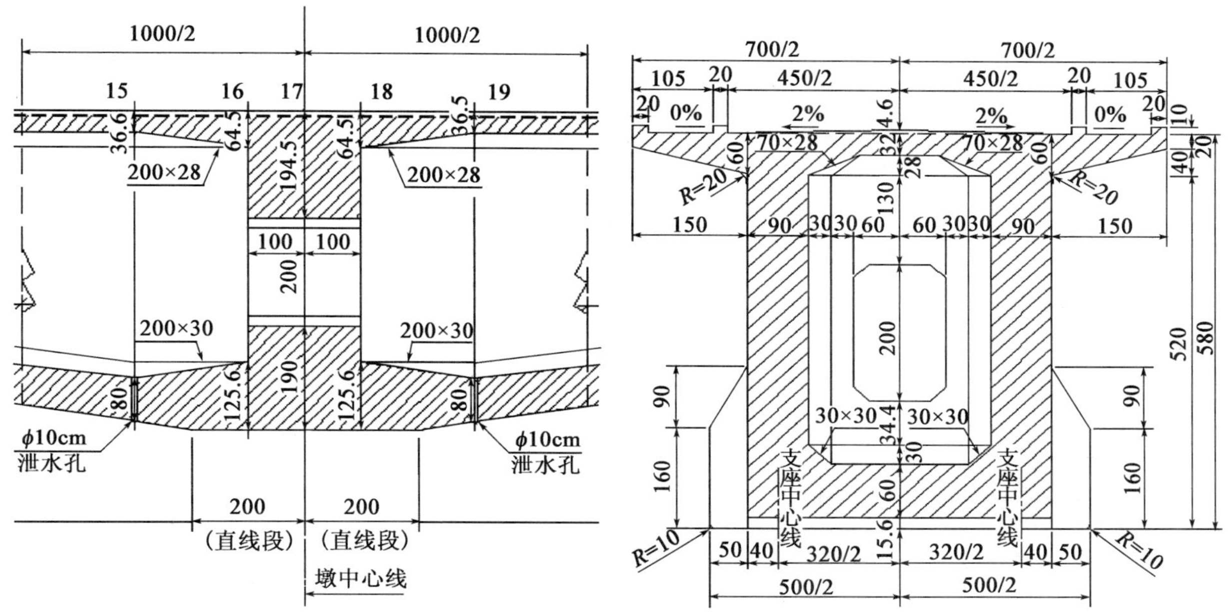


图 3-3.22　0 号块主梁结构图(尺寸单位:mm)

0 号段支架方案:墩顶范围内现场布设模板和支架,此部分混凝土及施工荷载直接传递到主墩墩顶;两侧各 3.7m 范围内混凝土及施工荷载通过模板系统传递至 0 号块支架上。

0 号块支架由桁架、横梁、钢管立柱等组成其设计图中立柱高度约 28m,立柱设置连接系及与墩柱附着,以减小立柱长细比。

### 8.2.2　设计依据

(1)《铁路桥梁钢结构设计规范》(TB 10002.2—2005);

(2)《钢结构设计规范》(GB 50017—2003);

(3)《路桥施工计算手册》;

(4)《(44 +72 +44)m 连续梁施工方案》。

### 8.2.3　设计参数

(1)材料容许应力及挠度控制

材料容许应力:Q235B 钢材,$[\sigma] = 170$MPa,$[\tau] = 100$MPa。

挠度容许值:$L/400$,$L$ 为受弯构件的跨度(对于悬臂梁为悬伸长度的 2 倍)。

竹胶板:$[\sigma] = 24$MPa,$E = 7 \times 103$MPa。

方木:$[\sigma] = 13$MPa,$E = 9 \times 103$MPa。

(2)计算荷载

①支架自重:模型中自动计算支架结构自重,考虑焊缝、加劲板、垫板等小件的质量,将模型中的自重计1.2倍系数。

②施工荷载:按分配梁间距沿横向截取上方对应梁段,以线荷载的形式施加在分配梁上;内模及侧模自重按1.5kN/m$^2$ 计算;施工机械、作业人群等施工荷载按1.0kN/m$^2$ 取值;施工振捣荷载按2.0kN/m$^2$ 取值;钢筋混凝土密度取26.5kN/m$^3$。

**8.2.4** 0号块支架设计计算

(1)竹胶板(18mm)

经计算比较,腹板下的竹胶板受力最为不利。竹胶板的计算跨度为0.3m(净跨度为0.2m)。取1m板宽,则竹胶板受到的最大线荷载:$q_1 = 1 \times 3.4 \times 26.5 + 4.5 \times 1 = 94.6$(kN/m)。

按3跨连续梁计算,弯矩:$M = 0.1 \times 94.6 \times 2002 = 378400$(kN·m)。

弯曲应力:$\sigma = \dfrac{M}{\omega} = \dfrac{378400}{\dfrac{1}{6} \times 1000 \times 18 \times 18} = 7\text{(MPa)} < 24\text{MPa}$。

挠度:$f = 0.667 = \dfrac{q_1 l^4}{1000 \times E \times I} = \dfrac{0.667 \times 94.6 \times 200^4}{100 \times 7000 \times 324000} = 0.028\text{(mm)} < \dfrac{l}{400} = 0.5\text{mm}$。

竹胶板受力满足要求,刚度满足要求。

(2)底模板分配梁(方木)

腹板下方木最大计算跨径 $l = 300$mm,分配梁承受最大均布荷载:$q_1 = 0.3 \times 3.4 \times 26.5 + 4.5 \times 0.3 = 28.38$kN/m。

最大弯矩(按简支梁算):$M = 0.125ql^2 = 0.125 \times 28.38 \times 0.32 = 0.32$(kN·m)。

弯曲应力:$\sigma = M/W = 0.32 \times 10^6/166667 = 2.0\text{(MPa)} < [\sigma] = 13\text{MPa}$,满足要求。

挠度(按简支梁算):$f = \dfrac{5ql^4}{384EI} = \dfrac{5 \times 28.38 \times 300^4}{384 \times 9000 \times 8333333} = 0.04\text{(mm)} < \dfrac{l}{400} = 0.75\text{mm}$。

底板下的分配梁(0.5m宽荷载)计算同上,$q_1 = 11.685$kN/m,弯曲应力2.2MPa,挠度0.13mm。底模板分配梁受力满足要求。

(3)0号块支架

①计算模型

采用MIDAS建立0号块支架模型,立柱、横梁、纵梁均采用梁单元建立,在立柱底部采用固结约束,荷载以梁单元荷载形式加载在纵梁上。

②计算结果

a. 纵梁(I25a)

经过有限元模型计算:纵梁最大组合应力结果为94.4MPa,小于$[\sigma_w] = 170$MPa,满足要求。

模型计算得纵梁剪应力结果:纵梁最大剪应力结果为49.8MPa,小于$[\tau_w] = 100$MPa,满足要求。

模型计算得纵梁变形结果:纵梁最大位移4.325mm $< L/400 = 7.25$mm,满足施工要求。

故纵梁强度和刚度均满足要求。

b. 横梁(2 I36a)

经过有限元模型计算,横梁的正应力结果:横梁最大组合应力结果为56.2MPa,小于$[\sigma_w] = 170$MPa,满足要求。

模型计算得横梁剪应力结果:横梁最大剪应力结果为40.9MPa,小于$[\tau_w] = 100$MPa,满足要求。

模型计算得横梁变形结果:横梁最大位移3.38mm $< L/400 = 8$mm,满足施工要求。

故横梁强度和刚度均满足要求。

c. 钢管立柱($\phi800\times12$mm)

根据模型计算,钢管立柱轴力结果:最大轴力 $N=580.5$kN。钢管柱截面为 $\phi800\times12$mm,面积 $A=29706\text{mm}^2$,$i=279$。

取计算长度 8.0m,长细比 $\lambda=8000/279=28.7$,查表得折减系数:$\phi=0.94$。

则钢管立柱受压稳定承载力为:

$N=\varphi A[\sigma]=0.94\times29706\times170=4747(\text{kN})>580.5\text{kN}$,满足要求。

d. 立柱连接系([12)

根据模型计算,立柱连接系的正应力结果:最大应力 25.3MPa,,小于$[\sigma_w]=170$MPa,满足要求。

综上所述,故 0 号块支架各构件均满足要求。

**8.2.5** 墩梁临时锚固计算

墩梁临时固结装置主要承受挂篮悬浇施工时梁体梁端不平衡重、施工荷载不平衡重、一侧挂篮倾覆及由此引起的一端正在浇筑的混凝土全部坠落造成的不平衡弯矩,并由此计算不平衡弯矩及临时支承垫石的最大竖向支反力。

采用精轧螺纹钢筋在临时支座位置处锚固,具体详见计算。墩梁临时锚固如图 3-3.23 所示。

(1)荷载及荷载组合

0 号块支架计算考虑荷载如下:

①施工意外最不利的工况为:挂篮和最后一节段挂篮和节段意外坠落后的偏载弯矩构成 T 构的最大倾覆荷载。

②风荷载:由横桥向风荷载产生的竖向风力,按照英国 BS 5400 规范取升力系数为 0.4。

台州地区近 20 年最大基本风压 1.45kPa。

横向风载按《铁路桥涵设计基本规范》计算:

$$W=K_1K_2K_3W_0$$

其中:$K_1=1.3$;$K_2=1.13$(按 A 类地表,离地面 30m 高度计);$K_3=1.0$(按一般地区选取)。

求得:

$$W=K_1K_2K_3W_0=2.13\text{kPa}$$

则升力为

$$W_3=0.4\times W=0.85\text{kPa}$$

③不对称施工机具荷载:采用均布荷载,$1\text{kN/m}^2$。

④考虑一侧各阶段混凝土自重超重 5%。

(2)纵桥向抗倾覆稳定性计算

①最不利工况+风荷载(图 3-3.24):

72m 连续梁节段表见表 3-3.6。

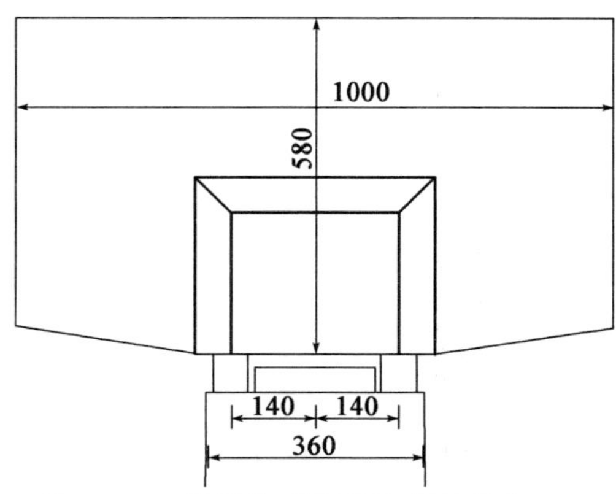


图 3-3.23 墩梁临时锚固图(尺寸单位:cm)

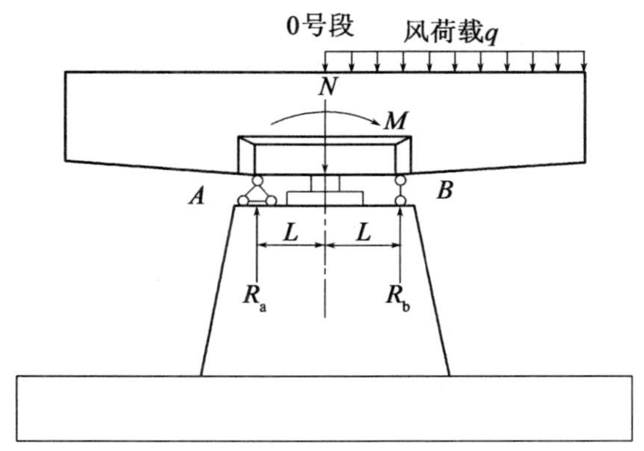


图 3-3.24 最不利工况+风荷载

表 3-3.6　72m 连续梁节段表

| 节 段 编 号 | 节段长度(m) | 体积($m^3$) | 钢筋(t) | 节段质量(t) | T 构质量(t) |
|---|---|---|---|---|---|
| 0 | 10 | 160 | 43.6 | 443.6 | 443.6 |
| 1 | 3 | 41.4 | 9.2 | 112.7 | 225.4 |
| 2 | 3 | 37.3 | 8.1 | 101.4 | 202.7 |
| 3 | 3 | 33.2 | 6.9 | 89.9 | 179.8 |
| 4 | 3 | 30.4 | 6.8 | 82.8 | 165.6 |
| 5 | 3 | 29.1 | 6.6 | 79.4 | 158.78 |
| 6 | 3 | 31.7 | 7.3 | 86.6 | 173.1 |
| 7 | 3 | 24.8 | 5.3 | 67.3 | 134.6 |
| 8 | 4 | 31.7 | 7.4 | 86.7 | 173.3 |
| 9 | 4 | 26.1 | 5.9 | 71.2 | 142.3 |
| 合计 | | 387.9 | 93.8 | 1063.6 | 1999.18 |
| 挂篮 | | | | 45 | |

$$R_a + R_b = 1999 + 2 \times 45 + 0.085 \times 35 \times 7$$

$$1.25R_a + (71.2 + 45) \times 33 + 0.085 \times 35 \times 7 \times 35/2 = 1.25R_b$$

求得:

$$R_a = -4450\text{kN}, R_b = 25550\text{kN}$$

②不对称施工机具荷载引起临时支座受力:

$$R_a + R_b = 1 \times 35 \times 7$$

$$1.25R_a + 1 \times 35 \times 7 \times 35/2 = 1.25R_b$$

求得:

$$R_a = -1410\text{kN}, R_b = 1654\text{kN}$$

③考虑一侧各节段混凝土自重超重 5%:

$$R_a + R_b = 1000 \times 0.05$$

$$1.25R_a + 1000 \times 0.05 \times 35/2 = 1.25R_b$$

求得:

$$R_a = -2874\text{kN}, R_b = 3374\text{kN}$$

抗倾覆检算:

墩顶一侧设置 10 根 $\phi32$ 的 PSB830 精轧螺纹钢筋,40 根 $\phi32$mm HRB400 螺纹钢筋,临时支座顺桥向间距 2.8m。

单根精轧螺纹钢筋能承受的最大拉力为:$F_{max} = 830 \times 0.25 \times 3.14 \times 32 \times 32 = 66.7$(t),设置单根螺纹钢筋预拉力 66.7t。

40 根 $\phi32$mm HRB400 螺纹钢筋能承受的最大拉力为:$F_{max} = 360 \times 803.84 \times 40 = 1157.5$(t)。

总共提供锚固力:$F = 10 \times 667 + 11575 = 18245$(kN)。

锚筋提供抗倾覆力矩:$M_f = 18245 \times 1.4 = 25543$(kN·m)。

倾覆力矩为:$(4450 + 1410 + 2874) \times 1.4 = 12228$(kN·m)。

由上表计算可得,纵桥向抗倾覆稳定系数:$K = M_f/M_{倾覆} = 25543/12228 = 2.09$,抗倾覆系数大于 1.5,满足要求。

(3)临时支座受力计算

临时支座考虑倾覆力矩引起的压力由受压侧临时支座承受,由上述计算可知,临时支座承受最大压力为:25550 + 1654 + 3374 = 30578(kN)。

由于竖向反力主要为结构自重,单个支承垫石承受的最大压应力为:$\sigma = \frac{30578 \times 10^3}{600 \times 3500} = 14.56$(MPa)。

临时支承垫石采用C50混凝土,允许抗压强度为23.1MPa,临时固结支座受压满足要求。故墩梁临时锚固满足要求。

### 8.2.6 结论

经上述计算,0号块支架可满足0号浇筑施工要求,各结构均满足设计要求。经上述计算墩梁临时锚固设计满足连续梁悬臂浇筑要求。

## 第三节 示例点评

本示例概述了悬臂现浇连续梁0号块、悬臂段、边跨直线段、合龙段的施工方法及工艺,对于悬臂现浇连续梁施工具有一定借鉴意义。其他类似的悬臂现浇连续梁施工可参照本示例内容框架体系,并结合工程实际情况编制专项施工方案。

墩顶固结是本工程重点,施工前需复核计算临时固结方案。其他悬臂连续梁若跨越既有道路、航道、构筑物时需增加相应的危险源分析以及安全保证措施。

# 第四章　系杆拱桥专项施工方案

## 第一节　编 制 要 求

### 1　适用范围

适用于铁路系杆拱桥施工。

### 2　工程重难点

(1)系杆拱桥主梁满堂支架地基处理及其承载力是工程的重点。

(2)系杆拱桥主梁满堂支架方案设计及其强度、刚度、稳定性相关计算是工程重难点。满堂支架的搭设质量、拆除顺序等为工程的重点。

(3)系杆拱桥钢管拱运输、起吊、拼装是工程的重难点。

(4)本系杆拱桥跨越既有高速公路,跨路采用满堂支架＋门洞法施工,组织保证交通安全畅通是工程的重难点。

### 3　内容要点

(1)危险因素分析中重点评估支架坍塌和吊装过程中起重伤害的风险。

(2)施工方法及工艺中重点阐述支架地基处理,支架(门洞)搭设、预压,钢管拱吊装等重要工序的施工方法及要求。

(3)安全保障措施中重点阐述支架搭设、拱肋及横撑安装和顶升混凝土的相关保障措施。

## 第二节　工 程 示 例

### 1　工程概况

××特大桥全长766.825m,孔跨布置为(2×24m＋8×32m)简支梁＋1×156m系杆拱＋(8×32m＋2×24m)简支梁。本桥跨越××高速公路,单跨156m,与××高速公路交叉角度为25°,现状路面宽25m,规划路面宽42m,立交净空要求为净宽42m,净高5.5m,本桥跨越既有高速公路的位置有1×6m框架涵。框架涵既有路面高程为141.81m,××高速公路路面高程149.59m,系杆拱梁底高程为157.997m。

该跨线桥上部结构采用系杆拱;下部结构桥墩采用圆端形实体墩,纵向截面宽4.5~4.7m;10号墩和11号墩采用钻孔灌注桩基础,4排14个$\phi$1.5m钻孔桩接承台(孔距2.3m),承台采用八边形实体承台,六面配筋。

### 2　编制依据

参照第一篇“3 主要编制依据”。

## 3 施工方法及工艺

### 3.1 施工工艺流程

本系杆拱采用先梁后拱的施工方法，主系梁采用碗扣式满堂支架现浇施工，跨越既有道路部分采用条形基础加贝雷门洞结构施工。

主系梁横桥向一次浇筑，纵桥向分3段、2个合龙段施工，即先施工两边段梁，再施工中段梁，最后主系梁合龙。系梁施工完毕后，在系梁桥面搭设临时拱架，在其上安装空钢管拱肋及横撑，拱肋泵送管内混凝土。待拱肋混凝土达到设计强度后，拆除系梁桥面临时拱架，安装并张拉吊杆，施工桥面等二期工程。

总体施工顺序为：钻孔桩施工→承台施工→墩身施工→垫石施工→支架基础处理及支架搭设→主系梁底模安装→支架预压→支座安装及两边段主系梁施工→中段主系梁施工→主系梁合龙→纵向第一批预应力张拉及张拉端横梁和中间横梁的横向预应力→上部拱拼装支架搭设→上部钢管拱拼装→解除拱肋临时支撑→拱内混凝土浇筑→拆除拱肋支架并张拉拱脚竖向预应力→吊杆安装并张拉→张拉第二批纵向预应力→拆除梁部支架及临时支撑，完成系杆拱体系转化→桥面系施工。

### 3.2 施工方法

#### 3.2.1 施工准备

(1)施工安全技术交底

钻孔桩、承台、墩身、主系梁、支架搭设及拱部安装等各分项工程施工前，必须对现场班组长及施工队负责人进行施工安全技术交底，留存书面交底资料并签字。

(2)测量放样

本系杆拱各分项工程施工均采用全站仪放样定位，采用水准仪控制高程。

(3)其他准备工作

满足各分项施工的材料、机具和人员等均已到位，水、电等均已接通，施工便道已满足施工需要，其他需要准备的工作均已完成。

#### 3.2.2 钻孔桩施工

本系杆拱基础采用群桩承台基础，桩径为1.5m，最大桩长29.5m，钻孔桩采用旋挖钻施工。

#### 3.2.3 承台施工

本系杆拱主墩承台采用八边形，其尺寸为13m×10.8m×3.5m，承台采用定型钢模就地浇筑施工。

#### 3.2.4 墩身施工

本系杆拱主墩为圆端形实体墩，10号墩高为12m(不含托盘顶帽)，11号墩高为8.5m(不含托盘顶帽)，墩身采用定型钢模就地浇筑施工。

#### 3.2.5 地基处理

桥址处地层主要为第四系全新人工堆积层，第四系全新统冲洪积粉质黏土，下伏基岩为白垩系下统砂岩、砾岩及侏罗系上统凝灰岩。

(1)梁端实体段地基处理

清除表层浮土、杂草，然后开挖钢管立柱条形基础。开挖后对条形基础基底承载力进行检算，满足中间钢管立柱条形基础范围承载力不低于270kPa，边端钢管立柱条形基础范围承载力不低于170kPa。若不满足，则必须对基底进行处理或加大条形基础宽度。

(2)一般梁段地基处理

清除表层浮土、杂草，换填土渣并压实，换填深度根据现场实际地形地貌确定，换填后基底承载实测应不低于150kPa；换填处理压实后上浇筑一层厚20cm的C20混凝土。

(3)跨既有涵洞地基处理

跨既有涵洞采用条形基础加贝雷梁门洞形式，条形基础埋入既有路面以下80cm，高出路面30cm，基底承载力应不小于180kPa,若承载力达不到要求则需进行换填处理或加大条形基础宽度。

(4)跨××高速公路地基处理

跨既有××高速公路采用条形基础加贝雷梁门洞形式,条形基础高出路面不小于120cm,边条形基础宽1.2m,边条形基底承载力应不小于200kPa;中条形基础宽1.3m,中条形基底承载力应不小于320kPa。

**3.2.6** 支架搭设

本系杆拱采用就地现浇、安装,非跨线段支架体系采用落地碗口式钢管满堂支架;跨线段采用门洞加满堂支架组合结构。支架搭设见图3-4.1。

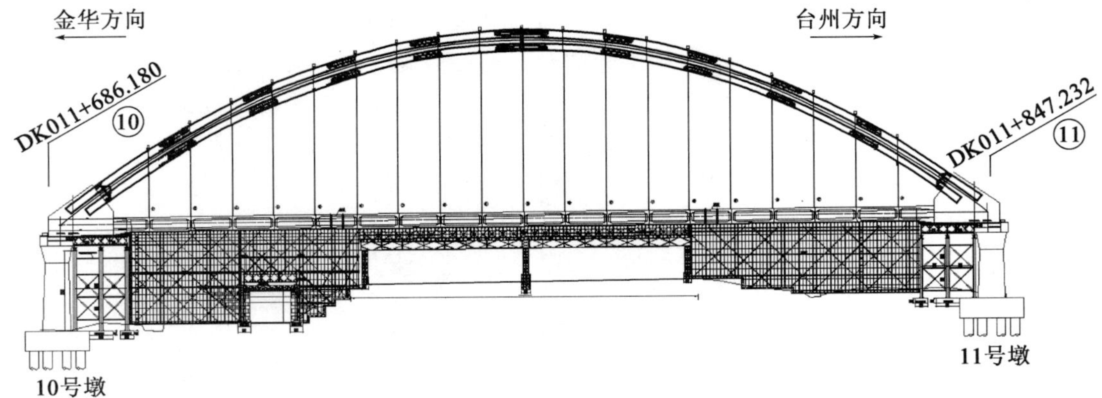


图3-4.1 支架搭设纵断面图

满堂支架采用$\phi$48mm×3.5mm、Q235A级焊接钢管,支架立杆底座采用LDZ(150mm×150mm×8mm)底座,在已放置好的底座上搭设WDJ碗口式多功能支架。首层步高(扫地杆)为0.3m,中间层步高为1.2m,顶层步高为0.6m;为增加支架稳定性和整体受力,底层(扫地杆高度)和顶层必须设置水平剪刀撑,剪刀撑按45°角设置,视架体高度,每四个中间步高(4.8m高)增设一层水平剪刀撑;纵、横向剪刀撑按6~8m设置一道,角度按45°~60°设置。

(1)一般梁段,非腹板区:支架采用碗扣式满堂支架,纵桥向立杆间距为60cm,横桥向立杆间距为60cm,基底处理后采用20cm厚C20混凝土进行硬化,底托设置在硬化后的基础上。

(2)一般梁段,腹板区:支架采用碗扣式满堂支架,纵桥向立杆间距为60cm,横桥向立杆间距为30cm,基底处理后采用20cm厚C20混凝土进行硬化,底托设置在硬化后的基础上。

(3)梁端实体段13.2m区域范围内(墩帽边至梁中心方向9m),采用钢管立柱加贝雷桁架支撑体系。

非拱脚区贝雷片中心间距按0.45m布置,拱脚区贝雷片中心间距按0.3m布置,贝雷桁架采用4.5m+4.5m二等跨连续梁布置形式。

钢管立柱上分配梁采用双拼40a工字钢;钢管立柱采用$\phi$530mm钢管,壁厚10mm,非拱脚区钢管立柱中心间距按1.6m布置,拱脚区钢管立柱中心间距按1.0m布置。

中间钢管立柱条形基础采用长15m、宽4.0m、高0.8m的C30钢筋混凝土条形基础,基底设计承载力不得小于270kPa。

边端钢管立柱条形基础采用长15m、宽2.2m、高0.8m的C30钢筋混凝土条形基础,基底设计承载力不得小于170kPa。

条形基础开挖后,必须对基底承载力进行检算,实测承载力小于设计值时,必须对基底进行处理或加大条形基础宽度。

(4)跨既有涵洞:此处采用条形基础+钢管立柱+贝雷架跨越,贝雷架梁梁底高程为148.81m,贝雷片中心间距按0.45m布置,贝雷架采用3.0m×1.5m普通贝雷架,采用简支梁跨越,跨度9.0m;钢管采用直径为$\phi$530mm,壁厚10mm,立柱高6.3m,钢管立柱中心间距为3.0m;钢管上分配梁为双拼40a工字钢。贝雷门架顶面满铺4mm厚钢板,作为防护;钢板上横桥向设置双排14号工字钢作为立杆分配梁;侧面设全封闭围挡。

(5)跨××高速公路:采用条形基础+两跨简支梁贝雷梁门架方式现浇,跨度为10.5m+10.5m,边跨条形基础宽度采用1.2m,中间条形基础宽度采用1.3m,贝雷片中心间距按0.45m布置,条形基础采用三层贝雷架作为门洞支撑立柱,每层立柱采用三排贝雷片,顶层贝雷片设加强杆。贝雷门架顶面满铺4mm厚钢板,作为防护;钢板上横桥向设置双排14号工字钢作为立杆分配梁;侧面设全封闭围挡。

(6)支架搭设:跨××高速公路门洞搭设时,需对既有高速公路进行封道,封道施工计划与相应单位进行协商,支架搭设采用吊机吊装,人工配合方式。

其他段支架及门洞搭设采用吊机吊装,人工配合方式。

### 3.2.7　支架预压

参见本篇第二章“3.2.2 支架预压”。

### 3.2.8　支座安装

主梁采用TJQZ系列球形钢支座,其技术要求应符合“通桥(2009)8361”的相关要求,每个桥墩设两个35000kN级支座,10号墩设纵向固定支座。

采用墩下组装,整体吊装就位的施工方法。支座由吊车配合就位后,利用螺旋千斤顶支起支座,使支座板与桥墩支承垫石顶面之间留出20~30mm空隙,采用重力灌浆方式向支座底部灌入无收缩高强水泥砂浆。

灌浆时从支座中心部位向四周注浆,直至模板与支座底板周边间隙观察到灌浆材料全部灌满为止。强度达到80%后,拆除模板,检查是否有漏浆处,必要时对漏浆处进行补浆,拧紧下支座板锚栓,拆除临时千斤顶,安装支座围板。

### 3.2.9　模板制作及安装

模板设置:本主系梁模板均采用18mm厚竹胶板,模板由底模、侧模、内模、端模板组成。四部分组成模板安装顺序为:底模安装→侧模安装→端模安装→内模安装;模板拆除顺序为:先拆内模,后拆端模。

(1)模板安装要求

①梁体模板根据各部位的设计形状、尺寸和相互间位置进行安装,模板必须安装正确并有足够的强度、刚度和稳定性能,满足不致发生影响梁体结构性能的变形。模型必须安拆方便,结合严密,不得漏浆。

②为了防止漏浆侧模、端模、底模采用橡胶条嵌缝。

③考虑到预应力混凝土梁体的弹性压缩和徐变、梁体的上拱底模和侧模在设计制造时应有适当的预留长度和反拱度。

(2)模板安装

①模板采用在现场汽车吊组拼,人工配合方式施工。施工中要特别注意支架的稳定性,以防止混凝土浇筑时造成模板移动、塌陷。浇注混凝土之后,等达到100%后方可拆除内顶板模。如果拆模时间过早,容易造成顶板混凝土下挠、开裂,甚至塌陷;如果拆模时间过晚,将增大拆模难度,造成拆模时间长且容易损坏模板,具体拆模时间由现场技术人员根据同步养生试块的强度按照规范要求拆除。

②模板安装前,先检查板面是否平整光洁、有无凹凸变形及残余黏浆、管道孔眼是否清除干净。

③要注意锚垫板在对位时避免顶撞钢筋骨架,以免引起支座板移位。当外内模、端模安装并绑扎完顶板钢筋后,严格检查各部连接构件,复核各部截面尺寸。

(3)预拱度与模板高程计算

预压加载前计初始高程值为$H_1$,加载后各测量点高程值为$H_2$,测量卸载前各测量点高程值$H_3$,卸载后各测量点高程$H_4$,此时就可以计算出各观测点的变形如下:

非弹性变形$\delta_1 = H_1 - H_4$。通过试压后,可认为支架、模板、方木等的非弹性变形已经消除。

弹性变形$\delta_2 = H_4 - H_3$。根据该弹性变形值,在底模上设置预拱度$\delta_2$,以使支架变形后梁体线形满足设计要求。

即：

$$预拱度\ \delta = 设计预拱度\ \delta_0 + 弹性变形\ \delta_2$$

$$模板高程\ H = 设计梁底高程\ H_0 + 预拱度_\delta$$

$$= 设计梁底高程\ H_0 + 设计预拱度\ \delta_0 + 弹性变形\ \delta_2$$

说明：设计预拱度已经考虑各施工阶段恒载、预应力和混凝土收缩、徐变产生的挠度。

**3.2.10** 钢筋加工及安装

参见本篇第二章“3.2.5 钢筋及预应力加工”。

**3.2.11** 预应力筋管道的设置

参见本篇第二章“3.2.7 预应力施工”。

**3.2.12** 顶板预留施工窗口

模板安装后，梁段中部形成全封闭状态，为方便施工，在顶板中部开设 1m×1m 的临时施工窗口。按钢筋连接条件预留伸出的长度，待梁段施工完毕后接长钢筋再浇筑临时施工窗口。

**3.2.13** 混凝土施工

参见本篇第二章“3.2.6 混凝土施工”。

**3.2.14** 预应力施工

参见本篇第二章“3.2.7 预应力施工”。

**3.2.15** 上部拱肋及吊杆施工

本梁钢管采用多段在支架上拼装施工，拱肋混凝土的灌注采用从低处往高处泵送顶升法。拱肋设置 2 个隔仓板，共 2 个隔仓，采用一级顶升；腹腔设置 5 个隔仓板，共 6 个隔仓，采用三级顶升。吊杆在拱肋混凝土强度达到设计值后再进行安装。

**3.2.15.1** 拱肋安装

(1)拱肋支架搭设

在拱肋节段拼接点下部搭设安装支架，精确放出支架平面位置，同时不能妨碍吊杆施工，支架高度和高程按拱肋的下翼缘座标准确放出，并按设计要求预加预拱度，支架搭设完毕后，在支架顶上放出拱肋中心线，同时在系梁顶面放出拱肋中心线，以便检查拱肋安装质量。

在每节拱肋端头设置固定的测量控制点，控制点设在拱肋中线位置。施工放样及检查都采用全站仪进行，每架设一节段拱肋，对全部控制点都要进行观测。此外，对拱座的偏位进行观测。钢管拱对温度，特别是日照影响非常敏感。为了减少温度和日照对线形控制的影响，高程的测量包括合龙时间都安排在凌晨。

(2)拱肋及横撑吊装

考虑到整桥受力情况、临时支架受力情况、350t 履带吊移位顺序，吊装顺序如下：

预埋拱脚 A 段及 P 段→吊装 BC、MN 段→吊装 DE、KL 段→吊装 FG、IJ 段→吊装合龙段 H 段(吊装过程中配套吊装 K 撑)。

钢管拱分段架设总体步骤：

①准备工作：钢管拱试拼完毕后，对称架设两端钢管拱段。钢管拱段吊点对称拱段重心布置，吊点位置设橡胶衬垫，起吊采用钢丝绳。为防止钢管拱弦管起吊过程发生整体和局部变形。拱段用吊车吊到设计位置附近，用倒链将拼装管沿导向收紧至设计位置。对接接头采用内衬管连接，并施以临时码板固接。每吊装一个阶段除安装好横撑及临时横撑外还要设置横向缆风索，以利调整拱轴线和保证横向稳定。

②第一分段安装

拱段对位：拴好溜绳，用吊车起吊第一分段，起吊至设计位置，吊钩稍许松钩使拱段后端落在拱脚上连接，使拱脚承担部分重量。

线形调整：利用支架上千斤顶调整拱段前端高程符合监控指令值，前吊点卸载。测量并调整拱段中心线至设计桥轴线(误差不大于监控指令要求)。复测第一分段线形。

③第二分段安装

吊装对位:拴好溜绳,用吊车起吊并运输钢拱第二分段至设计位置附近,初调第二分段角度。用导链收紧辅助对位。初调线形用码板将第二分段与第一分段临时连接,后吊点卸载。

线形调整:利用支架上千斤顶调整第二分段前端高程至监控指令规定值;前吊点同步卸载,用导链、千斤顶辅助调整第二分段中心线至设计桥轴线(误差不大于监控指令要求),将第一、二分段进行定位固结。

④拱肋合龙段施工

合龙段与两侧拱段前端之间的主弦管按设计要求留空隙,在空隙处的主弦管内安设码板临时定位锁定,最后实施电焊固结。

合龙段的施工顺序为:精确测量两侧拱段前端净间距→根据测量数据对已加工的合龙段长度进行切割修正→提升就位→安装环向对接内衬圈→温度平稳时临时固结→焊接合龙。

**3.2.15.2** 拱肋钢管混凝土浇筑

(1)泵送拱肋混凝土

本桥两片拱肋共四根弦管需要顶灌C55微膨胀混凝土。泵送钢管拱肋混凝土由拌和站集中拌和,2台混凝土泵车浇筑,1台备用泵车,泵送钢管拱肋混凝土工作分两次进行,泵送顺序为先上管、后下管、最后为腹腔。泵送前在上管(下管)四个拱脚处焊压浆管道及控制阀门,泵送时控制二台泵车泵送速度保持对称,待拱顶出气孔排出合格混凝土后,关闭阀门完成本次泵送工作,待上管混凝土强度达到85%以上时,以同样过程完成泵送下管混凝土工作,泵送混凝土工作时严格控制上料,各物质均要过秤,保证各物质重量准确,保证混凝土质量。

具体施工工艺为:安设压注头和闸阀→压注管内混凝土→从拱顶出浆孔处混凝土流出→关闭压注口处闸阀→拆除闸阀完成压注。

(2)拱肋混凝土的质量要求

拱肋内顶升混凝土不能出现断缝、空洞;管内混凝土不能与管壁分离;管内混凝土的配料强度应严格按《普通混凝土配合比设计规程》(JGJ 55—2011)确定;拱肋内顶升混凝土的灌注完成时间,不得超过第一盘入管混凝土的初凝时间;拱肋内顶升混凝土必须连续灌注,一气呵成。混凝土的搅拌和运输:拌制混凝土时严格按设计配合比对各种原材料进行计量。投混凝土搅拌最短时间2.5min。混凝土运输采用混凝土搅拌运输车,运输过程中,拌筒保持3~6r/min的慢速转动,运输延续时间不超过60min。

(3)混凝土输送泵选型

①混凝土输送泵性能应相当可靠,以保证连续浇筑,并配置备用泵。

②所需输送泵的额定扬程应大于1.5倍灌注顶面高度。

③输送泵的泵压不宜超过4MPa,以免钢管被压裂。

④输送泵的额定速度:

$$v \geq \frac{1.2Q}{t}$$

式中:$v$——输送泵的额定速度($m^3/h$);

$t$——混凝土初凝时间(h);

$Q$——要求灌注的混凝土量($m^3$)。

(4)钢管混凝土灌注施工注意事项

①入口应设法兰接头和闸阀与输送泵管口连接。待出浆孔溢出和易性良好混凝土后关闭入口处闸阀,以防混凝土外溢。

②灌注时注意检查混凝土对称顶升速度。为保证拱顶混凝土的密实,采用在拱顶处焊接一块10mm厚隔仓板将两侧分开,在钢板两侧各设置一根直径20cm出浆孔,每根2m高。

③灌注混凝土前,为保证管壁湿润先泵入高标号水泥浆 $1m^3$,然后泵入混凝土。

④灌注过程中,随时观测拱肋轴线变形。

⑤灌注拱肋混凝土宜在阴天进行,气温大致与钢管合龙的温度相等。

**3.2.15.3** 吊杆安装、张拉

具体施工工艺流程:备料→安装上端螺母→牵引穿索→安装下端螺母→张拉上锚头→拧紧螺母定位→安装防水罩→锚头防护。按顺序在拱肋顶部对称单端张拉各吊杆,两片拱肋对称均衡张拉至表中所要求的吨位,每片拱肋对称的吊杆应同时均衡对称张拉,张拉完成,焊接封闭吊杆锚箱。

(1)吊杆安装

①本工程吊杆规格较小,相对重量较轻,吊杆安装时采用汽车吊进行,挂索时利用拱上通道和桥面临时脚手架。

②将钢索张拉端螺母取下后,吊到拱顶相应孔洞处,对准孔洞摆放好。将吊装绳穿过螺母与孔洞和索体张拉端锚杯连接,将吊杆的上节点(张拉端)用塔吊牵引穿过拱顶孔洞,人工旋紧螺母。这样吊杆上吊点固定完成。

③吊杆的张拉端锚头先行挂好后,吊杆可自然牵引到下端主梁成孔位置,取下固定端螺母,将索锚穿过主梁孔洞,在桥下脚手架上安装固定端螺母。此过程中需将吊杆在桥下的调节长度旋至设计长度位置。

④牵引过程中应对吊杆进行充分保护,避免索体及锚具螺纹受到损伤。

⑤安装过程中严格检查每根吊杆的扭转情况,防止吊杆与吊绳扭转连接。

(2)吊杆张拉

①在钢拱和主梁施工就位,施工现场满足条件时,吊杆牵引安装就位、检验各索长无误后,即可进行张拉操作。

②张拉采用千斤顶拉力值与伸长量双控的张拉施工工艺。吊杆伸长量 $L$(常温常压情况时)可由下式计算:

$$L = \frac{F \cdot L_0}{A \cdot E}$$

式中:$F$——张拉力(N);

$L_0$——吊杆长度(mm);

$A$——钢丝束截面积($mm^2$);

$E$——弹性模量。

③本工程吊杆张拉严格按施工设计指导书和监控单位指令作业。张拉时采用4套2YCD50型。

④采用4套2YCD50型、液压千斤顶在拱顶上同步进行2根吊杆的张拉,本工程用的YCD型千斤顶误差符合《预应力用液压千斤顶》(JG/T 321—2011)和《液压千斤顶》(JJG 621—2012)的要求,允许误差±1%。

⑤设备投入运行之前,由具有测量资格的计量单位进行配套标定并试运行,使设备处于良好状态。

⑥在张拉时对每次张拉都应进行张拉力和伸长量控制,做好原始记录,并配合监控拱、主梁控制点的变形,及时对吊杆张拉过程进行调整,以确保其满足设计要求。

⑦各项指标均满足设计要求后,按照设计要求对锚具进行耐久性保护。

⑧全部吊杆张拉完成后整理好原始记录,及时申交分项验收资料,按现场要求及时撤场。

⑨张拉注意事项:

a. 张拉设备油路和线路连接好后,未张拉前应在空载情况下模拟操作两个行程,确保张拉设备无任何异常现象。

b. 张拉到设计力值或相关要求后,经检查确定无误后,方可旋紧螺母,保证螺母与锚具充分结合,如

有角度或尺寸偏差应立即纠偏和调整。

c. 张拉过程必须平稳、缓慢进行，严禁超载作业。

**3.2.16** 桥面系施工

参见本篇第二章“3.2.8 桥面系及附属工程”。

**3.2.17** 支架拆除

支架拆除必须在吊杆张拉完后即力学体系转换完成后，才可进行模板支架系统的拆除。

支架拆除前，在梁顶做好梁体沉降的观测点，拆除前进行高程测量，在支架拆除过程中，时时观察高程变化情况。支架拆除时，也要派专人对梁底进行观察，如有异常情况，应立即停止满堂支架拆除工作，待查明原因或通过讨论后，按调整方案进行作业。

拆支架过程中，不许乱截乱拆，要注意所拆材料的完好率，以保证材料以后可重复利用，节约资源。

(1)拆除顺序

贝雷门架拆除顺序为：内模及侧模→底模→上部碗扣支架→安全网→围挡→防护钢板→膺架贝雷→立柱贝雷（钢管立柱）。

其他段支架拆除顺序为：内模及侧模→底模→碗扣支架。

(2)拆除方法

满堂支架顶部都设置了顶托，满足拆模要求时，可从翼板处放松顶托丝扣，拆除翼板模板；再放松底板处顶托丝扣，拆除底板模板；最后由高到低逐步拆除支架。

门架拆除前，先进行交通疏导，临时封闭道路。支架、立柱拆除后，对道路现场条形基础也进行拆除，并对条形基础底路面进行恢复，方可开放交通。最后对门洞两侧的满堂支架和钢管立柱支架进行拆除。

①拆除内模及侧模等

在体系转换完成后，进行内模及侧模的拆除。内模及侧模在主系梁张拉前应先松开。

②拆除底模

依次拆除两侧侧模，然后人工抽出底模板和方木条。拆除过程中注意保护避免高空坠物。

③拆除上部碗扣支架

底模拆除完成后，开始拆除上部碗扣支架。拆除的碗扣支架注意码放整齐。碗扣支架拆除完毕，随即完成防护钢板、防护网及围挡的拆除。拆除过程中注意保护避免高空坠物。

④跨××高速公路门架贝雷拆除

拆除膺架贝雷时，须向高速公路相关管理单位申请一类封道计划。封道完成后，按如下方法拆除：

a. 翼缘板下最外侧贝雷梁的吊装：吊装前做好安全警示、警界绳等标识。采用2台吊车配合，起吊时，吊点宜设于 $L/4$ 梁处。统一指挥吊车整体将梁片吊装移走。

b. 贝雷梁片横移拖拉：先将两侧的两组贝雷片梁拆除，其方法是采用手拉葫芦逐渐拉动贝雷梁横移，并用2台25t吊车配合，将贝雷梁吊起放下解体。

c. 立柱贝雷拆除：此时立柱贝雷与梁底空间较大，可直接用汽车吊进行拆除。拆除时遵循“解除一根，吊走一根”的原则。

⑤两端梁端实体段钢管立柱支架拆除

砂箱采用10mm厚钢板加工，底板与筒身相接处采用满焊，焊缝要饱满；砂箱高57cm，下承端外径530mm，上承端外径506mm，封端钢板均采用10mm厚钢板，尺寸为80cm×80cm；每个砂箱对称设置一处直径3cm的螺栓砂箱孔；上承端嵌入下承端不小于15cm；上承端采用C30混凝土灌满。

拆除时先对沙漏进行漏沙，放松体系，然后人工抽出底模板和方木条。拆除过程中注意保护避免高空坠物。底模和方木拆除后，由高到低依次拆除贝雷架、双拼40a工字钢、沙漏和钢管支架。

# 4 施工计划

## 4.1 施工进度计划(表3-4.1)

表3-4.1 施工进度计划

| 序号 | 项目 | 开始时间 | 结束时间 | 工期(d) |
|---|---|---|---|---|
| 1 | 施工准备 | 2017年03月15日 | 2017年04月15日 | 30 |
| 2 | 临时支墩及支架施工 | 2017年04月16日 | 2017年04月30日 | 15 |
| 3 | 连续梁0号块 | 2017年05月01日 | 2017年06月15日 | 45 |
| 4 | 连续梁1~9号块 | 2017年06月16日 | 2017年09月30日 | 105 |
| 5 | 边跨直线段 | 2017年08月10日 | 2017年09月30日 | 50 |
| 6 | 边跨合龙段 | 2017年10月01日 | 2017年10月10日 | 10 |
| 7 | 中跨合龙段 | 2017年10月11日 | 2017年10月25日 | 15 |
| 8 | 桥面系施工 | 2017年10月26日 | 2017年11月30日 | 35 |

## 4.2 机械设备计划

系杆拱施工使用的主要机械设备包括:350t履带吊、50t和75t汽车吊、手拉葫芦、索具卸扣、超声波探伤仪、X射线探伤仪、涂镀层测厚仪、漆膜附着力测定仪、漆膜划格器等。

## 4.3 劳动力计划

根据系杆拱施工安排进行劳动力组织,主要人员包括:工班长、电焊工、模板工、张拉压浆工、起重工、司索工、电工、支架工、普工、混凝土顶升工、吊杆安装张拉工、涂装工、安全员等。

# 5 危险因素分析

## 5.1 危险源辨识(表3-4.2)

表3-4.2 系杆拱桥工程危险源辨识表

| 序号 | 作业内容 | 潜在的事故类型 | 造成事故原因 | 防范措施 |
|---|---|---|---|---|
| 1 | 系杆拱桥施工 | 坍塌 | 未按照方案搭设脚手架;脚手架基础沉降;模板支撑体系堆载过载,高度过高无固定措施;施工中发现支架变形,未及时加固等 | 按照规范搭设脚手架;加固脚手架基础;严禁模板支撑体系过载堆载,过高应固定;施工中发现支架变形及时加固 |
| 2 | | 起重伤害 | 起重机械吊装旋转半径内有障碍物或人员;吊装安装作业,吊车钢丝绳、卡环锈蚀、磨损严重,绑捆不牢,钢丝绳、卡环选择不合理,无专人指挥、指挥信号不明;起吊重量大于吊机的额定重量;吊车就位后,未检查地基强度,吊车支腿下沉失稳;吊车驾驶员违章作业等 | 起重机械装吊旋转半径内严禁站人;规范吊装安装作业,专人指挥;吊车就位后,检查地基强度;加强吊车驾驶员安全教育 |
| 3 | | 高处坠落 | 临边安全防护不到位;未按要求使用安全带或挂点不牢;未按要求设上下扶梯或上、下爬梯焊接不牢固;未搭设专门的施工平台,施工人员在模板上攀爬;平台地板搭设未满铺或者存在翘头板;作业人员患高血压、心脏病、恐高症;作业人员醉酒、疲劳作业违章作业 | 规范临边防护;严格按要求使用安全带;按要求设上下扶梯,确保焊接牢固;搭设专门的施工平台;作业人员进行岗前体检;严禁酒后作业、疲劳作业 |

续上表

| 序号 | 作业内容 | 潜在的事故类型 | 造成事故原因 | 防范措施 |
|---|---|---|---|---|
| 4 | 系杆拱桥施工 | 物体打击 | 临边杂物未清理;上下传递物体未绑扎牢固,工具未放在工具袋;拆除脚手架现场未划定警戒区;上下交叉作业;张拉施工未设置挡板;高处作业平台未设置踢脚板;作业人员违规上下丢扔施工器具等 | 及时清理临边杂物;上下传递物体绑扎牢固,工具放在工具袋;拆除脚手架现场应划定警戒区;严禁上下交叉作业;张拉施工应设置挡板;高处作业平台应设置踢脚板;加强作业人员安全教育 |
| 5 | | 触电 | 电器设备不接零、不接地;电线老化、破损;配电箱漏电保护装置失灵;振捣器电源线被压住或拖拉;个人防护意识差;违章作业 | 加强安全用电教育培训,按章操作 |
| 6 | | 交通事故 | 跨路施工前交通指引准备工作不足;现场无交通安全警示牌或者安全警示牌布置不到位;跨路施工高处作业平台安全防护不到位;现场交通协管员指挥不到位;车辆超速、酒驾 | 跨路施工专人指引交通;按要求设置交通安全警示牌;按规范要求做好临边防护;严禁车辆超速、酒驾 |
| 7 | | 火灾 | 现场电焊作业违规施工;动火作业现场周边有易燃易爆物品,安全距离不够;气焊作业氧气瓶、乙炔瓶安全距离不足 | 加强安全教育,严禁违规作业 |

### 5.2 危险因素评估

评估方法选择、量化分值标准参照第一篇“6.1 危险因素分析”。LEC 法危险因素评估计算结果见表 3-4.3。

**表 3-4.3 LEC 危险因素评估结果计算表**

| 作业内容 | 事故类型 | 风险估测 | | | |
|---|---|---|---|---|---|
| | | 可能性 L | 暴露频率 E | 严重程度 C | 风险大小 D |
| 系杆拱桥施工 | 坍塌 | 1 | 6 | 40 | 240 |
| | 起重伤害 | 3 | 6 | 15 | 270 |
| | 高处坠落 | 3 | 3 | 15 | 135 |
| | 物体打击 | 3 | 6 | 7 | 126 |
| | 触电 | 3 | 6 | 7 | 126 |
| | 交通事故 | 3 | 6 | 7 | 126 |
| | 火灾 | 1 | 6 | 15 | 90 |

根据 LEC 危险因素评估计算结果表和 LEC 法评估结果分级,分值大于 160 以上的属于重大危险源,因此系杆拱桥施工中的重大危险源为支架坍塌和起重伤害。

## 6 施工安全保障措施

### 6.1 组织保障措施

参见第二篇第一章“6.1 组织保障措施”。

### 6.2 技术保障措施

#### 6.2.1 系梁和拱肋支架安全保证措施

(1)拱肋支架应经有设计资质的单位进行设计,应具有足够的强度、刚度、稳定性,杆件应力安全系数应大于1.3,稳定性安全系数应大于1.5。

(2)拱肋支架间应严格按照设计进行搭设,增加纵、横向连接,应当设置落架设施,应有施工平台、栏杆、梯子、安全网等防护设施。

(3)支架拆除应严格从拱肋跨中向拱脚方向对称拆除。

#### 6.2.2 拱肋及横撑安装安全保证措施

(1)拱肋节段运输时,应用弧形垫木抄实,侧面和前后用钢丝绳、撑木等固定在运输车上,防止倾倒和滑落。

(2)工地组拼拱肋节段时,应设置必要的临时支撑,节段重量应在吊机的额定起吊能力内。

(3)拱肋采用节点立柱拼装时,柱底应与梁顶固结,柱顶设操作平台,柱间设纵、横向连接,确保支架的稳定和抗风能力。

(4)吊机提升钢管拱肋不得与支架碰撞。拱肋每吊装一节,应当迅速进行临时连接,并控制焊缝间隙。两拱肋对称吊装后及时安装横撑,以增加横向稳定性,未安装横撑的拱肋不能大于一个节段。

(5)拱肋的焊接应当按照安装顺序同步进行,对称施焊,连接焊缝探伤检测合格后,方可拆除拱肋支架。

#### 6.2.3 混凝土顶升安全保证措施

(1)采用混凝土输送泵时,泵送管道应固定在单独的支架上,不得直接与模板相连。

(2)地泵在使用前应当进行检查,确保性能良好,满足压注的要求,每端准备一台备用的地泵。

(3)钢管混凝土压注前应先清洗管内污物,润湿管壁,泵入适量水泥浆,然后再压注混凝土。

(4)混凝土顶升过程应严格按照先上管后下管最后腹腔,上下管一级顶升,腹腔三级顶升的顺序,要求由拱脚至拱顶对称均衡连续泵送。专人检查混凝土到达位置,并且相互通报,保证两端对称进行,直至钢管顶端排气孔排出正常的混凝土时才能停止。

(5)混凝土顶升时,泵管口处要采取防护措施,防止混凝土冲出伤人。压注完成后应及时关闭倒流截止阀。

## 7 应急预案

参见第二篇第一章“7 应急预案”。

# 第三节 示例点评

本示例概述了系杆拱桥支架地基处理、搭设、预压、拆除和钢管拱拼装、混凝土顶升、吊杆张拉等施工方法及要求,对于系杆拱桥施工具有一定借鉴意义。其他类似的系杆拱桥施工可参照本示例内容框架体系,并结合工程实际情况编制专项施工方案。

钢管拱若采用浮吊、竖转、顶推等其他施工方法时,应进行专项设计。

示例应增加梁体不同部位满堂支架强度、刚度、稳定性的计算,增加跨越高速公路位置门洞贝雷梁和立柱强度、刚度、稳定性的计算。

# 第五章　预制梁运输、架设专项施工方案

## 第一节　编制要求

### 1　适用范围

适用于铁路预制梁运输、架设施工。

### 2　工程重难点

(1)运输过程中梁体的稳定性和架设过程中架桥机的稳定性是本工程的重难点。

(2)工程线运输安全控制是本工程的重点。

### 3　内容要点

(1)危险因素分析中重点评估架桥机、运梁车倾覆的风险,材料机械用后停放位置不符合限界要求造成车辆伤害的风险。

(2)施工方法及工艺中重点阐述梁运输、架桥机组装、架桥机转头、梁架设等重要工序的施工方法及施工要求。

(3)安全保障措施中重点阐述铁路运输、架桥机组装、架桥机转头、梁架设、临近既有线施工等相关保障措施。

## 第二节　工程示例

### 1　工程概况

××铁路起讫里程为××,线路总长××km,桥梁共计74座,预制简支T梁1682孔,其中通桥(2017)2101-32m梁共1141孔,通桥(2017)2101-24m梁共123孔,通桥(2012)2109-32m梁共383孔,通桥(2012)2109-24m梁共35孔,架设简支T梁1682孔。

### 2　编制依据

(1)TJ 165铁路架桥机的有关技术参数及使用说明书。

(2)《铁路架桥机架梁技术规程》(Q/CR 9213—2017)。

(3)《铁路机车运用管理规程》《机车操作规程》《机车运用工作细则》《铁路货车运用维修规程》《铁路运输调度规则》等规章。

(4)依据中国铁路总公司的《铁路货物装载加固规则》和《铁路超限货物运输规则》有关规定。

### 3　施工方法及工艺

#### 3.1　施工方法

##### 3.1.1　T梁铁路运输施工方法

××制梁场预制的梁片在壶镇铺架基地临时存梁区利用提梁设备将梁片倒装至运梁平车,根据《铁

路货物装载加固规则》和《铁路超限货物运输规则》的有关规定进行装载加固，然后进行桥梁整备、编组，由工程列车挂运至施工现场。

1）梁片交接

××制梁场预制的梁片在制梁场进行交接，梁片相关资料、外形尺寸、防水层、保护层严格按照技术要求规定的内容进行验收交接。验收合格后，提交监理签认的梁片出厂合格证。

2）提梁机装梁

××制梁场采用100t龙门吊将梁片从存梁台座倒装至运梁专用平板车，装梁时先将100t龙门吊开到起吊位置挂上钢丝绳，并在梁体与钢丝绳接触的棱角处垫以钢质垫具或木板防止梁体损伤；两端准备好后，由专人统一指挥驾驶员开动起吊按钮，使梁体离开台座面少许（2～3cm）时，如无异常情况，继续起吊，直至提升至合适高度；否则需对发现的问题及时处理，然后再进行下道工序；调整车体位置，直到符合要求，按重心线、运输跨度与车体中线、转向架中线对齐，将梁落于转向架上。在梁未落实之前，龙门吊严禁行走。梁体落稳于转向架后，装梁人员按分工组织将斜支撑安装好、打上楔子，放下钢丝绳，按装梁标准要求将支撑加固好；在操作过程中梁体如有破损，须通知有关人员进行修补。

3）装载加固

（1）32m梁装载加固

32m梁采用DL1型货车装载加固。

①装载方法

两车负重，中间加挂一辆游车。梁体重心位于车辆纵中心线上。

移动转向盘（活心盘）车上的转向盘中心销处于底部长圆孔的中间位置。

装载桥梁时，A车与B车和B车与C车之间使用专用车钩缓冲停止器，即将车钩缓冲停止器置于工作位，同时相应的车钩提杆应用8号镀锌铁丝捆绑牢固，而且A车与C车最外端的专用车钩缓冲停止器位于非工作位；$DNX_{17K}$游车两端应另使用车钩缓冲停止器。

桥梁支撑装置支上桥梁后，转向盘磨耗板与转向盘底座上旁承磨耗板的间隙。两侧间隙之和不得大于10mm，且两侧间隙不得同时为零。

②加固方法

a. 在转向盘木垫上和桥梁下衬垫夹布橡胶垫，橡胶垫用圆钢钉钉牢固。

b. 在桥梁梁体底部两侧与转向盘梁挡之间，使用长800mm的木楔卡紧。

c. 在桥梁两侧用桥梁支撑装置加固，撑垫与桥梁端部的距离为2260～2660mm，调整撑杆长度，使撑垫密贴梁体，用6股8号镀锌铁线将撑杆与桥梁挡加强板成交叉形捆绑，并将两撑杆在转孔处用4股8号镀锌铁线连接牢固。

（2）24m梁装载加固

24m梁采用N70型平板车进行装载加固。

①装载方法

a. 两车负重跨装，允许跨装支距17600～17700mm，货物转向架的重心投影偏离货车横中心线外侧630mm，货物转向架的活心盘中心销应置于心盘孔中央。

b. 车钩缓冲停止器在车钩自然状态下安装，并用8号镀锌铁线将提钩杆捆牢。

c. 货物转向架上架体与梁体底部之间加垫防滑垫木、防滑垫木上加垫一层橡胶垫。

d. 预应力梁装在货物转向架上，梁的重心位于跨装支距中心上方，重心投影落在货车纵中心线上。

②加固方法

a. 用8号镀锌铁线10股在货物转向架下架体上拉牵呈两个八字形捆绑在车侧丁字铁或支柱槽上。

b. 预应力梁底部两侧与上架体挡铁之间，用木楔楔紧卡牢。

c. 在转向架上架体预应力梁的两侧分别用防倾斜支撑进行加固，斜支撑顶部与预应力梁梁体必须密贴顶牢,并用8号镀锌铁线6股将斜支撑与转向架上架体捆牢。

32m梁装载加固示意图如图3-5.1所示。

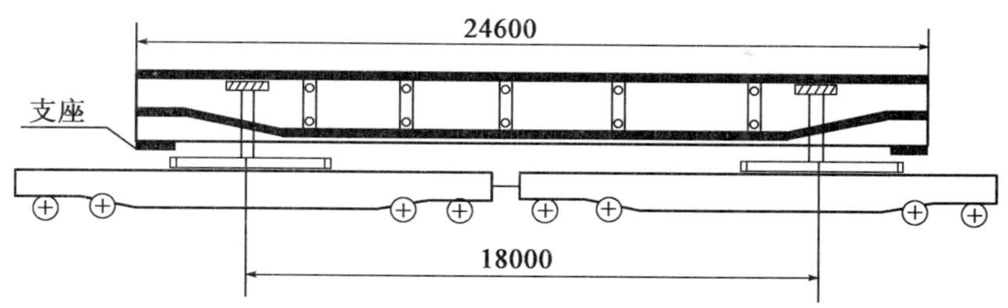


图3-5.1　32m梁装载加固示意图(尺寸单位:mm)

(3)25m轨排装载加固

25m轨排采用N17型平板车进行装载加固。

①装载方法

a. 使用木地板平车2号车负重(两车车地板高度差不得超过20mm),2号车中间端板放平,货物顺向装载1垛,每垛不超过5层,上下层货物对齐,装载均衡对称,货物总重心投影落在车辆纵横中心线的交点上,轨排长度不一致时,长的装在下层,短的装在上层。货物总质量90t。

b. 货垛与车地板间顺向支垫草支垫2道3组,分别支垫在枕梁上方及车辆横中心线处,横向间距1435mm。

c. 在车钩自然状态下安装车钩缓冲停止器,并用8号镀锌铁线将提钩杆捆牢。

②加固方法

a. 第5层轨排每端用$\phi$15.5mm钢丝绳1股斜对角钢轨使用交叉拉牵装置拉紧。在轨排两端每侧用2股$\phi$11mm钢丝绳穿过钢轨螺栓孔层间串联成整体捆绑各1道。用2股钢丝绳在车组两端和中部分别将1、2、3层和3、4、5层整体捆绑各1道(装载2层时将1、2层整体捆绑,装载3层时将1、2、3层整体捆绑,装载4层时将1、2层和3、4层分别整体捆绑)。

b. 在第2、4层轨排两端,各用钢丝绳1股分别穿过同层钢轨螺孔兜头拉牵在车侧丁字铁上,松弛100~200mm(装载2层或3层时,在第2层轨排两端,每侧用$\phi$15.5mm钢丝绳缠绕钢轨双股各拉牵1个倒八字形,钢丝绳固定在车侧支柱槽或丁字铁上并用钢丝绳夹卡牢)。

c. 在每辆负重车枕梁附近采用$\phi$15.5mm钢丝绳缠绕顶层钢轨"反又字"下压加固2道,钢丝绳固定在车侧支柱槽或丁字铁上并用钢丝绳夹卡牢。

d. 用铁线4股将跨装车组连接处第1层悬空的轨枕与第1层钢轨捆绑牢固。

25m轨排装载加固示意图如图3-5.2所示。

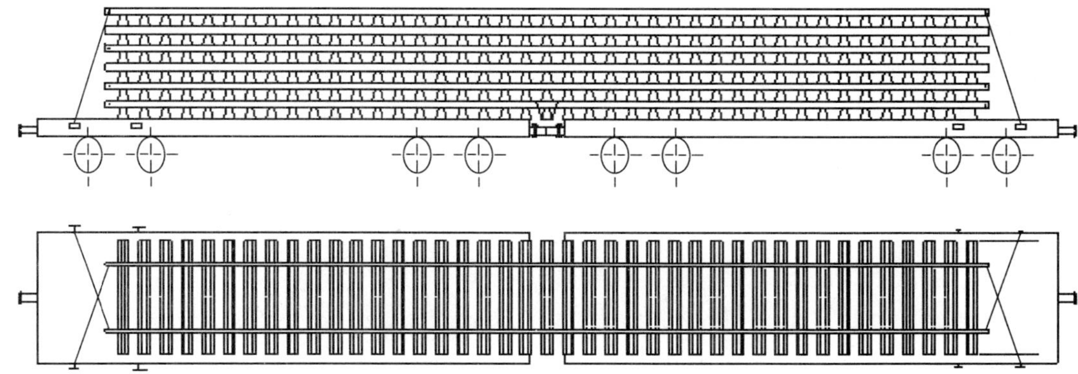

图3-5.2　25m轨排装载加固示意图

4)梁片运输

梁片、轨排在梁场或铺架基地装载加固完成后,在铺架基地内进行编组,然后由机车运输至铺架现场。

5)梁片倒装

梁片经工程线运输至铺架现场后,利用倒装龙门吊将梁片倒装至2号车,再由2号车运送至架桥机主机进行架梁。

**3.1.2** 架桥机组装

采用架桥机自带的2台85t龙门架及1台100t汽车吊进行架桥机的组装作业。架桥机组各总成件的安装工作,主要包括机臂组装(吊梁台车、吊轨小车、机臂拖拉机构、零号柱摘挂)和车体组装(梁拖拉、制动及走行、液压系统、电器系统)及整机调试验收工作等。

(1)推转向架

a.准备4根 $\phi$28mm×6.9m吊装钢丝绳。

b.首先用工字架将吊装钢丝绳两两连接到1号车体前端的车面吊耳上,将钢丝绳的4个绳端挂在100t汽车吊吊钩上面。

c.调整好汽车吊大钩在正面、侧面的中心垂直位置,调整好以后起升100t汽车吊将钢丝绳拉紧。

d.准备工作完成后开始起升汽车吊,待车体离开枕木垛约10cm的距离,保持静止3~5min,观察汽车吊支腿有无下沉现象,如未有明显下沉以及不影响安全起吊因素的存在,可进行下一步施工。

e.拆除支垫车体的枕木垛,将五轴转向架推向车体底部,待转向架心盘及旁承盒与车体相应位置对准后落车体,到位后拆除吊装钢丝绳,将所有轮子打满铁鞋。

f.推1号车后端四轴转向架也采用上述施工方法进行起吊作业。

g.推2号车四、五轴转向架时因为场地受限,需采用压翘式方法。

h.在2号车体底部中心两侧向后偏移1m左右的位置用短枕搭设枕木跺。

i.用工字架将吊装钢丝绳两两连接到2号车体前端的车面吊耳上,将钢丝绳的4个绳端挂在100t汽车吊吊钩上面。

j.调整好汽车吊大钩在正面、侧面的中心垂直位置,调整好以后起升100t汽车吊将钢丝绳拉紧。

k.准备工作完成后开始起升汽车吊,待车体离开枕木垛约10cm的距离,保持静止3~5min,观察汽车吊支腿有无下沉现象,如未有明显下沉以及不影响安全起吊因素的存在,可进行下一步施工。

l.拆除2号车体前端底部支垫车体的枕木垛,慢慢下降汽车吊大钩,待中间的短枕垛压实、受力以后,静止3~5min左右,观察短枕垛有无其他变化,如未有明显变化,继续下降汽车吊大钩,致使车体后端翘起至四轴转向架能推进即可,拆除车体后端枕木跺,开始起升汽车吊大钩,待四轴转向架心盘与车体相应位置对准后落车体,将所有轮子打满铁鞋。

m.待四轴转向架所有铁鞋打满以后,继续起升汽车吊至五轴转向架能推进即可,拆除支垫车体的枕木垛,将五轴转向架推向车体底部,待转向架心盘及旁承盒与车体相应位置对准后落车体,到位后拆除吊装钢丝绳,将所有轮子打满铁鞋。

(2)1号、2号柱帽安装

a.用两根 $\phi$15.5mm×8m吊装钢丝绳兜住1号柱帽,挂绳棱角处用橡胶垫或铁瓦支垫好。

b.柱帽法兰两个角用麻绳捆绑牵引,吊装时保持柱帽平稳。

c.用25t吊车吊起1号柱帽,注意前后方向,台车销孔座朝前,由机臂尾部穿入。

d.牵引麻绳,保持柱帽平稳吊装,防止刮碰机臂。

e.25t吊车牵引1号柱帽缓慢对位至铺轨孔位或挂运位置销孔处,插入心盘中心销定位。

f.柱帽心盘下支垫枕木,防止心盘直接受力。

g.用枕木头或木楔将1号柱帽楔死在机臂上。

h.同样方法吊起2号柱帽,从机臂尾部穿入(注:摆头油缸朝前)。

i. 将 2 号柱帽缓慢穿入机臂距 1 号柱帽中心距 9m 位置，用枕木头或木楔将 2 号柱帽楔死固定在机臂上，准备吊装机臂。

(3) 机臂安装

a. 将 1 号倒装龙门架对位与机臂前端 10m 处，把机臂吊装钢丝绳绕过机臂底面后挂于吊钩之上。

b. 起升倒装龙门架将钢丝绳拉紧(注：钢丝绳与机臂下耳梁接触部位垫上铁瓦)。

c. 另一吊点选择机臂后端 10m 处，采用上述方法挂吊装钢丝绳。

d. 同步升起两台倒桩龙门架，将机臂升起，使 2 号柱帽法兰连接盘高度超过 1 号柱根法兰连接盘的高度 100mm 以上的距离，停止起升。

e. 两台倒装龙门架保持相同高度，待 1 号车缓慢移动至机臂下面，将 1、2 号柱根法兰位置与 1、2 号柱帽连接法兰位置相对应(提前用长 150mm 角铁，将 1、2 号柱法兰抽盒支垫起来，便于穿螺栓)；缓慢落机臂，上下法兰基本合并时，用小撬棍穿撬螺孔对正，穿入所有连接螺栓并拧紧。

f. 螺栓安装完毕后，稍微起吊机臂，将法兰下支垫的角铁抽出，完成机臂与 1、2 号柱帽安装。

g. 拆 1、2 号柱帽下枕木头和木楔。

(4) 吊轨小车安装

a. 25t 吊车吊起吊轨小车总成，调整起吊钢丝绳，使吊轨小车平稳起吊。

b. 吊轨小车两个角上捆绑细麻绳，防止小车在起吊过程中旋转晃动。

c. 将吊轨小车从机臂尾部穿入，用撬棍拨撬小车左右两侧，防止小车构架与机臂剐蹭，使小车顺利穿装到机臂上。

d. 小车穿入距机臂尾部 4 ~ 5m 时，先用木楔将小车行轮楔死，接通电机电源，取下木楔，使小车自行到一号柱帽下面停稳。

e. 用同样方法穿装 2 号吊轨小车，并走行至 1 号吊轨小车后面。

(5) 吊梁台车安装

a. 将两根 10m $\phi$19.5mm 的钢丝绳从吊梁台车两侧纵行轮下部斜筋板下面穿过，钢丝绳均分后挂到等待吊装的 25t 吊车吊钩上，钢丝绳与吊梁台车接触的棱角处加上铁瓦或垫皮。

b. 将吊钩慢慢升起使钢丝绳预紧，查看并调整钢丝绳使吊点在各方向是否对中，台车起吊平稳。

c. 台车后端两个角上同样捆绑细麻绳防止摆动，保持台车在起吊过程中平稳不旋转。

d. 起吊台车在接近机臂尾部时，麻绳和吊车同时点动对位，台车行轮中心对正机臂跑道。

e. 此时吊车缓慢对位，使台车慢慢穿入机臂跑道内，在此过程中钢丝绳如果与机臂上吊耳边缘相磨，用撬棍向外拨，直至吊梁台车顺利穿入 2 号柱与发电驾驶室之间的空隙处。

f. 用枕木头或木楔将先装入的 1 号吊梁台车楔住，防止其自动溜车。

g. 同样方法吊装 2 号吊梁台车，并把 1 号、2 号吊梁台车连挂楔固在机臂跑道上，接通台车各部电机电源。

(6) 安装其他附属件

吊轨小车安装完成之后，即可安装机臂尾架、电缆等其他附属件的工作。

### 3.1.3 架桥机转头

(1) 转头前准备工作

a. 35t 以上吊车支在车站合适位置处支立准备。

b. TJ165 架桥机转头作业线路按照转头场地要求提前检查、整道使其线路经过相关部门验收确定。做好现场测量放线工作，并用白灰标识出倒装龙门吊基座位置和转头装置转头作业位置。

c. 根据《ZPC160 型自行式转盘车使用说明书》对作业人员进行集中培训、考核；进行三级技术交底，交底到每个作业人员，ZPC160 型转头设备操作按照《ZPC160 型转头设备使用说明书》达到熟练。

d. 按照白灰标识搭设 85t 倒装龙门吊和 ZPC160 型转头设备底座基础，基础必须确保安全牢固。

e. 所有车辆在车站股道进行编组完毕后，在车站股道转头作业。

f. 85t 倒装龙门吊和 ZPC160 型转头设备位置要求。

(2)对 ZPC160 型自行式转盘车进行检查、调试

a. 按《ZPC160 型自行式转盘车使用说明书》要求对转头装置在转头位置的 4 个支点基础整平、加密、垫实确认。

b. 按《ZPC160 型自行式转盘车使用说明书》要求对 ZPC160 型自行式转盘车运行调试检查。

c. 结构部分:主要钢结构(台车架、车体、上转盘体等)无变形,焊缝无开裂,螺栓连接部无松动和缺失等缺陷。

d. 电气部分:电路良好、仪表完好,电机绝缘良好。

e. 转盘车的试运行按《起重设备安装工程施工及验收规范》进行。

f. 行走试验:选择前进(或后退),转盘车启动加速运转平稳。前进、后退交替运转 3 次,每次运行距离约 20m,警示灯工作、无干涉现象、无异常声响。

g. 回转试验:行走选择置于 0 位,延伸支腿伸出并用锁销锁定,在 4 个支腿下方支垫垫木,旋转螺旋支腿,支腿垫牢垫实。选择顺时针(或逆时针)回转,转向盘运转平稳。顺向、逆向交替回转运转 3 次,回转警示灯工作正常、无干涉现象、无异常声响,限位器工作正常。4 个重量显示器初始状态显示为 0。在回转过程中重量显示器的显示数据变化不大(在 500kg 内变化)为正常,如变化过大则需要调整回转驱动的连接螺栓的松紧。

(3)TJ165 架桥机组转头

①立倒装龙门吊

机车列车组(机车 + 两塔架车 +5 辆 N17 平板车带机臂专用转向架)推两塔架车立两台 85t 倒装龙门吊,两台 85t 倒装龙门吊间距为 24m。

龙门吊两立柱与水平面垂直,垂直度≤2/1000,中心与线路中心重合,误差≤10mm,龙门吊底座下平面高出轨面 750mm。

②大臂与车体分离

架桥机处于铺轨位驶入倒装龙门吊内对位,使机臂前端距离前倒装龙门吊 12700mm。拆除 0 号柱。1、2 号柱与柱顶的链接螺栓松开,使机臂与车体分离,倒装龙门吊按照吊装规范将机臂吊起,主机车体自行开出倒装龙门吊,停放待命。

③机臂转头

a. ZPC160t 自行式转盘车开进倒装龙门吊内,两台龙门架吊起机臂,ZPC160 型自行式转盘车垫上枕木自行至机臂中心位置,通过龙门架配合达到机臂重心与 ZPC160 型自行式转盘车回转中心重合(要求四角质量相差不超过 2t)。用钢丝绳和倒链对机臂进行交叉加固,检查 2 号吊梁台车和 2 号柱帽的木楔有无松动(重新敲打全部木楔,确保前后左右都无窜动间隙)。ZPC160 型自行式转盘车载着机臂自行至转头位置,伸出液压支腿,四角油缸先下压至枕木面,同时下压,下方枕木压实即可。在转头区实施机臂转头,注意大臂逆时针转 180°,避开周围障碍物,如图 3-5.3 所示。

b. ZPC160 型自行式转盘车使用低速缓慢旋转机臂 180°,待机臂无闪动后,二次用钢丝绳和倒链对机臂进行交叉加固,收起液压支腿,ZPC160 型自行式转盘车载着机臂返回两台龙门架下方,捆绑机臂吊装钢丝绳后,拆除机臂及其附属件的加固装置,调整 1 号柱柱顶位于铺轨位,插机臂中心销,两柱顶间距为 9000mm,2 号柱柱顶调整位置后(前后对位,左右对中),检查 2 号柱顶木楔固定情况。龙门架吊起机臂,ZPC160 型自行式转盘车自行驶出龙门架。

机臂转头操作步骤如图 3-5.4 所示。

c. 机车将平板车组(5 辆 N17 平板车带机臂专用转向架)推入对位倒装龙门吊将机臂缓慢落在平板车上,将机臂置于运输状态,进行装载加固后机车将平板车拉出,ZPC160t 自行式转盘车开回到其停放区。

④主机车辆转头(图 3-5.5 ~ 图 3-5.8)

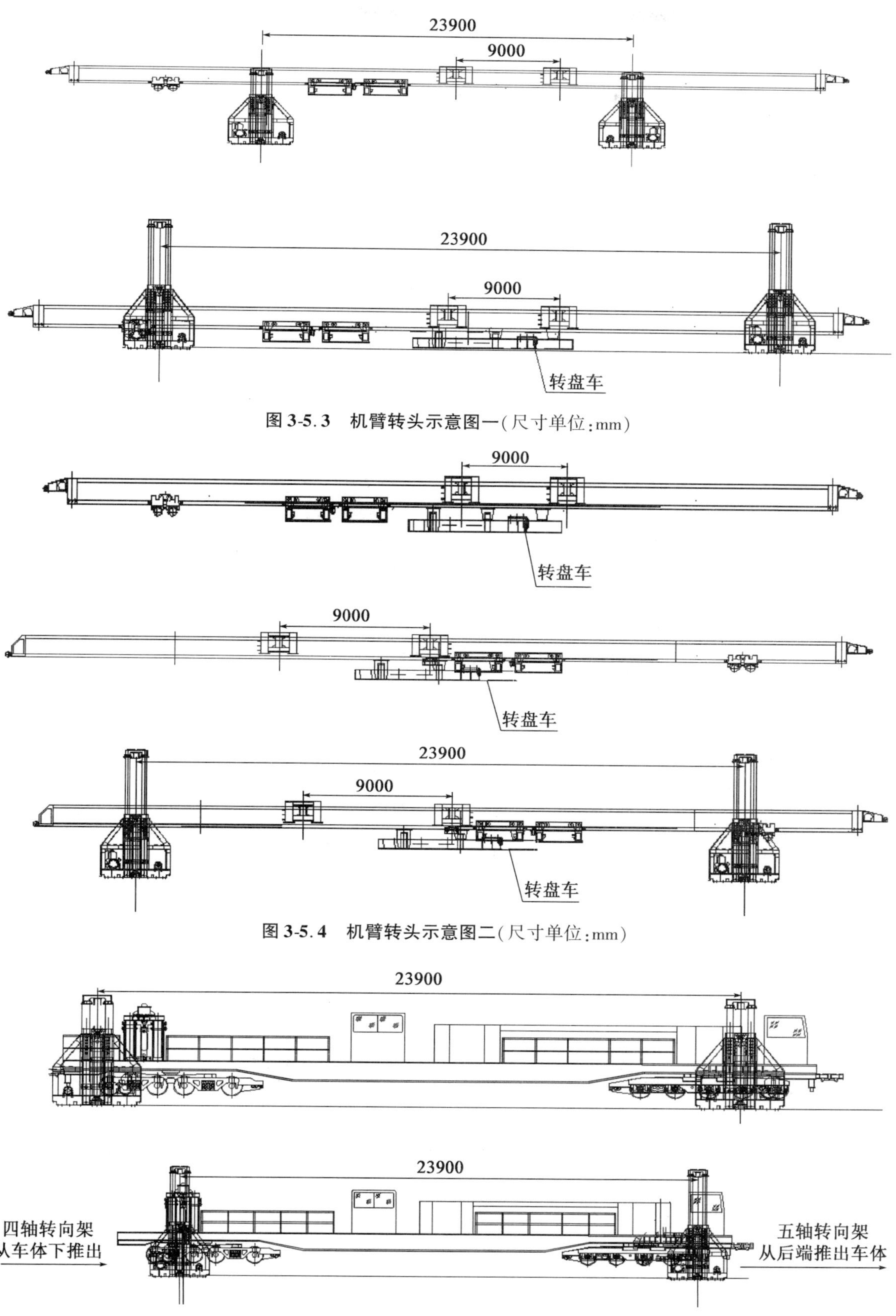


图 3-5.3　机臂转头示意图一(尺寸单位:mm)

图 3-5.4　机臂转头示意图二(尺寸单位:mm)

图 3-5.5　主机车辆转头示意图一(尺寸单位:mm)

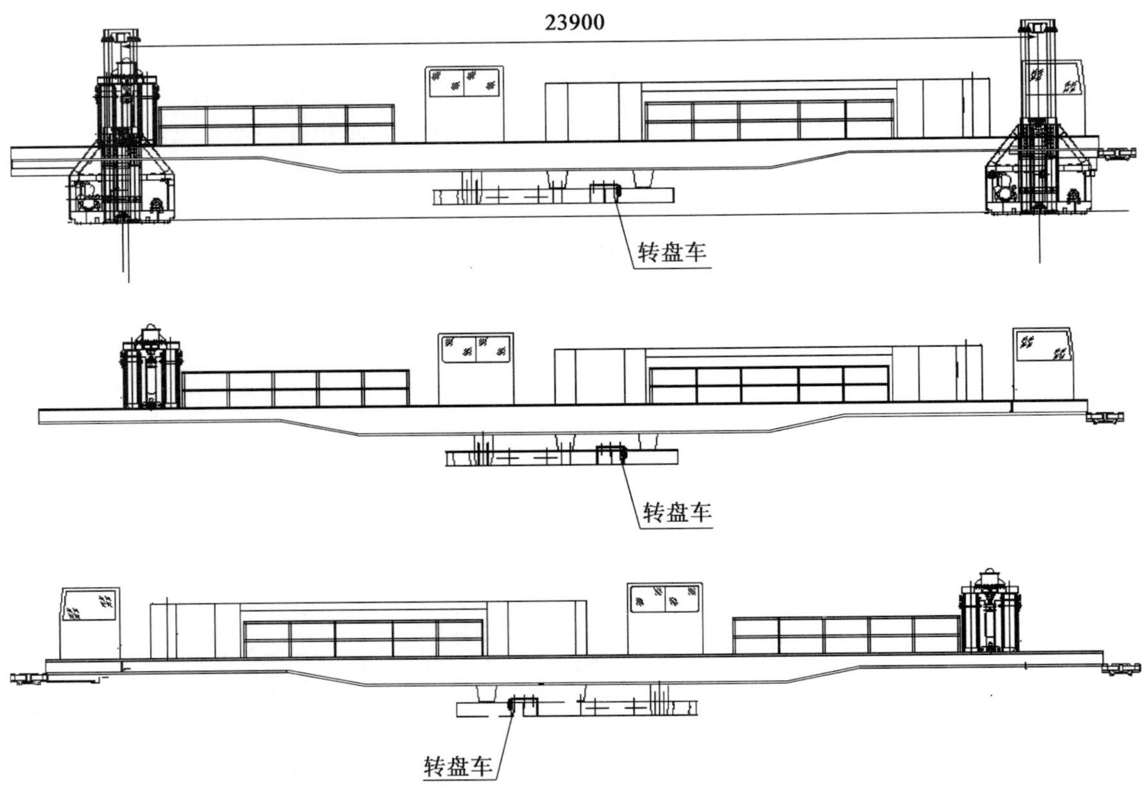


图 3-5.6　主机车辆转头示意图二(尺寸单位:mm)

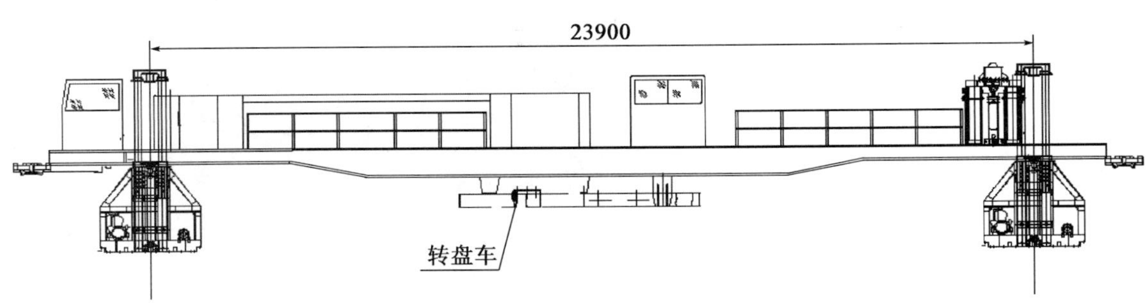


图 3-5.7　主机车辆转头示意图三(尺寸单位:mm)

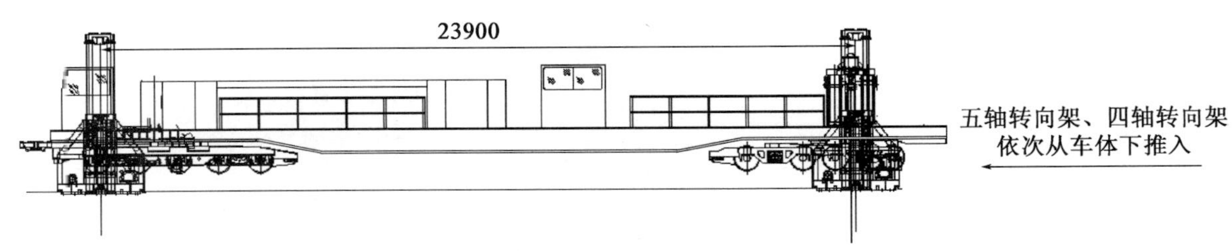


图 3-5.8　主机车辆转头示意图四(尺寸单位:mm)

机臂转头期间铺架机组组织人员拆卸主机的排障器、液压支腿,主机自行进入龙门架对位(吊点位置前后不能偏出 100mm)。

a. 主机车体开入倒装龙门吊之间,车体前端距离前倒装龙门吊 2600mm 左右,对位后拆除走行动力电源、勾拉杆和排气管,捆绑车体吊装钢丝绳,用两台倒装龙门吊将主机车体缓慢重复吊起 50mm 时注意停顿 3min,检查各吊点,确认安全后再施吊,在吊起足够高度后,人工推出前后车辆转向架,用吊车将转向架换位换向调转后停在等待区,不得阻挡转头小车进出路线。

b. ZPC160t 自行式转头设备从停放区自行开进倒装龙门吊内,至主机车体底部,倒装龙门吊将车体落在 ZPC160t 自行式转盘车车体上,反复称重调整,保证车体重心在 ZPC160t 自行式转盘车的转盘范围内,避免倾翻(ZPC160t 自行式转盘车设有传感器,可以显示货物的偏载情况,每个显示表均应有重量显示,4 个显示表的数据之和为货物的总质量,相对应的两个组成一组,每组显示的质量之差不应大于 2t。ZPC160t 自行式转盘车的最大载质量为 160t,禁止超载使用,禁止偏载使用)。

c. 用钢丝绳和 2t 倒链进行交叉加固;捆绑完毕后 ZPC160 型自行式转盘车载着主机车体自行至转头位置,伸出液压支腿,四角油缸先下压至枕木面,然后同时下压,下方枕木被压实即可。

在转头区内,启动回转驱动机构将车体旋转 180°进行转头。

d. 主机转完头之后,ZPC160t 自行式转盘车在 1 道载着主机车体开入两倒装龙门吊之间,用倒装龙门吊把主机车体吊起,待平稳后将 ZPC160t 自行式转盘车从主机车体底部开出,停放在转头设备停放区。

e. 将调转完的五轴转向架和四轴转向架用吊车吊放在转头线路上(注意方向),检查五轴转向架和四轴转向架各轴承是否就位于承载鞍内,各部件处于正常工作状态,无干涉、卡滞现象,五轴转向架旁承盒内加入适量的润滑油,依次从主机机体下端推入车体内。倒装龙门吊缓慢下降,检查五轴转向架的 4 个旁承是否落实,连接五轴转向架中心销轴及螺母,检查四轴转向架是否落实。最后确认状况良好之后将主机车体开出倒装龙门吊,将其停放在 1 号、2 号车编组区。

⑤2 号车体转头及组装(图 3-5.9 ~ 图 3-5.12)

提前拆卸 2 号车的排障器,然后自行进入龙门架对位,对位后拆除动力电源、制动连杆,捆绑车体吊装钢丝绳。

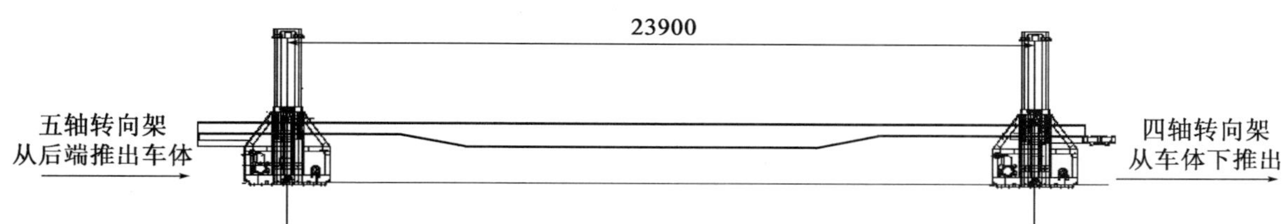


图 3-5.9　2 号车体转头示意图一(尺寸单位:mm)

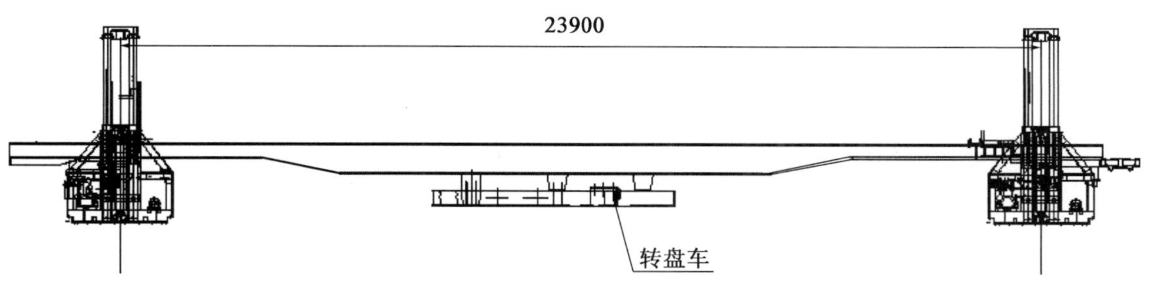


图 3-5.10　2 号车体转头示意图二(尺寸单位:mm)

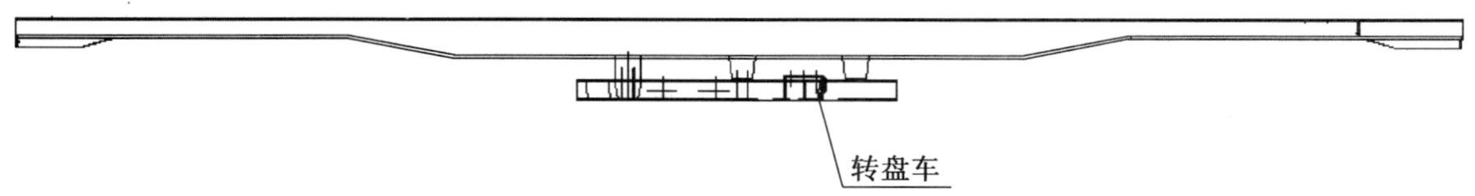


图 3-5.11　2 号车体转头示意图三(尺寸单位:mm)

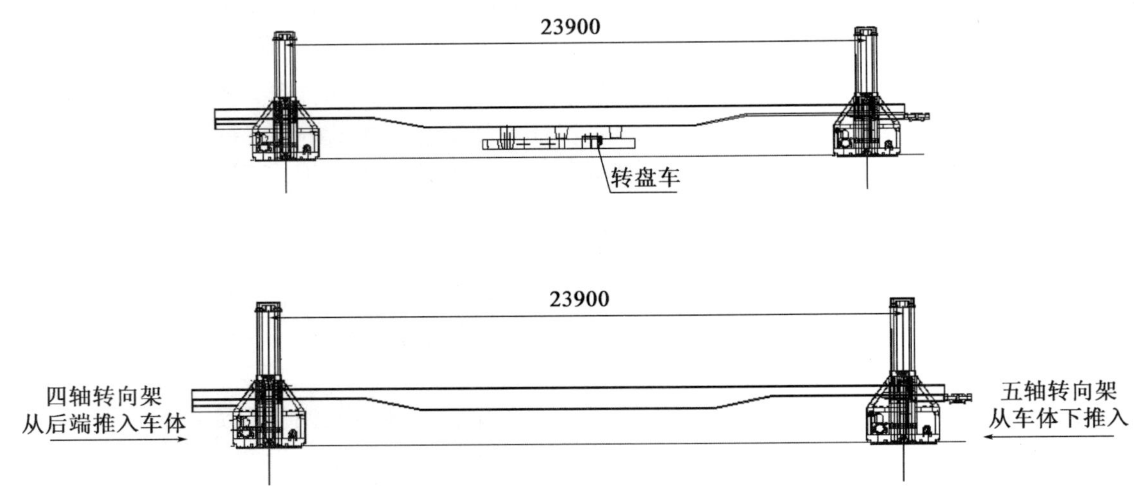


图 3-5.12 2 号车体转头示意图四(尺寸单位:mm)

a. 2 号车体开入倒装龙门吊之间,车体前端距前台倒装龙门吊 2600mm 左右。倒装龙门吊将车体吊起,前后车辆转向架推出车体,用吊车将两转向架落在停放区,不得阻挡转头小车进出路线。

b. 将 ZPC160t 自行式转盘车开入两倒装龙门吊之间,倒装龙门吊将车体落在 ZPC160t 自行式转盘车车体上,反复称重调整,保证车体重心在 ZPC160t 自行式转盘车的转盘范围内(要求四角质量相差不超过 2t)。

用钢丝绳和倒链进行加固(加固、转头方法与主机相同)。

c. 捆绑完毕后,ZPC160 型自行式转盘车载着车体自行至转头位置,伸出液压支腿,四角油缸先下压至枕木面,然后同时下压,下方枕木被压实即可。

ZPC160 型自行式转盘车使用低速缓慢旋转机臂 180°,待车体转正并无闪动后收起液压支腿。

d. ZPC160 型自行式转盘车载着车体回到两台龙门架中间,松开捆绑钢丝绳。龙门架吊起 2 号车体。ZPC160 型自行式转盘车自行驶出龙门架,人工迅速将吊转完成的车辆转向架推入车底对位,龙门架继续下落,摘除起吊钢丝绳,连接制动杆,接走行电源,安装五轴转向架定位销并上紧锁定螺母。各部件处于正常工作状态,无干涉、卡滞现象。检查五轴转向架的四个旁承是否落实,连接五轴转向架中心销轴及螺母,检查四轴转向架是否落实,检查确认无误之后将 2 号车车体开出倒装龙门吊。

⑥TJ165 架桥机主机、2 号车组装恢复接线检验、调试重载实验

a. 主机组装调试

机臂平板进入龙门架下方对位。用 5.3m 钢丝绳将机臂吊起至最高位置,给机臂转向架上方加垫 2 层枕木把机臂落下换用 4.8m 钢丝绳起吊机臂至最高位置(核实 1、2 号柱帽高度与主 1、2 号柱高度,确保机臂能顺利就位)。

机臂平板开出龙门架在合适位置停放,主机自行进入龙门架与机臂对位。安装 1、2 号柱与柱帽法兰螺栓和电路,恢复油路。

b. 2 号车恢复、调试

2 号车连接制动杆,接走行电源,检查转向架就位,确保 2 号车达到试车状态。

c. TJ165 架桥机主机、2 号车组装恢复接线检验、调试

组装完毕后按《TJ165 架桥机使用说明书》的要求进行全面检查和试运转并进行重载实验。

转头及进行重载实验完毕,架桥机一切正常后,用平板车收起龙门架和转头用的工具、物料。

### 3.1.4 T 梁架设

T 梁架设主要由架桥机主机(1 号车)、机动平车(2 号车)及倒装龙门吊三大设备组成。首先在梁场

完成桥梁整备，由机车推送桥梁运输车进入施工现场，用倒装龙门吊将桥梁倒装至 2 号车上，2 号车驮运桥梁至桥头 1 号车后，对位、喂梁、退车。由 1 号车完成出梁、落梁、桥梁对位等工序，最终完成整个架梁任务。

（1）架梁前准备

对桥梁下部工程的检查交接：架梁前要提前 1 个月对桥梁墩台进行检查交接，先交接资料，然后对照资料进行现场交接，复核桥梁孔跨、复测跨度、支座十字线、梁端线、锚栓孔孔径、深度、位置、垫石平整度、高程等是否满足设计要求，否则应要求线下单位限期整改，并明确责任，办理交接手续，要求线下单位保留各桥电源或运输便道。

铺轨到达桥头，对架桥机运行线路进行重点维修，尤其对桥头线路应按要求进行压道加固（桥头 50m 范围内路基两侧备砟不少于 30m$^3$，供整道使用），接好短轨。

（2）架桥机运行至桥头

运行前，应提前对沿途线路、道口、桥头等进行全面检查，1、2 号车通过地段轨枕头以外 1m 范围内不得有高出轨面 0.2m 的障碍物、横跨线路的高低压电力线及通信线不得侵入规定的限界，否则应予以排除。并应对架桥机通过的线路进行必要的整修，消除死、硬弯、反超高、三角坑等病害，清除障碍物，将线路整平拨顺，确认路基坚固，线路平实后方可出机。在运行过程中，机臂应落到低位，并插好 1、2 号柱柱销。

（3）1 号车对位、伸大臂、立 0 号柱

架桥机 1 号车运行到桥头，准确地停在架梁位置上，对位后制动风压不能小于 0.6MPa，并在各轮正反向均打上止轮器，抄上木楔。伸出大臂至下一个墩台上立 0 号柱。用硬质木板和木楔垫平抄实，使大臂处在完全简支状态。0 号柱立好后左右前后必须保持竖直，不能有偏斜。

（4）组立龙门架、倒装桥梁

机车推送桥梁、桥面轨排及龙门架车到架梁工地后，在距桥头约 200m 的合适位置，一般坡度应不大于 10‰的直线线路上或半径不小于 1000m 的曲线线路上，不得已在半径较小的曲线线路上组立时，应将线路拨直 50m。并尽量避开高填路基且线路条件不好的地方，基底要整平夯实垫一层枕木，便于龙门架的稳定。两龙门架的中心距离应根据桥梁型号跨度吊梁时允许悬出长度和运梁转向架位置适当安排，要对准吊点，不损坏梁边预埋件，便于捆梁和倒梁为原则组立龙门架。然后机车将梁车推送至龙门架下对好位，由龙门架将梁吊起，机车拉出装梁平板车，2 号车进入龙门架下对好位，把梁倒装在 2 号车上（图 3-5.13）。

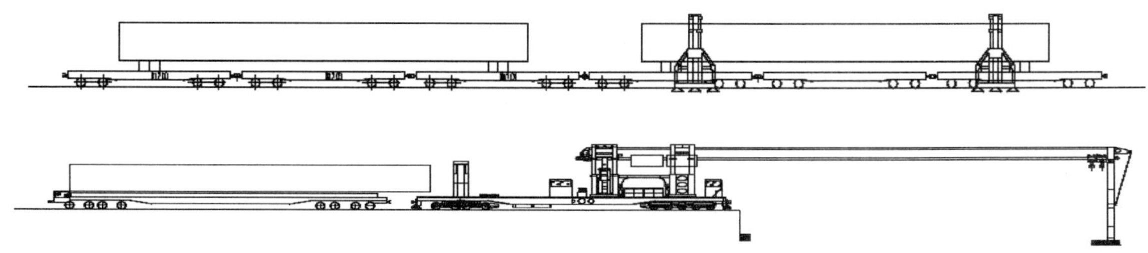

**图 3-5.13　龙门吊将梁片从运梁车上吊起后，运梁列车退出龙门吊**

（5）2 号车运送桥梁与 1 号车对位（图 3-5.14）

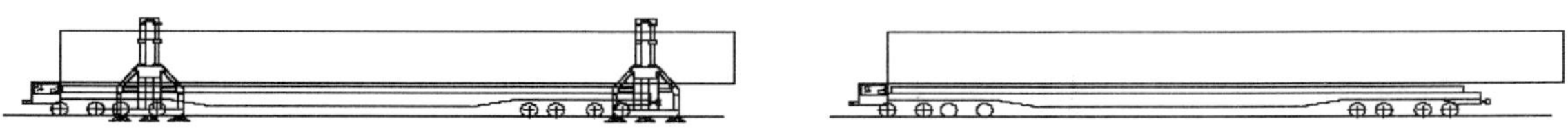

**图 3-5.14　2 号车将梁片运送至桥头与主机对位**

2 号车载梁以 0～7km/h 的速度运行，在接近 1 号车时降速至 0.5km/h，距 1 号车 50～100m 处一度停车，确认 2 号车制动系统工作正常后，再启动向 1 号车缓慢推进对位，在 1、2 号车之间酌留间隙，不予

挂实，严防冲撞，此时应有专人指挥和司闸。对位停车后，打好止轮器或铁鞋，以防溜车。

(6)喂梁、捆梁、吊梁(图3-5.15)

2号车与1号车对好位后，使用2号车前端顶梁扁担将梁前端顶起，撤出垫块，将梁落到1号车的前拖梁小车上(32m梁前后拖梁小车合用)，在跨装状态下拖梁前进，待梁片前吊点与前方(1号吊钩)对正，再顶起桥梁后端，并落到1号车后拖梁小车上，继续前进(32m梁为1号吊梁小车捆梁、吊梁，全梁在半支半吊状态下前进，同时退回1号车拖梁小车，待梁后端前进到位后，再顶起后端，落到1号车拖梁小车上继续前进)桥梁前端进到前吊梁小车位置时，捆梁、起吊，在半支半吊状态下前进，桥梁后端进到后吊梁小车位置时再捆梁起吊，即可出梁对位。

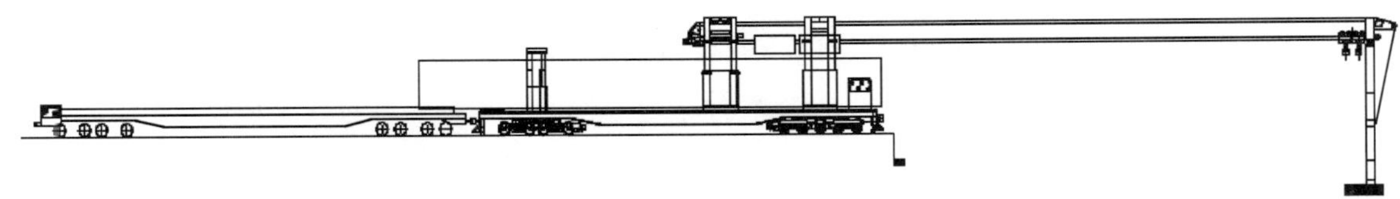

图3-5.15　拖梁小车拖梁、捆梁

(7)出梁、落梁、移梁及梁片就位(图3-5.16)

出梁时有专人在桥墩台监视梁体移动的情况，即将到位时要特别谨慎，严防梁片碰撞0号柱。落梁时，必须用倒链葫芦在梁的前后两端采取保护措施，梁片应先落后移，避免高位横移。第一片梁落至最低位置进行纵向对位，然后横移就位，安装调整好支座位置，使支座底面中心线与墩台垫石面上放出的十字线相吻合，误差控制在允许范围以内，并使梁端及梁间缝隙符合规定，梁梗垂直，支座底面和垫石面密贴，上下座板间无缝隙，整孔梁支座受力均匀。支座落位前应安装好全部底脚螺栓，螺帽拧满丝并涂油。

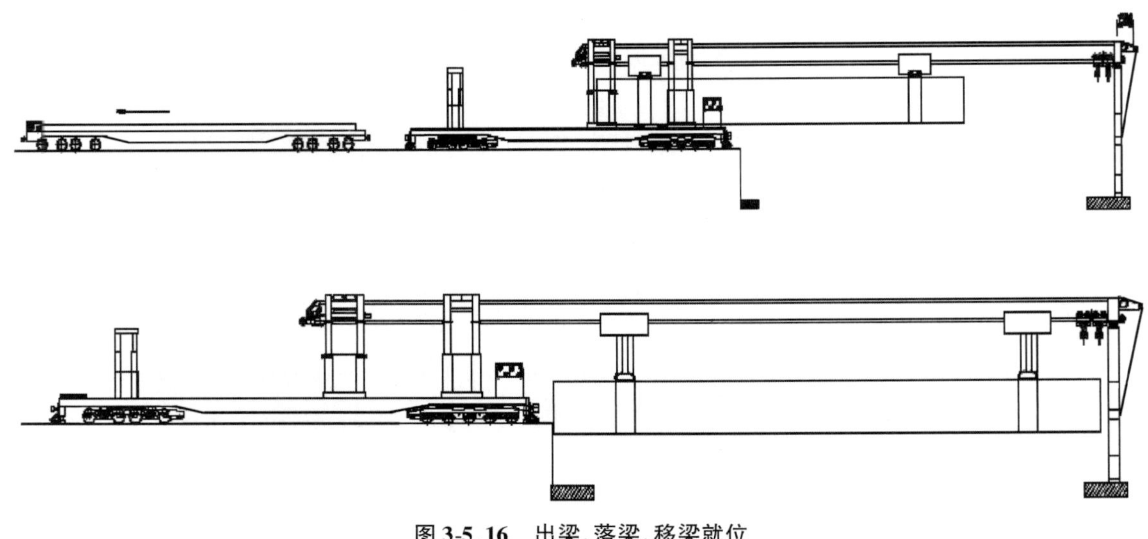

图3-5.16　出梁、落梁、移梁就位

(8)铺桥面轨和焊横隔板(图3-5.17～图3-5.19)

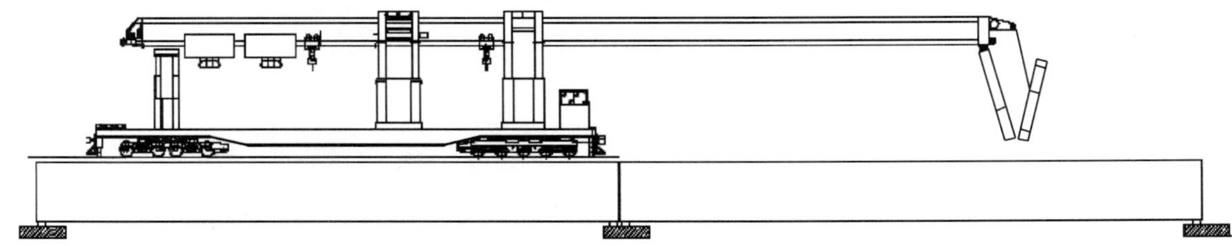

图3-5.17　桥梁架设完毕后，收回0号柱，机臂退回到铺轨位，主机后退，拆换短轨

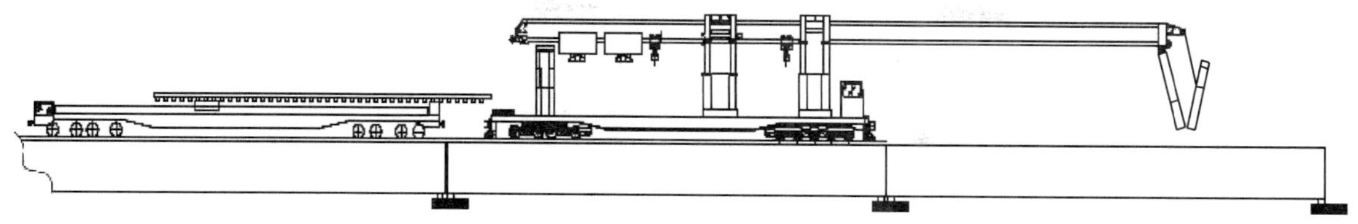

图 3-5.18 2 号车将轨排运送至主机

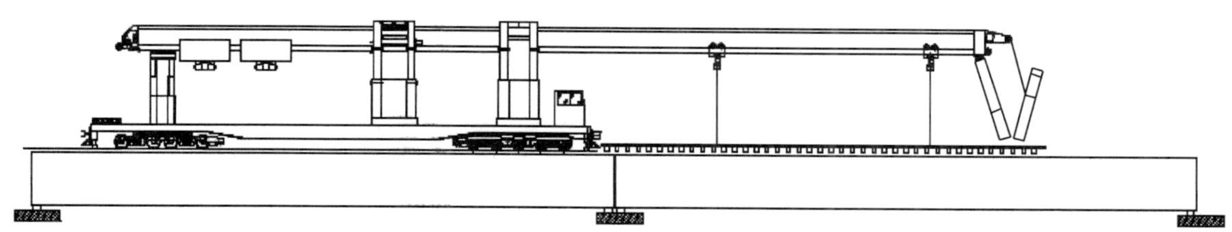

图 3-5.19 铺桥面轨

整孔梁就位后，盖好横向盖板和泄水篦子，整平桥面道砟，拆除短轨后铺设正式轨排（与拖拉梁片的方法相同，将轨排拖入 1 号车腹内，轨排前后吊点用两台吊轨小车相距 13.8m 起吊，1 号车走行到接轨位置下落轨排即可完成铺轨作业），并进行整道作业，消除硬弯、反超高、三角坑等线路病害，串实轨枕下道砟，不得悬空。对架梁质量进行检查认为符合验标要求后，即可进行横隔板焊接作业，将整孔梁片连成整体。电焊前应将连接角钢及焊接板上的混凝土残渣油污铁锈等清除干净，焊接作业依照相关标准执行。焊后应敲去熔渣，检查焊接质量，发现有裂缝、未焊透、气孔、夹渣、咬边等现象，应立即铲除重焊。

(9)架梁收尾作业

①架梁收尾

架桥机过孔前，横隔板应全部焊接完成，同时必须将梁端及跨中 3 处 6 束钢绞线全部穿好，并带紧锚具预张拉。

一孔桥梁架完后，进行桥台收料、工具转移到下一孔桥台上，架桥机重新对位准备架设下一孔桥梁。

②桥梁支座锚固施工

灌注支座锚栓孔前，应清除孔内杂物、积水，砂浆配合比符合要求，灌注时用钢钎分层捣实，灌注后顶面抹平并及时养生，凝固后再将底脚螺栓全部紧固一遍，同时安装整理好支座围板，清除墩台面上残存的杂物，做到文明施工，工完料清。

## 3.2 施工要求

### 3.2.1 T 梁铁路运输施工要求

(1)32m 梁在运输途中，桥梁相对转向盘纵向窜动量不超过 160mm、横向位移量不超过 15mm 时，可继续运行。

(2)24m 梁在运输途中，纵向窜动不超过 150mm 或横向位移不超过 20mm 时可以继续进行。

(3)斜支撑纵向倾斜时必须进行整理。

(4)25m 轨排列车在新线的运行速度执行中铁一局集团《行车组织规则》相关条款的规定。

(5)钢丝绳、铁线与货物及车辆棱角接触处应采取防磨措施。

(6)装车完毕后用红色油漆标划检查线。

(7)押运人必须对轨排装载加固状态进行监视和检查(在站停车时)。

(8)每次装车前，货运人员必须检查确认车钩缓冲停止器质量及安装状态。

**3.2.2** T梁架设施工要求

(1)成品梁验收

成品梁应有金属标牌,同时应附有制造技术证明书,作为成品梁质量符合标准的依据。无合格证或复查后发现质量不合格的梁,不予架设。随梁配件清点齐全,质量符合标准。

(2)桥梁整备

桥梁按规定装车加固后,即可进行上桥面砟、上支座等作业。上砟前将盖板摆放在挡砟槽边(均匀摆放,不能影响架梁);桥面上砟厚度不小于150mm,宽度不小于800mm,平整好,并将支座、防尘围板、钩头螺栓等放在梁顶面端部,便于架梁使用。

(3)1号车对位、伸大臂、立0号柱

①1号车进入施工现场距离桥头100m处必须一度停车,对位时停车位置应十分准确,主机五轴转向架第一轮对中心到胸墙(或梁前端)的距离为2.47m。架24m梁时,按32m梁位伸臂,到胸墙的距离为10.47m。

②1号车对位时车速<0.5km/h,主风缸压>0.7MPa,并在停车位前100~200mm处预置车轮停止器。1号车对位后,制动机处于制动位,单独制动阀处于全制动时,制动缸的压力为0.3MPa(可以通过调整阀的调整手轮来调节压力),车轮下打好铁鞋,并放下前后液压支腿,支腿顶升高度以车体上升5mm左右为宜(压力为2MPa)。支腿油缸下部(支腿扁担两侧与油缸连接处)必须垫枕木,同时用木板或楔木抄平。枕木高度必须高于轨道高度,严禁支腿直接压轨道。

③大臂伸缩前,如遇雨天或钢丝绳过松,绞盘打滑,可在卷筒面上对钢丝绳进行紧固以增加摩擦力,以避免绞盘损坏。

④根据所架梁片高度将1号柱、2号柱上升到所需高度,1号柱、2号柱柱顶高度应相同,插好1号柱、2号柱柱销,再将1号柱油缸卸压,2号柱油缸上顶,使插销压牢受力。

⑤将吊梁小车与1号柱柱顶的定位销插好,拔出1号柱柱顶与机臂的中心销,开动机臂伸缩卷扬机,机臂即可前伸。机臂伸到位后,插好1号柱柱顶与机臂的中心销,并拔出1号柱柱顶与吊梁小车的定位销。

⑥机臂前伸时应随时调整吊轨小车位置,保持吊轨小车与前吊梁小车的距离小于5m。

⑦大臂伸缩前,还应将吊轨小车退回1号柱前紧靠吊梁小车。大臂伸出简易立在桥墩台后,吊轨小车方可进行吊运作业。所用工具材料吊放墩台后,再翘大臂垫枕木或木板,支垫完后再压大臂,严禁大臂在悬空时吊装运行或把吊轨小车开到前端。

⑧进行翘头作业时,应注意将2号柱插销全部拔出后方可进行,并尽可能缩短油缸进行翘头作业的时间。

⑨立0号柱前应先根据线路坡道情况计算0号柱高度,并根据坡度适当增减0号柱高度,必须保证0号柱和1号柱水平高差<100mm,使机臂基本处于水平状态,计算公式:

$$h = L \cdot a$$

式中:$h$——计算高度;

$L$——0号柱与1号柱间距(38.5m、30.5m);

$a$——坡度(‰)。

⑩0号柱到达前方桥墩后,拔出2号柱的插销,2号柱油缸下拉,使机臂前端抬起一定高度,再将0号柱摘挂吊钩下行,放下0号柱折叠部分,穿好螺栓,拧紧螺帽。

⑪在桥墩垫石顶面立0号柱时,垫石顶面必须用硬质木板和木楔填平垫稳,支垫的长度和宽度应大于0号柱两侧承力(刚性节两侧各500mm范围)部分尺寸,保证0号柱柱底受力均匀;当0号柱偏立时,突出垫石的部分下面必须用素枕头和硬质木板垫平楔实,严禁0号柱一侧或两侧悬空。支垫高度以0号柱立好后,机臂处于水平状态为宜。

⑫在桥台立0号柱时,0号柱下并排垫枕木,不平处用薄木板和木楔填平楔实,保证0号柱柱底全面

受力。

⑬立稳0号柱后，应检查其是否处于垂直状态，垂直度应小于5mm，2号柱油缸上顶使0号柱压牢，压力为4MPa，将摆头油缸钢丝绳完全放松。为防止吊梁台车吊梁片走行时，机臂固定销突然窜出，还应将压销手钢板用螺丝上好压在销子上，但不能压死，应留出150mm间隙。

⑭曲线架梁时，机臂头部根据线路情况偏摆一定距离，再立0号柱。摆臂时，必须插好1号柱与机臂锁定的机臂中心销，拔出1号柱与吊梁小车的定位销，同时，1号柱、2号柱必须插好柱销。

⑮架完梁需缩回大臂时，前液压支腿不能撤，应先将吊梁小车退回到后端限制位置，机臂抬头，收起0号柱活动节，并将大臂摆正后方可回缩。大臂缩回到位后，前液压支腿方能撤回。

(4)立龙门架并倒装桥梁

①龙门架一般应组立在坡度不大于10‰的直线线路上或半径不小于1200m的曲线线路上。不得已在半径较小的曲线上组立时，应将线路拨直50m左右。

②龙门架至桥头距离应以满足倒车的需要，同时又须尽可能缩短2号车的走行长度，一般选为200～500m为宜。

③龙门架应立在基底坚实且线路条件较好的地方，地基沉降不得超过相关标准，并尽量避开高填路基，基底要整平夯实，基底上至少放两层枕木，分布压力。

④龙门架脚底宜高出轨面一层枕木，组立后钩底距轨面的净高应保证运梁2号车及运梁机车能自由通过。

⑤龙门架支腿垫平垫实，两边支腿安放在同一水平上，允许偏差4mm。

⑥龙门架左右支腿与线路中线的距离应保持相等，误差不超过10mm。

⑦倒装不同跨度桥梁时，两龙门架的中心距离应相应地调整。

⑧一座桥有两种跨度时，必须调整龙门架位置，严禁使用24m跨度桥梁的吊距起吊32m跨度桥梁。

⑨2号车装梁时，桥梁重心一般落在2号车纵向中心线上。在曲线上架梁时，可使桥梁中线与2号车纵向中心线略成斜交，桥梁前后两端各向2号车中心线左右偏离少量距离。

⑩用龙门架吊装桥梁及轨排时，如需偏装，可通过龙门架架顶横移装置进行，也可以调整两侧油缸高度来解决，但龙门架两侧油缸高度相差不得超过300mm。

⑪桥梁落在2号车上时，梁前端超出2号车的距离，其最低处距轨面净高必须满足向1号车拖梁的需要，不足时须用垫木调整。

(5)2号车运送桥梁与1号车对位

①2号车载梁运行速度为0.5～12km/h，与1号车对位时速度≤0.5km/h。距1号车10m处一度停车确认2号车制动系统工作正常后，再启动向1号车缓慢推进。

②2号车运送桥梁时应设专人护送，预防梁侧支撑松动。与1号车对位时，注意观察1号车后边有无部件或障碍物，严防与桥梁悬出部分碰撞。

③2号车对位时应有专人把闸，在1、2号车之间酌留间隙，不予挂实，严防冲撞。在1号车落梁过程中禁止连挂。

④2号车运梁直行地段，不得有死弯、反超高、三角坑等病害，曲线外股不设超高。

⑤2号车后退时，由驾驶员负责瞭望，前进时由车长持信号旗领车。

(6)桥梁拖拉、捆梁、吊梁

①2号车顶梁扁担的横移装置只能横移轨排，禁止横移梁片。

②2号车端顶梁扁担顶梁时，左右千斤顶应同步进行，两侧偏差不大于10mm，并及时调整可能出现的偏斜量，梁顶起后，1号车拖拉小车未到位垫好前，不准抽去铁盒或拉开2号车拖梁小车。顶梁扁担下降时，压力不得大于2MPa，不得强行下拉油缸。

③拖梁小车上应放硬质木板垫梁，垫梁板高度必须使梁片能够顺利地拖进1号车，梁体装上拖梁小车后，应及时加设支撑支护。

④拖梁小车运行前，拖梁人员必须负责清除影响小车和桥梁前进中的一切障碍物，并观察有无碰刷和小车运行不良情况。

⑤吊点应符合有关规定，1 号吊梁小车的捆梁位置一般距梁端 3 ~ 3.7m，避免与大臂前端的吊轨小车相碰。

⑥梁片后端捆绑完后，钢丝绳以起吊至不受力为准，然后用拖梁台车往前拖送至 1 号柱中部位置，方可进行起吊作业。严禁在 2 号柱下起吊。

⑦桥梁吊起后，梁身应保持水平状态向前移动，架 32m 梁时，两端吊起后，可将前端逐渐落低，以免与停在大臂前端的吊轨小车相碰撞。

⑧大臂上应设专人，其任务是：防止钢丝绳绕乱、跳槽；走梁前摘掉吊梁小车插销；伸缩大臂后安销子；2 号吊梁小车卸载后打堰，梁走行前清除大臂上的障碍物等。

(7)出梁、落梁、横移、就位

①梁片在起吊时横向应尽量保持水平，若肉眼发现倾斜应及时调正，严防出现三点受力现象，有时为了便于落梁，允许有少量倾斜，但不能过大。

②梁片宜高位行车，因低位行走摆动量大，易发生撞击事故。

③走梁时应设专人在桥墩台上监视梁体动力情况，特别是梁片即将到位时，桥墩台监视人员、指挥人员、操作人员要特别谨慎，密切合作，严防梁片撞击前支腿或 0 号柱。墩台设专人拉限位开关，以策安全。

④梁片应先落后移，避免高位横移。梁片横移时横移小车在丝杆传动装置的驱动下，吊起梁片横移左右各 1100mm。

⑤就位时，支座底面中心线应与墩台顶面放出的十字线相重合。梁端伸缩缝和梁片间的间隙应符合规定尺寸。梁梗垂直。支座底面和墩台顶面应密贴，上下座板间无缝隙，整孔桥梁无三条腿现象。就位后的支座十字线与墩台十字线间的错动量及两片梁支座中线间的错动量和两片梁支座中线的横向距离误差应在允许范围内。

⑥落梁时，梁片应保持水平状态，前后高度差小于 200mm，左右高度差小于 20mm。

⑦梁片横移时，前后横移小车应同时开启，前后相差小于 100mm。

(8)桥面工作及电焊横隔板

①拔出 2 号柱柱销，油缸下降，0 号柱抬起，摘挂机构动作，0 号柱翘起，同时解除前后液压支腿受力状态，拔出机臂上的定位销，机臂缩回 13m，准备铺轨作业。

②整孔梁完全就位后，平整桥面道砟，拆除短轨后一次铺成正式轨排，采用拨道对位的线路，应先恢复到设计中线后再铺新轨节。

③与拖拉梁片的方法相同，将轨排拖入主机腹内，若曲线上拖拉极端困难时，可用 2 号车顶梁扁担横移轨排，或将主机后退到平直路段倒运轨排。

④桥面铺轨质量应符合《铁路轨道工程施工质量验收标准》(TB 10413—2018)有关规定，接头螺栓、轨枕配件应上齐上紧，避免丢失。

⑤铺轨后应进行整道作业，注意消除硬弯、反超高、三角坑等，并将枕木头下面应用道砟串实，不得悬空。

⑥桥面轨枕下道砟厚度以 0.15m 为宜，必要时可在每股钢轨下先铺设宽度不窄于 0.6m 的道砟带，以不压断轨枕和满足架桥需要为原则。

⑦电焊前应将连接角钢及焊接钣上的混凝土残渣、油污、铁锈等除净。

⑧焊条应符合国家规定标准，低温作业时，电焊条应采取预热措施。

⑨焊缝质量应得到严格保证：厚度不小于设计规定，焊缝饱满、均匀，不得有裂缝、气孔等缺陷，电焊后应敲去熔渣检查质量，发现不合格时应立即补焊。

## 4 施工计划

### 4.1 施工进度计划

根据铺架总体工期要求，××铺架基地计划于2018年9月1日开始铺架至2019年10月1日结束，总共359d。××铺架基地计划于2018年11月1日开始铺架至2019年10月19日结束，总共533d，平均架梁指标为3.5~4孔/d，梁运输计划与铺架计划相匹配。

### 4.2 机械设备计划

预制T梁运输、架设施工使用的主要机械有：架桥机组、门式起重机、内燃机、汽车吊等。

### 4.3 劳动力计划

根据预制T梁运输、架设施工人员主要包括：现场管理人员、技术人员、司索工、起重工、运梁车驾驶员、电工、普工等。

## 5 危险因素分析

### 5.1 危险源辨识(表3-5.1)

表3-5.1 预制T梁运输架设工程危险源辨识表

| 序号 | 作业内容 | 潜在事故类型 | 造成事故原因 | 防范措施 |
|---|---|---|---|---|
| 1 | 预制T梁运输架设施工 | 物体打击 | 工作失误造成机上和工作平台上物体坠落或飞起 | 严格按照机具使用规定操作；放置好配件和原材料 |
| 2 | | 车辆伤害 | 行车人员疏忽、违章 | 加强培训和检查，督促行车值班人员标准化作业 |
| | | | 未办理施工作业手续 | 按照路局规定程序办理营业线施工登销记手续，设置防护 |
| | | | 材料、施工机械使用完毕后停放位置不符合限界要求 | 料具不得侵入限界；施工完后，检查确认防止侵限 |
| 3 | | 机械伤害 | 机械设备状态不良，未采取防护措施 | 按照操作规程严格保养制度，保证设备良好 |
| 4 | | 高处坠落 | 预留孔洞无警示、无防护、防护措施缺陷 | 预留孔洞周围设置封闭的防护栏杆、设警示标识 |
| | | | 6级以上大风进行起重作业、台位上覆盖篷布 | 6级及以上大风禁止进行起重作业 |
| 5 | | 交通事故 | 车辆技术状况不良、运梁车装载加固措施不当、驾驶员操作不当 | 加强车辆维修保养、按规定进行装载加固 |
| 6 | | 起重伤害 | 起吊钢丝绳断裂，吊具、吊点开焊断裂 | 加强监督检查、日常维修保养 |
| | | | 特种作业人员无证上岗、操作不当 | 加强培训，杜绝无证上岗 |
| 7 | | 倾覆 | 架桥机、运梁车操作失误 | 严格按照方案规范要求运架梁 |

### 5.2 危险因素评估

评估方法选择、量化分值标准参照第一篇“6.1 危险因素分析”。LEC 危险因素评估结果计算见表 3-5.2。

**表 3-5.2 LEC 危险因素评估结果计算表**

| 作业内容 | 事故类型 | 风险估测 | | | |
|---|---|---|---|---|---|
| | | 可能性 L | 暴露频率 E | 严重程度 C | 风险大小 D |
| 预制 T 梁运输架设施工 | 物体打击 | 6 | 3 | 7 | 126 |
| | 车辆伤害 | 6 | 3 | 15 | 270 |
| | 机械伤害 | 3 | 2 | 7 | 42 |
| | 高处坠落 | 6 | 6 | 3 | 108 |
| | 交通事故 | 3 | 3 | 7 | 63 |
| | 起重伤害 | 3 | 1 | 7 | 21 |
| | 倾覆 | 3 | 1 | 100 | 300 |

根据 LEC 危险因素评估计算结果表和 LEC 法评估结果分级,分值大于 160 以上的属于重大危险源,因此预制 T 梁运输、架设施工中的重大危险源为架桥机、运梁车倾覆和车辆伤害。

## 6 施工安全保障措施

### 6.1 组织保障

参见第二篇第一章“6.1 组织保障措施”。

### 6.2 技术保障措施

#### 6.2.1 T 梁铁路运输安全技术保证措施

(1)坚持行车工作集中领导、统一指挥、逐级负责的原则。行车调度人员应按照《铁路运输调度规则》指挥行车工作,凡参与运输的有关各单位必须在行车调度的统一指挥下进行日常生产。

(2)设立××铺架基地配备办理行车、货运业务必需的基本设备(施)。负责本线接发车列及路料车装载加固检查。

(3)铺轨基地设置机务段,根据机车交路、乘务制度等合理采用机车运转制和乘务员换班方式;设置机车检查坑、擦车台,成立机车检修车间、列检所,完善机车车辆日常运用、维修的基本设备及设施。

(4)因本线地处山区,根据实际测试配备工程运输所需的基本临时通信设施并保证通信质量良好。

(5)参照《铁路技术管理规程》《行车组织规则》制定切实可行的《运输组织方案》及铺轨基地及前方站《站细》《机务段管理细则》《列检所技术作业办法》等行车制度及技术措施,明确本条线运输各种条件。

(6)车站调车作业除应执行《铁路调车作业标准》的相关规定外,还应符合《行规》对调动及连挂铺架机、大型养路机械、超限限速车辆及宿营车时及在龙门架下对位调车时的相关规定。

(7)铺轨基地至前方工地开行的所有车列,必须有运转车长值乘。

(8)铺架机等自轮运转特种设备在工程线转场挂运前,机组人员应对机组车辆部分进行全面检查维修,挂运时应派列检人员随车押运。

(9)轨排、桥梁列车发运单位应指派押运人员,携带必需的工具和加固材料随车押运。列车在车站或途中紧急制动停车时,运转车长和押运人员应对货物的装载加固状态进行全面检查。运转车长在确认货物装载加固状态良好后,方可向驾驶员显示发车信号。

(10)机车应按规定进行日常保养,按检修周期定期检修,保证技术状态良好。工具及备品按《铁路机车运用规程》规定配备齐全,灭火器在有效期内。

(11)机车运行和检修作业中应遵守有关机车防火、防溜及具体作业安全的规定。

(12)针对铺架机、轨道车等自轮运转特种设备加强管理,必须达到运用状态,符合《铁路技术管理规程》规定的技术要求。对自轮运转特种设备空气制动机各阀、仪表必须按规定周期进行校验。校验要由具有资质的单位承担。

(13)停留的机车车辆(自轮运转特种设备)应根据《铁路技术管理规程》《铁路调车作业标准》《机车操纵规程》《防止机车车辆溜逸办法》等的有关规定做好机车车辆的防溜工作。防溜所使用的人力制动紧固器、防溜铁鞋、防溜枕木、止轮器等防溜设备和器具必须符合技术标准。不符合标准的防溜设备和器具严禁使用。

(14)所有施工单位应按规定提报施工计划,施工计划应包括:施工方案、施工项目、作业内容、地点和时间、影响范围、施工组织及负责人、施工安全的保障措施及防护办法、列车运行条件、施工安全协议书等基本内容。施工计划经行车管理单位批准后方可安排施工。

(15)所有施工单位应按规定办理区间登销记手续,施工期间,施工单位应按规定设置防护,确保施工及行车安全。

(16)施工搭设的临时设施妨碍工程列车运行时,施工单位应在提报施工计划时说明。当工程列车需要通过时,施工单位应予以拆除,工程列车应在该临时设施前一度停车,经运转车长确认临时设施已拆除后,方可通过。

(17)工程线线路起道上砟和道岔养护应在线路开通前,由施工技术部门向运输技术部门和行车调度提供线路和道岔允许运行速度,并指定专人负责线路和道岔的养护和维修。

(18)建立健全工程线运输及施工作业安全监督检查体系,定期或不定期落实现场安全检查制度,对检查中发现的不符合规定的情况,应签发安全检查整改通知单,限期整改,并跟踪验证。

(19)所有参与行车的作业人员上岗作业前必须满足相关安全培训的要求,培训合格后按规定持证上岗,未经培训不得上岗。

(20)涉及营业线和临近营业线施工,所有施工、行车作业必须满足《营业线施工安全管理办法》的相关设备、人员及安全管理的规定,严格按照路局批复的施工计划及与设备管理单位签订的“安全协议”执行。

#### 6.2.2 架桥机组装安全技术保证措施

(1)指挥人员必须持起重机械指挥特种作业证上岗。

(2)作业前要认真仔细检查吊索和吊具是否有损伤,必要时更换;检查作业环境是否影响吊装作业安全,有影响时应采取措施防止发生事故。

(3)严格执行装吊作业“十不吊”的规定。

(4)装吊作业安排专人指挥,起重机驾驶员只能根据指挥人员的信号作业,但其他人发出的停止信号必须执行。

(5)吊车支腿必须支立在坚实的基础上,支腿下用枕木或硬杂木抄垫平整;作业期间安排专人观察支腿和基础的受力情况,有异常立即停止作业,处理后才能继续。

(6)吊装作业应进行试吊,检查起重机性能、吊索具和基础受力情况。

#### 6.2.3 架桥机转头安全技术保证措施

(1)倒装龙门吊基础位置严格按《ZPC160 型自行式转盘车使用说明书》的要求搭设。

(2)倒装龙门吊立好后,施工负责人必须检查、确认各腿支垫牢固,倒装龙门吊支腿连接螺栓应上齐上紧,支座基础受力面积满足作业要求。

(3)转头作业操作人员服从统一指挥,信号清楚明确。

(4)车辆调车、对位时,信号及时准确,确保安全。

(5)所用钢丝绳必须严格按《起重机械用钢丝绳检验和报废实用规范》要求检查,确认合格方可使用。

(6)提升钢丝绳应先挂双头后挂单头,在钢结构棱角处垫铁瓦和橡胶垫板保护钢丝绳,钢丝绳要上下垂直,不得有绞花和两股互压等现象。

(7)每一次起吊,应先进行试吊,经检查确认无异常再起吊。

(8)倒装龙门吊向 ZPC160 自行式转盘车落大臂和车体时,不允许偏载,应保证大臂和车体重心在 ZPC160 自行式转盘车的回转范围内,经试落并通过 ZPC160 自行式转盘车重量显示装置显示无异常方可降落卸载(每组显示相差不应大于 10t)。

(9)在吊装作业及转头作业时,安全防护员要做好全程盯控及安全防护工作。

**6.2.4** T 梁架设安全技术保证措施

(1)架梁作业人员,必须经过培训合格后,持证上岗,从事起重专业的人员必须持有特种作业操作证。严格执行岗位责任制,熟悉本岗位技术要求和操作规程,熟练掌握操作技能,坚持标准化作业。

(2)架梁作业要坚持统一指挥,各个工作环节协同配合的原则。坚决杜绝多头指挥,靠经验、凭感觉、瞎指挥,配合失调,作业现场工作混乱的局面。

(3)架梁作业要做好安全保卫工作。为防止干扰架梁和发生人身安全事故,架梁作业区间闲杂人员不得进入。

(4)架桥机架梁作业,应将安全设施配齐配足,桥上及架桥机上除应备有砂箱、灭火机及其他消防设备外,还应接好供水管路和栓阀。

(5)架梁工程属高空作业,凡参加高空作业人员在作业前,都必须进行体格检查,凡患有高血压、心脏病或其他不适应高空处作业人员,都不得参加架梁作业。

(6)要加强安全监督,配齐安监人员,提高安监人员的素质,改善检测手段。安全管理人员要以高度负责的精神,严格履行职责,把主要精力放在预防事故上。

(7)T 梁架设作业需注意事项

①线路加强整道

架桥机通过的线路,必须认真检查、加强整道,消除死弯、三角坑、反超高等病害。

②桥头线路加固

了解路基施工资料及填筑情况,包括质量、密实度是否符合要求,有无偏沉、裂纹、积水渗泡、稀泥坑、孤石坑、大石块抛填、局部回填等薄弱环节。桥头线路道床厚度达到 0.25m,道床顶宽不小于 3.5m,轨距、水平、方向等均保证处于良好状态。对桥头线路不良路基地段进行加固处理。加固的方法可采取起道填砟、枕木单穿、对穿、密铺人字枕加固或特别加固等方法。

③组立倒装龙门架

倒装龙门架应立在坡度不大于 10‰的直线或曲线半径不小于 1200m 的线路上,且避开高填方路基。在小曲线的线路组装龙门架时,应将线路拨直 50m 左右,但不得侵限。龙门架左右支腿与线路中心距离相等,误差不超过 10mm,两支腿放在同一水平上,误差不超过 4mm。龙门架基础应整平捣实,最少放两层枕木以分布压力,支腿要垫平垫实。

④2 号车运梁

2 号车运梁前应先检查车辆制动是否良好。2 号车载梁速度为:接近架桥机 1 号车时为 0.5km/h,1 号车、2 号车连挂时要有专人指挥,并操纵紧急制动阀,在接近 1 号车时应一度停车后再进行连挂,防止冲撞。车钩连接到位后必须保持摘钩状态。1 号车进行捆梁、吊梁和落梁过程中严禁 2 号车与 1 号车连挂。将梁片换装到 2 号车时,梁片悬出长度必须符合设计要求,桥梁重心一般应落在 2 号车纵向中心线上,偏差不超过 20mm,为方便在小曲线线路上拖梁进 1 号车,可使梁中心与车中心左右偏离少量距离,以不超过 150mm 为宜。2 号车装梁后,拖梁小车要用木楔抄死,梁前后端打好支撑后方可运行。梁从 2 号车往 1 号车拖拉时要检查拖车滑道内有无障碍物,拖梁小车卸载后,停放在 2 号车后端,并用木楔抄死。2 号车油缸顶梁时,左右千斤顶同步工作,出现倾斜时要及时调整。

⑤架桥机 1 号车操作安全措施

架桥机1号车运行前，派专人观察路基、限界和有无障碍物等，保证运行安全。架桥机1号车运行前应检查制动是否良好，去掉止轮器，检查周围无障碍物后方可运行。1号车拼装后，自行和机车推送速度为0～12km/h，通过曲线道岔时为5km/h，检查机上电缆、钢丝绳及其他物品是否伸出车外影响行车安全。1号车运行时将大臂的安全绳、栏杆拆除。1号车运行时派专人护送。通过不良线路地段时，应降低速度并随时监视车轮与轨面接触情况，防止掉道。1号车通过曲线地段时要注意0号柱摆头、卷扬机和驾驶员室否超出限界。机组通过地段的高压线距机组最高点的距离不得小于相应电压下的安全距离，且放慢速度，派人观察。1号车在桥头对位时，要在钢轨上做好标记，速度为0.5km/h，并派专人安放止轮器和放风制动。每架完一孔梁，联结板必须焊接的最少挡数应符合《铁路架桥机架梁技术规程》（Q/CR 9213—2017）规定后，架桥机1号车才能继续前进架梁。架梁时，遇大雨和六级以上大风气候时按规定停止架梁作业。夜间作业配备良好照明设备，照明条件不良时，停止架桥机走行对位作业。

⑥墩台桥面作业安全措施

第一片梁空中横向移到位，落梁就位后，必须用倒链葫芦在前后端采取保险措施，并派专人负责，挂在牢固处，对盆式橡胶支座应在梁片外侧支垫自制铁盒，检查无损后方可进行下一步工作。

调整梁梗垂直度，需要使用千斤顶顶梁时，千斤顶使用前要认真检查其状态，保证其可靠性，并安放安全卡。顶梁时同一端的两个千斤顶起落必须同步。严格禁止在同一片梁两端同时使用千斤顶起落。千斤顶与梁底禁止使用铁垫板，可用特制的钢垫块，并采取防滑措施。

桥面作业时思想要集中，要站在坚实地方，起拨道更应注意站稳。桥面与墩台间上下传递东西，事先要联系好打招呼，禁止自由丢落。架梁前应督促有关单位将吊拦、围栏安装完毕，保证墩台作业安全。作业人员在班前严禁饮酒，上班均要佩戴安全帽、系安全带、穿防滑鞋，确保人身安全。

⑦电焊及其他操作安全措施

第二片梁就位前禁止电焊工进入梁内作业。电焊工作业时应拴好安全绳，在脚手板行走时，要手持安全绳，要慢且稳，禁止两人同时踏上同一块脚手板。所有梁内工作人员，在电焊、锚固和拆脚手板时必须戴安全帽和系安全带，穿防滑鞋。梁内作业时禁止桥下站人或放行车辆。电焊前桥下要移开易燃等危险品。上、下桥墩台要用梯子，不得用绳索或其他工具替代。桥梁下有电力线要停电架梁，值班电工要做好停电交接手续。架梁作业人员休息时，禁止坐卧在线路上。横过既有铁路时，应“一停、二看、三通过”，防止人身伤亡事故的发生。

**6.2.5** 临近营业线施工安全技术保证措施

（1）严格按照规定设置邻近营业线施工防护，配齐监控防护人员、防护设施。

（2）防止施工机械、料具、人员侵限。

（3）施工负责人、安全、技术、质量等主要负责人必须经过路局营业线施工安全培训，施工现场的安全员、防护员及驻站联络员必须经过铁路局安全培训，培训合格后持证上岗。现场参与施工的所有人员，必须全部经过营业线安全培训合格后方能上岗。现场作业人员必须由施工负责人统一带领施工，不准擅自单独进行营业线作业。

（4）施工程序严格按照相关文件的要求，在施工前72h送设备管理单位《施工配合通知单》，明确安全质量关键控制点和控制措施。施工作业前对所有参加施工人员进行班前安全讲话，明确施工组织方案、明确施工要点及安全控制措施。分别在车站登、销记签认。

（5）机械施工过程中要做到“一机一人”防护，根据驻站联络员通知，营业线来车时应停止作业，挖机、装载机臂应放下，待列车通过后再进行作业。

（6）严格执行上海铁路局颁发的《上海铁路局营业线施工安全管理施工细则》（上铁运发〔2012〕586号）文件的规定，邻近营业线施工时，于每月15日前将申报次月邻近营业线施工安全监督计划。第37条其他事项（3）需纳入路局月度施工计划的施工作业，施工单位应根据铁总统一格式填写月度施工计划申报表，经设备管理单位、产权单位审核（盖章），按行车设备专业分类于9日前经路局主管业务处审核（盖章）后，于11日前向路局运输处申报。

## 7 应急预案

参见第二篇第一章“7 应急预案”。

# 第三节 示例点评

本示例概述了铁路 T 梁运输、架桥机组装、架桥机转头、T 梁架设等的施工方法及施工要求，对于铁路 T 梁运输、架设施工具有一定借鉴意义。其他类似的铁路预制梁运架可参照本示例内容框架体系，并结合工程实际情况编制运架梁专项施工方案。

类似预制梁架设在跨越既有道路、构筑物时需补充跨越道路、构筑物安全保证措施。

若利用公路运梁，应增加运输方案并报主管部门审批。

示例中应补充完善运梁过程中梁体的防倾覆措施。

# 第四篇

# 隧 道 工 程

# 第一章　山岭隧道工程专项施工方案

## 第一节　编制要求

### 1　适用范围

铁路山岭隧道工程。

### 2　工程重难点

(1)隧道洞口施工中的边仰坡坍塌、地表下沉、地基承载力不足、掌子面崩塌、偏压、滑坡处理和防护是本工程的重难点。

(2)隧道开挖作业中,地质复杂多变,围岩等级难以准确判断,根据不同围岩等级选择正确的开挖方法是施工重难点。

(3)隧道开挖作业中炮眼布置、炸药的用量直接影响隧道的光爆效果和周边围岩的稳定性,是施工重难点。

(4)隧道超前地质预报和监控量测施作的及时性和准确性是隧道开挖安全控制的重点。

(5)二次衬砌台车模板刚度、台车及台架稳定性的计算是工程重难点。

(6)二次衬砌台车液压行走、混凝土浇筑中台车整体稳定性控制是本工程重难点。

### 3　内容要点

(1)危险因素分析中应重点评估洞口不良地质、路堑及支挡不符合规范要求、土石方开挖违反作业顺序而导致洞口坍塌的风险,洞口危石未及时处理或处理不到位导致的坠落打击风险,爆破方式方法不当、防护措施不足、违规处理火工品导致的爆破打击风险,有毒有害气体监测不到位导致中毒窒息的风险,隧道超前地质预报监测不到位导致的隧道洞内坍塌、突泥、涌水的风险,隧道二次衬砌台车、台架未进行受力检算或检算不到位导致的台车垮塌、高处坠落的风险。

(2)施工方法及工艺应重点阐述洞口边仰坡防护、管棚、明洞施工相关要求,隧道开挖方法的选用、炮眼布置和炸药用量计算、监测方法的运用,衬砌施工中仰拱、填充、防排水、拱墙施工的工艺流程和注意事项。

(3)安全保障措施中重点阐述洞口防护、爆破防护、衬砌施工保障及监控监测措施。

(4)重点计算爆破炮眼布置和炸药用量等爆破参数是否满足要求,二次衬砌台车模板的强度及刚度和台车台架支撑的稳定性。

## 第二节　工程示例

### 1　工程概况

××隧道单线,预留双线条件,路段设计速度160km/h,设计洞口进洞段浅埋偏压,采用Ⅴ级围岩半路堑单压式明洞衬砌,在偏压下游侧设混凝土挡墙,挡墙基础埋深不小于1.2m,采用10%水泥稳定碎石土对洞顶上方进行反压回填,回填至拱顶以上3m处。对××里程段采用$\phi$108mm大管棚注浆加固地层再暗挖进洞,环向间距40cm,××里程采用环形预留核心土开挖法,××里程采用台阶法开挖法,××里程采用全断面开挖法。本隧道共存在4种围岩,衬砌的厚度30~45cm,混凝土强度等级C30~C35。

## 2 编制依据

参见第一篇“3 主要编制依据”。

## 3 施工方法及工艺

### 3.1 施工流程(图4-1.1)

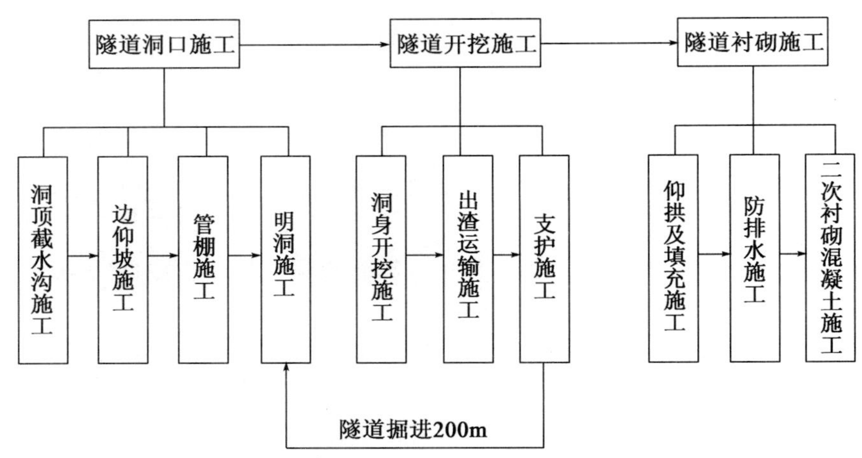


图4-1.1 隧道施工工艺流程图

### 3.2 隧道洞口施工

#### 3.2.1 洞顶截水沟施工

隧道边仰坡开挖前先做好洞顶截水沟施工,据洞口边仰坡放线结果,在距边仰坡开挖线边缘5m或10m处开挖截水沟(根据现场实际情况进行控制位置);水沟主要采用人工开挖,截水沟开挖宽度不小于1.2m,深度不小于0.9m;挖修整完后,按照截水沟要求的截面的尺寸修筑C25混凝土截水沟。

施工前先清除洞口上方有可能滑塌的表土、灌木及山坡危石,不留任何安全隐患,开挖采用小型挖掘机开挖、人工修坡的方式进行。在遇到石质地层时,采用人工手持风镐进行凿除。按照施工测量放样边线自上而下逐段开挖,不得上下重叠开挖,并检查开挖坡度。

#### 3.2.2 边仰坡施工

边仰坡土石方开挖遵循先土后石、自上而下分层进行开挖。根据明挖段边仰坡高度,每开挖一层,及时对边仰坡进行防护、随时监测、检查山坡的稳定情况。土层采用挖掘机开挖;岩层采用风钻钻孔、浅孔爆破,推土机集渣,装载机配合自卸汽车装运,弃于指定弃渣场。

边仰坡防护为临时防护。临时边坡防护采用挂网喷锚防护,锚杆采用$\phi$22砂浆锚杆,$L=3.5$m,间距为1.2m×1.2m,梅花形布置;锚杆群加挂HPB300钢筋网支护,坡面铺设间距为25cm×25cm的$\phi$8钢筋网,喷8cm厚C25混凝土加固防护。喷射混凝土施工结束后,每天必须向喷面层洒水养护,保持混凝土表面湿润,养护时间不得小于14天。锚杆及挂网根据现场实际地形、地质情况进行现场调整。

#### 3.2.3 超前大管棚支护施工

隧道进洞采用$\phi$108mm×6mm或$\phi$89mm×5mm热轧无缝钢管大管棚超前注浆预支护,单根长度根据每个隧道设计进行设置。达到稳定洞口、加固地层,确保洞口围岩稳定的目的。超前大管棚土石方开挖遵循自上至下开挖,在拱架内侧预留核心土(填筑工作平台),以方便以后套拱钢架的安装及套拱内模的支撑及加固。开挖主要采用机械开挖,人工使用风镐配合,挖机、装载机装渣,自卸汽车运输出渣,弃于指定渣场。

大管棚施工工艺流程如图4-1.2所示。

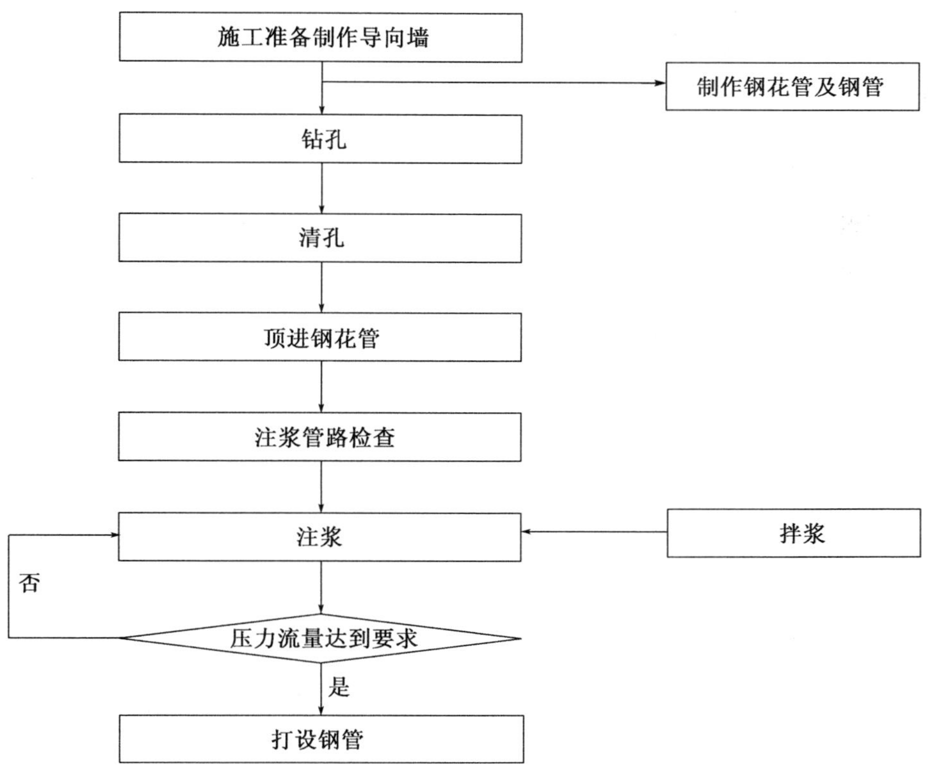


图4-1.2 大管棚施工工艺流程图

(1)测量定位

测量人员根据管棚施工图现场放样出管棚套拱、导向管及拱架位置。

(2)作业平台施工

施工前先对洞口范围内区域喷射混凝土进行封闭。采用挖掘机、装载机及自卸汽车等机械装渣,在洞口清理出钻机作业平台。平台高度必须满足钻机施工作业,共分为二阶平台,一阶平台满足拱顶范围内钻孔施工,二阶平台满足两侧范围内钻孔施工。

(3)导向管及套拱施工

①套拱内钢支撑施工

拱顶136°范围内设置套拱,采用C25混凝土,截面尺寸为2m×0.8m,套拱位于隧道开挖线外侧,套拱示意图见图4-1.3。

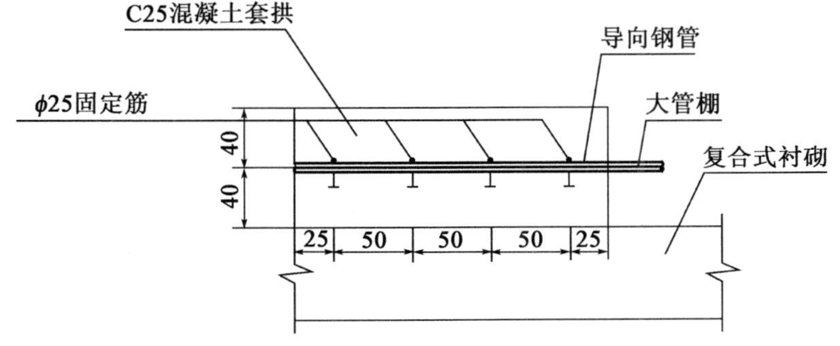


图4-1.3 套拱示意图(尺寸单位:cm)

放样完成后及时通知技术部门，经测量工程师复核无误后，根据套拱基础开挖线采用机械进行套拱基础基坑开挖，人工清底，浇筑C25混凝土基础，并放置4榀I18工字钢拱架于套拱基础上，间距50cm。孔口管用$\phi$25钢筋包裹焊于4榀I18工字钢拱架上，外插角1°~3°，外端焊一个凸缘，用来平衡钻孔和压浆的后座力，里面一端用土工布封口，以防砂浆流入。

②导向管埋设

工字钢架架设完成后，进行导向管的埋设，预埋$\phi$127mm，壁厚4mm的孔口管（钢管），共布置28根，环向间距40cm，为防止导向管在灌注混凝土时发生位移，导向管必须牢固焊接在工字钢架上。

安装导向管前先在钢拱架上放出准确位置，在导向管与钢拱架相交处垫设钢筋或钢板，以保证导向管的位置及外插角角度（1°~3°），以免管棚钻机钻孔时窜孔及侵入洞身开挖断面。安装导向管时管口必须与端模抵紧并用土工布包裹，避免混凝土浇筑时漏入并堵塞导向管。

③模板安装

导向墙内弧模板采用钢拱架支撑配合钢模或木模板施工，钢模间通过螺栓连接紧密。端头模板采用5cm厚木板安装，木板间连接采用加背撑方式进行加固，木模板与钢模板之间采用扒钉或钢钉连接牢固。

④混凝土浇筑

混凝土浇筑前，对模板、导向管进行检查，并作校正。模板的中线、水平及尺寸、导向管的位置必须正确，模板安装及支架必须牢固紧密。混凝土浇筑过程中，人工配合机械浇注并捣固密实，浇筑顺序为自拱脚两侧对称浇注，直至拱顶。

⑤混凝土拆模及养护

混凝土浇筑完毕后，需及时进行养护，养护龄期不得少于7d。混凝土强度达到设计强度的70%后可拆除端头模板，强度达到设计强度的100%后可拆除内模及支架。

（4）钻孔

钻孔采用管棚钻机进行施工，钻机平台的高度根据钻机的可调控范围以及钻孔顺序进行调整。施工前对管棚孔进行编号，编号顺序从一侧底部编至另一侧底部。一般情况下钻机钻孔顺序采用由下而上，逐一打孔注浆防止坍孔，平台位置相应自上而下进行逐步降低，以满足钻孔需要（如前文所述）。钻孔前先对预埋导向管进行编号（编号示意见图4-1.4），单号者采用无孔钢花管，双号者采用有孔钢花管，施工时先打设有孔钢花管并注浆，然后打设无孔钢花管，以便检查有孔钢花管的注浆质量。

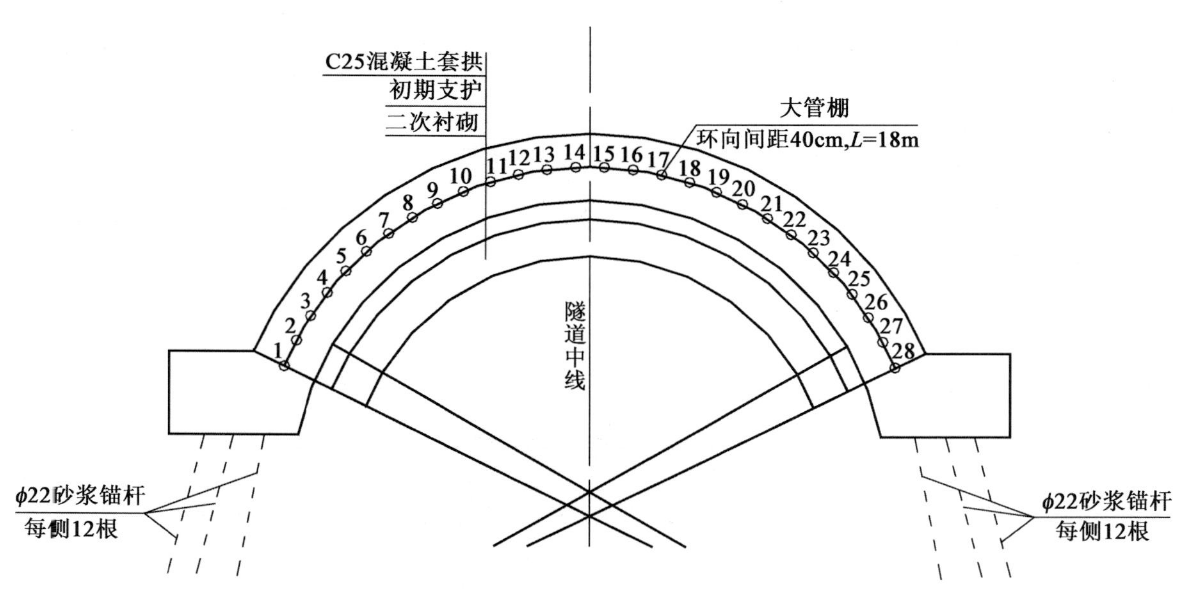


图4-1.4 拱部大管棚注浆断面图

钻孔施工必须符合下列要求：

①钻机就位前在平整场地上对钻杆进行试装，根据40m连接好的钻杆的挠度调整钻杆钻进角度，确保大管棚不侵限，也不上扬过高。

②钻机就位后摆放平整，确保稳定，防止在施钻过程中不均匀下沉、摆动、位移等现象从而影响钻孔质量。

③钻机钻进过程中，要求钻杆与预埋导向管方向平行，必须精确核定钻机位置。用测斜仪、挂线、钻杆导向相结合的方法，反复调整，确保钻机钻杆轴线与孔口管轴线相吻合。钻进过程中经常测量孔的斜度，发现误差超限及时纠正，若至终孔仍然超限立即封孔，原位重钻。

④钻孔过程中进行隔孔施工，根据之前编号，先施工单数编号孔位，后施工双数编号孔位。若出现卡钻、塌孔时应注浆后再钻。

⑤做好钻孔记录，除钻孔深度、方向角外，还应根据钻孔出屑情况记录不同孔位的围岩情况，达到超前探测围岩的目的，为后续施工提供依据。

(5)清孔

首先利用钻机钻头进行来回扫孔，清除浮渣至孔底，确保孔径、孔深符合要求后，再用高压气通过钻杆，从孔底逐渐向孔口清理吹渣。

(6)管棚安装

大管棚钢管安装时，先在孔口正下方搭设临时支撑点。推进时用挖掘机吊起管尖段钢管，人工配合装载机进行对孔、推顶，如无法推顶钢管进孔时，调整下方临时支撑点位置，保证钢管与孔口对齐，再向里推进。前节钢管进孔后，预留20cm左右露出导向孔，钢管接长后再向里推顶直至设计长度。

(7)注浆

管棚安装完成后进行注浆，浆液采用水灰比为1:1的水泥浆液，注浆压力为0.5～1.0MPa。注浆施工前先进行实验，以得到注浆经验，调整注浆参数。注浆施工过程中须符合下列要求：

①注浆前先采用喷射混凝土对开挖工作面进行封闭(如前所述)，形成止浆墙，防止浆液回流影响注浆效果；将钢管与钻孔壁间缝隙堵塞密实，在钢管外端焊上法兰盘、止浆阀，并检查焊接强度和密实度。

②注浆的顺序由低孔位向高孔依次进行逐孔注浆，注浆中如发生与其他孔串浆，应将串浆孔堵住，轮到注该孔时，拨出堵塞物，用高压风或水冲洗，如拨出堵塞物时，仍有浆液外流，则可不冲洗，立即接管注浆。

③注浆过程中，以单孔注浆量控制为主，注浆压力控制为辅，注浆至$\phi$108mm($\phi$89mm)钢管与导向管之间的空隙连续流出水泥浆为止。注浆时要注意对地表以及四周进行观察，如果压力一直不上升，应采取间隙注浆方法，以控制注浆范围。若施工过程中发现水泥浆压力突然升高，可能发生堵管，必须立即进行停机检查。

④注浆完成后，立即进行封堵。采用止浆阀封堵，预留注浆管，注浆管必须安装阀门，堵头必须封闭严实。注浆完成后采用快干水泥砂浆封堵$\phi$108mm($\phi$89mm)钢管与导向管之间的空隙。

**3.2.4** 明洞施工

**3.2.4.1** 工艺流程(图4-1.5)

**3.2.4.2** 施工方法

(1)地基处理

土质挖方到基地高程后清理浮土，试验室进行地基承载力试验，与设计图纸核对，地基承载力达到设计要求，对基地进行夯实，准备进行下道工序；如地基承载力不够，报业主、监理、设计单位变更设计，可采取浆片、混凝土换填等处理措施。

石质挖方到设计高程后清理浮渣，对进入仰拱范围内的孤石进行小炮处理，经验收合格后进入下道工序。

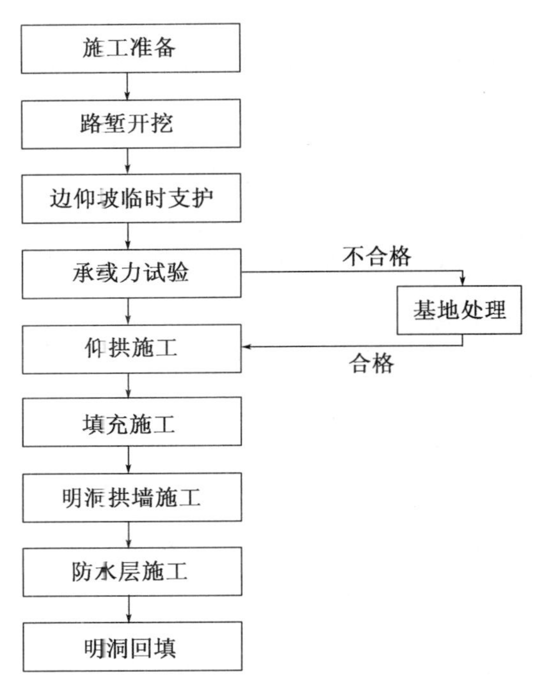


图 4-1.5 明洞施工工艺流程图

(2)仰拱施工

仰拱钢筋在钢筋加工场加工,加工时注意按照规范要求错开钢筋搭接位置,保证搭接长度,钢筋存放做好下垫上盖,防止锈蚀。仰拱钢筋加工后运至现场绑扎,绑扎前对钢筋的位置进行放样;绑扎过程中严格控制钢筋位置、间距、保护层厚度、搭接焊缝长度和质量、钢筋绑扎点数量。仰拱钢筋绑扎完成经验收合格后进行下道工序。

仰拱与仰拱填充不得同时浇筑,按照设计厚度一次浇筑成型。为解决仰拱施工与其他工序相互干扰的矛盾,并保证仰拱混凝土强度不受影响,仰拱采用移动式栈桥进行施工。

(3)仰拱填充施工

仰拱混凝土终凝后进行填充混凝土浇筑。仰拱填充混凝土的厚度及表面高程必须符合设计要求。仰拱填充混凝土强度达到 5MPa 方可行人,强度达到 100% 后方可通行车辆。

(4)拱墙施工

模板台车验收合格后行进至明洞位置根据测设的中心线就位,主要控制模板平面位置、拱顶高程以及支撑的牢固性。

拱圈钢筋在钢筋加工场加工,加工时注意按照规范要求错开钢筋搭接位置,保证搭接长度。加工后运至现场绑扎,绑扎前对钢筋的位置进行放样;绑扎过程中严格控制钢筋位置、间距、保护层厚度、搭接焊缝长度和质量、钢筋绑扎点数量。钢筋绑扎中注意安装预埋件,要求预埋件固定牢固,防止混凝土浇筑过程中移动。

外模要有一定的刚度,拼接密实、支撑牢固。检查重点为模板缝隙和支撑牢固程度,避免跑浆和跑模。两头端模同样要求拼接密实、支撑牢固。洞门处的端模尤为重点,保证浇筑后位置正确、光滑平整。端模安装过程中按照设计安装环向止水带。

混凝土由混凝土拌和站集中拌和,混凝土罐车运输,混凝土泵送入模。混凝土泵管架设置时要考虑避免摇动和撞击模板台车,防止模板台车移位。浇筑过程中保证混凝土配合比的正确性,勤移泵管,左右侧同步浇筑,左右侧混凝土浇筑高度控制在 1m 以内,防止模板台车偏压移位;浇筑过程加强振捣,保证混凝土的内在和外观质量。浇筑过程中设专人检查模板台车是否移动变形。拆模后按照设计规范进行养生,外侧采用覆盖洒水养生,内侧采用水枪喷水养生。

(5)防水层施工

拱圈混凝土养生完成,强度达到设计 80% 后可进行防水层施工。防水层采用复合防水层,即先铺设土工布,然后再铺设防水板,防水板铺设时采用手动电热熔器加热热熔衬垫,再将防水板与之牢牢黏结。环向铺设时,先拱后墙,下部防水板应压住上部防水板,两幅防水板的搭接宽度不小于 15cm,防水板之间的搭接缝应采用双焊缝,利用调温、调速热楔式功能的自动爬行式热合机热熔焊接,细部处理或修补采用手持焊枪,单条焊缝的有效焊接宽度不应小于 20mm,焊接严密,不得焊焦焊穿。

为了防止衬砌背后积水、洞内漏水,在明洞衬砌拱脚背后(或边墙脚背后)设置纵向坡度不小于 5‰ 的纵向 $\phi$100mm 盲管,边墙衬砌背后每隔 5 ~ 10m 设置竖向 $\phi$50mm 盲管,墙底设泄水管,衬砌外汇水通过竖向盲沟和与之相接的纵向盲沟,由泄水管引入洞内侧沟。

(6)明洞回填

拱圈混凝土达到设计强度后按照设计要求进行回填。回填顺序为:明洞墙身两侧从下至上依次采用 C35 混凝土→砂夹卵石反滤层→夯填土石回填→黏土隔水层→洞顶排水沟。

①C35 混凝土回填

明洞两侧边墙外侧墙脚角底部6.26m 范围内采用 C35 混凝土砌筑,C35 回填混凝土顶面设置 5‰的横坡,把水引入拱脚纵向排水管中,浇筑顺序为先下部后上部。

②砂夹卵石反滤层

明洞两侧边墙外侧墙脚角底部6.26 ~6.76m 范围内,采用砂夹卵石反滤层。从下往上依次分层填筑碎石层反滤层。

③夯填土石

拱墙混凝土强度达到设计强度的 70% 且砂夹卵石反滤层施工完成后,即可开始夯填土石施工。

**3.2.5** 施工要求

**3.2.5.1** 洞口防护

(1)为保证施工顺利进行,洞口边仰坡开挖面均采用喷锚(网)加固,明洞路堑开挖采取分层开挖,分层高度 2 ~3m。石方爆破采用松动爆破,施工过程中严格控制钻孔位置、深度、装药量起爆顺序等。施工中严格按照设计开挖,尤其是开挖尺寸和边坡坡度,避免超挖。

(2)洞口施工前首先对洞口坡面危石危树进行清除,避免施工引起危石滚落或危树倒塌。

(3)洞口施工做好截排水设施,洞口石质刷坡线 5m,土质刷坡线 10m 以外设截水沟一道以拦截地表水,避免地表水冲刷洞口边仰坡及洞门,造成危害,下游出水口妥善地引入边沟等排水系统。

(4)为防隧道外水倒灌,在洞口外 2m 处设置横向截水沟一道。

**3.2.5.2** 洞口大管棚施工

(1)大管棚为超前预支护,在隧道暗洞开挖之前完成,与下一环超前支护搭接不小于 2m;管棚前端伸入稳定地层不小于 2m,以确保其有足够的承载力。

(2)大管棚按设计位置施工,为保证精确,应注意运用测斜仪,进行钻孔偏斜度测量,严格控制管棚打设方向,并做好每个钻孔的地质记录。

(3)管棚施工前,对钢管主要材料进行材质检验。

(4)管棚注浆前,向开挖工作面、拱圈及孔口周边喷 10cm 厚喷射混凝土,必要时设置 20 ~50cm 模筑混凝土封闭,防止钢管注浆时浆液向开挖面跑浆。

(5)做好钻机和钻具的选型工作,选用钻机首先需要适合钻孔深度和孔径的要求,钻机要求平稳灵活,能在水平方向 360°范围内钻孔,施钻时应有导向管。

(6)注浆过程中要随时观察注浆压力及注浆泵排浆量的变化,分析注浆情况,防止堵管、跑浆、漏浆,并做好记录以便分析注浆效果。

(7)施工期间遵守隧道施工技术安全规则和钻眼注浆作业操作规程。

(8)管棚施工地段,应根据《铁路隧道监控量测技术规程》有关规定,加强监控量测,以保证施工安全。

**3.2.5.3** 开挖爆破

洞口边、仰坡开挖施工时,按设计图放出中线和开挖边线,清除开挖面上的松渣以及其他杂物,自上而下采用人工配合挖掘机进行开挖,严禁上下垂直作业及掏底开挖。用挖掘机与装载机配合装渣,自卸汽车运渣至弃渣场。为了确保边坡的平顺和稳定,尽量避免超、欠挖和对边坡的过大扰动,如需爆破开挖则采用控制爆破,严格控制爆破参数,不得采用深眼大爆破开挖边仰坡。边仰坡分层开挖,控制好坡比,机械开挖时要预留 20 ~30cm 坡面厚度,人工修坡清除虚土。分层喷锚支护,按设计要求及时进行防护。开挖中应随时检查边仰坡,如有滑动、开裂等现象,应适当放缓坡度,保证边仰坡稳定和施工安全。

**3.2.5.4** 明洞仰拱及拱墙

(1)仰拱开挖至基底高程后必须进行地基承载力试验,满足设计要求后方能进行下道工序施工。

(2)仰拱及拱墙钢筋绑扎过程中严格控制钢筋位置、间距、保护层厚度、搭接焊缝长度和质量、钢筋绑扎点数量。

(3)拱墙混凝土强度达到设计强度的 70% 且砂夹卵石反滤层施工完成后,即可开始夯填土石施工。

回填土石时基坑内杂物应清理干净无积水，结构外80cm以内宜采用灰土、黏土或亚黏土回填，其中不得含有石块、碎砖、灰渣、有机物及带有膨胀性黏土；回填施工应均匀对称进行，两侧回填面高差不得大于50cm，并分层夯实，回填密实度≥0.8，粒径≤15cm，粗颗粒含量≤10%。

(4)明洞回填土石时，应尽量采用人工回填，以避免对明洞背后防水卷材及土工布破坏。明洞拱背回填土石对称夯实，人工夯实每层厚度不得大于0.25m，回填至拱顶齐平后，再分层满铺至设计高度，严禁任意抛填。如采用机械回填，应在人工夯实超过拱顶1m以上后进行，机械夯实每层厚度不得大于0.3m，并防止损失防水板。

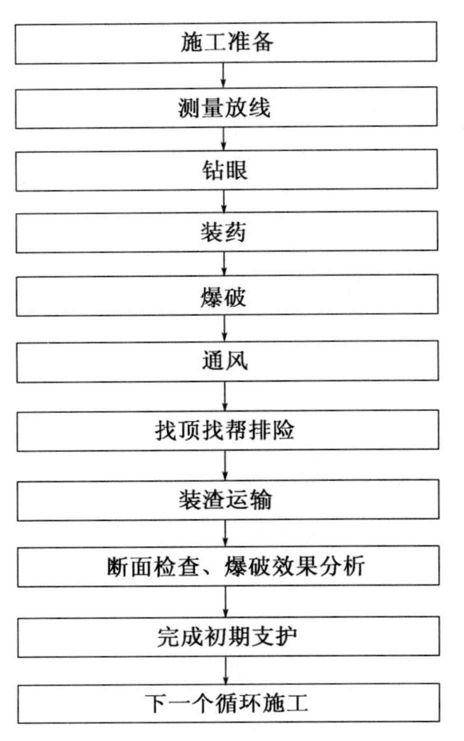


图4-1.6　全断面开挖施工流程图

### 3.3　隧道开挖施工

#### 3.3.1　全断面开挖工艺

**3.3.1.1**　全断面法施工工艺流程(图4-1.6)

**3.3.1.2**　全断面法施工工序

(1)进台架：出渣完成后，正洞采用多功能台架，人工平整底板，装载机将台架牵引就位。在牵引时，装载机要行走在隧道的中间，防止台架左右偏移过大碰在隧道边墙，损坏台架，耽误开挖时间。

(2)找顶找帮：台架就位后，人工站在台架上用撬棍找顶找帮，把危石处理干净，防止施工时落石伤人；找顶找帮工作必须由责任心强、经验丰富的专职人员进行，使用的工具应轻便，旁边必须有监护人员。

(3)测量放线：危石处理后，由测量组准确定出隧道中心，定出开挖轮廓线并在开挖工作面上做出明显标识，同时检查上次开挖周边轮廓超欠挖情况，将测量结果向现场开挖班做出详细交底，并将交底书报质检工程师。

在做以上工作的同时，其他人员进行开挖准备，接高压风、水管，照明电线、灯具，并将风钻、钻杆、钻头等工具运至掌子面，使之就位。

(4)钻眼：检查上道工序无误后开挖班进行钻眼，钻眼深度、间距按钻爆设计进行，周边眼布置在开挖轮廓线上，周边眼的外插角不大于2°，周边眼外的其他眼轴线方向与隧道中线平行。辅助眼均匀布置在周边眼与掏槽眼之间，使爆出的石块块度适合装渣的需要。

钻孔时按钻爆设计要求严格控制炮眼的间距、深度和角度。掏槽眼、周边眼的眼口间距和深度允许偏差均为5cm，外插角符合钻爆设计要求，眼底不得超出开挖断面轮廓线15cm。

掏槽眼：眼口间距误差和眼底间距误差不得大于5cm；辅助眼：眼口排距、行距误差不得大于10cm；周边眼：沿隧道设计断面轮廓线上的间距误差不得大于5cm，周边眼外斜率不得大于5cm/m，眼底不得超出开挖断面轮廓线10cm，内圈眼至周边眼的排距误差不得大于5cm，炮眼深度大于2.5m时，内圈眼与周边眼采月相同的斜率钻眼；当开挖面凹凸较大时，应按实际情况调整炮眼深度，并相应调整装药量，力求除掏槽眼外的所有炮眼底在同一垂直面上。周边眼的炮眼残留率应达到80%以上。

钻进中应充分发挥支架作用，以加快钻进速度，减轻体力劳动。

(5)吹孔装药：用高压风将炮孔中的碎石泥浆吹净，严格按爆破设计进行装药，周边眼采用间隔装药，将药卷绑在竹片上，导爆索引爆，尽量减少对周边围岩的扰动；掏槽眼、掘进眼连续装药。装药时注意雷管的段别，避免用错雷管；底板眼的雷管要用最大段别，将渣尽量向外翻出。

(6)引爆：已装药的炮眼及时用炮泥堵塞炮眼，堵塞长度不小于30cm，禁止用碎石、纸板等物品填塞。装药完成后将各段毫秒延期非电雷管脚线集束于掌子面中央，连接成起爆网络。

(7)退台架:爆破准备工作完成后,用装载机将多功能台架牵引至安全地带,在装药连线时将开挖设备运至安全地带。

(8)爆破必须由专人统一指挥,除爆破作业人员外,其他无关的人员均撤至安全地段;凡从事爆破工作的人员,都必须经过培训,考试合格并持有合格证,严禁无证人员操作;引爆由持有"爆破员作业证"的炮工操作。此过程中要严格遵守安检部门制定的各项安全措施。

(9)通风:爆破后15min后方可进入爆破面检查,检查有无盲炮及可疑现象,盲炮未经处理,不得进入下道工序作业。

(10)出渣:经检查无危险后,装载机、自卸汽车进洞出渣。

出渣完成初期支护后,进入下一循环施工。

### 3.3.2 台阶法开挖工艺

上台阶采用多功能台架配合风钻打眼,下台阶采用风钻钻眼,实施光面爆破。

爆破后,上断面挖掘机扒渣,下断面采用挖掘机配合侧翻式装载机装渣,自卸汽车运输。隧道开挖后及时施作锚、喷、网联合支护,下半断面开挖完仰拱施工紧跟。

#### 3.3.2.1 台阶法施工工艺流程(图4.1-7)

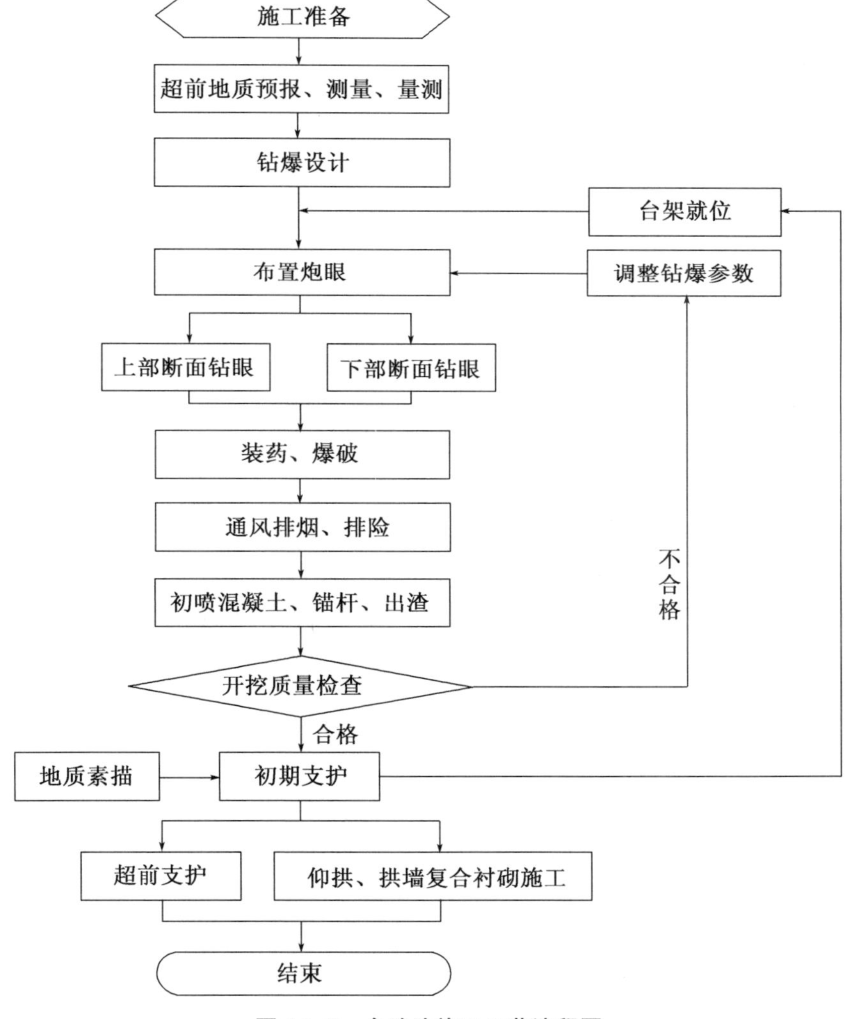


图4-1.7 台阶法施工工艺流程图

#### 3.3.2.2 台阶法施工工序

(1)超前地质预报、测量放样、监控量测

通过 TSP203 做长短距离预报，当地质发生变化变差时，据具体情况再使用有针对性的短距离预报手段进行验证；地质雷达、红外探水、超前水平钻探、掌子面地质素描等多种手段探测掌子面前方地层岩性、地质构造，综合分析研究，及时调整和确定施工方法和参数。

（2）开挖

①开挖前施作超前支护（按设计要求或实际需要时），开挖台阶形成后施工顺序如下：

a. 爆破开挖③部，爆破后暂不出渣，用挖机或装载机将洞渣沿上、下台阶处修整平缓坡，并将上台阶开挖台车移至下台阶。

b. 爆破开挖①部，出渣。

c. 上台阶出渣完毕后将开挖台车移至上台阶，下台阶开始出渣，上台阶同时施作周边的初期支护、既初喷混凝土，架立工字钢架（如设计有），钻射系统锚杆后复喷混凝土至设计厚度。

d. 下台阶出渣完，施作周边的初期支护、初喷混凝土，架立钢拱架（如有），钻设系统锚杆后复喷混凝土至设计厚度。

e. 重复 a、b、c、d 四步，反复循环。

②开挖中各台阶长度、循环进尺和上、下台阶高度应严格控制：

开挖上台阶高度 6.5～7.2m，上台阶长度宜为 10～12m（短台阶施工中控制在 5～10m），开挖下台阶高度约 3m，下台阶长度宜为 20～30m。

③初期支护喷射混凝土强度达到设计强度的 70% 以上时进行下一部分的开挖。

（3）开挖检查

①每一步支护前，都应进行围岩量测，确定围岩的稳定性并指导下一循环施工。

②拱部允许最大超挖值Ⅲ、Ⅳ级围岩 25cm；拱墙、边墙允许平均超挖值 12cm；仰拱允许最大超挖值 25cm，允许平均超挖值 15cm。

③严格控制欠挖，当围岩完整、石质坚硬时允许个别岩石突出侵入衬砌不大于 5cm（每 $1m^2$ 不大于 $0.1m^2$），拱脚和墙脚以上 1m 内断面严禁欠挖。

（4）支护

①每一分部开挖检查合格后及时初喷 4cm 混凝土封闭岩面，后施作锚杆、钢筋网、安装钢架支撑，复喷至设计厚度，各部工序之间紧密衔接。

②初期支护先上后下，分步实施，及时封闭成环。

台阶法施工工序如图 4-1.8、图 4-1.9 所示。

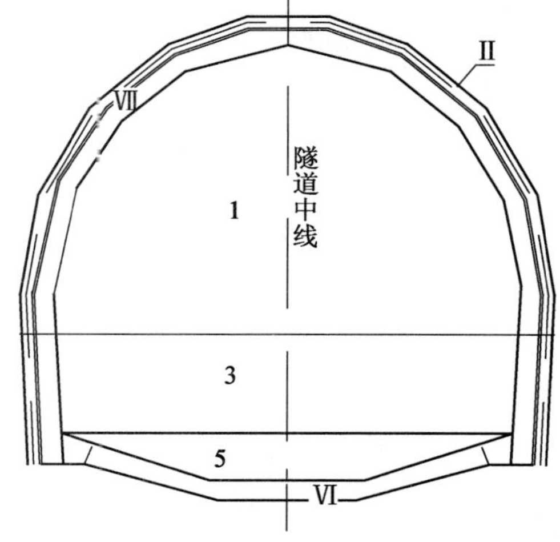


图 4-1.8　二台阶开挖法施工工序正面示意图

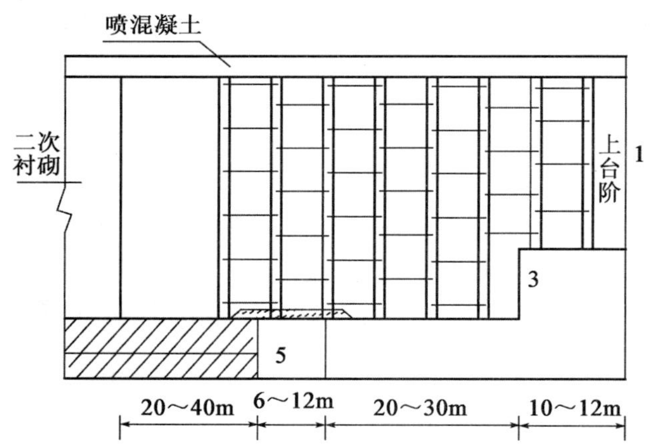


图 4-1.9　二台阶开挖法施工工序纵断面示意图

(5)施工要点

①上台阶长度控制在 5～10m 以内,便于上台阶作业和控制安全步距,上台阶高度控制在 6.5～7.2m,下台阶 3.2～3.5m,便于台车移位。

②上台阶开挖台车要轻便、坚固,便于装载机移动。

③下台阶需先爆破,爆破后整理爬坡道,装载机进入上台阶,开挖台车移位至下台阶安全距离。

**3.3.3**　环形预留核心土法开挖工艺

环形预留核心土适用于Ⅴ级加强围岩。

**3.3.3.1**　施工工艺流程(图 4.1-10)

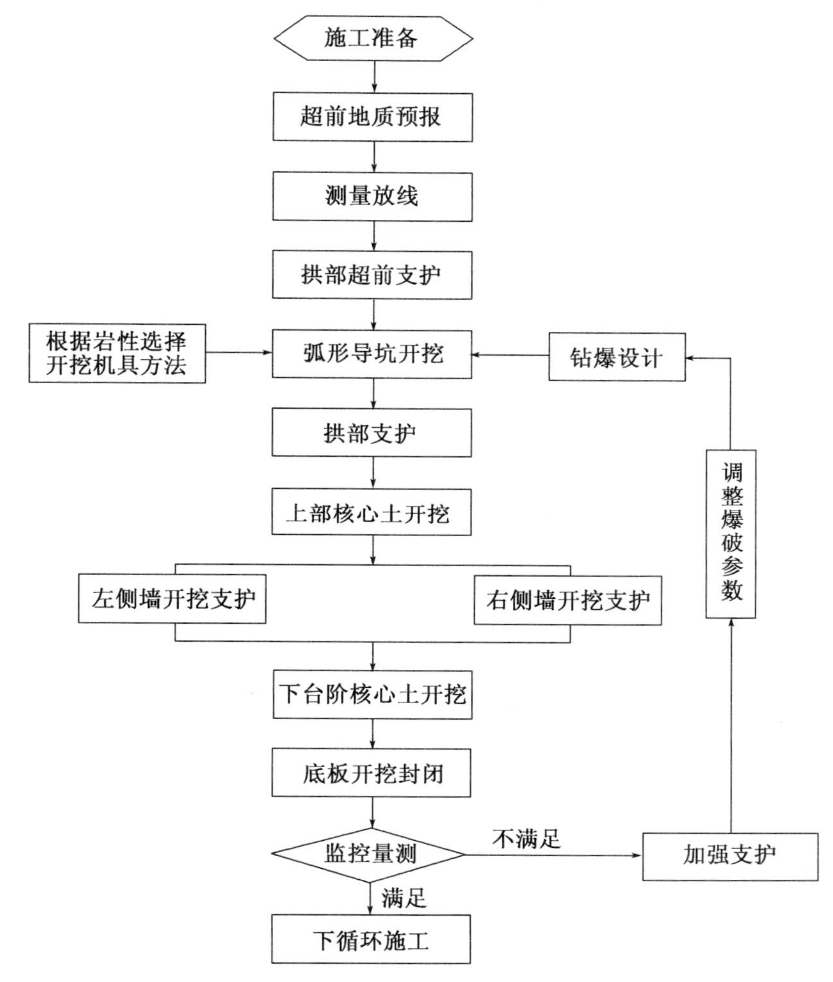


**图 4-1.10　环形开挖预留核心土法工艺流程图**

**3.3.3.2**　施工工序

施工工序如图 4.1-11 所示。

(1)在上一循环的超前支护防护下,弱爆破或人工机械开挖①部,施作①部周边的初期支护,初喷混凝土,挂钢筋网,架立钢架(设锁脚锚管),钻设径向系统锚杆,复喷混凝土至设计厚度。

(2)在滞后①部一段距离后,弱爆破开挖②部,掌子面喷射 8cm 混凝土封闭。

(3)在滞后②部一段距离后,弱爆破或人工机械开挖③-1 部,③-1 边墙初期支护,即初喷混凝土,挂钢筋网,架立钢架(设锁脚锚管),钻设径向系统锚杆,复喷混凝土至设计厚度。

(4)在滞后③-1 部一段距离后,同③-1 部施工工序,开挖支护③-2 部。

(5)弱爆破开挖④部施作隧底初期支护和其他设施。

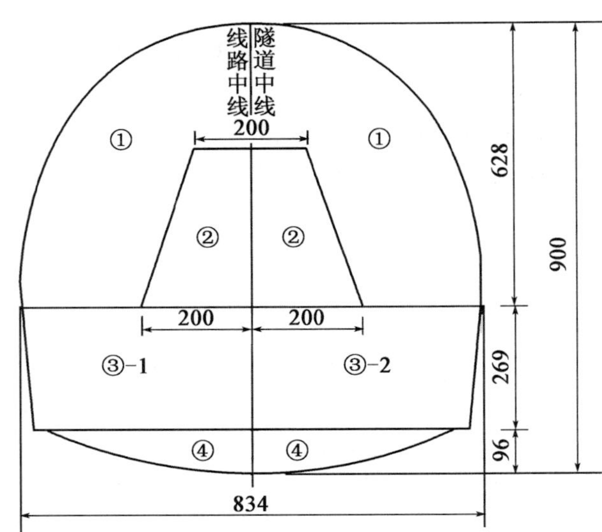


图 4-1.11　环形开挖预留核心土法开挖工序图(尺寸单位:cm)

(6)在④部施工完成且清除虚渣后,立即浇筑仰拱及边墙基础。

施工时,先对隧道拱部采用超前加固,然后分部开挖。开挖时,为减轻对周边围岩的扰动,尽可能采用风镐或机械法开挖,确需爆破时,应控制好装药量,采用弱震动爆破法开挖。各部位开挖后,及时按设计要求完成初期支护结构,使各部位能及时封闭,提高其受力性能。开挖时,下台阶前后错开不少于 15m 的距离,当开挖形成整体断面后,要及时完成仰拱施工,并根据围岩量测结果尽早施作二次衬砌结构。

**3.3.4**　施工要点

(1)根据设计拱架间距,环形开挖每循环长度控制在 1m。

(2)开挖后应及时施作喷锚支护、安装钢架支撑或格栅支撑,每两榀钢架之间应采用钢筋连接,并应加锁脚锚杆,全断面初期支护完成距拱部开挖面不宜超过 30m。

(3)预留核心土面积的大小应满足开挖面稳定的要求。

(4)当地质条件差,围岩自稳时间较短时,开挖前应在拱部设计开挖轮廓线以外,进行超前支护。

(5)上部弧形,左、右侧墙部,中部核心土开挖各错开 3 ~ 5m 进行平行作业。

## 3.4　隧道支护施工

### 3.4.1　隧道超前小导管支护施工

#### 3.4.1.1　施工工艺流程

施工工艺流程见图 4-1.12。

#### 3.4.1.2　施工方法

(1)施工准备

超前小导管前端做成尖锥状,尾部焊上 $\phi6$ 箍筋,小导管管壁上每隔 20cm 布梅花形钻眼,眼孔直径 10mm;尾部长度 100cm 作为不钻孔的止浆段。

(2)测量定位

按设计要求在施工作业面上放出钻孔位置,并做好标记。

(3)钻孔

采用钻孔打入法,钻孔直径比钢管直径大 3 ~ 5mm。

(4)清孔

用高压风从孔底向孔口清理钻渣。

(5)安装

已加工的小导管由专用顶头顶进,顶进钻孔长度不小于 90% 的管长。小导管外露长度一般为 15cm,以便连接孔口阀门和管路,尾部焊接在钢架上。钢管顶进时,注意保护管口不受损变形,方便与注浆管路连接。

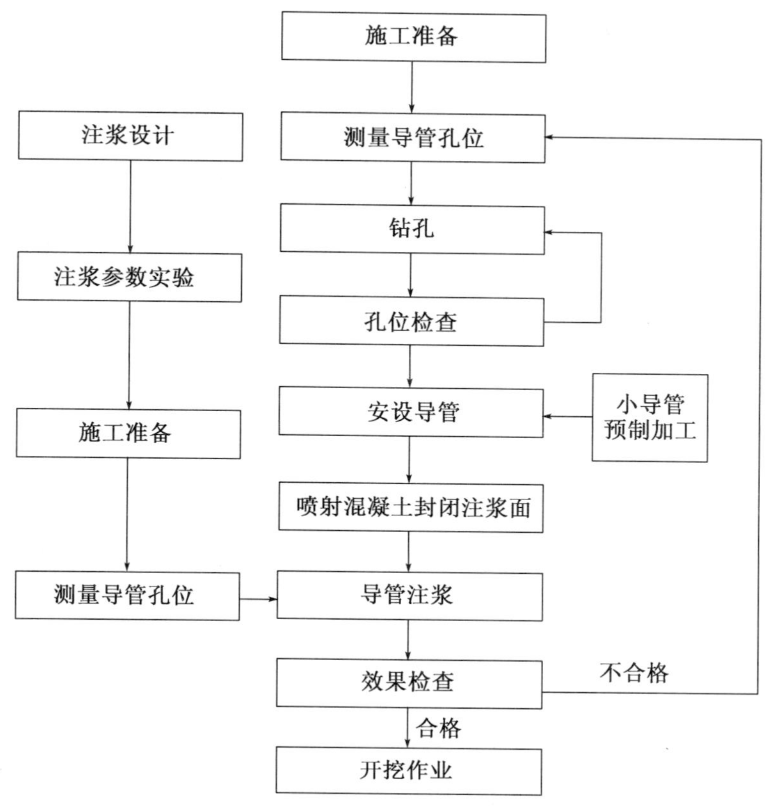


图 4-1.12 超前小导管施工工艺流程图

(6)注浆

注浆前先喷射混凝土厚度 5 ~ 10cm 封闭注浆面,注浆顺序为由下至上,注浆压力 0.5 ~ 1.0MPa,浆液先稀后浓、注浆压力由小到大;注浆结束标准为当压力达到设计注浆终压并稳定 10 ~ 15min,注浆量达到设计量的 80% 以上时,可结束该孔注浆。

**3.4.2** 隧道初期支护施工

**3.4.2.1** 施工工艺流程

隧道初期支护根据围岩级别由钢筋网、喷射混凝土、锚杆、工字钢拱架、中空注浆锚杆等组成,初期支护施工工艺流程见图 4-1.13。

不同级别的围岩段采用不同的初期支护方式,施工过程中应对应实际围岩情况结合设计采用相应的初期支护措施。本段围岩采用的支护参数见表 4-1.1。

**表 4-1.1 单线隧道初期支护施工参数表**

| 围岩 | 初期支护 | | | | | | | | | |
|---|---|---|---|---|---|---|---|---|---|---|
| | 喷射混凝土 | | 钢筋网 | | 锚杆 | | | 钢架 | | |
| | 位置 | 厚度(cm) | 规格/位置 | 网格间距(cm) | 位置 | 长度(m) | 环×纵间距(m) | 设置部位 | 钢架类型 | 间距(m) |
| Ⅱ | 拱墙 | 5 | — | — | 局部 | 2 | — | — | — | — |
| Ⅲ | 拱墙 | 8 | $\phi$6/拱部 | 25 | 拱墙 | 2.5 | 1.2×1.5 | — | — | — |

续上表

| 围岩 | 初期支护 | | | | | | | | | |
|---|---|---|---|---|---|---|---|---|---|---|
| | 喷射混凝土 | | 钢筋网 | | 锚杆 | | | 钢架 | | |
| | 位置 | 厚度（cm） | 规格/位置 | 网格间距（cm） | 位置 | 长度（m） | 环×纵间距(m) | 设置部位 | 钢架类型 | 间距（m） |
| Ⅳ | 拱墙 | 12 | ϕ6/拱墙 | 25 | 拱墙 | 3 | 1.2×1.2 | — | — | — |
| Ⅳ加强 | 拱墙 | 23 | ϕ6/拱墙 | 20 | 拱墙 | 3 | 1.2×1.2 | 拱、墙 | 格栅 | 1.2 |
| Ⅴ | 拱墙 | 23 | ϕ8/拱墙 | 20 | 拱墙 | 3 | 1.2×1.0 | 拱、墙 | 工16 | 1 |
| | 仰拱 | 10 | — | — | — | — | — | — | — | — |
| Ⅴ加强 | 全断面 | 25 | ϕ8/拱墙 | 20 | 拱墙 | 3 | 1.2×1.0 | 全环 | 工18 | 0.8 |

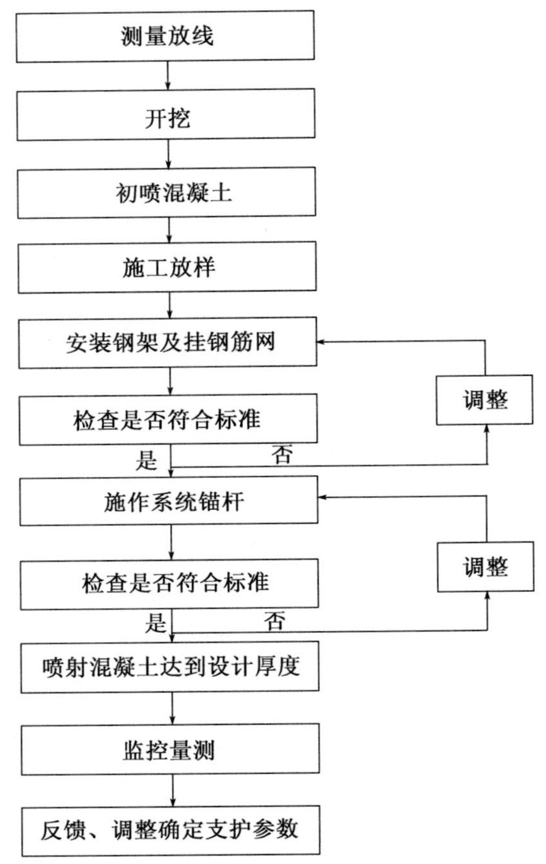


图4-1.13　初期支护施工工艺流程图

**3.4.2.2**　中空注浆锚杆施工

(1)施工工艺流程

中空注浆锚杆施工工艺流程见图4-1.14。

(2)施工方法

①施工准备

现场锚杆符合要求，锚杆类型、长度等参数满足技术交底要求，锚杆体无锈蚀、弯折现象。施工前对围岩进行检查，看有无掉块、开裂现象，确保安全。根据锚杆类型、规格选择钻孔机具。

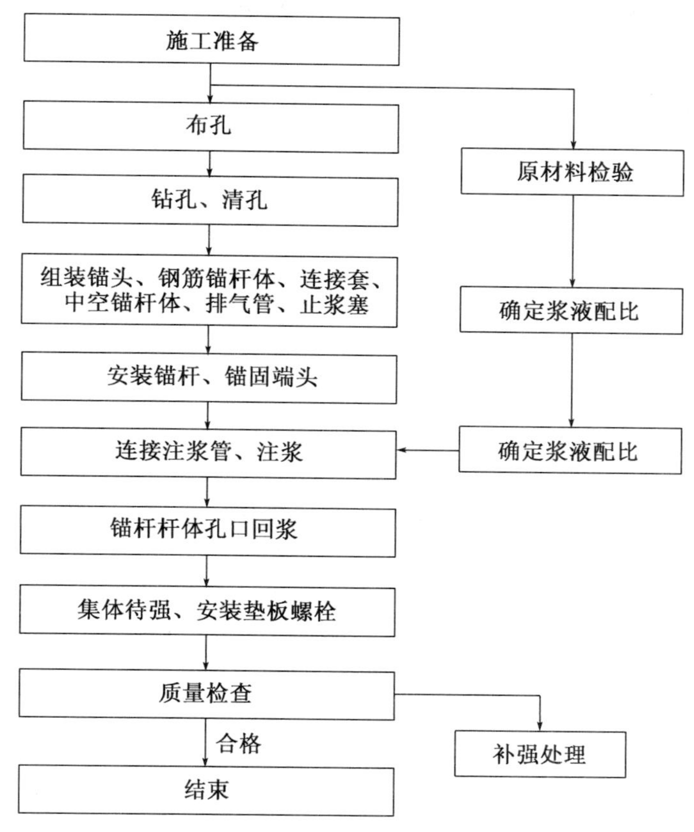


图 4-1.14 组合中空锚杆施工工艺流程图

②测量定位

测量人员根据施工部位锚杆环纵向设计参数进行布眼，并用红油漆标记，同时放出隧道中线，作为施钻角度的控制依据。

③锚杆钻孔

开挖初喷后尽快安设锚杆。锚杆孔钻应圆而直，以利于锚杆的安装。孔口岩面应整平，并使岩面与钻孔方向垂直，如不垂直，安装锚杆可用垫板调整，使托板密贴岩面。

锚杆钻孔利用开挖台架施钻，按照设计间距布孔；钻孔方向尽可能垂直结构面或初喷混凝土表面；锚杆孔的深度应大于锚杆长度的 10cm。

④清孔和验孔

钻孔完成后，必须用高压风将孔内杂物吹净；施钻人员采用专用工具进行清孔，用高压风将孔内残渣或积水吹出，清孔时必须逐孔进行，保证每个孔内不留残渣。

⑤组合中空锚杆注浆及安装

锚杆施工前须先做好材料、机具和场地准备工作，注浆材料使用硅酸盐或普通硅酸盐 42.5 水泥，粒径小于 2.5mm 的沙子，并须过筛，砂胶比 1:2 ~ 1:1(重量比)，水胶比 0.38 ~ 0.45，砂浆强度 M20。

组合中空锚杆注浆时，砂浆经中空锚杆体的中空内孔从连接套上的出浆口进入锚孔壁与钢筋杆体间的空隙，锚孔内的砂浆由下向上充盈，锚孔内的空气从排气管排出直至回浆，注浆完成后应该立即安装堵头。

⑥锚杆垫板安装

锚杆杆体孔口回浆后砂浆体待强度。在砂浆体的强度达到 10MPa 后，安设垫板并紧固螺帽，垫板与喷混凝土面密贴，以保证锚杆受力良好。

3.4.2.3 砂浆锚杆施工

(1)施工工艺流程

砂浆锚杆施工工艺流程见图4-1.15。

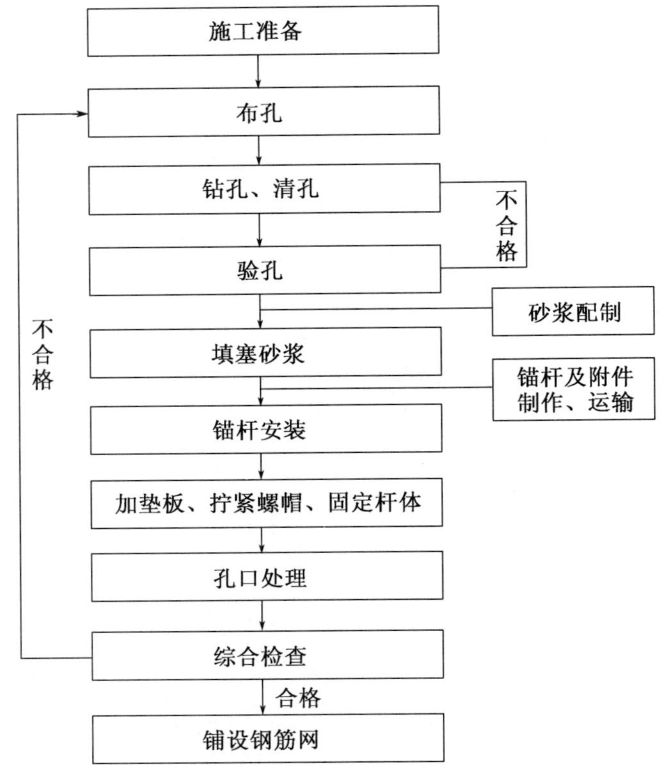


图4-1.15 砂浆锚杆施工工艺流程图

(2)施工方法

①施工准备

现场锚杆符合要求,锚杆类型、长度等参数满足技术交底要求,锚杆体无锈蚀、弯折现象。施工前对围岩进行检查,看有无掉块、开裂现象,确保安全。根据锚杆类型、规格选择钻孔机具。

②测量定位

测量人员根据施工部位锚杆环纵向设计参数进行布眼,并用红油漆标记,同时放出隧道中线,作为施钻角度的控制依据。

③锚杆钻孔

开挖初喷后尽快安设锚杆。锚杆孔钻应圆而直,以利于锚杆的安装。孔口岩面应整平,并使岩面与钻孔方向垂直,如不垂直,安装锚杆可用垫板调整,使托板密贴岩面。

锚杆钻孔利用开挖台架施钻,按照设计间距布孔;钻孔方向尽可能垂直结构面或初喷混凝土表面;锚杆孔的深度应大于锚杆长度的10cm。

④清孔和验孔

钻孔完成后,必须用高压风将孔内杂物吹净;施钻人员采用专用工具进行清孔,用高压风将孔内残渣或积水吹出,清孔时必须逐孔进行,保证每个孔内不留残渣。

⑤砂浆锚杆注浆及安装

锚杆注浆安装前须先做好材料、机具、脚手平台和场地准备工作,注浆材料使用硅酸盐或普通硅酸盐42.5水泥,粒径小于2.5mm的沙子,并须过筛,胶骨比1:1~1:0.5,水灰比0.38~0.45,砂浆标号不小于 M20。

砂浆锚杆作业程序是：先注浆，后放锚杆。具体操作是：先将水注入牛角泵内，并倒入少量砂浆，初压水和稀浆湿润管路，然后再将已调好的砂浆倒入泵内。将注浆管插至锚杆眼底，将泵盖压紧密封，一切就绪后，慢慢打开阀门开始注浆。在气压推动下，将砂浆不断压入眼底，注浆管跟着缓缓退出眼孔，并始终保持注浆管口埋在砂浆内，以免浆中出现空洞，将注浆管全部抽出后，立即把锚杆插入眼孔，锚杆插入长度不得小于设计长度的95%，杆体插入时不断旋转，使砂浆二次搅拌，增强杆体与砂浆、砂浆与孔壁的握裹力，然后用木楔堵塞眼口，防止砂浆流失。锚杆插入孔内长度不得小于设计长度的95%，安装后外露长度不宜超过5cm。锚杆安装后不得随意敲击与碰撞，其端部3d内不得悬挂重物。

锚杆孔中必须注满砂浆，发现不满须拨出锚杆重新注浆。注浆管不准对人放置，以防止高压喷出物射击伤人。

砂浆应随用随拌，在初凝前全部用完，使用掺速凝剂砂浆时，一次拌制砂浆数量不应多于3个孔，以免时间过长，使砂浆在泵、管中凝结。

锚杆注浆完成后，应及时清洗，整理注浆用具，除掉砂浆凝聚物，为下次使用创造好条件。

⑥锚杆垫板安装

锚杆杆体安装完成且砂浆或水泥浆达到技术交底要求强度时，安设垫板，上好螺母并拧紧，锚杆垫板与喷混凝土面密贴，以保证锚杆受力良好。

**3.4.2.4** 钢筋网施工

(1)施工工艺流程(图4-1.16)

(2)施工方法

①施工准备

钢筋冷拉调直后方可使用，钢筋表面不得有裂纹、油污、颗粒状或片状锈蚀。

②网片制作

钢筋应严格按照技术交底尺寸进行切割下料，并在加工厂集中制作，钢筋网的网格间距允许偏差±10mm。

③挂网

钢筋网应在初喷混凝土后铺挂，使其与喷射混凝土形成一体。网片焊接固定于先期施工的系统锚杆上，再把网片绑扎成网，网片搭接长度1~2个网格，允许偏差±50mm。

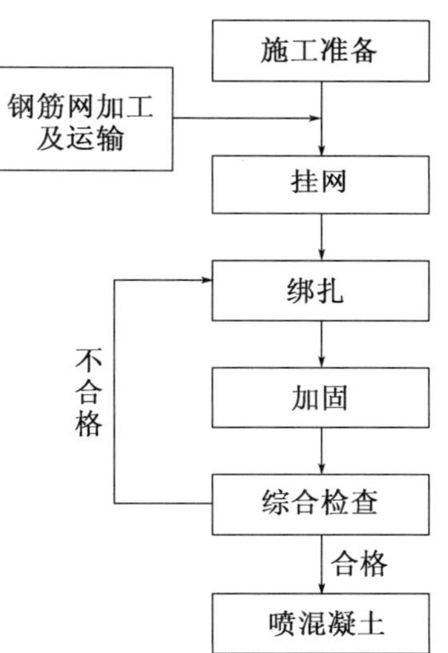


图4-1.16 钢筋网施工工艺流程图

**3.4.2.5** 钢架施工

(1)施工工艺流程(图4-1.17)

(2)施工方法

①钢架制作

a.钢架必须在加工厂专设的钢构件加工棚里进行加工制作，加工场地用混凝土硬化，精确抹平，待混凝土达到一定强度后，按设计尺寸放出钢架加工大样线，以备拼装检查钢架尺寸时用。

b.钢架由A单元3个、B单元2个、C单元2个、D单元2个、E单元1个共10个单元组成，按照设计分节长度下料，各单元型钢之间的连接采用钢板与型钢端部焊接后再用螺栓连接，每个螺栓螺母配两个垫圈成为一套。工字钢接头处焊缝高度：腹板 $h_f=6mm$，翼板 $h_f=10mm$。

c.钢架加工的焊接不得有假焊，焊缝表面不得有裂纹、焊瘤等缺陷。

d.钢架制作完成后，先在加工场地上进行试拼装。各节钢架拼装，要求尺寸准确，弧形圆顺，连接螺栓能快速顺利通过螺栓孔；沿隧道周边轮廓误差不大于3cm；钢架平放时，平面翘曲小于2cm。

②测量定位

架立钢架前由测量组精确定出拱架所在里程点的中线、法线和高程，采用挂线和喷漆的方式做好标记,以保证进洞方向的准确性。

③钢架安装

a. 钢架在开挖断面初喷 4cm 混凝土后及时架设。钢架单元运至作业面后,在施工现场进行拼装,各节钢架间以螺栓连接,拧紧螺栓螺帽使各节钢架连接成为有效整体,达到各节钢架共同、均衡受力的效果。

b. 钢架安装不得侵入二次衬砌断面,钢架底脚必须置于稳固的基础上。如开挖时,钢架底脚位置出现超挖,安装钢架时要采用预制混凝土块将钢架底脚垫实,防止钢架下沉变形。

c. 沿钢架外缘每隔 2m 应用钢楔或混凝土预制块与初喷层顶紧,钢架与初喷层间的间隙应采用喷射混凝土喷填密实。

d. 在钢架拱脚以上 50cm 高度处,紧贴钢架两侧边沿按下倾角 30°~45°打设锁脚锚管,锁脚锚管与钢架采用 U 筋牢固焊接。钢架间纵向采用 $\phi$22 钢筋连接,纵向连接筋的型号、规格严格按照设计要求布置,纵向连接筋与钢架焊接牢固,钢架之间铺挂钢筋网,然后复喷混凝土到设计厚度。

**3.4.2.6** 喷射混凝土施工

(1)施工工艺流程(图 4-1.18)

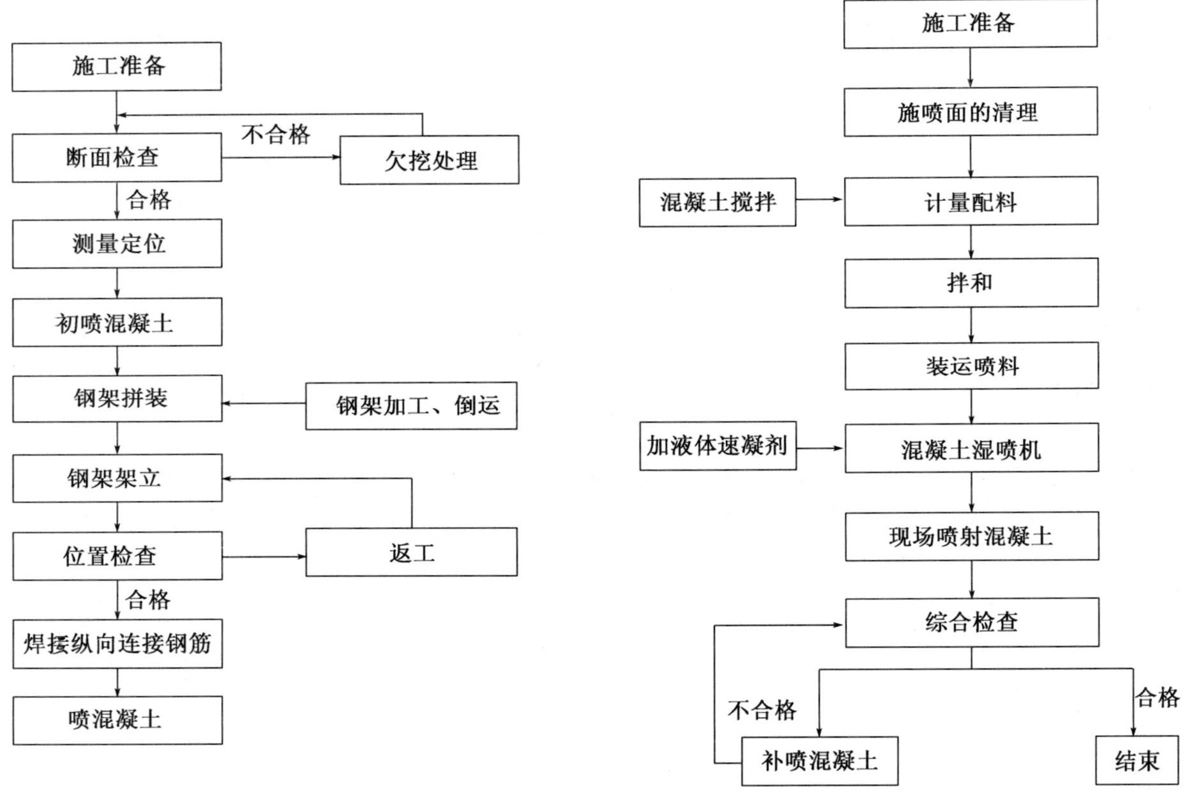


图 4-1.17 钢架施工工艺流程图

图 4-1.18 喷射混凝土施工工艺流程图

(2)施工方法

①施工准备

a. 找顶时及时清除松动的石块,及时初喷混凝土。

b. 设置控制喷射混凝土厚度的标志,每作业循环检查一个断面,每断面从拱顶每 2m 布设钢筋头厚度标志。

②喷射混凝土

a. 喷射混凝土开始前,应先送风、再开机、再供料,结束时,先停料,再关机,最后停风。

b. 喷嘴与受喷面保持 1.5 ~2.0m 的适当距离,喷射角度尽可能垂直于岩面,尽量降低喷射回弹率。

c. 喷射混凝土拌和物的停放时间不得大于 30min。

③综合检查

喷射厚度通过钢筋头标记或钻孔进行检查,喷射质量通过观察和敲击进行检查。

④养护

喷射混凝土终凝 2h 后,湿度小于 90% 应喷水养护,时间不得少于 14d。气温低于 5℃时不得喷水养护。

### 3.4.3 施工要求

#### 3.4.3.1 超前小导管支护

(1)严格控制小导管施作角度。小导管应在开挖轮廓线上按设计位置及角度打入,角度误差不得大于 2°,超过允许误差时,应在距离偏大的孔间补管、注浆。小导管角度过小易引起下个循环开挖不到位,引起掌子面掉块或坍塌;施作角度过大,易引起超挖。

(2)严格控制小导管环向间距。环向间距孔口距允许偏差为 ±5cm。超前小导管或锚杆施作的环向间距过大易引起导管棚护不住,上部松散围岩,从两锚杆的孔隙间掉块,近而可能引起坍塌。

(3)严格控制小导管打入长度及纵向搭接长度。小导管实际打入长度不得短于平均打入长度 5cm,纵向两排锚杆(钢管)的水平投影应有不小于 100cm 的搭接长度。纵向长度及搭接长度与开挖循环进尺不匹配会导致导管工序施工过频,增加循环作业时间。

(4)做好钻孔记录:检查钻孔、打管质量时,应画出草图,对孔位编号,逐孔、逐根检查并认真记录。

(5)做好注浆记录:注浆过程中,要逐管填写记录,标明注浆压力、注浆量,有情况及时处理。

(6)做好固结效果记录:固结效果检查宜在搭接范围内进行,主要检查注浆量偏少和有怀疑的导管,要认真填写检查记录,通过钻孔检查厚度,小于 30cm 时,应补管、注浆。

(7)确保注浆效果:开挖过程中,要随时观察注浆效果,分析量测数据,发现问题后必须停工处理。

(8)施工期间,尤其在注浆时,应对支护的工作状态进行检查。当发现支护变形或损坏时,应立即停止注浆,采取措施。

(9)注浆结束 8h 后,方可进行掌子面的开挖。

#### 3.4.3.2 隧道初期支护

(1)中空锚杆施工

①锚杆材质、力学指标满足设计要求,项目试验室对进场的锚杆质量严格按照规范要求进行检测,经检测合格的锚杆方能用于实体工程中。

②锚杆完成后必须及时施作垫板,垫板与基面密贴。

③锚杆安装数量、锚固材料满足设计要求。

④锚杆安装允许偏差:孔深超过杆长 10cm,孔距 ±15cm,杆体插入长度不小于设计长度 95%,现场技术员每循环检查锚杆施工质量,并填写隧道喷锚施工记录表。

(2)砂浆锚杆施工

①锚杆材质、力学指标满足设计要求,项目试验室对进场的锚杆质量严格按照规范要求进行检测,经检测合格的锚杆方能用于实体工程中。

②锚杆完成后必须及时施作垫板,垫板与基面密贴。

③锚杆安装数量、锚固材料满足设计要求。

④锚杆安装允许偏差:孔深超过杆长 10cm,孔距 ±15cm,杆体插入长度不小于设计长度 95%,现场技术员每循环检查锚杆施工质量,并填写隧道喷锚施工记录表。

⑤砂浆锚杆的注浆饱满度应大于 80%。

⑥砂浆锚杆杆体使用前必须平直、除锈、除油；锚杆体及附属结构的内外表面不得有裂缝、折叠、轧折、离层、结疤和锈斑等缺陷，存放及使用中材料内外表面必须除去油污。锚杆孔深度及直径与杆体相匹配。锚杆垫板与孔口混凝土密贴，并随时检查锚杆头的变形情况，及时紧固垫板螺帽。

（3）钢筋网施工

①钢筋网与初喷混凝土应结合紧密。

②钢筋网的材质、规格、制作以及安装位置满足设计要求。

③钢筋网的网格制作偏差为±10mm，网片搭接长度为1～2个网孔。

（4）钢架施工

隧道各部开挖安装钢架后，由于各部开挖拉开了一定距离，钢架短时间内不能全断面闭合，有可能会出现拱顶钢架下沉，导致围岩失稳或侵入衬砌界限，因此在施工过程中需加强对钢架安装以后的监控量测，必要时采取有效措施进行加固，以防止拱顶钢架下沉。具体措施如下：

①加强对钢架的锁脚固定措施。由于采用分部开挖方法，拱部钢架安装后，钢架暂时不能全断面封闭成环，因此，拱部钢架必须采取锁脚措施，将钢架两底脚牢固锁定，以防止钢架下沉或两底脚回收，钢架锁脚采用2根长4.0m的$\phi$42mm的锁脚锚管锁定。如地质较差时，采用加长锁脚锚管长度和再增设锁脚锚管根数以加强Ⅰ18工字钢钢架的稳定。

②加设钢架基础连接纵梁，扩大开挖底脚，防止钢架悬空出现下沉，视地质情况，必要时在拱部钢架底脚增设连接纵梁，纵梁采用[32槽钢，与钢架底脚采用焊接连接，以增加钢架底脚的承力面积。

③钢架安装完成后，及时进行喷射纤维混凝土，喷射时分层、分段进行，钢架应全部被喷射混凝土覆盖，保护层厚度不得小于4cm。

④为防止挖掘机等大型机械对已支护好Ⅰ18工字钢钢架进行碰撞和冲击，造成钢架损坏，开挖时要委派专人对开挖作业进行指挥，严格限制机械作业界限，以防止碰撞Ⅰ18工字钢钢架。

⑤钢架应按设计位置安设，钢架之间必须用钢筋纵向连接，并要保证焊接质量。拱架安设过程中，当钢架与围岩之间有较大的空隙时，沿钢架外缘每隔2m应用混凝土预制块楔紧。

⑥钢架的拱脚采用预制混凝土垫块和锁脚锚管等措施加强支撑。钢架应尽可能多地与锚杆露头及钢筋网焊接，以增强其联合支护的效应。

⑦喷射混凝土时，要将钢架与岩面之间的间隙喷射饱和达到密实。喷射混凝土应分层次分段喷射完成，初喷混凝土应尽早进行"早喷锚"，复喷混凝土应在量测指导下进行，即"勤量测"的基本原则，以保证喷射混凝土的复喷适时有效。

⑧钢架加工的焊接不得有假焊，焊缝表面不得有裂纹、焊瘤等缺陷。每榀钢架加工完成后应放在水泥地面上试拼，周边拼装允许误差为±3cm，平面翘曲应小于2cm。

⑨钢架应在初喷混凝土后及时架设，各节钢架间以螺栓连接。钢架安装前应清除底脚下的虚渣及杂物，钢架底脚应置于牢固的基础上。

（5）喷射混凝土施工

①原材料合格，速凝剂防受潮变质，严控水灰比。

②采用分段、分片、分层进行，分段长度不宜大于6m。先将低洼处大致喷平，再自下而上顺序分层、往复喷射；分片喷射要自下而上进行，先喷钢架与壁面间，再喷两钢架间；边墙从墙脚开始向上；分层喷射时，一次喷射厚度，拱部5～6cm，不超过10cm，边墙7～10cm，不超过15cm。

③喷射速度适当，一般工作风压：边墙0.3～0.5MPa，拱部0.4～0.65MPa。

④喷射角度尽可能接近90°，喷嘴与受喷面间距宜为1.2m（验标0.6～1.8m）；若受喷面被钢架、钢筋网覆盖时，可将喷嘴稍加偏斜，但不宜小于70°。

⑤喷射混凝土终凝2h后进行养护，现场采用喷雾养护。养护时间不小于14d。当气温低于5℃时，不得洒水养护。早起强度满足设计要求，C25以上混凝土24h强度不得低于10MPa，并且28d标准龄期强度满足设计要求。

⑥每作业环检查一个断面，自拱顶起每 2m 设置检查点，检查点数的 90% 及以上大于设计厚度。

⑦与围岩密贴背后无空洞，与钢支撑、钢筋网紧密结合。表面平整度：2m 靠尺测试允许偏差为 10cm。

## 3.5　隧道二次衬砌施工

### 3.5.1　施工工艺流程(图 4-1.19)

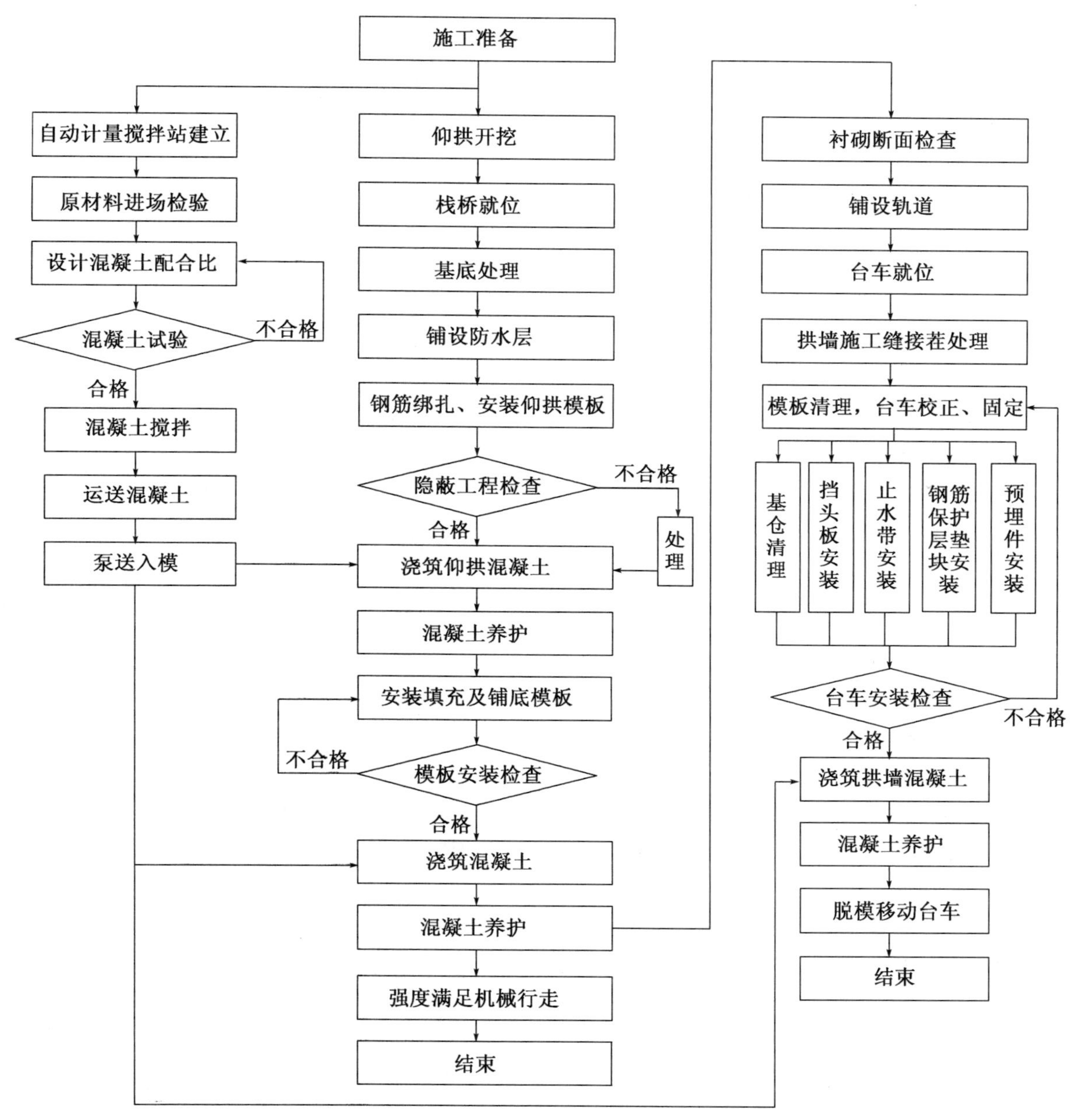


图 4-1.19　衬砌施工工艺流程图

### 3.5.2　隧道初期支护断面净空测量

在隧道二次衬砌施工之前，先由测量组对隧道初期支护断面净空进行测量，对隧道净空进行检查，完成后将测量成果上报。提前对侵限部分进行处理，处理完成后进行复测，并经监理检查合格后方进行下一道工序。

**3.5.3** 清底和基面处理

(1)清底采用人工配合挖机，清底过程中应注意对隧道初期支护的保护。

(2)初期支护基面集中漏水部位进行注浆堵水，渗水部位施作防水砂浆刚性防水层或堵漏灵，做到无滴水、漏水、淌水、线流或泥砂流出，保证基面干燥、清洁。

(3)自拱顶向两侧将基面外露的钢筋头、铁丝、锚管、排管、锚杆等尖锐物切除锤平，并用砂浆抹平顺，不得出现尖锐物。

(4)对基面凹凸不平处修凿及用砂浆抹平顺，不平整度最大为3mm，将基面阴、阳角处和棱角部位须用砂浆抹成圆弧，圆弧半径为100mm。

(5)基面处理完，并经检查验收合格后，方可进行下一道工序施工。

(6)仰拱采用移动式栈桥施工，但仰拱填充不与仰拱同时浇筑，拱墙衬砌采用液压钢模衬砌台车施工，最后施工水沟电缆槽，必要地段采取回填注浆。

**3.5.4** 仰拱及仰拱填充施工

混凝土仰拱超前于衬砌及时施作，仰拱与仰拱填充混凝土分幅分段浇筑，超前二次衬砌20～30m，以确保支护和衬砌结构的稳定性。仰拱与仰拱填充不得同时浇筑，按照设计厚度一次灌注成型，一般浇筑段长度为11.8m(台车长度为12m)。为解决仰拱施工与掘进出渣相互干扰的矛盾，并保证仰拱混凝土强度不受影响，仰拱采用移动式栈桥进行施工。

(1)测量放样。

首先在隧道两侧边墙处打设控制点，控制点每2m打设一组，高程与该里程设计高程一致。再根据测量点位进行放样开挖。

(2)仰拱开挖及支护。

根据测量放样进行隧底开挖，开挖轮廓和底部高程必须符合设计要求。隧底范围石质坚硬时，岩石个别突出部分(每$1m^2$不大于$0.1m^2$)侵入衬砌应小于5cm。仰拱开挖前必须完成钢架锁脚锚杆，每循环进尺不得大于3m，开挖完成后及时喷射混凝土，及早封闭成环，封闭层距掌子面不大于35m。

(3)在仰拱混凝土浇筑前基底应做以下处理。

清理基底虚渣、积水及其他杂物，采用高压风水对基面进行冲洗，保证基面洁净后方可立模浇筑混凝土。若仰拱设计有初期支护时，浇筑混凝土前必须对初期支护面采用高压风水进行冲洗。

(4)仰拱及仰拱填充混凝土浇筑。

仰拱与仰拱填充不得同时浇筑，要求仰拱终凝后进行填充混凝土浇筑。仰拱紧跟下台阶施工，结合断面情况和现有施工技术，拟将仰拱及填充分成两步施工。第一步先施工仰拱，第二步施工仰拱填充。

(5)仰拱填充混凝土的厚度及表面高程必须符合设计要求。

**3.5.5** 防排水施工

**3.5.5.1** 隧道单线防排水施工

工艺流程见图4-1.20。

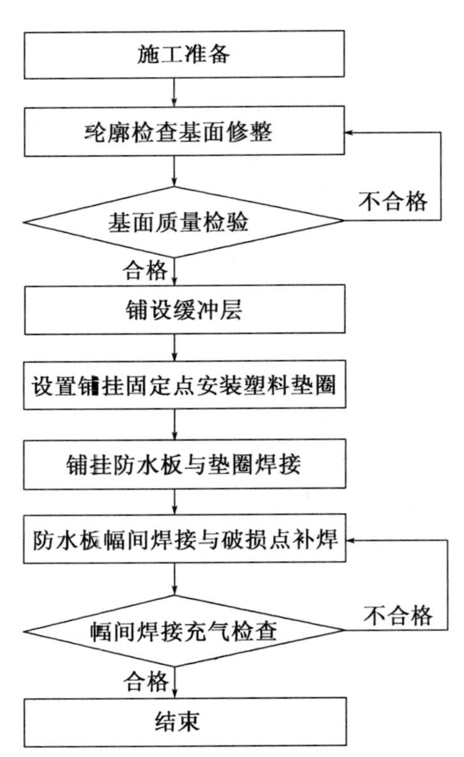


图4-1.20 隧道结构防排水施工工艺流程图

**3.5.5.2** 基面处理

基面处理主要对初期支护表面的渗漏水、外露的凸出物及表面凸凹不平处进行处理。

(1)处理基面渗漏水，采用注浆堵水或埋设排水管直接排水到边沟，保持基面无明显漏水。

(2)对初期支护混凝土表面外露的锚杆头、钢筋尖头等硬物割除,其处理如下:

①对钢筋网等凸出部分,先切断后用锤铆平,采用细石混凝土抹平覆盖,基层平整度不应大于1/10。

②对有凸出的管道时,用砂浆抹平。

③对锚杆有凸出部位时,螺栓头顶预留5mm切断后,用塑料帽处理。

④对初期支护表面凸凹不平处进行处理,使混凝土表面平顺,凸凹面满足$D/L \leqslant 1/10$($D$为两凸凹面间凹进深度,$L$为两凸凹面间距离,$L \leqslant 1\text{m}$)。

(3)基面处理质量检查。

基于监控量测和数据分析,初期支护围岩基于稳定的前提下,净空检查用断面仪等仪器进行,检查支护断面是否满足设计尺寸,每10m检测一个断面,如不满足设计净空要求时,则加密检查,并对侵限部分严格按照规范要求进行处理。

初期支护表面应平整,无空鼓、裂缝、松散。

**3.5.5.3　排水盲管施工**

纵向排水管采用$\phi$80mm双壁打孔波纹管,间距1个衬砌台车长度/道,全隧道边墙底部纵向双侧设置,纵向排水管均直接与隧道侧沟连通,以便必要时进行维护。安设纵向盲管前,由测量组划线,确定盲管安设位置。然后在初期支护表面上用电钻每间隔50cm打一个眼,打入膨胀螺栓,一侧一个,用钢卡采用"U"形将纵向盲管固定,注意坡度要与隧道坡度一致,中间不得出现下沉,并与基面尽量密贴,以避免积水。横向排水盲管是连接纵向排水管与侧沟的水力通道,通常采用$\phi$90的PVC硬质塑料管,施工中先在纵向盲管上预留拼接,然后在水沟电缆槽施工前接长至侧沟。

(1)当隧道内有单个漏水点时埋设硬塑料管引排至边墙泄水孔处。

(2)支护后有大面积渗水或大股涌水时,采用围岩注浆。

(3)在开挖过程中,如发现底部有集中地下水出现,需埋设排水管排水,排水管采用外径89mm、壁厚3.5mm的钢花管内衬$\phi$80打孔波纹管组成,引排至隧道侧沟。

(4)施作步骤与方法。

①按规定划线,以使盲管位置准确合理。

②钻定位孔,定位孔间距在50cm。

③将膨胀锚栓打入定位孔。

④用无纺布包住盲管,用扎丝捆好;用钢卡固定盲管,然后固定在膨胀螺栓上。

(5)施工控制要点。

①划线时注意盲管尽可能走基面的低凹处和有出水点的地方。

②盲管用无纺布等渗水材料包裹,防止泥砂、喷混凝土料或杂物进入堵塞管道。

(6)排水盲管安装质量检查。

①盲管尽量与岩壁密贴,与支护的间距不得大于5cm,盲管与支护脱开的最大长度不得大于10cm。

②盲管无泥砂、喷混凝土料或杂物堵塞,泄水孔通畅。

**3.5.5.4　排水板施工**

环向排水管沿初期支护面环向布设,采用毛细排水板,每一节二次衬砌施工段(衬砌台车长度)设一道,局部水流较大处可以加密布置。排水板安放尽量密贴基面。

(1)施作步骤与方法

①先用台车将排水板固定到预定位置(环向施工缝)。

②用电热熔接器使排水板固定在无纺布的专用热熔垫片上。

(2)施工控制要点

①铺设前应先清理基面,必要时应用喷射混凝土找平,使基面没有明显凹凸处。

②铺设前,铺设固定土工布的钢钉和垫片不应存在明显凸起,已免影响排水板的铺设。

③选用排水板的长度宜与隧道设防的周边长度一致,避免出现搭接。

④排水板铺设应设临时挡板,防止机械损伤或电火花灼伤排水板。

**3.5.5.5** 无纺布及防水板铺设

防水板铺设包括铺设准备、无纺布铺设、防水板固定、防水板焊接等环节,其施工工艺流程见图4-1.21。

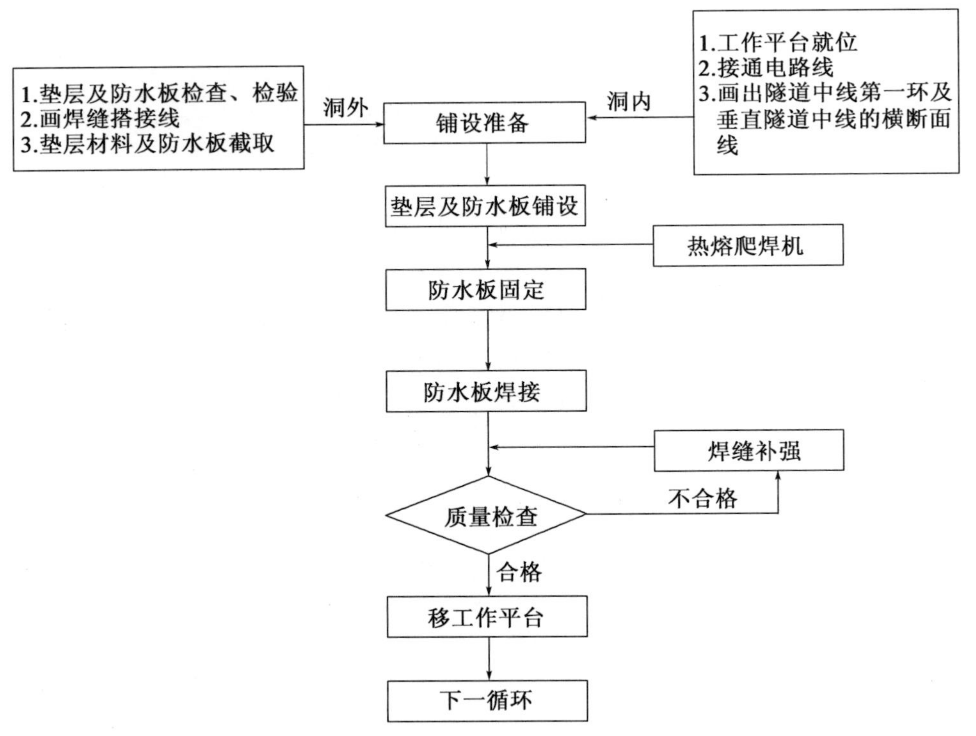


**图4-1.21 防水板施工工艺流程图**

(1)铺设准备

洞外检查、检验垫层材料及防水板质量,对检查合格的防水板,用特种铅笔画焊接线及拱顶分中线,并按每循环设计长度截取,对称卷起备用;洞内在铺设基面标出拱顶中线,画出隧道中线第一环及垂直隧道中线的横断面线。

防水板铺设宜采用简易作业台车,台车满足以下要求:

①防水板简易台车与模板台车的行走轨道为同一轨道;轨道的中线和轨面高程误差应小于±10mm。

②台车前端应设有初期支护表面及衬砌内轮廓检查钢架,并有整体移动(上下、左右)的微调机构。

③台车上应配备能达到隧道周边任一部位的作业平台。

④台车上应配备辐射状的防水板支撑系统。

(2)土工布铺设

采用简易作业台车将单幅无纺布固定到预定位置,然后用专用热熔衬垫及射钉将无纺布固定在喷射混凝土上。专用热熔衬垫及射钉按梅花形布置,拱部间距为50cm×50cm,梅花形布置,边墙间距为1m×1m,梅花形布置。无纺布铺设要松紧适度,使之能紧贴在喷射混凝土表面,不致因过紧被撕裂;过松,影响防水板挂设。无纺布幅间搭接宽度≥15cm,一般仅设环向接缝,当长度不够时,设轴向接缝。

应确保上部(靠近拱部的一张)由下部(靠近底部的一张)缓冲层压紧。

(3)防水板铺设

防水板铺设应超前二次衬砌施工1~2个衬砌长度,并设临时挡板防止机械损伤和电火花灼伤防水板，同时与开挖掌子面应保持一定的安全距离。

铺设前进行精确放样，弹出标准线进行试铺后确定防水板一环的尺寸，尽量减少接头。

采用从下向上的顺序铺设，下部防水板应压住上部防水板，松紧应适度并留有余量（按1.08考虑），保证防水板全部面积均能紧贴初期支护面。

分段铺设的卷材的边缘部位预留至少20cm的搭接余量并且对预留部分边缘部位进行有效的保护；对于避车洞处防水板的铺设，如成形不好，须用浆砌片石或模筑混凝土使其外观平顺后，方可铺设防水板，对于热熔爬焊机不易焊接的部位用热风枪手工焊接，并确保其质量；防水板搭接缝应与施工缝错开不小于1m的距离，两幅防水板的搭接宽度≥150mm。

①防水板固定

采用超声波焊接机或微波焊接机；在凸凹较大的基面上，在断面变化处增加固定点，保证其与混凝土表面密贴。

②防水板焊接

焊接时，接缝处必须擦洗干净，且焊缝接头应平整，不得有气泡褶皱及空隙；防水板之间的搭接缝应采用双焊缝、调温、调速热楔式功能的自动爬行式热合机热熔焊接，细部处理或修补采用手持焊枪。

开始焊接前，应在小块塑料片上试焊，以掌握焊接温度和焊接速度；单条焊缝的有效焊接宽度不应小于15mm；防水板纵向搭接与环向搭接处，除按正常施工外，应再覆盖一层同类材料的防水板材，用热焊焊接；在焊缝搭接的部位焊缝必须错开，不允许有三层以上的接缝重叠。焊缝搭接处必须用刀刮成缓角后拼接，使其不出现错台；焊缝若有漏焊、假焊应予补焊；若有烤焦、焊穿处以及外露的固定点，必须用塑料片焊接覆盖。

③焊接质量控制

焊接质量是防水板防水效果好坏的关键指标，防水板接头焊接是防水板的薄弱环节，其焊接质量决定防水板防水程度。防水板应采用双焊带焊接，用配套的爬焊机进行搭接缝的热熔焊，两道焊缝中间留有加压空气道以备检测之用，焊缝检测，用空压机打压，充气检查压力不得小于0.1MPa，若不合格，找出部位补焊。

防水板环向搭接焊时，应根据隧道纵向线路坡度进行搭接，下坡处防水板压上坡处防水板，以保证防水板后渗漏水往下坡流时不直接冲击焊缝，从而更好地保证防水效果。

防水板铺装原则上只允许环向焊接缝，不允许纵向焊接缝，但由于每卷防水板长度影响会出现纵向焊接缝，为保证焊接质量，处理纵向焊接缝时，先将搭接处防水板后土工布刮除干净再焊接，搭接焊取下部压上部方法，并在防水板背面接缝处加焊一道10cm宽的防水板以增强防水效果。

防水板焊接时搭接焊部位一定要清理干净，不要有灰尘、油污等影响焊接效果。

因初期支护表面平整度影响焊接效果时，可采用在防水板与初期支护之间垫放三合板方法。防水板焊接时一定要展平，不要出现焊接褶皱。

在施工过程中对防水板造成的孔洞，采用小块EVA防水板用熔焊器熔接。

(4)止水带安装

严格按设计、规范要求施作沉降缝、施工缝。沉降缝的设置位置，必须使拱圈、边墙和仰拱在同一里程上贯通。

①衬砌模板台车各项准备工作就绪后，沿衬砌设计轴线每间隔0.5m在挡头板上钻一$\phi$12钢筋孔，然后将加工成形的$\phi$8钢筋卡由待模注混凝土一侧向另一侧穿入，钢筋卡内侧卡紧一半止水带，待模注混凝土凝固后拆除挡头板，弯曲$\phi$8钢筋卡套上止水带的另一半，模注下一循环混凝土。

②浇筑二次衬砌混凝土时，加强混凝土振捣，排除止水带底部气泡和空隙，使止水带和混凝土紧密结合。

③止水带的接头，冷搭接长度不小于20cm，搭接宽度不小于15cm，冷接或焊接的缝宽不小于5cm。

④止水带施工控制要点：

a. 止水带埋设位置应准确，其中间空心圆环应与变形缝重合。

b. 中埋式止水带应固定在挡头模板上，先安装一端，浇筑混凝土时另一端应用箱形模板保护，固定时只能在止水带的允许部位上穿孔打洞，不得损坏止水带本体部分。

c. 固定止水带时，应防止止水带偏移，以免单侧缩短，影响止水效果。

d. 止水带定位时，应使其在界面部位保持平展，不得使橡胶止水带翻滚、扭结，如发现有扭结不展现象应及时进行调正。

e. 止水带的长度应根据施工要求事先向生产厂家定制(一环长)，尽量避免接头。

f. 止水带粘接前应做好接头表面的清刷与打毛，接头处选在衬砌结构应力较小的部位，止水带安装径向位置允许偏差 ±5cm，纵向位置允许偏离中心为 ±3cm。

g. 在浇捣靠近止水带附近的混凝土时，应严格控制浇捣的冲击力，避免力量过大而刺破橡胶止水带，同时还必须充分振捣，保证混凝土与橡胶止水带的紧密结合，施工中如发现有破裂现象应及时修补。

h. 衬砌脱模后，若检查发现施工中有走模现象发生，致使止水带过分偏离中心，则应适当凿除或填补部分混凝土，对止水带进行纠偏。

⑤止水带安装检查：

a. 止水带安装的横向位置，用钢卷尺量测内模到止水带的距离，与设计位置相比，偏差不应超过 5cm。

b. 止水带安装的纵向位置，通常止水带以施工缝或伸缩缝为中心两边对称，用钢卷尺检查，要求止水带偏离中心不能超过 3cm。

c. 用角尺检查止水带与衬砌端头模板是否正交，否则会降低止水带的有效长度。

⑥止水带接头的检查：

a. 检查接头处上下止水带的压茬方向，此方向应以排水畅通、将水外引为正确方向，即上部止水带靠近围岩，下部止水带靠近隧道衬砌。

b. 接头强度检查：用手轻撕接头。

c. 观察接头强度和表面打毛情况，接头外观应平整光洁。抗拉伸强度不低于母材的 80%，不合格时重新焊接或粘接。

### 3.5.6 二次衬砌拱墙施工

#### 3.5.6.1 拱墙测量放样

首先，检查边墙基础施作结构尺寸，检查是否满足拱墙衬砌净空和模板台车就位尺寸。如边墙基础结构侵入模板台车就位净空，应进行修凿处理。净空满足要求后，使用水准仪放出隧道两侧边墙基础上用红色油漆标出模板台车就位高程，使用全站仪在防水板标出隧道中心线及模板台车就位的法线。中心线必须放在拱墙衬砌的两个端头，放线长度以隧道施工位置表为准，预留不小于 10cm 的模板搭接长度(一般为 20cm，与仰拱同施工缝)，中心线和就位高程点精确放在两个里程断面，且便于施工过程中点位的可使用性。

#### 3.5.6.2 拱墙施工方案

隧道在开挖、支护后，围岩变形达到收敛，即不变形、不沉降后即可进行衬砌施工。防水层铺设前要对开挖断面净空进行检查，欠挖部分进行处理，保证不侵入设计要求净空。同时对喷混凝土进行基层处理，基层平整度要求为凹凸处高差不得大于 5cm。

复合式衬砌要求隧道混凝土二次衬砌应在围岩收敛变形稳定后作为最佳衬砌时机，但软弱围岩及断层破碎带处，由于其围岩自稳能力差，初期支护难以使其达到完全稳定，故根据支护情况及量测信息，为确保洞体稳定及施工安全，经监理工程师同意后及时进行二次衬砌，必要时紧跟开挖面。

正洞衬砌段落边拱模采用定制 12m 衬砌钢模板衬砌台车，通过调整液压元件，使模板正确对位。混凝土灌筑通过灌筑窗口，自下而上，从已灌段接头处向未灌方向，水平分层对称浇灌，边浇边捣，层厚不超过 40cm，相邻两层浇筑时间不超过 1.5h，确保上下层混凝土在初凝前结合好，不形成施工冷缝，垂直自由下落高度控制不超过 2m，捣固采用附着式振捣器和插入式振捣器，安排专人负责，保证混凝土衬砌内实外光。

减少二次衬砌混凝土表面的气泡，采取堵头板分层设排水孔排出泌浆水的措施，混凝土在振捣过程中，产生泌浆水，容易粘在模板上形成混凝土表面的气泡。在堵头板上沿竖向每 20～30cm 设可以封闭的孔（$\phi$10～14 的螺钉孔即可），浇筑时根据混凝土的层面，依序打开孔排水，排完水及时封孔。

衬砌台车由现场提供断面尺寸及功能要求，委托专业的厂家加工，现场组装。衬砌台车具备足够的强度和刚度，满足断面加宽及下锚段衬砌要求，并且立模方便。

预留洞室等结构物衬砌采用简易衬砌台架、组合钢模立模，泵送混凝土入仓。施工时，与正洞衬砌连接段预留出 1m 的长度，与正洞衬砌同时浇筑。

混凝土浇筑结束 12h 后从挡头板浇水养护。

**3.5.6.3**　边墙基础、拱墙施工缝基面处理

在防水层铺设、防排水结构安装完毕，经自检、监理检查、充气试验检查合格后，清除边墙基础顶面焊渣、杂物等，然后用水进行冲洗，待水干后，涂界面剂。拱墙施工缝必须凿毛处理，同时用水清洗，理顺止水带。

**3.5.6.4**　台车就位

立模（台车就位）：根据放线位置，移动台车就位。台车就位后，按要求检查台车位置、尺寸、方向、高程、坡度、稳定性，放置接头止水带及界面剂和拱部注浆管，并安设好挡头模板后再进行合格检验和经监理工程师签认，方可灌筑混凝土。

台车就位前，首先检查模板台车各个部件，检查是否牢固，模板强度、刚度是否满足施工需要，同时对模板台车拼装后结构净空尺寸进行检查、验收合格后，才可以投入使用。

台车就位前，对模板台车模板进行打磨处理，保证模板台车的表面平整度、光洁度，用色拉油作为脱模剂，脱模剂的涂刷一定要均匀，不能有油下流或聚集一团的现象。

台车就位前，台车底部钢轨安装必须符合如下要求：首先必须保证钢轨安装后的刚度要求，即钢轨在承受自身静荷载和混凝土浇筑过程动荷载中，不能出现下沉。钢轨间距误差不能超过 5mm，满足台车行走，同时要用钢楔卡住台车轮，保证台车在浇筑过程中不产生位移。

对有钢筋的拱墙混凝土，钢筋上必须使用与设计保护层等厚的高标号砂浆垫块，以确保钢筋保护层符合设计要求，二次衬砌钢筋的安装不能侵入净空。

台车就位以测量组放样点位为标准，台车安装必须稳固、牢靠，接缝严密，不得漏浆。模板与混凝土接触面必须清理干净并涂刷隔离剂。

台车就位完毕后，对台车进行检查，其允许偏差必须满足如下要求：

检查完毕符合设计要求后，进行预埋件和挡头模板的安装，预埋件主要有背贴式塑料止水带、中埋式橡胶止水带、止水条。止水带采用 U 形钢筋盘条固定在挡头模板上，一半镶入模板，另一半需抵住挡头模板，并用钢筋进行固定、加固。带注浆管膨胀止水条采用预留安装槽。在模板拱顶（最高点）安设排气孔兼注浆孔，注浆孔设置间距 5～10m。挡头模板和止水带之间采用定型木板加工，止水带与支护面之间采用不等宽度模板组合而成，根据超挖实际情况组合。

**3.5.6.5**　混凝土浇筑

混凝土浇筑：浇筑边拱混凝土时，应由下向上对称浇筑，两侧同时或交替进行，边墙部位混凝土应采取埋管式浇筑，混凝土灌注通过灌注窗口自下而上，挤压顶升式浇筑。拱部先采取退出式浇筑，最后用压入式封顶。混凝土用附着式振捣器和插入式振捣器联合捣固，安排专人负责，保证混凝土内部密实，外部光滑。并注意保护好预埋于混凝土内部的注浆管，防止其歪斜和倾倒，以确保二次衬砌后回填注浆能顺利进行。要配足备用捣固机具，防止因捣固机具发生故障，造成漏捣或捣固不实。混凝土灌注必须连续进行，因故不能连续灌注，间歇时间超过混凝土初凝时间时，必须按规定进行接茬处理。

### 3.5.7 施工要求

#### 3.5.7.1 结构防排水

(1)基面检查处理

围岩渗漏水采用引排措施,清除基面外露钢管及钢筋头,用水泥砂浆抹平。初期支护表面应平整,无空鼓、裂缝、松酥,用2m直尺进行检查平整度,边墙5cm、拱部7cm。

(2)排水盲管

①纵环向排水盲管采用三通连接,用锚钉和防水板窄条固定在岩面上,锚固间距50cm,防止扭曲移位。

②纵向盲管安装高度应满足要求,应采用合理方式对盲管进行固定以保持盲管的顺直。

③盲管及接头处应采用土工布等渗水材料进行包裹,防止大颗粒物进入盲管导致堵塞盲管。

④环向排水盲管应铺设圆顺。

⑤排水管接头牢固,水路畅通。

⑥纵、环向排水盲管的连接用变径三通连为一体,三通预留位置应准确,接头牢固。

⑦盲管出水口的高度应合适,不能在二次衬砌里面形成反坡造成外低内高,导致不能正常出水。

⑧在施工水沟电缆槽时应将盲管端头进行处理,盲管必须伸入边侧水沟。

(3)土工布铺设

土工布的铺设采用塑料焊圈射钉固定,拱部间距0.5m,边墙间距1.0m,呈梅花形排列。土工布搭接宽度不小于15cm。

(4)防水板铺设

防水板应超前二次衬砌1~2个模板台车长度铺设,采用环向从拱部向两侧边墙展铺,先拱后墙,下部防水板压住上部防水板。防水板采用无钉铺设,使用超声波焊枪使防水板与塑料垫圈焊接牢固,三层以上塑料-防水板的搭接形式必须是“T”形接头。

防水板接缝采用自动爬行式热合机热熔焊接成双焊缝,焊接前将接缝处擦洗干净,搭接宽度15cm,单条焊缝有效焊接宽度不小于15mm,防水板搭接缝与施工缝错开距离大于100cm,避免漏焊、假焊、烤焦焊穿现象。现场配备灭火装置,并对防水板进行临时覆盖保护。焊接完成后,采用充气式检查,绑扎钢筋和立模时避免损坏防水板。

#### 3.5.7.2 仰拱填充、二次衬砌作业

隧道正洞仰拱开挖和混凝土浇筑采用仰拱栈桥全幅施工;单线隧道拱墙衬砌采用12m全断面液压模板台车施工。混凝土由自动计量拌和站集中生产。

(1)衬砌模板控制要点

①衬砌台车满足足够的强度、刚度和稳定性;模板固定支撑牢靠,浇筑混凝土前应刷脱模剂,清理干净内部杂物。

②台车拱顶部位预留3个注浆孔。

③模板表面要光滑,与混凝土的接触面必须清理干净并涂刷脱模剂,模板与混凝土搭接长度大于10cm。

④二次衬砌台车应配备足够数量的附着式振动器。

⑤二次衬砌台车配备的灭火器数量和质量应满足要求,台车周围应有防护架,防止作业人员高空坠落。

⑥台车就位后应由测量人员对中线、二次衬砌厚度等进行检查,确保满足设计要求。

⑦衬砌台车表面每次脱模后应进行清洗,定期对台车外模进行打磨处理。

(2)钢筋控制要点

①检查钢筋的出厂报告,确保钢筋质量满足要求,钢筋表面必须清除铁锈和油渍。

②二次衬砌钢筋的间距和排距应满足验标要求。

③钢筋接头:拱部和边墙须机械连接。同一截面钢筋数量不得大于50%,采用人工绑扎时钢筋搭接长度应满足要求。

④钢筋保护层厚度应满足要求,混凝土保护层垫块的数量和质量应满足要求。

⑤预埋件的规格和数量应满足要求。

(3)二次衬砌施作时机的控制

变形基本稳定应符合:隧道周边变形速率明显下降并趋于缓和,或水平收敛(拱脚附近7d平均值)小于0.2mm/d、拱顶下沉速度小于0.15mm/d,或施作二次衬砌前的累积位移值已达极限相对位移值的80%以上,或初期支护表面裂隙(观察)不再继续发展。

围岩及初期支护变形过大或变形不收敛,又难以及时补强时,可提前施作二次衬砌,以改善施工阶段结构的受力状态,此时二次衬砌应予以加强。

(4)二次衬砌混凝土控制要点

①纵向施工缝的设置

边墙纵向施工缝不应留置在剪力和弯矩最大处或底板与边墙的交接处,而应留置在高出底板顶面不小于30cm的位置。

②纵向施工缝的处理

先浇筑的混凝土必须在达到强度后凿除混凝土表面的水泥砂浆和松软层,充分湿润,但不得积水。凿毛应使露出新鲜混凝土面积不低于75%。人工凿毛时混凝土应达到2.5MPa,风动机凿毛时混凝土应达到10MPa。纵向施工缝后浇混凝土前,应在凿毛的混凝土表面铺一层不大于30mm的砂浆或不大于30mm的混凝土,并按设计要求设置止水条或止水带。

③经试验确定混凝土的配合比设计,其强度、电通量、抗渗等性能指标应满足要求。

④衬砌混凝土搅拌时间不应小于2min,试验人员在每模二次衬砌混凝土浇筑前,对进场的混凝土进行坍落度试验,确保坍落度满足要求,同时混凝土应不离析。

⑤二次衬砌混凝土应连续灌注,隧道边墙应分层、对称浇筑混凝土,混凝土入模高度超过2m时应采用溜放方式。台车前后混凝土高差不超过0.6m,左右混凝土高度不超过0.5m。

⑥二次衬砌混凝土振捣时间宜为10~30s,振捣优先使用插入式振捣器,采用附着式振捣器配合,避免漏振、欠振、超振。

⑦对于有钢筋段混凝土,必须督促现场作业人员对混凝土进行分层振捣;衬砌、仰拱、底板混凝土同条件养护试件的留置应满足验标要求。

⑧混凝土养护不少于14d。预留注浆管,二次衬砌背后回填注浆采用水泥浆液,注浆压力不宜过高,能克服管道阻力和衬砌背后阻力即可,回填注浆应在衬砌混凝土达到设计强度的70%后方可进行。

⑨衬砌台车表面每次脱模后应进行清洗,衬砌混凝土结构表面应密实平整、颜色均匀,严禁露筋,不得有蜂窝、孔洞、疏松、麻面和缺棱掉角等缺陷,衬砌表面接缝无明显错台,无渗漏水。

(5)仰拱施工控制要点

仰拱、填充超前拱墙衬砌,紧跟开挖工作面。仰拱、填充分开浇筑,且分段全幅灌注。为解决仰拱施工和运输作业的干扰,现场采用仰拱栈桥。

①仰拱施工采用钢模加工的仰拱腹模。模板的弧度满足仰拱的弧度要求,模板的刚度应满足要求。

②仰拱每次开挖长度应不大于3m。仰拱紧跟开挖面施作,尽快形成封闭环。Ⅳ、Ⅴ级软弱不稳定围岩施工时,仰拱距开挖面应不超过35m;仰拱应超前拱墙二次衬砌施作,其超前距离宜保持2倍以上衬砌循环作业长度。

③仰拱施工前必须清除隧底虚渣和杂物,坡面应平顺,确保积水排除干净,超挖部分采用同级混凝土回填。

④仰拱施作应一次成型,不留纵向施工缝,仰拱施工缝和变形缝处做防水处理。仰拱填充严禁与仰拱同时施工,宜在仰拱混凝土终凝后施作。

⑤仰拱施工时,应注意对上一循环的环向、纵向中埋止水带进行保护,不得破坏上一循环的止水带。

⑥为减少其与出渣运输的干扰,采用仰拱栈桥跨过施工地段,以保证隧道底部的施工质量,消除隧底结构施工质量隐患。仰拱栈桥的长度和结构形式可根据施工需要来确定。

# 4 施工计划

## 4.1 施工进度计划(表 4-1.2)

**表 4-1.2 施工进度计划表**

| 序号 | 分部工程名称 | 开 始 时 间 | 结 束 时 间 | 施 工 时 间 |
|---|---|---|---|---|
| 1 | 洞口工程 | ××××年××月××日 | ××××年××月××日 | ××× |
| 2 | 隧道开挖工程 | ××××年××月××日 | ××××年××月××日 | ××× |
| 3 | 隧道衬砌工程 | ××××年××月××日 | ××××年××月××日 | ××× |

## 4.2 机械设备配置计划

根据现场施工需要,主要机械设备应配备:挖掘机、装载机、潜孔钻、工程车、湿喷机、钢筋加工设备、电焊机、衬砌台车、仰拱栈桥等机械。

## 4.3 劳动力计划

根据现场施工需要,应配备管理人员:技术人员、测量人员、安全员、质检员;施工作业人员:开挖工、支护工、模板工、衬砌工。

# 5 危险因素分析

## 5.1 危险源辨识

危险源辨识及防范措施见表 4-1.3。

**表 4-1.3 山岭隧道工程危险源清单**

| 序号 | 作业内容 | 危 险 因 素 | 潜在事故类型 | 措 施 |
|---|---|---|---|---|
| 1 | 山岭隧道工程 | 洞口不良地质、路堑及支挡不符合规范要求、土石方开挖违反作业顺序 | 洞口坍塌 | 及时对陡坡进行防护并由专人负责监控,按照规范及方案要求进行施工 |
| 2 | | 机械设备操作不规范、设备维修保养不到位 | 机械伤害 | 按照操作规程作业、制定规章制度 |
| 3 | | 爆破方式方法不当、防护措施不足、违规处理火工品 | 爆破打击 | 爆破开挖时应采取控制爆破技术,并加强现场防护及爆破后的检查,按照火工品管理办法处置残余火工品 |
| 4 | | 洞口危石坠落 | 坠落打击 | 洞口施工前及时清除洞口危石或对危石进行加固防护 |
| 5 | | 二次衬砌台车垮塌、明洞施工外模崩塌 | 台车垮塌 | 加强台车的受力检算、加强外模的支撑和加固 |
| 6 | | 危石掉块 | 坠物打击 | 加强爆破后的排险,加强监控量测 |
| 7 | | 开挖方法不当、初期支护不到位、监控量测不到位、不良地质、超前地质预报不及时 | 坍塌、突泥、涌水 | 严格按照设计施工,加强监控量测、加强超前地质预报的监测 |
| 8 | | 作业台架临边防护不到位 | 高处坠落 | 完善台架临边防护 |
| 9 | | 有毒有害气体监测不到位 | 中毒、窒息 | 加强有毒有害气体监测 |

### 5.2 危险因素评估

评估方法选择、量化分值标准参照第一篇第一章“6.1 危险因素分析”。

LEC 法危险因素评估计算结果见表 4-1.4。

**表 4-1.4 LEC 危险因素评估计算**

| 作业内容 | 事故类型 | 风险估测 | | | |
|---|---|---|---|---|---|
| | | 可能性 L | 暴露频率 E | 严重程度 C | 风险大小 D |
| 山岭隧道工程施工 | 洞口坍塌 | 3 | 6 | 10 | 180 |
| | 机械伤害 | 1 | 6 | 3 | 18 |
| | 爆破打击 | 3 | 6 | 15 | 270 |
| | 坠落打击 | 4 | 6 | 10 | 240 |
| | 台车垮塌 | 3 | 6 | 10 | 180 |
| | 坠物打击 | 3 | 6 | 10 | 180 |
| | 坍塌、突泥、涌水 | 3 | 6 | 10 | 180 |
| | 高处坠落 | 3 | 5 | 10 | 150 |
| | 中毒、窒息 | 3 | 6 | 15 | 270 |

根据 LEC 危险因素评估计算结果表和 LEC 法评估结果分级，分值大于 160 以上的属于重大危险源，因此山岭隧道工程施工中的重大危险源为洞口坍塌，爆破打击，坠落打击，台车垮塌，隧道洞内坍塌、突泥、涌水，中毒、窒息。

## 6 施工安全保障措施

### 6.1 组织保障措施

参见第二篇第一章“6.1 组织保障措施”。

### 6.2 技术保证措施

#### 6.2.1 洞口防护措施

(1) 洞口开挖及支护前，及时清理洞口上方及侧方可能滑塌的表土、灌木及山坡危石等，疏通流水沟渠，排除积水。

(2) 洞口边仰坡上方的天沟及时施作，对土质天沟应随挖随砌，不使水冲刷坡面。

(3) 洞口增加安全棚、安全栅栏或安全网，危险段采取大管棚、地表锚杆、地表注浆、抗滑桩等措施进行洞口段地层加固。

(4) 明洞施工对台车模板和台架进行计算和检验，对拱墙外模木模加强对拉和外撑的加固，完善临边防护措施、安装主被动防护网。

#### 6.2.2 火工品管理措施

(1) 涉爆单位必须严格落实民用爆炸物品储存库人防、技防、物防、犬防（不少于 2 条，看守犬应为大型犬）措施，执行双人双锁、24h 专人值守、每班不少于 3 人、每小时至少一次巡查制度。

(2) 炸药、雷管必须使用专用运输车辆运送，不能同车运送。

(3) 炸药、雷管现场存放必须实行双人双锁，并至少配备一名专职保管员和一名看守人员，实行 24h 不间断双人看守；现场使用专用防爆箱存放，存放距离不得少于 25m。

(4) 隧道内有炸药时，禁止在附近进行任何产生火星的工作。

(5) 起爆前，剩余的炸药、雷管必须移至洞外，并及时退回库房。爆破后发现的残药和未爆的雷管交由当班爆破员、安全员按照规定处理。

(6)炸药、雷管必须由爆破员、安全员领取,无证人员禁止接触爆炸物品。

(7)对火工品管理由项目安质部负责,火工品的领取、运输、使用、退库实行追踪卡制度,整个过程由当班安全员负责。项目经理定期和不定期进行督导检查。

### 6.2.3 钻爆作业安全保障措施

(1)施钻人员到达工作面后,应首先检查工作面是否处于安全状态。支护、拱顶是否稳定,如有松动危石应清除并加以支护。

(2)操作人员必须互相配合,并保持必要的安全操作距离。

(3)站在渣堆上作业时,应该注意渣堆的稳定性,防止滑塌伤人。

(4)司钻工钻孔前,对风钻和工具作如下检查,不符合要求的应立即修理或更换:机身、螺栓、卡套、弹簧和支架是否正常完好;管路是否良好,连接是否牢固;钻杆是否弯曲、带伤,防止作业时断钎伤人;湿式凿岩的供水装置是否良好。

(5)用带支架的风钻钻孔时,应将支架安置稳妥。在钻孔台架上打眼时,先检查台架及斜撑是否稳定,平台上是否铺满板,外侧的防护栏杆是否牢固,防止高处坠落。

(6)两工作面接近贯通时,按规范要求,两端加强联系,确保统一指挥、安全施工。两工作面相向开挖时,相距50m时必须停止一方掘进,由另一方掘进贯通,另一方爆破时必须向对方通知。

(7)爆破作业时统一指挥:根据施工条件,洞内每日放炮次数,齐头开挖作业循环时间明确规定;警戒要统一行动;多工作面放炮相互影响时,首先要保证齐头掘进的需要,起爆顺序应由里向外,里面的人员未撤出前,外面禁止放炮。

(8)爆破时所有的人员应撤至不受有害气体、震动飞石伤害的地点,其安全距离:独立导坑内不少于200m;半断面开挖不少于400m;全断面开挖不少于500m。

(9)爆破器材加工,在洞外远离洞口50m以外的加工房工作台上操作。洞内用非电雷管。装配起爆管时必须先试验。计算引线长度,每批分卷进行。导爆管凡有过粗、管体压扁、破损锈蚀、加强帽歪斜者,严禁使用。加工好的起爆管分段装入木箱内,防止混段(不准把段数标签失落)。

(10)人工运送炸药每人一次运送量不超过20kg或原包装一箱。运送爆破器材前后30m应设专人防护,严禁中途逗留。

(11)汽车运送爆破器材时应遵守下列规定:炸药与雷管应分别由木板车厢运入洞内,车厢应垫胶皮,只准平放一层。必须由爆破工专人护送,其他人员不得搭乘。运送途中要显示红灯与鸣笛。汽车排气孔应加防火罩。炸药与雷管不准同车运送。

(12)装药时严禁火种,无关人员和机具等均应撤离到安全地点。周边眼间隔装药,用胶布包扎在竹片上固定牢实。

(13)洞内大断面开挖,雷管段数量、装药量大时,爆破指挥人员应先明确分工,自上而下分区分段装药各负其责,防止混段和漏装,禁止超量装药。

(14)遇有下列情况禁止装药:工作面照明不足;工作面岩面破碎未及时支护;发现有涌砂、涌泥,不查明原因妥善处理;可能有大量涌水的地段。

(15)装药完毕,工作面所有的机具、材料撤离,经检查无漏装,炮口堵塞完后进行网络连接(采用簇连),网络连接好后,应专人检查是否合格,经确认连接无误,人员机具已撤至安全地带即可起爆。

### 6.2.4 盲炮处理措施

当发现盲炮时,必须由原爆破人员按规定处理。处理方法如下:

(1)经检查确认炮孔的起爆线路完好时,可重新起爆。

(2)打平行眼装药爆破,平行眼距盲炮孔口不得小于0.3m。为确定平行炮眼的方向允许从盲炮孔口起,取出长度不超过20cm的填塞物。

(3)严禁用风镐、铁铲等从炮眼内的引药中拉出雷管,严禁将炮眼残底(无论有无残余炸药)继续加深；严禁用打眼方法往外掏药。

(4)处理盲炮的炮眼爆破后，爆破员和清理工必须详细检查炸落石块，收集未爆雷管炸药。

(5)在盲炮处理完毕以前，严禁在50m范围内进行与盲炮处理无关的工作。

(6)盲炮应在当班处理，当班不能处理或未处理完毕，应将盲炮情况(盲炮数目、炮眼方向、装药数量和起爆药包位置，处理方法和处理意见)在现场交接清楚，由下一个班继续处理。盲炮处理可采取下列处理方式：

①水洗法：用水冲洗孔内药卷，冲洗稀释炸药，然后清出雷管。清出的雷管由专人保管并在下一茬炮中处理掉。

②补炮法：在盲炮相邻一定的安全位置(不少于30cm)进行钻孔装药重新起爆。若盲炮抛散渣堆中，应谨慎回收抛散在渣堆中原盲炮中的起爆体。

### 6.2.5　装渣及运输安全保障措施

(1)各种运输设备不得人货混装，装载机不准载人。

(2)机械装渣时，断面尺寸应满足装载机安全运转。

(3)装渣时，运渣车辆应停稳并制动，起动前应鸣笛。

(4)洞内运输车辆限速行驶。作业地段正常时每小时小于10km，会车时时速小于5km，成洞地段行驶时速小于20km，会车时时速小于10km。

(5)在衬砌台车(或作业台架)作业地段应设置“慢行”标志，台车(台架)两端设置红色显示灯。

(6)洞内车辆行驶应遵守下列规定：严禁超车。会车时空车让重车，重车减速行驶，两车厢间距离不小于0.5m。同向行驶，前后两车间距离至少为20m，洞内能见度差时，应加大间距。洞内车辆相遇或发现有行人时，应关闭大灯，改用小光灯或近光灯。车辆起动前应瞭望或鸣笛，进出隧道口时应鸣笛。洞内车辆倒车必须开灯、鸣笛或专人指挥。车辆在使用前应详细检查，不得带病行驶。

(7)洞内车辆行驶时，施工人员应遵守下列规定：行人走两侧人行道。不与机械车辆抢道。不准扒车、追车和强行搭车。

(8)本分部隧道施工建立工程运输调度，根据施工安排编制当班运输计划，统一指挥，提高运输效率。

(9)运输道路要铺筑路面，做好排水及维修工作。

(10)进洞车辆及内燃机械必须选用带净化装置或低污染的柴油机，汽油机械的车辆不得进洞作业。用时必须加强通风管理工作。

(11)洞外卸渣场地应符合规定的坡度，并应在渣堆边缘内80cm处设置挡木，以防车辆翻沟。

(12)车辆运行前应保持其车况、照明、制动良好；确认前后无人并给一次信号，方可启动。

(13)洞口、交叉路口和狭窄的施工场地，应设置“缓行”标志，必要时应专人指挥交通。洞内车辆、机械停放处，应设置有足够的照明、并设置红色警戒灯。

(14)机械设备必须建立严格的管、用、养、修制度，并切实执行，实行奖罚，使设备经常处于良好状态。

(15)汽车及走行机械，严格执行“三不超(不超速、不超载、不超劳)，五不开(无证、无令、带病、病车、酒后不开)”及“三勤、三检”制度。

(16)工地应设专职机械管理人员，分工负责机械设备各项工作。

(17)在施工中运输保证道路安全，统一指挥，保证出渣、进料运输畅通无阻，洞内每隔500m设一醒目的交通标志，洞外乡村水泥路处设置醒目、温馨的安全标识。在弃渣场安排推土机或装载机经常推渣，推渣时留适当的余渣，并安排卸渣指挥人员对自卸汽车进行卸渣指挥，确保自卸汽车倒车安全弃渣。同时车辆装渣时严禁装渣过多，防止在乡村水泥路的运输过程中发生掉石伤人事件。

### 6.2.6　衬砌施工保障措施

(1)钢筋操作应戴手套，在弯曲和切断钢筋时，裤脚袖口应用带子扎紧。

(2)使用机械切断钢筋时,钢筋应安稳在切口间,并用手握住末端以防摇摆,切断短料时需用钳子夹料,不得用手直接把料,以防意外伤人。

(3)钢筋切断机和弯曲机的皮带轮和传动齿轮应设有防护罩,机器开启后达到正常转数时,再开始工作。

(4)钢筋机械要有专人操作,使用前要检查刀片、螺丝。严禁其他人员操作。

(5)安放钢筋骨架或搬运钢筋时,附近如有电线,先将电源关闭,并排专人负责,以防意外。

(6)在高空绑扎钢筋时,要站在台架或脚手架上操作,并且把安全带拴在脚手杆上,上下梯子时注意安全。

(7)每班对作业台架进行检查,必要时进行加固处理。

(8)加强洞内通风、照明,在台架及模板台车上均设置警示灯,避免车辆碰撞台架或台车而造成安全事故。

(9)台架及台车上严禁堆放材料,作业时工具必须装在包内或捆绑在台架上,避免工具或材料掉下伤人。

(10)振捣器使用前应先检查,螺丝是否紧固,电接头是否紧密,然后试一会,无杂音方可操作。如振动不正常,应立即找电工修理。

(11)操作振捣器的人员,必须穿胶皮靴,戴绝缘手套,湿手不许接触电气开关。

(12)振捣器必须设专门防护性接地,需有特制的三脚或四脚插销和带有三个插孔或四个插孔的特殊插座开关板,以免将火线接入地线发生危险。

(13)加强用电管理,各台架上必须安装漏电保护器。

(14)组装台车或重笨物件时,必须有人统一指挥,确保施工安全。

(15)所有工作人员必须佩戴安全防护用品,确保作业安全。加强文明施工管理,为安全作业创造良好的作业环境。

### 6.3 监控监测措施

#### 6.3.1 超前地质预报

(1)组织机构

成立超前地质预报组,由经验丰富的地质、物探技术人员组成,配备先进的地质、物探设备。超前地质预报工作组织机构见图4-1.22。

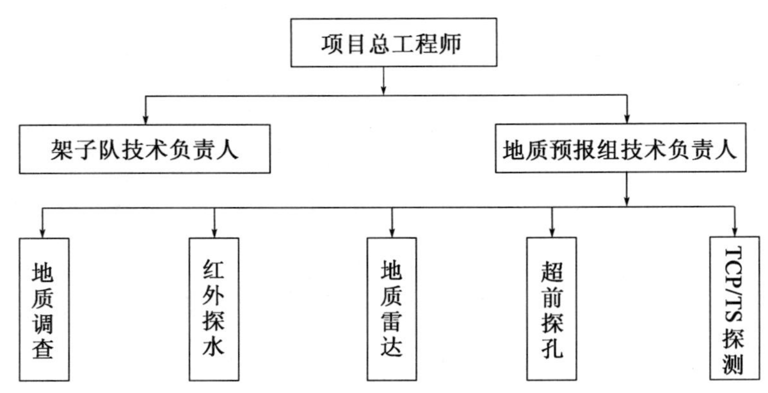


图4-1.22 隧道超前地质工作组织机构

(2)施工超前地质预报方案

超前地质预报按照“安全第一、预防为主”的原则制定,以地质分析为基础,充分利用前期勘察资料、采用长距离预报与短距离预报相结合,物测与钻探相结合,多种物探方法相互补充,定性与定量相结合的综合地质预报手段。

长距离预报:以宏观预报为指导,以地质分析及长距离物理探测方法相结合为手段,预测掌子面前方存在的岩层分界线、断层和涌水突泥等不良地质体的发育位置及规模。采用TSP探测手段,对断层破碎带、软硬岩分界面及其他软弱夹层或节理裂隙发育带,进行重点探测。

短距离预报:以长距离预报成果为基础,以地质素描、红外探测、地质雷达探测、超前地质钻孔及加深炮眼孔为手段,准确预报前方地质异常体的类型、位置、规模。通过数码地质素描,结合经验判断与地质分析,对地质异常体位置进行初步判断,采用地质雷达对地质异常体进行进一步探测,预测其位置、规模,通过超前地质钻孔及加深炮孔对地质异常体位置及规模进行核实验证和准确判定。

对于洞口及洞身浅埋段,围岩情况较差,周边环境受施工影响大,因此确保先探测,后施工,保障施工安全顺利进行。

采取的超前地质预报类型见表4-1.5。

**表4-1.5 超前地质预报类型表**

| 类别 | 采取方法 |
|---|---|
| A类:极易发生突水、涌泥、塌方段 | (1)地质调查法;<br>(2)物探法(弹性波反射法+红外探水+地质雷达);<br>(3)超前钻探法(超前钻孔2孔+加深炮眼) |
| B类:物探显示异常地段、地层接触带、断层破碎带 | (1)地质调查法;<br>(2)物探法(弹性波反射法+地质雷达);<br>(3)超前钻探法(加深炮眼) |
| C类:受构造影响轻微的一般地段或地表环境要求较高的地段 | (1)地质调查法;<br>(2)物探法(弹性波反射法+红外探水+地质雷达);<br>(3)超前钻探法(加深炮眼) |
| D类:完整硬质岩一般地段 | (1)地质调查法;<br>(2)超前钻探法(加深炮眼) |

注:B、C、D类通过超前物探发现异常,应增设超前钻孔验证地质异常地段,正洞不小于2孔。

#### 6.3.2 监控量测

现场监控量测是判断围岩和隧道的稳定状态、保证施工安全、指导施工生产、进行施工管理和提供设计信息的重要手段。

根据以往类似隧道施工经验,结合设计文件,在施工过程中,将按照设计文件的要求进行监控量测,以量测资料为基础及时修正支护参数,使支护参数与地层相适应并充分发挥围岩的自承能力,围岩与支护体系达到最佳受力状态,并在施工中进行信息化动态管理,达到确保工程质量、施工安全和进度,合理控制投资的目的。在隧道正洞洞身支护完成后,尤其是仰拱施工完毕后,喷锚支护已闭合成环,及时进行全断面监控量测,随时掌握初期支护的工作状态,指导和确定二次衬砌施作时间。

(1)监控量测目的

①保证隧道结构的稳定和施工安全。

②通过监控量测,使工程技术人员能掌握已开挖地段围岩的变形趋势及隧道支护的稳定性,并根据监测结果,判断开挖方法、支护参数是否满足施工安全的要求,进而采取相应对策,调整施工方法和支护参数,以达到规避风险,确保安全施工和安全运营的目的。

③通过监控量测,能够有效监控隧道周边环境(建筑物、周边地层)在隧道施工过程中的安全稳定情况,一旦出现变形异常,可以及时采取有效措施,确保施工安全。

④以监控量测的结果指导现场施工,进行数据反馈,优化设计,使设计更切合实际,安全合理,有利施工。

⑤提供判断围岩和支护系统基本稳定的依据,确定二次衬砌施作时间。

(2)量测项目

根据本标段工程的地形地质条件、支护类型和施工方法等特点,选择确定隧道监控量测必测项目和选测项目,见表4-1.6、表4-1.7。

**表4-1.6　监控量测必测项目**

| 序号 | 监 测 项 目 | 测 试 仪 器 | 备　　注 |
|---|---|---|---|
| 1 | 洞内、外观察 | 现场观察、地质罗盘仪、数码相机 | 专职人员 |
| 2 | 拱顶下沉 | 全站仪 | 内置蓝牙,实时上传 |
| 3 | 净空变化 | 全站仪 | 内置蓝牙,实时上传 |
| 4 | 地表沉降 | 全站仪 | 隧道浅埋地段 |
| 5 | 拱脚下沉 | 全站仪 | 不良地质和特殊岩土隧道浅埋段 |
| 6 | 拱脚位移 | 全站仪 | 不良地质和特殊岩土隧道浅埋段 |

**表4-1.7　监控量测选测项目**

| 序号 | 监 测 项 目 | 测试方法和仪表 | 备　　注 |
|---|---|---|---|
| 1 | 围岩压力 | 压力盒 | |
| 2 | 钢架内力 | 钢筋计,应变计 | |
| 3 | 喷射混凝土受力 | 混凝土应变计 | |
| 4 | 二次衬砌内应力 | 混凝土应变计,钢筋计 | |

(3)监测方法

在隧道拱顶下沉和水平收敛量测中采用较先进的无尺量测技术。

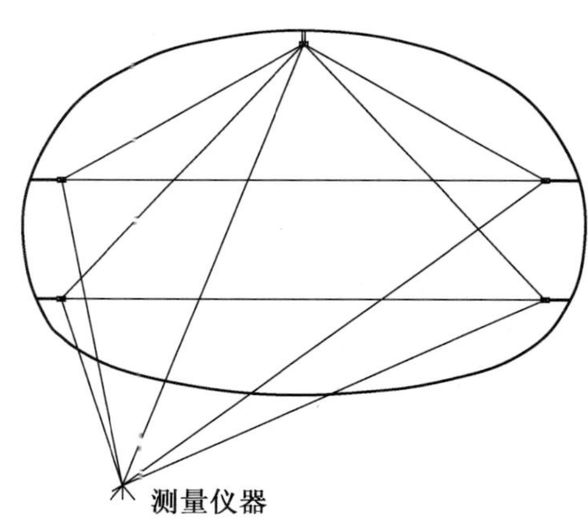


图4-1 23　无尺量测观测方案示意图

量测方法:无尺量测观测方案见图4-1.23。测量人员按量测频率要求对隧道断面上布设的观测点(安装反射片),使用满足量测精度的全站仪进行观测,得到这些点的收敛信息。

对于地表沉降和建筑物沉降监测,采用全站仪进行监控量测。对于爆破振速监测,通过爆破振动记录仪监测爆破振动的最大振速,从而反馈调整爆破参数设计。

(4)监测资料整理、数据分析及反馈

在取得监测数据后,及时由专业监测人员整理分析监测数据。结合围岩、支护受力及变形情况,进行分析判断,将实测值与允许值进行比较,及时绘制各种变形或应力-时间关系曲线,预测变形发展趋向及围岩和隧道结构的安全状况,及时向项目总工程师及监理工程师汇报。

(5)量测断面间距与测点布置

断面间距:施工中将按照设计文件设置量测断面并布点。本投标人结合本标段隧道具体情况,初步拟定必测项目量测断面间距与每断面测点数量见表4-1.8。为掌握各级围岩位移变化规律,在各级围岩起始地段增设量测断面。

表 4-1.8　必测项目量测断面间距和每断面测点数量

| 围岩级别 | 断面间距(m) | 每断面测点数量 | |
|---|---|---|---|
| | | 净空变化 | 拱顶下沉 |
| Ⅴ | 5 | 3～8 条基线(根据不同的开挖方法确定) | 1～3 点 |
| Ⅳ | 10 | 2～3 条基线 | 1 点 |
| Ⅲ | 30 | 2 条基线 | 1 点 |
| Ⅱ | 50 | 1 条基线 | 1 点 |

注:1. 洞口及浅埋地段断面间距可适当减小。
2. 各选测项目量测断面的数量,在每级围岩内选有代表性的 1～2 个。
3. 软岩隧道的观测断面适当加密。

测点布置:根据不同的围岩级别、开挖方法以及不同的地质条件情况,隧道每个量测断面布置 1～3 个拱顶下沉测点和 2～8 条水平净空收敛量测基线(台阶法开挖时,在拱脚以上 0.5m 加设一条),量测断面测点布置见图 4-1.24。

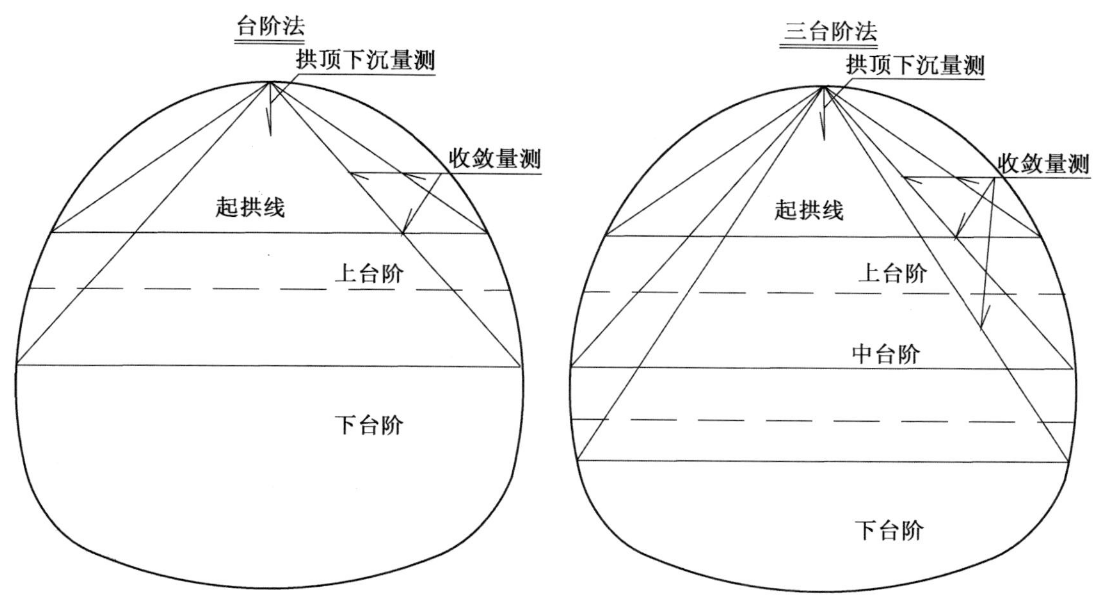


图 4-1.24　围岩测点布置示意图

(6)量测频率

洞内观察分为开挖工作面观察和支护表面状况观察两部分。开挖工作面观察在每次开挖后进行,地质情况基本无变化时,可每天进行一次。对支护的观察每天至少进行一次,观察内容包括喷射混凝土、锚杆、钢架的表面外观状况等。洞外观察包括边仰坡稳定、地表水渗透等观察。

净空水平收敛量测和拱顶下沉量测采用相同的量测频率,量测频率见表 4-1.9、表 4-1.10,实际量测频率从表中根据变形速度和距开挖工作面距离选择较高的量测频率。

表 4-1.9　按距开挖面距离确定监测频率表

| 监控量测断面距开挖面距离 | 量测频率 | 监控量测断面距开挖面距离 | 量测频率 |
|---|---|---|---|
| $<B$ | 2 次/d | $(2\sim5)B$ | 1 次/2～3d |
| $(1\sim2)B$ | 1 次/d | $>5B$ | 1 次/周 |

注:$B$ 为隧道开挖宽度。

表 4-1.10 按照位移速度确定监测频率表

| 位移速度(mm/d) | 量测频率 | 位移速度(mm/d) | 量测频率 |
|---|---|---|---|
| ≥5 | 2 次/d | 0.2~0.5 | 1 次/3d |
| 1~5 | 1 次/d | <0.2 | 1 次/周 |
| 0.5~1 | 1 次/2~3d | | |

(7)监测量测控制基准

监控量测控制基准应根据地质条件、隧道施工安全性、隧道结构的长期稳定性以及周围建(构)筑物特点和重要性等因素制定,包括隧道内位移、地表沉降、爆破振动等。

位移控制基准根据测点距开挖面的距离,由初期支护极限相对位移按表 4-1.11 的要求确定,其他控制基准应满足《铁路隧道设计规范》相关规定。

表 4-1.11 位移控制基准

| 类别 | 距开挖断面 1B(U1B) | 距开挖断面 2B(U2B) | 据开挖断面较远 |
|---|---|---|---|
| 允许值 | 65% $U_o$ | 90% $U_o$ | 100% $U_o$ |

注:B 为隧道开挖宽度。

$U_o$ 为极限相对位移值,在缺乏实测资料时,可按设计预留变形量作为 $U_o$ 控制,在施工中加以调整。

根据位移控制基准,位移管理等级按表 4-1.12 分为三个等级。

表 4-1.12 位移管理等级及应对措施

| 管理等级 | 距开挖断面 1B(U1B) | 距开挖断面 2B(U2B) | 应对措施 |
|---|---|---|---|
| Ⅲ | $U < U1B/3$(绿色) | $U < U2B/3$(绿色) | 正常施工 |
| Ⅱ | $U1B/3 \leq U \leq 2U1B/3$(黄色) | $U2B/3 \leq U \leq 2U2B/3$(黄色) | 综合评价设计施工措施,加强监测,必要时采取相应工程措施 |
| Ⅰ | $U > 2U1B/3$(红色) | $U > 2U2B/3$(红色) | 暂停施工,采取相应工程措施,如补强支护等 |

注:U 为实测位移值。

观察及量测发现异常时,及时修改支护参数。一般正常状态须同时满足以下条件:净空变化速度小于 0.2mm/d 时,喷射混凝土表面无裂缝或仅有少量微裂缝,围岩基本稳定;位移速度除在最初 1~2d 允许有加速外,需逐渐减少。当净空变化速度持续大于 1.0mm/d 时,需加强初期支护;当拱顶下沉、水平收敛速率达 5mm/d 或位移累计达 100mm 时,应暂停掘进,及时分析原因,采取处理措施。二次衬砌混凝土施作时间需满足规范设计要求。

## 7 应急预案

### 7.1 应急救援组织机构及职责、流程

参见第二篇第一章“7 应急预案”。

### 7.2 现场处置措施

#### 7.2.1 洞口边仰坡土石方坍塌应急处置措施

(1)预防监控措施

①严格按照设计及规范要求进行分层开挖,石质地段采取松动爆破,严禁放大炮。

②及时施作喷锚网支护。

③开挖过程中发生塌方后,应及时迅速处理,不得随意拖延时间。处理前,必须仔细观测塌方的范

围、形状、数量大小及坍体的地质状况。地下水的分布、活动情况等,分析塌方发生的原因,研究制定处理方案。

(2)应急处理

塌方应根据发生的部位、规模及地质条件,采取“治塌先治水,治塌先加强”的原则,采取喷锚支护、注浆等技术措施,不失时机,不留隐患地进行处理。

**7.2.2** 爆破施工应急处置措施

**7.2.2.1** 预防监控措施

(1)开工前必须对施工作业人员及管理人员进行安全技术培训,爆破工必须持证上岗。

(2)爆破作业时,除应符合现行国家标准《土方与爆破工程施工验收规范》外,所有人员应撤至不受有害气体、振动及飞石伤害的安全地点。安全地点至爆破工作面的距离不应小于200m。

(3)严格遵守规定的爆破作业时间,并告示当地居民及施工人员,设置醒目的标志牌,放炮时派专人警戒。对哑炮、盲炮要严格按《爆破作业规程》进行处理。

**7.2.2.2** 应急处理

迅速确定事故发生的准确位置、可能波及的范围、设备损坏的程度、人员伤亡等情况,以根据不同情况进行处置。划出事故特定区域,非救援人员、未经允许不得进入特定区域。

**7.2.2.3** 抢救受伤人员时几种情况的处理

(1)轻伤事故

①立即保护现场,向应急指挥小组汇报。

②对伤者同时消毒、止血、包扎、止痛等临时措施。

③尽快将伤者送医院进行防感染和防破伤风处理,或根据医嘱做进一步检查。

(2)发生重伤事故

①立即保护现场,及时向现场应急指挥小组及有关部门汇报,应急指挥部门接到事故报告后,迅速赶赴事故现场,组织事故抢救。

②立即对伤者进行包扎、止血、止痛、消毒、固定等临时措施,防止伤情恶化。如有断肢等情况,及时用干净毛巾、手绢、布片包好,放在无裂纹的塑料袋或胶皮袋内,袋口扎紧,在口袋周围放置冰块等降温物品,不得在断肢处涂酒精、碘酒及其他消毒液。

③如受伤人员骨折,注意搬动时的保护,对昏迷、可能伤及脊椎、内脏或伤情不详者一律用担架或平板,不得一人抬肩、一人抬腿。

④迅速送医院急救,断肢随伤员一起运送。

(3)发生死亡事故

如确认人员已死亡,保护现场。立即向业主、公司相关部门汇报。

**7.2.3** 隧道突泥、涌水、坍塌应急处置措施

**7.2.3.1** 预防监控措施

(1)加强地质的超前预报工作,发现开挖面前方有异常情况出现时,应及时研究并采取相应对策措施,软弱围岩、特殊岩土和不良地质地段,应采取正确的开挖方法及有效的支护手段。

(2)初期支护,必须及时施作并保证质量,在特殊情况下,应采取特殊的支护措施。

(3)二次衬砌不得严重滞后初期支护,在软弱围岩地段宜紧跟开挖。

(4)隧道开挖过程中发生塌方后,应及时迅速处理,不得随意拖延时间。处理前,必须仔细观测塌方的范围、形状、数量大小及坍体的地质状况。地下水的分布、活动情况等,分析塌方发生的原因,研究制定处理方案。

**7.2.3.2** 应急处理

隧道塌方应根据发生的部位、规模及地质条件,采取“治塌先治水,治塌先加强”的原则,采取喷锚支护、注浆、管棚、加强二次衬砌、设置护拱等技术措施,不失时机、不留隐患地进行处理。

**7.2.4** 衬砌作业台架坍塌应急处置措施

(1)衬砌台车应具有出厂合格证和产品说明书,台车进场前应严格对台车出厂合格证进行检查。

(2)衬砌作业台架应有足够的强度、刚度和稳定性,衬砌台车、台架组装调试完毕后应由专业人员检查台车各部件连接情况、确保各部件连接牢固可靠,支撑系统、驱动系统应经调试合格后可投入使用。

(3)台车台架投入使用前,应对台车的模板的强度、刚度和稳定性进行受力检算。

(4)衬砌台车就位后,应按规定设置防溜车装置,按设计高程及中线调整台车支撑系统、液压支撑应有锁定装置。

(5)抢救受伤人员时几种情况的处理:

①轻伤事故。

a. 立即保护现场,向应急指挥小组汇报。

b. 对伤者同时进行消毒、止血、包扎、止痛等临时措施。

c. 尽快将伤者送医院进行防感染和防破伤风处理,或根据医嘱做进一步检查。

②发生重伤事故。

a. 立即保护现场,及时向现场应急指挥小组及有关部门汇报,应急指挥部门接到事故报告后,迅速赶赴事故现场,组织事故抢救。

b. 立即对伤者进行包扎、止血、止痛、消毒、固定等临时措施,防止伤情恶化。如有断肢等情况,及时用干净毛巾、手绢、布片包好,放在无裂纹的塑料袋或胶皮袋内,袋口扎紧,在口袋周围放置冰块等降温物品,不得在断肢处涂酒精、碘酒及其他消毒液。

c. 如受伤人员骨折,注意搬动时的保护,对昏迷、可能伤及脊椎、内脏或伤情不详者一律用担架或平板,不得一人抬肩、一人抬腿。

d. 迅速送医院急救,断肢随伤员一起运送。

(6)发生死亡事故。

如确认人员已死亡,保护现场。立即向业主、公司相关部门汇报。

## 8 计算书及相关图纸

### 8.1 单线隧道爆破设计

根据设计资料,本标段地层岩性主要为凝灰岩,围岩分布为Ⅱ、Ⅲ、Ⅳ、Ⅴ级围岩,以Ⅱ级围岩为主。

(1)Ⅱ级围岩光爆参数选择

①每循环装药量计算

隧道正洞Ⅱ级围岩采用全断面法开挖爆破掘进。每循环进尺按照3.0m控制,药量初步计算过程如下。

每循环装药量按照下面的公式进行计算:

$$Q = q \cdot s \cdot L$$

式中:$q$——单位炸药消耗量(kg/m$^3$),按照铁路工程隧道定额单线隧道Ⅱ级围岩为0.6kg/m$^3$;

$s$——隧道掘进断面面积(m$^2$),单线隧道Ⅱ级为56.25m$^2$;

$L$——炮眼深度或循环设计进尺(m)。

则单线隧道Ⅱ级围岩断面爆破每循环的理论用药量为:$0.6 \times 56.25 \times 3.0 = 101.25$(kg),钻爆设计用药量取119.12kg。

②炮眼数确定

炮眼数确定按照下面的公式进行确定:

$$N = \frac{q \cdot s}{r \cdot n}$$

式中:$N$——炮孔数量;

$q$——2 号岩石乳化炸药单耗，取 0.6kg/m$^3$；

$s$——隧道断面开挖面积(m$^2$)；

$n$——炮眼装药系数，参见表 4-1.13；

$r$——炸药的线装药密度，根据经验周边眼线装药量取 0.25kg/m，其他取 1kg/m，平均按 0.8kg/m。

**表 4-1.13 炮眼装药系数 $n$ 取值表**

| 炮眼名称 | 岩石特性，$f$ 值分类(普氏分类) | | | | | |
|---|---|---|---|---|---|---|
| | 10~20 | 8~10 | 7~8 | 5~6 | 3~4 | 1~2 |
| 掏槽眼 | 0.8 | 0.7 | 0.65 | 0.6 | 0.55 | 0.5 |
| 辅助眼 | 0.7 | 0.6 | 0.55 | 0.5 | 0.45 | 0.4 |
| 周边眼 | 0.75 | 0.65 | 0.6 | 0.55 | 0.45 | 0.4 |

根据普氏分类，砂岩、页岩 $f$ 值可取为 8，则 $n$ 取 0.6 左右，因而理论炮眼的数量为：单线隧道Ⅱ级围岩断面为 $0.6\times56.25/(0.6\times0.8)=71$(个)，设计取 90 个。

③炮眼药量分配

详见爆破炮眼布置图。

④主要经济技术指标(表 4-1.14)

**表 4-1.14 Ⅱ级围岩光面爆破主要经济技术指标表**

| 序号 | 项目 | 单位 | 数量 |
|---|---|---|---|
| 1 | 开挖断面面积 | m$^2$ | 56.25 |
| 2 | 每循环开挖进尺 | m | 3.0 |
| 3 | 每循环爆破方量 | m$^3$ | 168.75 |
| 4 | 炮眼总数 | 个 | 90 |
| 5 | 钻孔总长 | m | 270 |
| 6 | 毫秒雷管用量 | 发 | 90 |
| 7 | 炸药用量 | kg | 119.12 |
| 8 | 比钻眼数 | 个/m$^2$ | 1.6 |
| 9 | 比装药量 | kg/m$^3$ | 0.71 |

Ⅱ级围岩爆破炮眼布置如图 4-1.25 所示。

(2)Ⅲ级围岩光爆参数选择

①每循环装药量计算

单线隧道正洞Ⅲ级围岩采用全断面法开挖爆破掘进。每循环进尺按照 3.0m 控制，药量初步计算过程如下。

每循环装药量按照下面公式进行计算：

$$Q=q\cdot s\cdot L$$

式中：$q$——单位炸药消耗量(kg/m$^3$)，按照铁路工程隧道定额单线隧道Ⅲ级围岩为 0.6kg/m$^3$；

$s$——隧道掘进断面面积(m$^2$)，单线隧道Ⅲ级为 62.16m$^2$；

$L$——炮眼深度或循环设计进尺(m)。

则单线隧道Ⅲ级围岩断面爆破每循环的理论用药量为：$0.6\times62.16\times3.0=111.888$(kg)，钻爆设计用药量取 131.63kg。

②炮眼数确定

炮眼数确定按照下面公式进行确定：

$$N = \frac{q \cdot s}{r \cdot n}$$

式中：$N$——炮孔数量；

$q$——2 号岩石乳化炸药单耗，取 0.6kg/m³；

$s$——隧道断面开挖面积（m²）；

$n$——炮眼装药系数，参见表 4-1.15；

$r$——炸药的线装药密度，根据经验周边眼线装药量取 0.25kg/m，其他取 1kg/m，平均按 0.8kg/m。

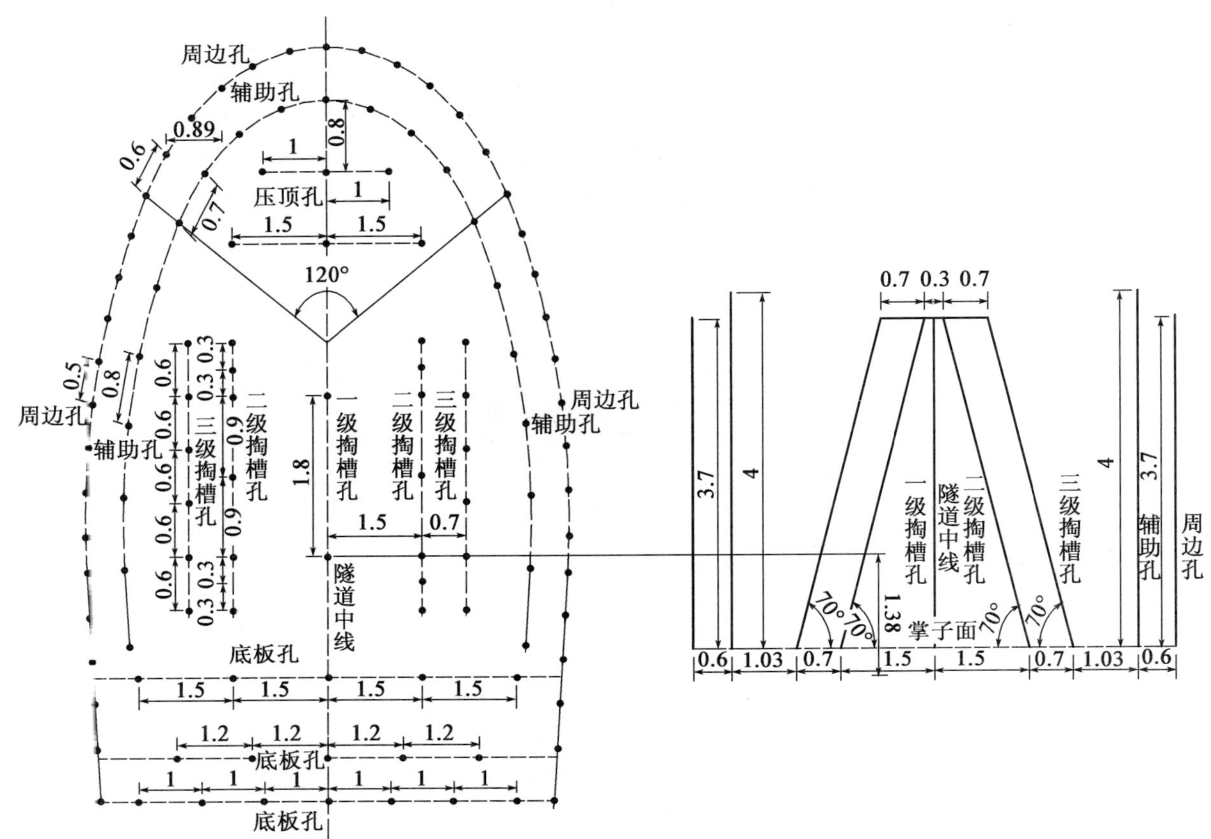


a)将军岭隧道单线Ⅱ级围岩全断面爆破开挖炮眼布置图　b)将军岭隧道单线Ⅱ级围岩全断面爆破开挖炮眼剖面图

图 4-1.25　Ⅱ级围岩爆破炮眼布置图（尺寸单位：m）

表 4-1.15　炮眼装药系数 $n$ 取值表

| 炮眼名称 | 岩石特性，$f$ 值分类（普氏分类） | | | | | |
|---|---|---|---|---|---|---|
| | 10～20 | 8～10 | 7～8 | 5～6 | 3～4 | 1～2 |
| 掏槽眼 | 0.8 | 0.7 | 0.65 | 0.6 | 0.55 | 0.5 |
| 辅助眼 | 0.7 | 0.6 | 0.55 | 0.5 | 0.45 | 0.4 |
| 周边眼 | 0.75 | 0.65 | 0.6 | 0.55 | 0.45 | 0.4 |

根据普氏分类，砂岩、页岩 $f$ 值可取为 8，则 $n$ 取 0.6 左右，因而理论炮眼的数量为：单线隧道Ⅲ级围岩断面为 0.6×62.16/（0.6×0.8）=78（个），设计取 98 个。

③炮眼药量分配

详见爆破炮眼布置图。

④主要经济技术指标(表 4-1.16)

表 4-1.16　Ⅲ级围岩光面爆破主要经济技术指标表

| 序号 | 项目 | 单位 | 数量 |
|---|---|---|---|
| 1 | 开挖断面面积 | $m^2$ | 62.16 |
| 2 | 每循环开挖进尺 | m | 3.0 |
| 3 | 每循环爆破方量 | $m^3$ | 186.48 |
| 4 | 炮眼总数 | 个 | 98 |
| 5 | 钻孔总长 | m | 294 |
| 6 | 毫秒雷管用量 | 发 | 98 |
| 7 | 炸药用量 | kg | 131.63 |
| 8 | 比钻眼数 | 个/$m^2$ | 1.58 |
| 9 | 比装药量 | kg/$m^3$ | 0.71 |

Ⅲ级围岩爆破炮眼布置如图 4-1.26 所示。

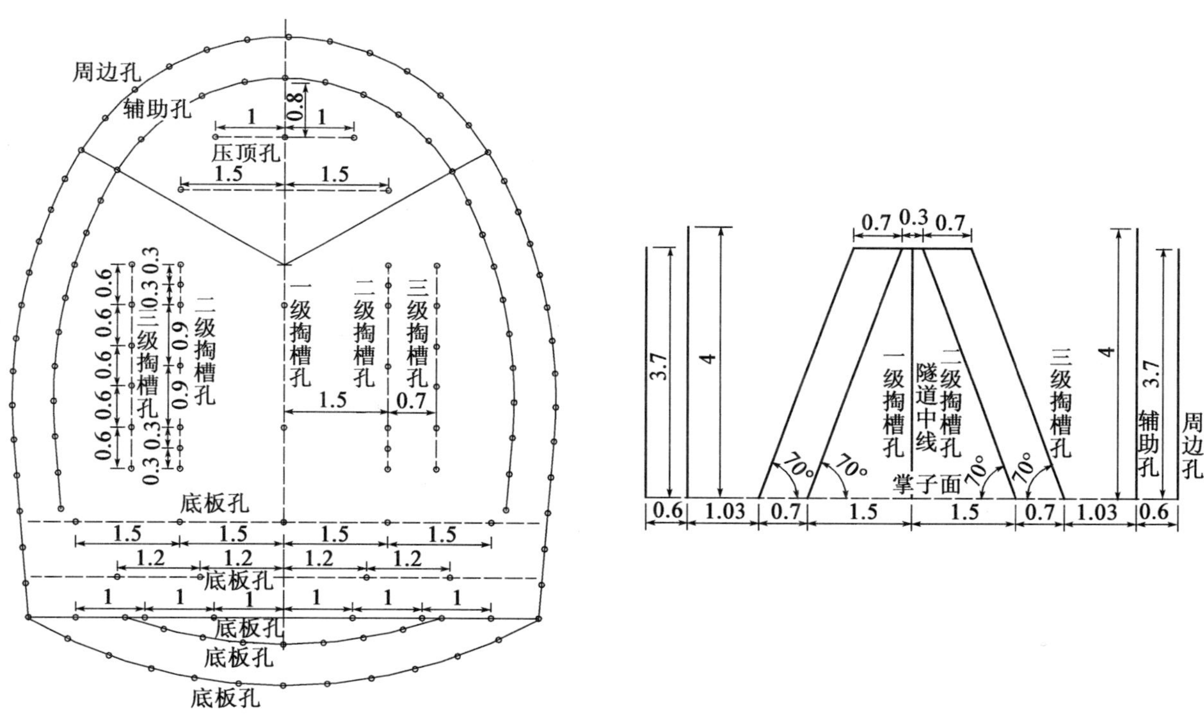


a)将军岭隧道单线Ⅲ级围岩全断面爆破开挖炮眼布置图　b)将军岭隧道单线Ⅲ级围岩全断面爆破开挖炮眼剖面图

图 4-1.26　Ⅲ级围岩爆破炮眼布置图(尺寸单位:m)

(3)Ⅳ级围岩光爆参数选择

①每循环装药量计算

隧道正洞Ⅳ级围岩采用台阶法开挖爆破掘进。每循环进尺按照 2.4m 控制,药量初步计算过程如下。

每循环装药量按照下面公式进行计算:

$$Q = q \cdot s \cdot L$$

式中：$q$——单位炸药消耗量（$kg/m^3$），按照铁路工程隧道定额双线隧道Ⅳ级围岩为 $0.9kg/m^3$；

$s$——隧道掘进断面面积（$m^2$），单线隧道Ⅳ级每延米 $64.06m^2$；

$L$——炮眼深度或循环设计进尺（m）。

则单线隧道Ⅳ级围岩断面爆破每循环的理论用药量为：0.9×64.06×2.4=138.37（kg），钻爆设计用药量取124.53kg。

②炮眼数确定

炮眼数确定按照下面公式进行确定：

$$N = \frac{q \cdot s}{r \cdot n}$$

式中：$N$——炮孔数量；

$q$——2号岩石乳化炸药单耗，取 $0.9kg/m^3$；

$s$——隧道断面开挖面积（$m^2$）；

$n$——炮眼装药系数，参见表4-1.17；

$r$——炸药的线装药密度，根据经验周边眼线装药量取0.25kg/m，其他取1kg/m，平均取0.8kg/m。

**表4-1.17　炮眼装药系数 $n$ 取值表**

| 炮眼名称 | 岩石特性，$f$ 值分类（普氏分类） | | | | | |
|---|---|---|---|---|---|---|
| | 10～20 | 8～10 | 7～8 | 5～6 | 3～4 | 1～2 |
| 掏槽眼 | 0.8 | 0.7 | 0.65 | 0.6 | 0.55 | 0.5 |
| 辅助眼 | 0.7 | 0.6 | 0.55 | 0.5 | 0.45 | 0.4 |
| 周边眼 | 0.75 | 0.65 | 0.6 | 0.55 | 0.45 | 0.4 |

根据普氏分类，砂岩、页岩 $f$ 值可取为8，则 $n$ 取0.6左右，因而理论炮眼的数量为：单线隧道Ⅳ级围岩断面为0.9×64.06/(0.6×0.8)=120（个），设计取152个。

③炮眼药量分配

详见爆破炮眼布置图。

④主要经济技术指标（表4-1.18）

**表4-1.18　Ⅳ级围岩光面爆破主要经济技术指标表**

| 序　号 | 项　目 | 单　位 | 数　量 |
|---|---|---|---|
| 1 | 开挖断面面积 | $m^2$ | 64.06 |
| 2 | 每循环开挖进尺 | m | 2.4 |
| 3 | 每循环爆破方量 | $m^3$ | 153.744 |
| 4 | 炮眼总数 | 个 | 152 |
| 5 | 钻孔总量 | m | 380 |
| 6 | 毫秒雷管用量 | 发 | 152 |
| 7 | 炸药用量 | kg | 124.53 |
| 8 | 比钻眼数 | 个/$m^2$ | 2.37 |
| 9 | 比装药量 | $kg/m^3$ | 0.81 |

Ⅳ级围岩爆破炮眼布置如图 4-1.27 所示。

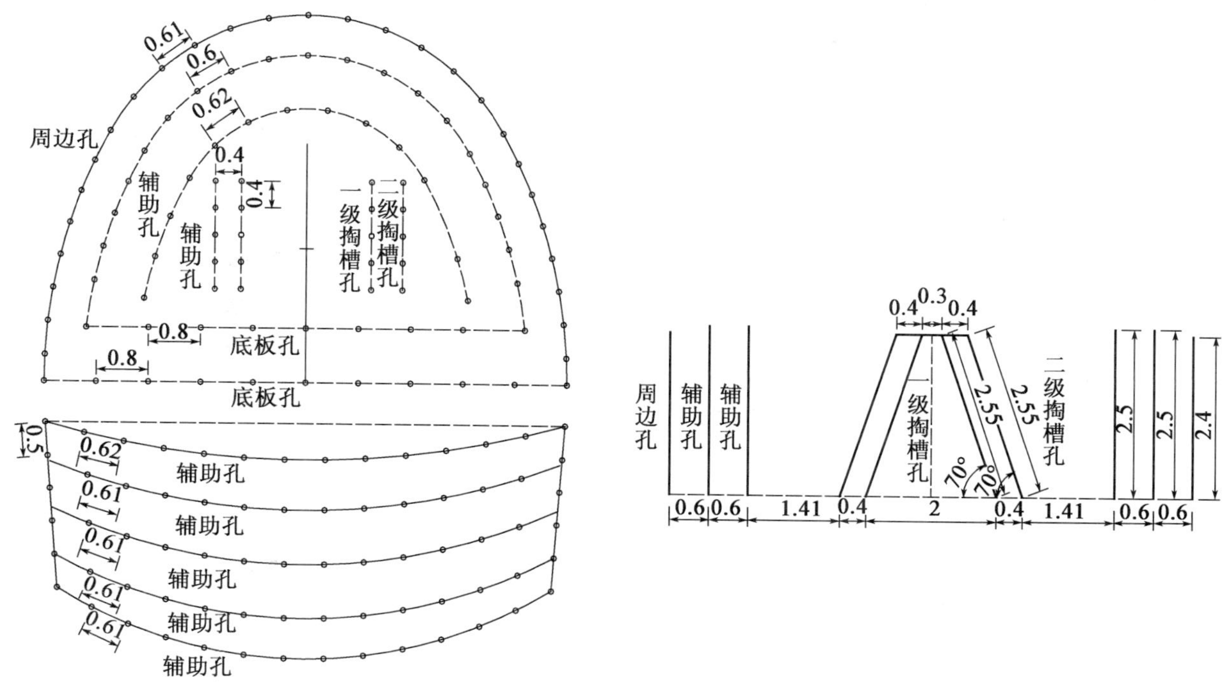


a)将军岭隧道单线Ⅳ级围岩台阶法爆破开挖炮眼布置图　　b)将军岭隧道单线Ⅳ级围岩全断面爆破开挖炮眼剖面图

图 4-1.27　Ⅳ级围岩爆破炮眼布置图(尺寸单位:m)

(4) Ⅴ级围岩光面爆破施工

Ⅴ级围岩采用短台阶分部爆破施工。每循环进尺控制在 0.8m 左右,按照公式,可以计算单线隧道Ⅴ级围岩爆破施工的理论炸药用量 $Q = q \times s \times L = 0.36 \times 68.93 \times 0.8 = 19.85$kg,设计取 42.05kg;炮眼理论数量 $N = (q \cdot s)/(r \cdot n) = 0.36 \times 68.93/(0.5 \times 0.5) = 100$(个),实际取 135 个。炮眼布置图及药量分配详见"Ⅴ级围岩爆破炮眼布置图"。

Ⅴ级围岩光面爆破主要经济技术指标见表 4-1.19。

**表 4-1.19　Ⅴ级围岩光面爆破主要经济技术指标表**

| 序　号 | 项　目 | 单　位 | 数　量 |
|---|---|---|---|
| 1 | 开挖断面面积 | $m^2$ | 68.93 |
| 2 | 每循环开挖进尺 | m | 0.8 |
| 3 | 每循环爆破方量 | $m^3$ | 68.93 |
| 4 | 炮眼总数 | 个 | 135 |
| 5 | 钻孔总量 | m | 108 |
| 6 | 毫秒雷管用量 | 发 | 135 |
| 7 | 炸药用量 | kg | 42.05 |
| 8 | 比钻眼数 | 个/$m^2$ | 2 |
| 9 | 比装药量 | kg/$m^3$ | 0.61 |

Ⅴ级围岩爆破炮眼布置如图 4-1.28 所示。

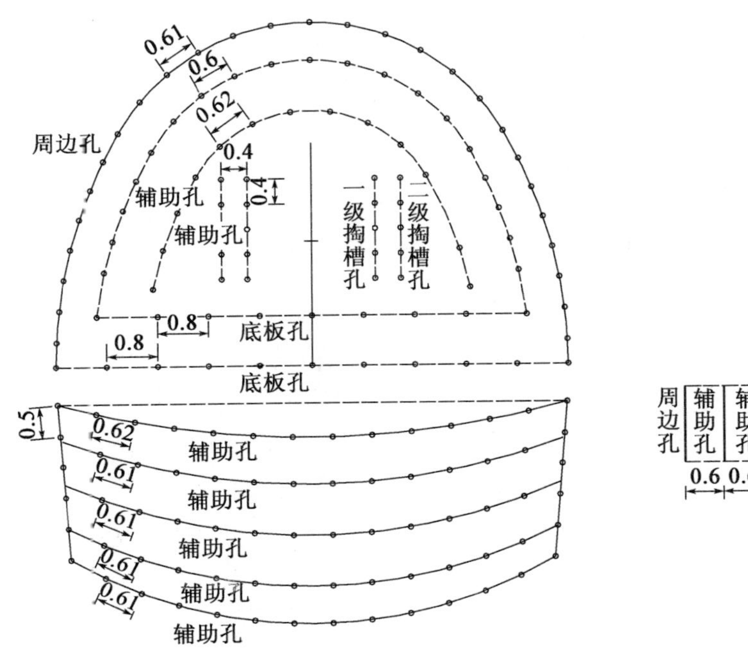


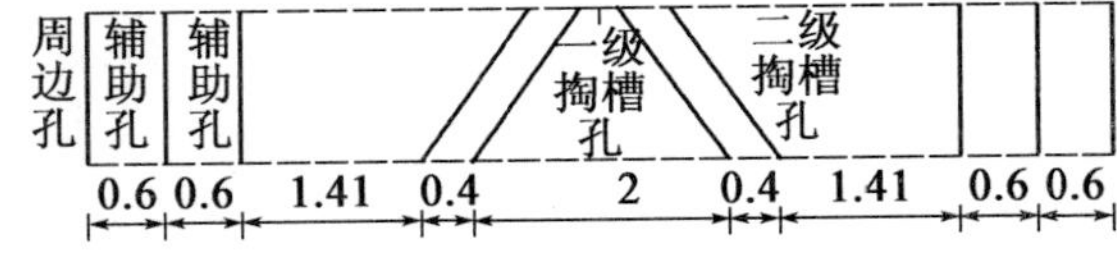


a)将军岭隧道单线Ⅴ级围岩台阶法爆破开挖炮眼布置图　　b)将军岭隧道单线Ⅴ级围岩全断面爆破开挖炮眼剖面图

**图 4-1.28　Ⅴ级围岩爆破炮眼布置图**(尺寸单位:m)

## 8.2　衬砌台车验算书

### 8.2.1　全液压自行式台车受力分析

台车在明洞施工时,外模会通过拉杆等固定到模板台车上,台车不会受到混凝土的浮力。

由图 4-1.29 可知,台车的受力可分解为垂直和水平方向进行计算,垂直方向力记为 $F_{-}$,水平方向力记为 $F_{//}$,对于顶模计算如下:

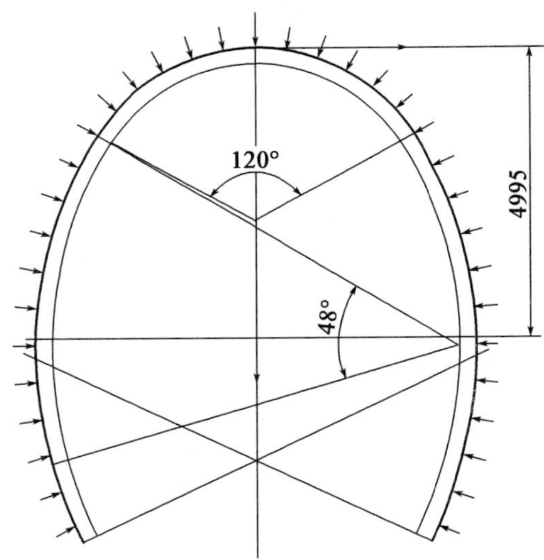


**图 4-1.29　台车受力分析**(尺寸单位:m)

$$F_{//} = \int_{48^\circ}^{90^\circ} 2.5 \times 10^4 \times 12.7(1 - \sin\theta) \times 12.7 \times 9 \times \cos\theta \mathrm{d}\theta$$

$$=36290250\times(\sin\theta+\cos2\theta/4)\Big|_{48}^{90}$$
$$=4042\text{kN}$$

$$F_{\perp}=\int_{48^\circ}^{90^\circ}2.5\times10^4\times12.7(1-\sin\theta)\times12.7\times9\times\sin\theta d\theta$$
$$=36290250\times(\sin2\theta/4-\cos\theta-\theta/2)\Big|_{48}^{90}$$
$$=1960\text{kN}$$

对于下模1,计算如下:

$$F_{/\!/}=\int_{-11^\circ}^{43^\circ}2.5\times10^4\times(6.4-4.5\sin\theta)\times4.5\times9\times\cos\theta d\theta$$
$$=6480000\times\sin\theta\Big|_{-11}^{43}+4556250\cos2\theta/4\Big|_{-11}^{43}$$
$$=4679\text{kN}$$

$$F_{\perp}=\int_{-11^\circ}^{43^\circ}2.5\times10^4\times(6.4-4.5\sin\theta)\times4.5\times9\times\sin\theta d\theta$$
$$=4556250\times(\sin2\theta/4-\theta/2)\Big|_{-11}^{43}-6480000\times\cos\theta\Big|_{-11}^{43}$$
$$=1039\text{kN}$$

对于下模2,计算如下:

$$F_{/\!/}=\int_{-16^\circ}^{-9^\circ}2.5\times10^4\times(4.5-18\sin\theta)\times18\times9\times\cos\theta d\theta$$
$$=18225000\times\sin\theta\Big|_{-16}^{-9}+72900000\times\cos2\theta/4\Big|_{-16}^{-9}$$
$$=4049\text{kN}$$

$$F_{\perp}=\int_{-16^\circ}^{-9^\circ}2.5\times10^4\times(4.5-18\sin\theta)\times18\times9\times\sin\theta d\theta$$
$$=72900000\times(\sin2\theta/4-\theta/2)\Big|_{-16}^{-9}-18225000\times\cos\theta\Big|_{-16}^{-9}$$
$$=-2943\text{kN}$$

(负值说明该力方向向上,表明衬砌下模时有浮力,故设计台车时设有抗浮机构)

当混凝土凝固时,顶模板只承受顶部混凝土的重力,而侧模板不受力,顶模板上部混凝土重力计算如下,(按衬砌厚度1m计算):

混凝土断面面积经计算为$386262\times10^{-6}\text{m}^2$,故$G=2.5\times10^4\times386262\times10^{-6}\times9=965(\text{kN})$,由顶模模板重量计算得18.62t=186.2kN。

由以上分析,整个台车的受力可分解为水平力$F_{/\!/}$和垂直力$F_{\perp}$,各自大小如下:

$$F_{/\!/}=12770\text{kN},F_{\perp}=965\text{kN}$$

**8.2.2** 侧压力的确定

侧压力只与浇注混凝土高度有关,与厚度无关。

根据《建筑施工手册》中"现浇混凝土结构模板的设计"可知,侧压力公式为:

$$F=0.22r_c t_0\beta_1\beta_2V^{\frac{1}{2}}$$

式中:$F$——新浇筑混凝土对模板的最大侧压力($\text{kN/m}^2$);

$r_c$——混凝土的重力密度($\text{kN/m}^3$);

$t_0$——新浇筑混凝土的初凝时间(h),可按实测确定,当缺乏试验资料时,可采用$t_0=200/(T+15)$计算($T$为混凝土的温度℃);

$V$——混凝土的浇筑速度(m/h);

$\beta_1$——外加剂影响修正参数，不掺外加剂时取1.0，掺具有缓凝作用的外加剂时取1.2；

$\beta_2$——混凝土坍落度影响修正参数，当坍落度小于30mm时取0.85，50～90mm时取1.0，110～150mm时取1.15。

(1)各参数的确定：

①$r_c$ 取 $24kN/m^3$。

②$t_0 = 200/(T+15) = 200/(25+15) = 5$。

③$V$ 的确定：

施工时采用混凝土输送泵浇筑，输送泵排量为 $25 \sim 30m^3/h$，取最大值 $30m^3/h$，浇筑混凝土平均厚度取1.0m，两边平衡浇筑，考虑到浇筑时，换管与时间耽误，取修正系数0.75，故：

$$0.75 \times 30m^3/h = (1.0 \times 10 \times V) \times 2$$

$$V = 1.125m/h$$

④$\beta_1$ 取1.0。

⑤$\beta_2$ 取1.15。

(2)侧压力计算：

$$F = 0.22 \times 24 \times 5 \times 1.125 \times 1 \times 1.15 = 32.20(kN/m^2)$$

### 8.2.3 边模的强度验算

(1)模板强度验算

面板厚度10mm，间距250mm，布置Q235的90×56×6角钢，将侧压力视为均布荷载。

均布载荷：
$$q = F \times 0.25/1000 = 32.2 \times 0.25/1000 = 8.05(N/mm)$$

弯矩：
$$M = ql^2/8 = 8.05 \times 1500^2/8 = 226.4 \times 10^4(N \cdot mm)$$

模板截面模量：
$$W = 1/6 \times (250 \times 6^2) + 9.93 \times 10^3 \times 2 = 20.526 \times 10^3(mm^3)$$

设计应力：
$$\sigma = M/W = 226.4 \times 10^4/(20.526 \times 10^3) = 110.3(N/mm^2) < f_m = 215N/mm^2$$

模板强度符合要求。

注：$f_m$ 为模板设计许用应力规范值。

(2)弧板强度验算

弧板截面模量：
$$W = 1/6[12 \times (250/2)^2] = 26.042 \times 10^3(mm^3)$$

为了计算方便，将弧板按直板计算：

均布载荷：
$$q = (F \times 2025/1000) \times 1/2 = 32.2 \times 2025/1000 \times 1/2 = 32.60(N/mm)$$

弯矩：
$$M = ql^2/8 = 32.6 \times 2025^2/8 = 1671 \times 10^4(N \cdot mm)$$

设计应力：
$$\sigma = M/W = 1671 \times 10^4/(3 \times 26.042 \times 10^3)$$

$$=213.88(N/mm^2)\leqslant f_m=215N/mm^2$$

注:所有弯矩至少由3块弧板承担。

弧板强度符合要求。

(3)弧板连接梁的强度验算

弧板连接梁为20号组焊。

截面模量:
$$W=200\times10^3\times2=400\times10^3(mm^3)$$

均布载荷:
$$q=F\times1500/1000=32.2\times1500/1000=48.3(N/mm)$$

弯矩:
$$M=ql^2/8=48.3\times1500^2/8=1358.4\times10^4(N\cdot mm)$$

设计应力:
$$\sigma=M/W=1358.4\times10^4/(400\times10^3)=33.96(N/mm^2)\leqslant f_m=215N/mm^2$$

弧板连接梁强度符合要求。

### 8.2.4 上拱板的强度验算

上拱板与横梁连接成为一个穹形钢体,承受的正压力远大于侧向压力。

故只需对上模板受正压力进行强度验算。模板每平方米上所受正压力,即混凝土的自重,衬砌厚度按1.5m计算,正压力:$N=24kN/m^3\times1.5m=36kN/m^2$。

正压力较侧压力32.2$kN/m^2$稍大,但上模板刚度较下模板好。由下模板的计算可知,设计应力远小于许用应力,通过计算亦可得出上模板强度是符合要求的,在此不做计算。

### 8.2.5 上部台架

上部台架立柱、弦杆共7×9=63(根),材料为Q235工字形钢Ⅰ20b,其中小立柱Ⅰ20b为5×9=45(根),弦杆Ⅰ20b为2×9=18(根),断面面积$A=72.8\times10^{-4}m^2$,单根立柱受力$F=(4412+965)/91=59.08(kN)$。上部台架主视图、侧视图如图4-1.30、图4-1.31所示。

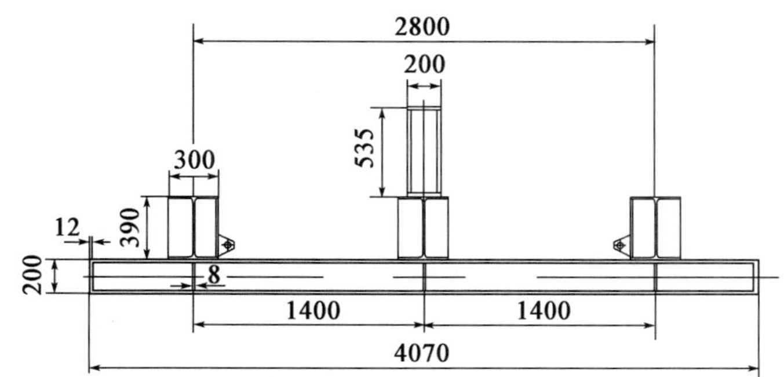


图4-1.30 上部台架主视图(尺寸单位:mm)

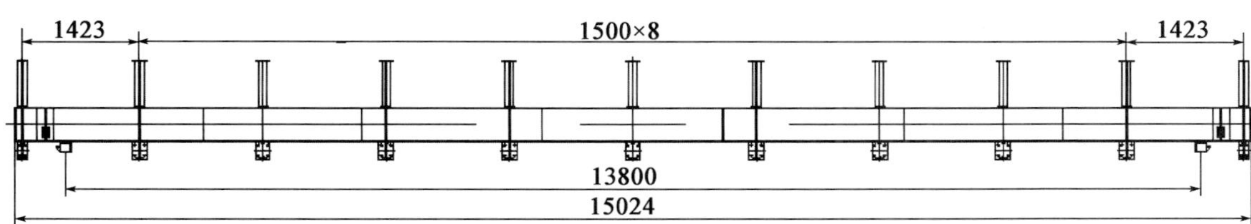


图4-1.31 上部台架侧视图(尺寸单位:mm)

$\sigma = 59.08 \times 10^3 / 72.8 \times 10^{-4} = 8.11(\mathrm{MPa}) \ll [\sigma_s] = 235\mathrm{MPa}$，强度足够。

对于上纵梁有：

$F = 59.08 \times 6 = 354.48(\mathrm{kN})$，截面积 $A = 0.017\mathrm{m}^2$，则：

$$\sigma = 354.48 \times 10^3 / 0.017 = 20.85(\mathrm{MPa}) < [\sigma_s] = 235\mathrm{MPa}(\text{强度足够})$$

惯性矩：$I_x = (1.2 \times 61.8^3)/12 + 2 \times [(30 \times 1.6^3)/12 + 30 \times 1.6 \times 31.7^2] = 120093(\mathrm{cm}^4)$

最大挠度：$f_{max} = Fl^3/48EI_x = 59.08 \times 10^3/48 \times 206 \times 10^9 \times 120093 \times 10^{-8} = 0.05(\mathrm{mm})$（满足要求）

### 8.2.6 门架

门架主视图、侧视图如图 4-1.32、图 4-1.33 所示。

(1)横梁

$F = 59.06 \times 8 = 295.4(\mathrm{kN})$，截面积 $A = 0.3 \times 0.012 \times 2 + 0.7 \times 0.01 = 0.0106(\mathrm{m}^2)$，则：

惯性矩：$I_x = (1.2 \times 101.8^3)/12 + 2 \times [(40 \times 1.6^3)/12 + 40 \times 1.6 \times 51.7^2] = 17793643(\mathrm{cm}^4)$

均载： $q = 295.4/9.4 = 31.42(\mathrm{kN/m})$

$\sigma = 295.4 \times 10^3/0.024 = 12.3(\mathrm{MPa}) < [\sigma_s] = 235\mathrm{MPa}$（强度足够）

最大挠度：$f_{max} = 5ql^4/384EI_x = 1.2\mathrm{mm}$（满足要求）

(2)门架立柱

门架立柱两端受压力，中部受一个侧向千斤顶传递的水平力，受力：

$F_1 = 59.06/2 = 29.53(\mathrm{kN})$，$F_1 = 12770/50$（侧向千斤顶数量）$= 255.4(\mathrm{kN})$

截面积：$A = 0.35 \times 0.016 \times 2 + 0.668 \times 0.012 = 0.019(\mathrm{m}^2)$

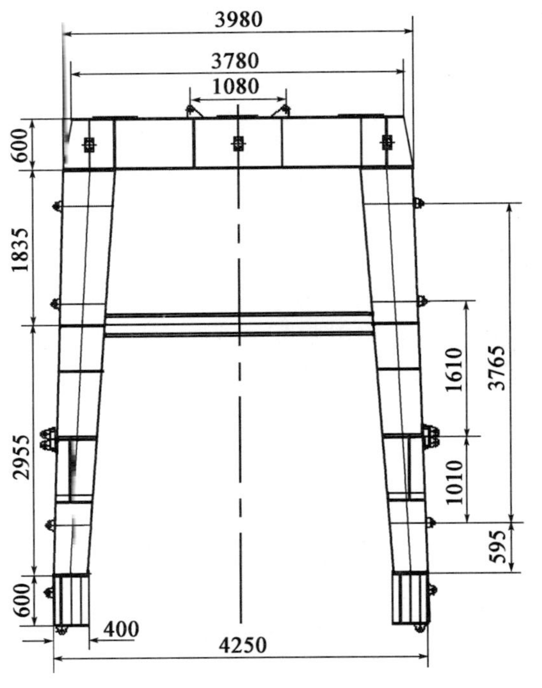


图 4-1.32 门架主视图(尺寸单位:mm)

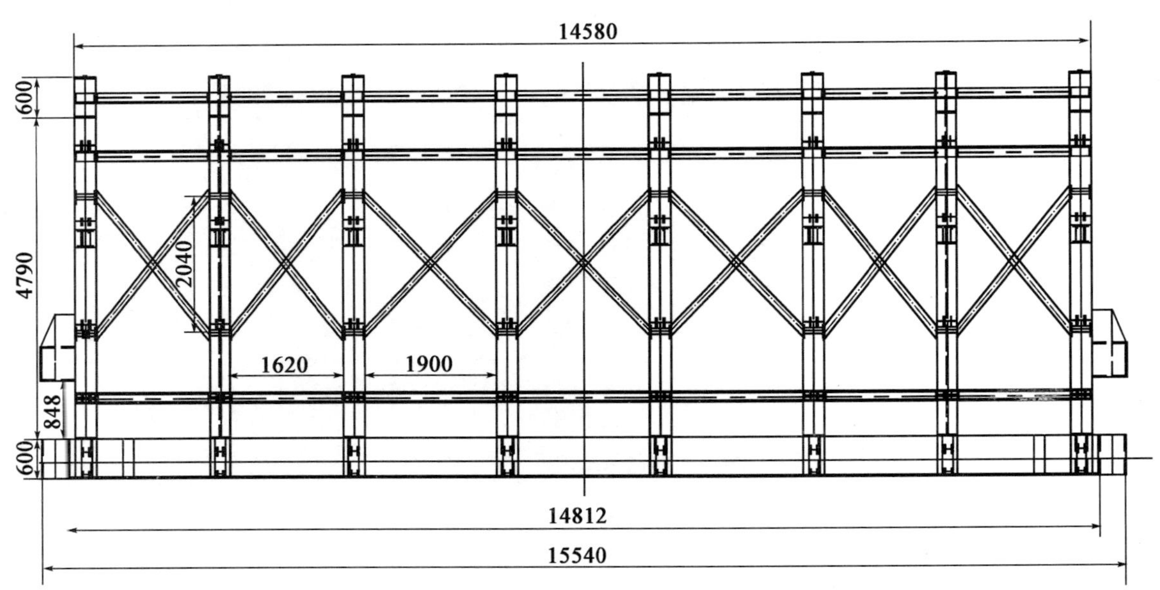


图 4-1.33 门架侧视图(尺寸单位:mm)

惯性矩： $I_x = (1.2 \times 37.6^3)/12 + 2 \times [(115 \times 1.6^3)/12 + 115 \times 1.2 \times 37.6^2] = 408099(\mathrm{cm}^4)$

$$\sigma = 29.53 \times 10^3 / 0.019 = 15.54(\text{MPa}) < [\sigma_s] = 235\text{MPa}(\text{强度足够})$$

最大挠度： $f_{max} = F_2 l^3 / 48EI_x = 0.5\text{mm}$(满足要求)

(3)门架下纵梁

门架下纵梁是主要受力结构，受上下两个作用的力，采用双腹板，内部增加加强筋，受力：

$$F_1 = 59.06/2 = 29.53(\text{kN})$$

截面积： $A = 0.7 \times 0.012 \times 2 + 0.676 \times 0.012 \times 2 = 0.033(\text{m}^2)$

惯性矩：$I_x = (1.2 \times 37.6^3)/12 + 2 \times [(115 \times 1.6^3)/12 + 115 \times 1.2 \times 37.6^2] = 408099(\text{cm}^4)$

$$\sigma = 29.53 \times 10^3 / 0.033 = 8.94(\text{MPa}) < [\sigma_s] = 235\text{MPa}(\text{强度足够})$$

最大挠度： $f_{max} = F_2 l^3 / 48EI_x = 0.5\text{mm}$(满足要求)

门架纵向连接梁、剪刀架 25 + 20 × 2 = 65 根，材料为 Q235 工字钢I 16b、槽钢[10，其中纵向连接梁工字钢 20b 为 5 × 5 = 25(根)，剪刀架槽钢[10 为 4 × 10 = 40(根)。两端固定，中点承受千斤顶施加的竖向集中荷载 10t，跨度为 1.4m，需要 16 型号的工字钢，对应的挠度为 1.087mm，安全系数为 1.68，材料为 Q235B。纵向连接梁和剪刀架只受门架本身的挤压力，强度完全满足要求。

台车验算完毕，均满足使用要求。

## 第三节 示例点评

本示例概述了单线铁路山岭隧道洞口、开挖、支护和衬砌施工的方法及要求，对特殊地质洞口施工风险事项处置阐述较少，施工中应根据隧道地形地质地貌的实际情况，选用不同的施工方法和保障措施。

本示例中洞口爆破应考虑对周边环境的影响。

本示例仅列举了 3 种常见的开挖方法，这 3 种开挖方法在单线铁路中较为实用，双线铁路实际施工还可能涉及三台阶七部开挖法、中隔壁法、交叉中隔壁法、双侧壁导坑法，在其他隧道施工中要根据设计要求选取对应的施工方法。

本示例超前支护中未提及洞内管棚施工相关内容。

# 第二章　隧道不良地质及特殊岩土地段专项施工方案

## 第一节　编 制 要 求

### 1　适用范围

断层破碎地段，浅埋、偏压地段，浅埋、下穿房屋、道路，高地应力段，高地温段隧道施工。

### 2　工程重难点

（1）不良地质隧道围岩地质差、稳定性差，围岩的加固措施是工程的重难点。

（2）特殊岩土地段的风险防范和处置是施工安全控制的重点。

### 3　内容要点

（1）危险因素分析中应重点评估断层破碎地段、浅埋偏压地段、浅埋下穿房屋道路地段开挖方式不当导致的坍塌冒顶风险，高应力地段危石掉块、岩爆排险处理不当导致的坠物打击风险，初期支护不到位、监控量测不到位、超前地质预报不及时导致突泥、涌水的风险，爆破方式方法不当、防护措施不足、违规处理火工品导致的爆破打击风险，高地温隧道通风不畅、未采取降温措施导致高温中暑风险。

（2）施工方法及工艺应重点阐述断层破碎地段、浅埋偏压地段、浅埋下穿房屋道路等不良地质段加固措施和高地应力、高地温特殊岩土地段预防措施。

（3）安全保障措施应重点阐述不良地质及特殊岩土地段隧道施工过程中相应的安全保障措施。

## 第二节　工 程 示 例

### 1　工程概况

不良地质：隧道进口 DK××+×××～DK××+×××段埋深较浅，且洞顶有一水塘；洞身 DK××+×××～DK××+×××段下穿县道、乡村水泥路、房屋等，埋深 16～18m，地质条件差，且有断层破碎带；DK××+×××～DK××+×××段埋深浅，偏压严重，最浅处覆土仅 0.9m；本隧道隧址区内最大原岩温度为 39.08℃，根据实测及估算，隧道最大埋深处地温相对较高，远超过我国铁路工程技术规范规定的保证工人的身心健康和工作效率上限温度值 25℃，同时隧址区存在多处酸性侵入岩脉，且需考虑施工时机器散热、爆破等因素；隧道 DK××+×××～DK××+×××段埋深为 400～700m，为高应力区；DK××+×××～DK××+×××段为极高应力区，隧身地层岩性主要为凝灰岩（硬质岩），开挖过程中可能出现岩爆，产生岩块弹射、洞壁岩体有剥离和掉块等现象；隧道区构造发育，共有 20 条断层，存在坍塌、突泥突水的风险。

水文地质：预测××隧道最大涌水总量约 20265$m^3$/d，1 号斜井最大涌水量 1024$m^3$/d，3 号斜井最大涌水量 2156$m^3$/d。

## 2 编制依据

参照第一篇“3 主要编制依据”。

## 3 施工方法及工艺

### 3.1 断层破碎地段施工

#### 3.1.1 施工工艺流程

断层是本隧道施工主要的地质隐患之一，如果施工组织不当或管理过程不规范，容易造成坍塌冒顶等地质灾害，影响工期目标的实现。因此，在穿越断层时，要加强过程控制，充分利用超前地质预报、监控量测等手段辅助指导施工，对施工过程实行动态、全过程监控。

隧道穿越断层时严格按隧道穿越断层施工流程图组织施工。

穿越断层施工工艺流程见图4-2.1。

#### 3.1.2 施工方法

**3.1.2.1** 做好、做准超前地质预报

超前地质预报是保证正确选用合适的施工方案方法的重要依据，拟采用的超前地质预报方法：先采用TSP203超前地质预报仪预报前方围岩的结构特性，基本掌握断层或软岩大变形地段的大致位置，待开挖至预测的断层结构面15～20m时，再采用超前水平地质钻机进行超前钻孔，准确判断断层位置及断层内充填物的性质、富水情况及水压，判断涌水的可能性，制定相应的、可行的技术措施和施工方案并严格按方案进行施工，在超前处理措施实施后进行隧道施工，地质专业工程师进行详细的地质调查和断面地质素描，通过三者有机结合，准确判断前方未开挖地段的围岩情况及超前处理措施的效果。

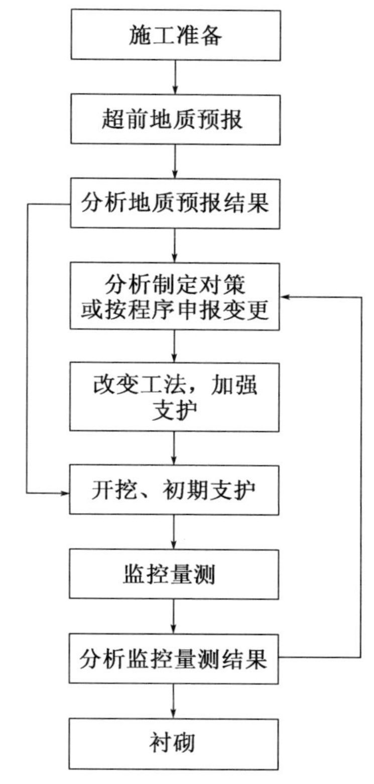


图4-2.1 穿越断层施工工艺流程图

**3.1.2.2** 超前预支护

(1)超前小导管施工(适用于一般断层地段)

小导管设计参数：导管规格为$\phi$42热轧无缝钢花管，节长3.5～5.0m，环向间距30～50cm，钢管外插角10°～15°，尾部留不钻孔的止浆段100cm。

施工方法参见第四篇第一章“3.4.1.2 施工方法”。

(2)超前管棚施工(适用于浅埋偏压、浅埋下穿断层地段)

管棚设计参数：导管规格为$\phi$89mm热轧无缝钢花管(洞内施作)或$\phi$108mm热轧无缝钢花管(隧道进出口施作)，节长3m或6m，钢管上钻注浆孔，孔间距15～20cm，钢管间距环向间距40cm，钢管外倾角1°～3°，尾部留不钻孔的止浆段150cm。

施工方法参见第四篇第一章“3.2.3 超前大管棚支护施工”。

**3.1.2.3** 开挖方法

台阶法施工参见第四篇第一章“3.3.2 台阶法开挖工艺”。

施工时，先对隧道拱部采用超前加固，然后分部开挖。开挖时，为减轻对周边围岩的扰动，尽可能采用风镐或机械法开挖，确需爆破时，应控制好装药量，采用弱震动爆破法开挖。各部位开挖后，及时按设计要求完成初期支护结构，使各部位能及时封闭，提高其受力性能。开挖时，下台阶前后错开不少于20m的距离，当开挖形成整体断面后，要及时完成仰拱施工，并根据围岩量测结果尽早施作二次衬砌结构。

**3.1.2.4** 做好围岩量测,明确掌握围岩动态,指导施工。

施工中进行洞内外观察、地表下沉、水平收敛、拱顶下沉等项目的监控量测。为准确地反映围岩和支护结构的变形情况,拱顶下沉及净空变位采用无尺量测法量测。监测后及时根据监测数据绘制拱顶下沉、水平位移等随时间及工作面距离变化的时态曲线,了解其变化趋势,并对初期的时态曲线进行回归分析,综合判断围岩和支护结构的稳定性,并根据变位等级管理标准及时反馈施工。

**3.1.2.5** 及时施作二次衬砌

开挖后尽早施作仰拱,待围岩和支护变形基本趋向稳定后施作复合式衬砌。

## 3.2 浅埋、偏压地段施工

### 3.2.1 施工工艺流程

DK××+×××~DK××+×××段埋深浅,偏压严重,最浅处覆土仅0.9m,该段落采用环形开挖预留核心土法开挖,洞外施作挡墙,对地表采用C20混凝土回填,洞内采用$\phi$89管棚超前支护,施工中加强地表和洞内监控量测,加强超前地质预测预报。施工工艺流程见图4-2.2。

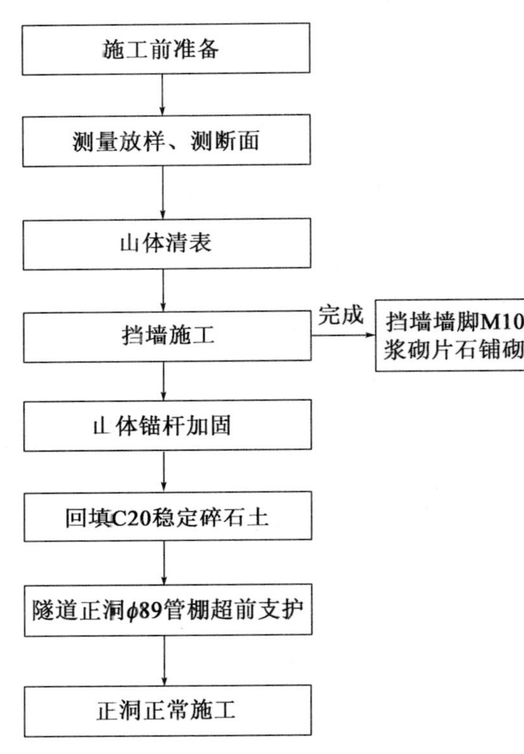


图4-2.2 浅埋、偏压地段施工工艺流程图

### 3.2.2 施工方法

**3.2.2.1** 清表

通过施工放样,定出挡墙基础及C20混凝土回填区域,挡墙基础地基承载力不小于200kPa,基底承载力不足时应进行处理;C20混凝土回填区域挖除不小于30cm保护土层,清除地表耕植土、植被草皮、淤泥等杂质,当原始地面坡度陡于1:5时,地表应开挖台阶,台阶宽度不得小于1m。

**3.2.2.2** 挡墙施工

挡土墙施工程序为:测量放线→开挖基坑→地基加固(软弱地基)→基坑验收→模板支护→墙体泄水管预埋件设置→混凝土浇筑→拆模→养护。

(1)DK××+×××~DK××+×××浅埋段线路右侧开挖外部挡墙基础,开挖至设计高程后对基底承载力和基础嵌岩深度进行检查,基底承载力不足时应进行处理,确保基础嵌入稳定岩体。

(2)墙身模板采用1m×0.5m钢模板拼装,每次立模高度不大于1.5m。安装侧模时应防止移位和凸出,基础侧模可在模板外设立支撑固定,墙身的侧模可设拉杆固定。模板安装完毕后,应对其平面位置、顶部高程、节点联结、纵横向稳定性进行检查。在施工过程中发现模板有移位和变形应及时纠正。模板在安装过程中必须设置防倾覆设施。

挡墙墙身每隔2m交错设置泄水孔,泄水孔采用$\phi$100PVC管,其排水坡不小于4%。在安装时,可通过钢筋对PVC管进行固定,对于面板方向的泄水孔,要使PVC管与正面模板接触紧密,PVC管的端面要形成相应的斜面,保证在浇筑混凝土的过程中PVC管周围不会漏浆,使面板光滑、平整。PVC管管口利用胶布进行密封。墙身于地面处必须设置泄水孔。为防止泄水孔堵塞应在泄水孔进口处填石设置反滤层。挡墙外侧坡度为1:0.5,挡墙上口宽1.45m,挡墙基座底宽4.7m,挡墙上口内边线(即回填边线)距隧道线路右侧中线6.62m。

(3)挡墙采用C30混凝土浇筑,每次浇筑高度不超过1.5m。混凝土浇灌从低处开始分层均匀进行,分层厚度一般为30cm,采用插入式振捣器振捣,振捣棒移动距离不应超过其作用半径的1.5倍(50振动棒间距为30cm),并与侧模保持5~10cm的距离,切勿漏振或过振。在混凝土浇灌过程中,如表面泌水过多,应及时将水排走或采取逐层减水措施,以免产生松顶,浇灌到顶面后,应及时抹面,定浆后再二次抹面,使表面平整。

(4)混凝土浇筑完进行收浆后,应及时晒水养护,养护时间最少不得小于7d,在常温下一般24h即可拆除侧身模板,拆模时,必须特别小心,切勿损坏墙面。

**3.2.2.3 砂浆锚杆加固**

锚杆孔采用风动式凿岩机钻孔,钻孔方向尽可能与岩层主要结构面垂直,锚杆孔孔径须符合设计要求,锚杆孔深大于锚杆长度10cm,锚杆口间距允许偏差为±15cm。

砂浆质量配合比控制在1(水泥):1~1.5(砂):0.45~0.5(水)之间,砂的粒径不宜大于3mm。砂浆应拌和均匀,随拌随用,一次拌和的砂浆应在初凝前用完。注浆开始或中途暂停超过30min时,应用水润滑灌浆罐及其管路;注浆孔口压力不得大于0.4MPa;注浆管应插至距孔底5~10cm处,随水泥砂浆的注入缓慢匀速拔出,随即迅速将杆体插入,锚杆杆体插入孔内的长度不得短于设计长度的95%,若孔口无砂浆流出,应将杆体拔出重新注浆。如遇孔内流水,应在附近另行钻孔后再安设锚杆,亦可采用速凝早强药包锚杆或采用锚管锚杆向围岩压浆止水。

**3.2.2.4 回填C20混凝土**

拱顶地面右侧采用$\phi$22砂浆锚杆加固后回填C20混凝土,回填混凝土时必须保证混凝土挡墙已经达到设计强度,回填采用输送泵或汽车泵输送混凝土,浇筑混凝土时注意与边坡顺接,回填混凝土面坡度为1:1.13。

**3.2.2.5 超前支护**

(1)管棚设计参数

①导管规格:外径89mm。

②管距:环向间距40cm。

③倾角:外插角1°~3°为宜,可根据实际情况作调整。

④注浆材料:M20水泥浆或水泥砂浆。

⑤设置范围:拱部120°范围。

⑥管棚单根长度:20m。

(2)管棚施工工艺

管棚施工主要工序有施作套拱;搭钻孔平台、安装钻机;钻孔;清孔、验孔;安装管棚钢管;注浆。工序技术要求高,工艺复杂,施工工艺详见图4-2.3。

①扩挖管棚工作室

由于大管棚是在洞内施作,为保证大管棚施工的空间,需要开辟大管棚工作室。按单节导管长6m,钻机机身及主动钻杆共2m,则工作室的长度应为8m,上断面扩挖较设计断面大60cm,工作室设置位置为:DK57+938~DK57+930,管棚设置里程:DK57+930~DK57+910。

由于本段埋深最浅位置约在DK57+919段,覆土仅为0.9m,在扩挖工作室后,管棚的外插角度宜平缓,尽量控制在1°以内。

②施作导向管

工作室开挖、支护完成后,继续向前开挖2榀比设计断面大25cm左右的断面,尽快初喷,封闭掌子面,厚度4cm,

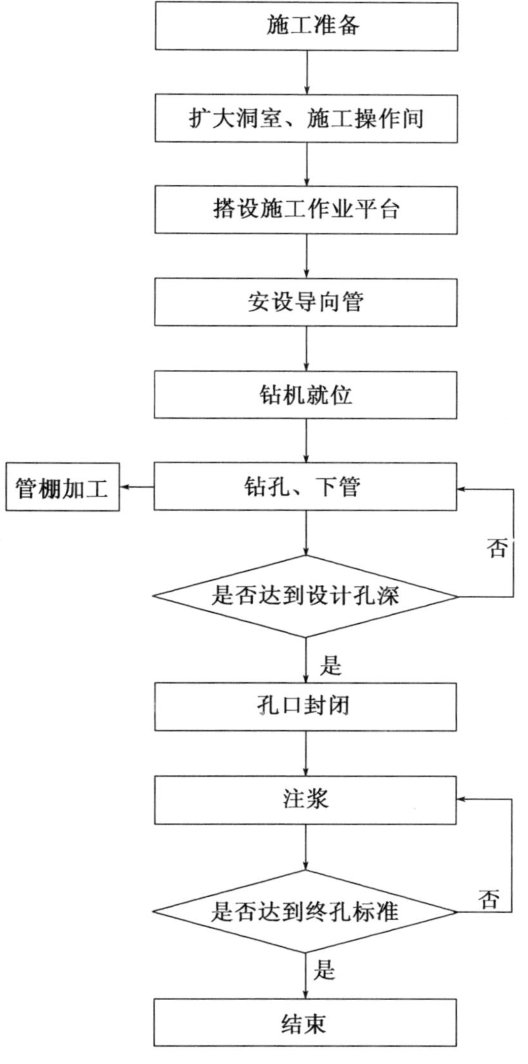


图4-2.3 管棚施工工艺流程图

形成止浆墙，架设钢架，采用全站仪以及坐标放样法，在工字钢架上定出其平面位置；用水准尺配合坡度板设定孔口管的倾角；用前后差距法设定导向管的外插角，将导向管焊接在钢架上。导向管与钢架高差可通过钢垫板实现调节。焊接应牢固，使钢架与导向管形成整体，并迅速喷射混凝土形成套拱。导向管长度 1m，采用外径 127mm、壁厚 6mm 热轧无缝钢管。

③搭钻孔平台安装钻机

a. 钻机平台可用方木或钢管脚手架搭设，搭设平台应一次性搭好，钻孔由钻机从低孔位向高孔位进行。

b. 平台支撑要着实地，连接要牢固、稳定。防止在施钻时钻机产生不均匀下沉、摆动、位移等影响钻孔质量。

c. 钻机定位：钻机要求与已设定好的孔口管方向平行，必须精确核定钻机位置。用全站仪、挂线、钻杆导向相结合的方法，反复调整，确保钻机钻杆轴线与孔口管轴线相吻合。

④钻孔

a. 为了便于安装钢管，钻头直径采用 $\phi$108mm。

b. 地质较好的情况下可以一次成孔；钻进时产生坍孔、卡钻，需补注浆后再钻进。

c. 钻机开钻时，可低速低压，待成孔 1.0m 后可根据地质情况逐渐调整钻速及风压。

d. 钻进过程中经常用测斜仪测定其位置，并根据钻机钻进的现象及时判断成孔质量，并及时处理钻进过程中出现的事故。

e. 钻进过程中确保动力器，扶正器、合金钻头按同心圆钻进。

f. 认真做好钻进过程的原始记录，及时对孔口岩屑进行地质判断、描述。作为开挖洞身的地质预探预报，指导洞身开挖。

⑤清孔验孔

a. 用地质岩芯钻杆配合钻头（$\phi$108mm）进行来回扫孔，清除浮渣至孔底，确保孔径、孔深符合要求、防止堵孔。

b. 用高压气从孔底向孔口清理钻渣。

c. 用全站仪、测斜仪等检测孔深，倾角，外插角。

⑥安装管棚钢管

a. 钢管应在专用的管床上加工好丝扣，棚管四周钻 $\phi$8 出浆孔（靠掌子面 4 ~ 5m 的棚管不钻孔）；管头焊成圆锥形，便于入孔。

b. 棚管顶进采用大孔引导和棚管机钻进相结合的工艺，即先钻大于棚管直径的引导孔（$\phi$127mm），然后利用钻机的冲击力和推力低速顶进钢管。

c. 接长钢管应满足受力要求，相邻钢管的接头应前后错开。同一横断面内的接头数不大于 50%，相邻钢管接头至少错开 1m。

⑦注浆

a. 安装好有孔钢花管即对孔内注浆，浆液由高速制浆机拌制。

b. 注浆材料：采用水泥浆液，水灰比为 1:1（重量比）。

c. 注浆压力在 0.5 ~ 2.0MPa，一般为 1MPa，具体视现场情况而定。当排气孔流出浆液后，关闭排气孔，继续注浆，达到设计注浆量或注浆压力时，稳定 3 ~ 5min 后停止注浆。

**3.2.2.6** 开挖及初期支护

洞身开挖采用环形开挖预留核心土法，上台阶先行开挖，严禁采用大断面法开挖，尽量减少爆破对围岩的扰动，初期支护严格按设计进行施作，主要为I20a 型钢，间距 0.6m，$\phi$89mm 管棚超前预支护，衬砌为 C35 钢筋混凝土。

支护时加强对拱脚的处理，严格按设计或强于设计进行锁脚锚管的施作，提高拱脚处围岩的承载力。同时及时施作仰拱，根据监控量测反馈信息及时采取各种施工措施，包括围岩系统注浆固结支护或地表注浆加固等，保证施工安全。

### 3.2.2.7 监测

参照第四篇第一章“6.3 监控监测保障措施”。

## 3.3 浅埋、下穿房屋道路施工

DK××+×××~DK××+×××段下穿县道、乡村水泥路、房屋等，埋深16~18m，地质条件差，且有断层破碎带，隧道洞顶左侧有流水，有坍塌、突泥、涌水的风险；施工采取台阶法开挖，短开挖、强支护、径向注浆堵水措施通过，同时加强超前地质预报工作，防止坍塌、突泥、涌水。为保证隧道施工顺利进行和道路、民房安全，该段施工按照“预加固、短进尺、弱爆破，强支护，早封闭，勤量测”的原则进行。该段由大里程往小里程方向施工。

根据设计要求，该段采用Ⅴ级加强复合式衬砌断面施工，开挖工法为环形开挖预留核心土法，超前支护类型为$\phi$89mm管棚+径向注浆，初期支护全环采用Ⅰ18型钢钢架，钢架间距为0.6m/榀，拱部设置3m长$\phi$22组合中空锚杆，边墙设置3m长$\phi$22砂浆锚杆，间距为1.2m×1.0m(环×纵)。

(1)洞内超前大管棚施工

DK××+×××~DK××+×××下穿段洞身设计超前加固措施为$\phi$89mm壁厚5mm管棚，其间距为40cm，单根长度为15m，全环28根，搭接长度为5m，有效长度为10m，管棚外插角为3°。

考虑到大管棚在施工洞内操作空间受限，施作时间较长，因此，在施作大管棚前拟退后5m，即DK××+×××~DK××+×××扩大隧道开挖断面50cm，形成管棚工作室，工作室长度和高度必须满足管棚施工占用空间和搭设管棚施工平台要求，同时保证管棚工作室段落支护结构安全，对管棚工作室布点进行监控量测。

洞内长管棚采用热扎无缝钢管及钢花管，外径89mm(壁厚5mm)。每节钢管两端均预加工成外丝扣，同一断面内接头数量不得超过总钢管数的50%。

(2)洞身开挖

本段设计采用环形开挖预留核心土法，每循环开挖进尺为0.6m(一榀钢架间距)，预留核心土面积的大小应满足开挖面稳定的要求，不宜低于开挖断面面积的50%；开挖完成后及时施作喷、锚支护，安装钢支撑，每两榀钢架之间应采用钢筋连接，并应加锁脚锚杆(管)；上部弧形，左右侧墙部，中部核心土开挖各错开3~5m平行作业；仰拱施工紧跟下台阶，全断面初期支护完成距离拱部开挖面不宜超过30m。当地质条件差、围岩自稳时间较短时，开挖面在拱部设计开挖轮廓线外，进行超前支护。

考虑到该段隧道洞身围岩为凝灰岩，施工过程中需要爆破开挖，因该段隧道埋深较浅，下穿民房及公路，实际施工过程中尽可能地采用人工配合机械开挖，可以采用人工配合挖机，或者采用破碎头进行破除，局部需要爆破时，采用弱控制爆破开挖，爆破振速控制在2.5cm/s。施工过程中坚持“短进尺，弱爆破，强支护，早封闭，勤量测”的原则。

(3)洞身初期支护

下穿民房及公路段设计为Ⅴ级围岩加强复合式衬砌，在完成超前支护及开挖后，需立即支护稳定围岩。每次开挖后都应及时进行初期支护，做到“早喷锚”。

(4)洞身衬砌

仰拱初期支护完成后，及时施作仰拱及填充，便于尽快形成洞身拱墙二次衬砌模筑混凝土灌注条件。为了缩短仰拱模筑混凝土的浇筑节长，及时浇筑仰拱混凝土，缩短仰拱和二次衬砌之间的距离，减少初期支护结构和围岩的沉降，仰拱模筑混凝土采用定型钢反模，2m一块，仰拱混凝土施作完成及时浇筑仰拱填充混凝土。

洞身二次衬砌模筑混凝土采用液压自行式整体模筑台车，每次浇筑长度为11.9m，填充作业面紧跟仰拱，一旦具备二次衬砌施工长度衬砌条件时，及时进行洞身混凝土二次衬砌浇筑，尽可能减少拱顶和地表的沉降。

混凝土由拌和站集中生产提供，采用10m$^3$混凝土运输罐车运输，混凝土输送泵泵送。拱顶混凝土浇筑过程中加强拱顶混凝土浇筑密实的监控，现场采用防空洞检测装置预防，对拱顶混凝土干缩出现的空腔及时采用回填注浆予以处理。

### 3.4 高地应力段施工

#### 3.4.1 施工工艺流程

加强超前地质预报，对岩爆出现的可能性与等级进行预测，以便施工时提前采取相关措施防范。加强光面爆破，提高光面爆破效果，降低瞬发性的岩爆。加强初期支护，延缓岩爆应变释放的强度和频率。采用喷雾和高压水进行冲洗岩壁，进一步释放岩爆应变能量。施工工艺流程见图4-2.4。

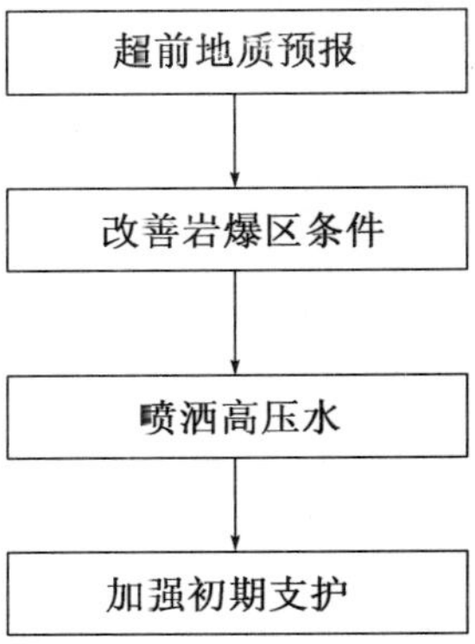

超前地质预报 → 改善岩爆区条件 → 喷洒高压水 → 加强初期支护

图4-2.4 高地应力区施工工艺流程图

#### 3.4.2 施工方法

（1）做好超前地质预报

在施工时，一方面可直接根据施工掌子面的地质条件，如岩体结构面产状、岩体的破碎程度、岩石的变质程度、岩体强度及地质应力等，再结合设计岩爆地段，对掌子面前方的岩体条件、产状及完整性进行预测，用以指导采取预防措施。

另一方面，按设计要求，采用超前探测孔和TSP地质预报对前方地质进行探测，得出数据后，进行地质预测，在开挖中结合掌子面地质情况验证和纠正，并不断提高预测水平。

（2）改善岩爆区的施工方法

①采用光面爆破技术，在中等以上岩爆区，及时调整周边眼间距，控制在40cm以内，采用隔眼装药，堵塞炮泥，增加光爆效果，以达到开挖轮廓线圆顺。尽量避免凹凸不平造成应力集中，以达到减弱岩爆的发生。

②调整钻爆设计，采用“短进尺，弱爆破”。改其为浅孔爆破，缩短循环进尺，减少一次用药量。拱部采用小药卷光面爆破措施，拉大不同部分炮眼的雷管段位间隔，从而延长爆破时间，减少对围岩的爆破扰动，减少爆破动应力的叠加，控制爆发裂隙的生成，避免由于爆破诱发岩爆，从而降低岩爆频率和强度。

③预先在工作面有可能发生岩爆的部位有规则地打一些空眼，不设锚杆而注水，以便释放应力，阻止围岩达到极限应力而产生岩爆。

（3）喷洒高压水

爆破后立即向工作面及以后约15m范围内隧道周边喷洒高压水，以改变岩石表面物理力学性质，降低岩石脆性、增强塑性，以达到减弱岩爆剧烈程度的目的。另外，将围岩表面冲洗干净也便于进行检查，此法一般用于轻微或中等程度岩爆。

（4）加强初期支护

①轻微岩爆区

实施全断面光面爆破开挖，循环进尺不得超过3.5m，爆破、通风、找顶后洞壁、掌子面洒水3遍，每遍相隔5～10min，使开挖面充分湿润，洒水喷头水柱不小于10m。打设洞壁环向应力释放孔：孔径$\phi$50mm、深3m，间距1.5m×1.5m，挂网喷混凝土初期支护，打设$\phi$25×5mm涨壳式预应力中空注浆锚杆长2m、预应力50kN、锚杆间距1.2m×1.2m，锚杆强度180kN。安装时，锚杆垫板要将钢筋网压在喷射混凝土上。

②中等岩爆区

实施全断面光面爆破开挖，循环进尺不超过3.5m。必要时做超前30～50m导洞，导洞直径不大于5m，可作为岩爆超前预报和释放地应力。

爆破、通风、找顶后洞壁、掌子面洒水3遍，每遍相隔5～10min，使开挖面充分湿润，洒水喷头水柱不小于10m。

打设洞壁环向应力释放孔：孔径$\phi$50mm，深3m，间距1.5m×1.5m。挂网喷混凝土初期支护，打设$\phi$25×5mm涨壳式预应力中空注浆锚杆长2m，预应力50kN，锚杆间距1.2m×1.2m，锚杆强度180kN。安装时，锚杆垫板要将钢筋网压住在喷射混凝土上。

对于中等以上的岩爆洞段，在钻爆施工时，可在拱角、边墙及顶部加深钻打周边眼，然后向眼孔内喷灌高压水，对围岩进行软化，从而人为提前加快围岩的应力释放。眼孔超前深度可取2m。

### 3.5 高地温段施工

本隧道隧址区内最大原岩温度为39.08℃，根据实测及估算，隧道最大埋深处地温相对较高，远超过我国铁路工程技术规范规定的保证工人的身心健康和工作效率上限温度值25℃，同时隧址区存在多处酸性侵入岩脉，且需考虑施工时机器散热、爆破等因素，可能存在地温危害。应加强通风换气、洒水降温、增加作业班组及作业人员适当缩短劳动工时等措施处理。

(1)加强通风施工方案

①1号斜井

根据隧道开挖进度及地热段出现情况，采取两阶段通风施工方案。

第一阶段：斜井井身通风，斜井长度613m，采取压入式机械通风，斜井施工独头掘进150m时，在斜井口安装1台2×132kW的轴流风机，利用直径为1.8m的通风管将洞外新鲜空气送至工作面，供应工作面新鲜空气，为施工提供良好的施工条件。

第二阶段：斜井井身施工完成进入正洞后，划分为两个工作面，承担任务：金华方向2005m，台州方向3100m。为满足两个工作面所承担施工任务通风的需要，正常施工环境下，确保全断面开挖时工作面风速不小于0.15m/s的要求，采用压入式通风，经计算需配置1台2×132kW的轴流风机供应金华方向工作面新鲜空气，1台2×185kW的轴流风机供应台州方向工作面新鲜空气。

②2号斜井

根据隧道开挖进度及地热段出现情况，采取一次性通风施工方案。

斜井长度1331m，采取压入式机械通风，斜井施工独头掘进150m时，在斜井口安装1台2×185kW的轴流风机，利用直径为1.8m的通风管将洞外新鲜空气送至工作面，供应工作面新鲜空气，为施工提供良好的施工条件。

斜井井身施工完成进入正洞后，承担任务：台州方向1775m，为满足一个工作面所承担施工任务通风的需要，正常施工环境下，确保全断面开挖时工作面风速不小于0.15m/s的要求，采用压入式通风，经计算需配置1台2×185kW的轴流风机供应台州方向工作面新鲜空气。

③3号斜井

第一阶段：斜井井身通风，斜井长度1604m，采取压入式机械通风，斜井施工独头掘进150m时，在斜井口安装1台2×132kW的轴流风机，利用直径为1.8m的通风管将洞外新鲜空气送至工作面，供应工作面新鲜空气，为施工提供良好的施工条件。

第二阶段：斜井井身施工完成进入正洞后，划分为两个工作面，承担任务：金华方向2555m，台州方向890m，为满足两个工作面所承担施工任务通风的需要，正常施工环境下，确保全断面开挖时工作面风速不小于0.15m/s的要求，采用压入式通风，经计算需配置1台2×185kW的轴流风机供应金华方向工作面新鲜空气，1台2×185kW的轴流风机供应台州方向工作面新鲜空气。

④隧道出口

根据隧道开挖进度及地热段出现情况，采取一次性通风施工方案。

隧道出口承担任务2483m，采取压入式机械通风，施工独头掘进150m时，在隧道口安装1台2×132kW的轴流风机，利用直径为1.8m的通风管将洞外新鲜空气送至工作面，供应工作面新鲜空气，为施工提供良好的施工条件。

(2)洒水降温措施

为防止地热危害作业人员的安全和健康，改善洞内施工环境，提高工作效率，采取洒水降温措施，具体如下：

①工作面洒水降温。利用进洞高压水管，每个工作面配备2个高压喷头，采用大量水对开挖面进行喷洒降温，同时起到降尘作用。隧道开挖爆破后，立即对新开挖揭露的岩面岩渣进行喷洒地下水降温，降低岩渣的温度，减缓岩渣和岩面向空气中大量散热，减少热源，有效降低洞内的空气温度，为优化作业环境创造条件。

②洞内地热段洒水降温。对已开挖施工过的初期支护、衬砌混凝土表面等，每个工作口配备1辆移动式洒水车、2台高压水枪，且每辆车安排专人3名，循环对隧道初期支护、衬砌混凝土表面及洞内空气进行洒水，确保喷洒面湿润，温度不在上升，从而达到降温目的。

(3)增加作业班组和作业人员

在地热环境中施工时，工人易发生维生素、水分及盐类的缺乏，对此需进行及时充分的补充，为缓解疲劳，需在适温、适湿的环境下充分的休息。根据隧道内的实际施工环境、劳动强度和劳动效率，合理安排高温作业时间，确定适当缩短劳动工时，增加劳动人数，增加施工作业工班。

# 4 施工计划

## 4.1 施工进度计划

确定工程具体的开工日期和完工日期，根据施工工序制订施工进度计划，明确具体施工内容。

## 4.2 施工机械计划

主要施工设备配置：作业台架、混凝土输送泵、电焊机、挖掘机、装载机、混凝土罐车、二次衬砌台车。

## 4.3 劳动力计划

施工人员配置：现场施工技术、质量、试验、安全、物资管理人员，及工班爆破、支护、衬砌、机械等施工人员。

# 5 危险因素分析

## 5.1 危险源辨识

危险源辨识及防范措施见表4-2.1。

**表4-2.1 隧道不良地质及特殊岩土地段工程危险源清单**

| 序号 | 区域分类 | 危险因素 | 潜在事故类型 | 措施 |
|---|---|---|---|---|
| 1 | 隧道不良地质及特殊岩土地段工程 | 断层破碎地段、浅埋偏压地段、浅埋下穿房屋道路地段施工不当 | 坍塌冒顶 | 加强现场施工管理 |
| 2 | | 高应力地段危石掉块、岩爆 | 坠物打击 | 爆破完后加强找顶排险，加强监控量测 |
| 3 | | 开挖作业台架倾覆 | 台架垮塌 | 加强作业台架的受力检算 |
| 4 | | 作业台架临边防护不到位 | 高处坠落 | 完善台架临边防护 |
| 5 | | 初期支护不到位、监控量测不到位，不良地质、超前地质预报不及时 | 突泥、涌水、坍塌 | 加强超前地质预报的监测 |
| 6 | | 爆破方式方法不当、防护措施不足、违规处理火工品 | 爆破打击 | 完善爆破设计，加强现场爆破人员撤离和警戒 |
| 7 | | 机械设备操作不规范、设备维修保养不到位 | 机械伤害 | 按照操作规程作业、制定规章制度 |
| 8 | | 高地温隧道通风不畅、未采取降温措施 | 高温中暑 | 加强隧道内通风，增加降温措施 |

### 5.2 危险因素评估

评估方法选择、量化分值标准参照第一章第六节“6.1 危险因素分析”。

LEC 危险因素评估计算结果见表 4-2.2。

**表 4-2.2 LEC 危险因素评估计算**

| 作业内容 | 事故类型 | 风险估测 | | | |
|---|---|---|---|---|---|
| | | 可能性 L | 暴露频率 E | 严重程度 C | 风险大小 D |
| 隧道不良地质及特殊岩土地段工程施工 | 坍塌冒顶 | 3 | 6 | 10 | 180 |
| | 坠物打击 | 3 | 6 | 10 | 180 |
| | 台车垮塌 | 2 | 6 | 10 | 120 |
| | 高处坠落 | 3 | 6 | 8 | 144 |
| | 突泥、涌水、坍塌 | 3 | 6 | 15 | 270 |
| | 爆破打击 | 4 | 6 | 15 | 360 |
| | 机械伤害 | 5 | 5 | 6 | 150 |
| | 高温中暑 | 3 | 6 | 10 | 180 |

根据 LEC 危险因素评估计算结果表和 LEC 法评估结果分级，分值在 160 以上的属于重大危险源，因此隧道不良地质及特殊岩土地段施工中的重大危险源为坍塌冒顶，突泥、涌水、坍塌，坠物打击，爆破打击、高温中暑。

## 6 施工安全保障措施

### 6.1 组织保障措施

参见第二篇第一章“6.1 组织保障措施”。

### 6.2 技术保证措施

#### 6.2.1 断层破碎段安全保证措施

穿越断层施工必须依靠超前地质预报和监控量测采集的数据结果做指导，施工工法和支护参数根据预测结果做动态调整。每个开挖工班配 1 名工程师跟班，确保各种措施、技术交底的落实，保证标准化作业。开挖过程中，配备有经验的地质工程师，24h 轮流值班，及时发现地质变化，监控指导现场施工。

(1)遵循“预探支、管超前、严注浆、短进尺、弱爆破、强支护、早封闭、勤量测、及时衬砌、及时反馈”的施工原则，施工中严格做到“三超前、四到位和一强化”，即超前预报、超前加固和超前支护，工法选择到位、支护措施到位、快速封闭到位、衬砌跟进到位，强化量测，以保证隧道施工顺利进行。

(2)注浆完成后，应根据每孔的钻孔及注浆记录进行认真检查、分析。对注浆效果不好、可能存在注浆盲区的区域进行取芯检查，必要时进行补注浆。

(3)台阶法施工时，根据围岩条件，合理确定台阶长度，一般应不超过 1 倍洞径，以确保开挖、支护质量及施工安全。下台阶应在上台阶喷射混凝土达到设计强度 70% 以上时开挖。当岩体不稳定时，应采用缩短进尺，必要时上下台阶可分左、右两部错开开挖，并及时施做初期支护和仰拱。

(4)环形预留核心土法施工时，根据设计拱架间距，环形开挖每循环长度控制在 1 榀拱架间距，上部弧形，左、右侧墙部，中部核心土开挖各错开 3～5m 进行平行作业。

(5)开挖后应及时施作喷锚支护、安装钢架支撑或格栅支撑，每两榀钢架之间应采用钢筋连接，并应加锁脚锚杆。

(6)施工中进行洞内外观察、地表下沉、水平收敛、拱顶下沉等项目的监控量测，数据及时上传分析，确定围岩的稳定性，为下一步施工提供指导依据。

**6.2.2** 高地应力段施工安全保证措施

(1)对可能发生岩爆的隧道施工中,应对开挖作业面前方的围岩特性、水文地质情况等进行预测、预报。

(2)中等以上岩爆隧道,应选择以机械作业为主的施工方案,采用凿岩台车钻孔,用机械手喷射混凝土。

(3)岩爆隧道应根据岩爆强度大小进行分级,并针对岩爆级别分别采取下列安全技术措施:

①中等岩爆地段,应在隧道开挖断面轮廓线外10~15cm范围的边墙及拱部,钻设注水孔,并向孔内灌高压水,软化围岩,加快围岩内部的应力释放。

②强烈岩爆地段,应采用即时受力锚杆,同时挂设钢筋网或柔性防护网,防止岩爆落石。应在开挖作业面上钻应力释放孔或掘进小导洞,使岩层中的高应力部分释放,再进行隧道的开挖;应采用超前锚杆预支护,锁定开挖面前方的围岩。

(4)岩爆隧道的施工应符合下列要求:

①开挖循环进尺应根据岩爆地段的具体情况控制,并不应过大。

②采用光面爆破或预裂爆破技术,使隧道周壁圆顺,降低岩爆发生的强度。

③采用机械手进行网喷纤维混凝土。

④在拱部及边墙布置预防岩爆的短锚杆,锚杆长度为2m左右,间距为0.5~1.0m,挂网喷射纤维混凝土。

**6.2.3** 浅埋、下穿房屋道路段施工安全保障措施

(1)在施工中,为保证公路行车安全,对公路路面沉降进行观测是关键。通过路面的沉降观测数据,进行分析判断地表的变化,根据变化规律来指导施工,并制定可行性的施工措施。

(2)开挖过程中,在软弱围岩及破碎带地质中拱部易产生小坍塌时,采用超前注浆(如砂层中采用化学浆液)预加固地层,使其固结后再开挖,对坍塌部位采用混凝土砌块回填密实,且加强初期支护拱背注浆。隧道施工预防塌方首先做好地质预报,选择安全合理的施工方法和措施。在施工中应采取"早排水、短开挖、弱爆破、强支护、快衬砌、勤检查"施工措施。

(3)该段因下穿两段公路、一座民房,施工过程中,爆破的安全控制尤为重要。项目部需联系当地公路交通管理部门,对洞顶公路段进行封道处理,封道范围为下穿里程前后50m范围,于爆破装药前半小时至爆破后半小时内,严禁车辆通行,行人通行需绕道。

(4)对于下穿民房段,项目部配合当地政府,在该段施工前,将该处民房处住民进行转移,因民房距下穿仁大线较近,为确保安全,待下穿仁大线顺利通过后,地表沉降量测结果稳定,方可恢复民房正常住宿。

**6.2.4** 高地温段施工安全保障措施

根据大量的调查研究资料显示,当隧道内空气温度超过25℃时,在不同的风速和相对湿度的情况下,均会对健康、安全和生产造成影响;超过30℃,开始出现中暑晕倒和中暑死亡事故。所以针对洞内空气温度,每循环由现场专职安全人员,在响炮后掌子面30m范围附近进行量测,同时加强通风和洒水降温,以确定工人作业的适宜时间。

(1)通风降温

根据隧道风流的热交换和风温计算公式,确定围岩散热所需的通风量。通过减少风阻、防止漏风、更换或增加风机,将通风软管出风口置于距掌子面10m之内的位置,加强通风管理等措施加大进风量。在通风量计算时,应尽量加大洞内风速,最低应按1级软风标准(0.3~1.5m/s),确保洞内风速不小于0.3m/s,使人感觉相对舒适。

(2)喷雾洒水降温

采用喷射混凝土的喷头做喷雾器,将进水管路改为$\phi$25mm,接高压风、水管路,进行喷雾洒水作业。在出渣前,对爆破作业后新暴露的岩面、岩块、碎渣喷水洒水降温,减少热源;施工时,采用2~4台喷雾器配合通风降温。

(3)隔绝高温围岩

喷混凝土时,添加0.03%高效引气剂,使混凝土内部形成分布均匀的不连续的封闭球形气泡,气泡

孔径范围为0.02~0.2mm,可起到一定的隔热作用。

(4)热水防治

热水对风流的加热作用相当显著。在裂隙水温较高的地段,挖积水坑,采用抽水机将热水排出,降低工作面的热源。

(5)采取有效的个体防护

个体防护的方法是让施工人员穿戴冷却背心或冷却帽。先期进洞拉风管至工作面及实施喷雾洒水的工作的人员采用矿泉水瓶、塑料袋灌水制作冰块,用于施工人员个体防护。先期进洞拉风管至工作面及实施喷雾洒水的工作的人员在高温环境下工作,应在安全帽内放置冰块,使用挎包携带10~20块(5~10kg)冰块,置于胸前、背后灵活使用,冰块融化升温后随时更换,通过冰块降温完全消除工作时的闷热感。

(6)工作面人工制冷降温

当采用隔绝热源、加强通风、喷雾洒水等非制冷措施不足以消除热害时,根据隧道施工人员多集中在掌子面范围的特点,采用定制、运输冰块到掌子面作为施工降温措施。

(7)强化人员健康管理

高地温隧道施工时,为了施工人员的身体健康,同时也是为了提高劳动效率,改8h作业为3h作业,对施工人员全面体检,禁止有高血压、心脏病的患者及循环器官有异常的人员参加劳动,同时配备医务人员进行热痉挛症、热虚脱症和热射症等中暑症的防治工作。

### 6.3 监测监控措施

参见第四篇第一章“6.3 监控监测措施”。

## 7 应急预案

### 7.1 应急救援组织机构及职责、流程

参见第二篇第一章“7 应急预案”。

### 7.2 现场处置措施

#### 7.2.1 隧道突泥、涌水、坍塌应急处置措施

断层破碎地段,浅埋、偏压地段,浅埋、下穿房屋道路段施工突泥、涌水、坍塌应急处置措施参见第四篇第一章“7.1.3 隧道突泥、涌水、坍塌应急处置措施”。

#### 7.2.2 隧道岩爆应急处置措施

(1)应停机待避,待检查确认安全后进行开挖工作面的观察记录,如岩爆的位置、强度、类型、数量以及山鸣等。

(2)增设摩擦式锚杆(不能替代系统锚杆),锚杆应安垫板。

(3)及时增喷纤维混凝土,厚度为5~8cm。

(4)施工机械重要部位应加装防护钢板,避免岩爆弹射出的岩块伤及作业人员和砸坏施工设备。

# 第三节 示例点评

本示例概述了断层破碎地段,浅埋、偏压地段,浅埋、下穿房屋、道路,高地应力段,高地温段隧道施工的施工方法、要求及相应安全保障措施。

其他不良地质及特殊岩土地段如:松散、堆积体地质,含瓦斯、有毒有害气体地质,岩溶地质,富水软弱破碎围岩地段等,要根据实际情况和设计要求编制相应的专项施工方案。

# 第三章　隧道斜井工程专项施工方案

## 第一节　编 制 要 求

### 1　适用范围

铁路隧道斜井工程。

### 2　工程重难点

(1)隧道斜井与正洞连接处围岩稳定性控制是工程重难点。

(2)富水长大斜井排水方法的合理性和排水设备数量的确定是工程的重难点。

(3)隧道斜井运输道路坡度大,运输车辆的安全通行是工程安全控制的重难点。

(4)隧道斜井通风是工程的重点。

### 3　内容要点

(1)危险因素分析中应重点评估爆破方式方法不当、防护措施不足、违规处理火工品导致的爆破打击风险,开挖方法不当、初期支护不到位、监控量测不到位、不良地质、超前地质预报不及时导致的突泥、涌水、坍塌风险,斜井与正洞交叉处无人指挥及未设置防溜车道和缓冲平台导致的交通事故风险。

(2)施工方法及工艺应重点阐述斜井通风、斜井排水、斜井与正洞连接处的施工方法。

(3)安全保障措施重点阐述斜井与正洞交叉口的安全保障措施。

## 第二节　工 程 示 例

### 1　工程概况

×××隧道1号斜井位于××村,线路前进方向左侧,与正洞交于DK××+×××里程处,斜井起讫里程为DK××+×××~DK××+×××,斜井工区承担正洞施工任务范围为DK××+×××~DK××+×××段3100m的施工任务。采用无轨单车道运输方式,与台州端方向平面交角为41°34′35″,最大纵坡为10.5%,综合坡度为8.41%,斜井水平投影长610m。

DK××+×××明暗交界处施作C25导向墙,导向墙长2m,厚度0.8m,采用$\phi$89管棚超前支护,管棚长18m,DK××+×××进洞段Ⅴ级围岩按台阶法施工,初期支护采用I18型钢支护,间距1榀/m。

1号斜井Ⅱ、Ⅲ级围岩采用全断面钻爆法开挖,Ⅳ、Ⅴ级围岩段主要按台阶法施工。DK××+×××~DK××+×××暗挖进洞段采用$\phi$89管棚支护,其余Ⅴ级段采用$\phi$42超前小导管注浆支护,本斜井与正洞交叉口段、斜井洞口段、断裂破碎带及安装风机地段采用模筑衬砌,其余地段采用锚喷衬砌。斜井与正洞交叉口段30mⅡ级围岩按Ⅲ级围岩单车道模筑衬砌进行加强支护。

1号斜井概况见表4-3.1。

**表 4-3.1 1 号斜井概况表**

| 序号 | 名称 | 类型 | 与正线交点里程 | 与线路平面交角 | 长度(m) | 综合坡度 | 与线路关系 |
|---|---|---|---|---|---|---|---|
| 1 | 1 号斜井 | 无轨双车道运输 | DK47 + 200 | 41°34′35″ | 613 | 8.41% | 前进方向左侧 |

1 号斜井围岩分级见表 4-3.2。

**表 4-3.2 1 号斜井设计围岩分级表**

| 序号 | 围岩分类/名称 | Ⅱ级围岩 | | Ⅲ级围岩 | | Ⅳ级围岩 | | Ⅴ级围岩 | |
|---|---|---|---|---|---|---|---|---|---|
| | | 长度(m) | 比例 | 长度(m) | 比例 | 长度(m) | 比例 | 长度(m) | 比例 |
| 1 | 1 号斜井 | 170 | 27% | 80 | 13% | 130 | 21% | 233 | 38% |

## 2 编制依据

参见第一篇“3 主要编制依据”。

## 3 施工方法及工艺

### 3.1 隧道斜井洞口工程

参见第四篇第一章第二节“3.2 隧道洞口施工”。

### 3.2 斜井开挖施工工程

参见第四篇第一章第二节“3.3 隧道开挖施工”。

### 3.3 斜井衬砌施工工程

参见第四篇第一章第二节“3.4 隧道衬砌施工”。

### 3.4 装渣运输施工

采用无轨运输,采用 1 台挖掘机 +1 台装载机协同装渣,4 台自卸汽车运输至洞外指定弃渣场。为避免干扰,确保混凝土施工质量,在仰拱及填充工作面设仰拱栈桥通过。

### 3.5 施工通风

施工采用压入式通风、压排相结合的通风系统,在施工中随着斜井掘进长度不断增加,若出现通风不畅的情况采取增加风机接力通风,在靠近掌子面附近增设射流风机,将污风向洞外吹排。

(1)通风方式

隧道每个工作面采用独头压入式通风,风管均采用大口径软式拉链风管,以减少接头漏风。

(2)设备配置

1 号斜井向进口方向风机选择 SFDNO14/2 ×185kW 型,风筒布直径为 1600mm,风筒长度为 2639.413m(包括斜井长度 634.413m 和进口方向正洞长度 2005m);1 号斜井向出口方向为 SFDNO12.5/2 ×110kW 型 2 台,风筒布直径为 1800mm,风筒长度为 3834.413m(包括斜井长度 634.413m 和出口方向正洞长度 3200m)。

洞口风机安设在距离洞口 30m 以外的上风向,避免发生污风循环;风管出风口距开挖工作面的距离不超过 40m。

保证隧道有足够的净空,避免发生过往车辆和机械刮破风管而影响施工。

### 3.6 施工排水

× ×隧道 1 号斜井进正洞为反坡排水,采取分段截排水的措施。

斜井施工时必须有完善的排水设施并保证抽排水的设备完好。斜井掘进排水,采用边掘进边排水的方法。反坡段排水采用机械接力式排水,当遇到涌水量较大的含水层、断层或裂隙涌水时,隧道分段排水时,在腰泵站设置水仓,水仓容积按应泵站 10 ~15min 排水能力设计。

泵站预留有增设水泵的余地,必要时,应辅以局部堵水、综合治理或选择潜水泵排水等其他防水措施。

各排水泵站的水泵采用同一型号,水泵的扬程,因排水管淤积所增加的阻力,将计算的管道损失增加70%,工作泵和排水管的能力,应能在20h内排水24h的隧道设计涌水量。

## 3.7 斜井与正洞交叉口施工

### 3.7.1 斜井开挖、支护

斜井井身与正洞交叉段设计为二级围岩且超前地质预报探测结果与设计相符,故斜井与正洞相交部分开挖采用设计全断面法,由斜井直接开挖到正线,见图4-3.1。

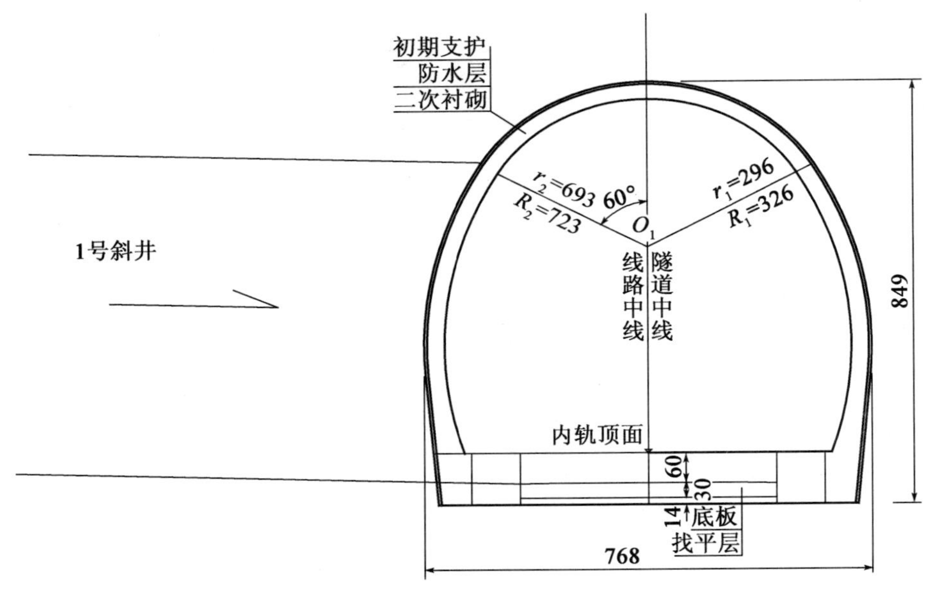


**图4-3.1 斜井至正洞开挖纵断面图**(尺寸单位:cm)

施工中,遵循“弱爆破、短进尺、少扰动、强支护、勤量测”的原则。掌子面爆破后,机械开挖,人工配合修整轮廓。斜井断面轮廓尺寸不变。开挖循环进尺控制在3m,拱部设置$\phi$22砂浆锚杆,长2.0m(环1.5m×纵1.2m),梅花形布置,喷C25混凝土;交叉口正线拱顶段采用挂网喷浆临时进行支护,等开挖后采用正线Ⅱ级支护参数进行支护,喷射混凝土厚5cm;局部采用$\phi$25中空锚杆,长2.0m。装载机装渣,自卸车配合运输,小松PC200挖掘机配合清底。

由于斜井与正洞夹角为41°34′35″,为保证安全起见,在斜井与正洞交界处设三榀格栅钢架加强初期支护。斜井至正洞连接段加强支护断面图如图4-3.2所示,斜井与正洞施工关系平面图如图4-3.3所示。

### 3.7.2 斜井与正洞相交段开挖、支护

斜井相交部分开挖完成后,因正洞拱顶与斜井拱顶高差为1.69m,故在进正洞后同时按照20%坡度上坡向台州方向开挖至正洞拱顶,严格按照正洞支护参数进行支护,并按斜井已有开挖台架高度施工正洞上台阶,同时进行下台阶开挖,向台州方向开挖长度达到10m后,开始组装正洞全断面开挖台架,台架组装好后,继续向台州方向进行全断面开挖施工,待全断面开挖达到40m时,开始组装施工金华方向的开挖台架,开始施工金华方向,开挖后要保证车辆通行条件,以不影响开挖面施工为原则。交叉口正线施工示意图如图4-3.4所示。

在大里程方向已经开挖的空间内进行衬砌台车拼装作业,尽快开展二次衬砌施工。

进入正洞后向大里程方向施工为主攻方向,在不影响大里程方向掘进的前提下,及早进行小里程方向的掘进。正洞Ⅱ级围岩施工全断面法如图4-3.5所示。

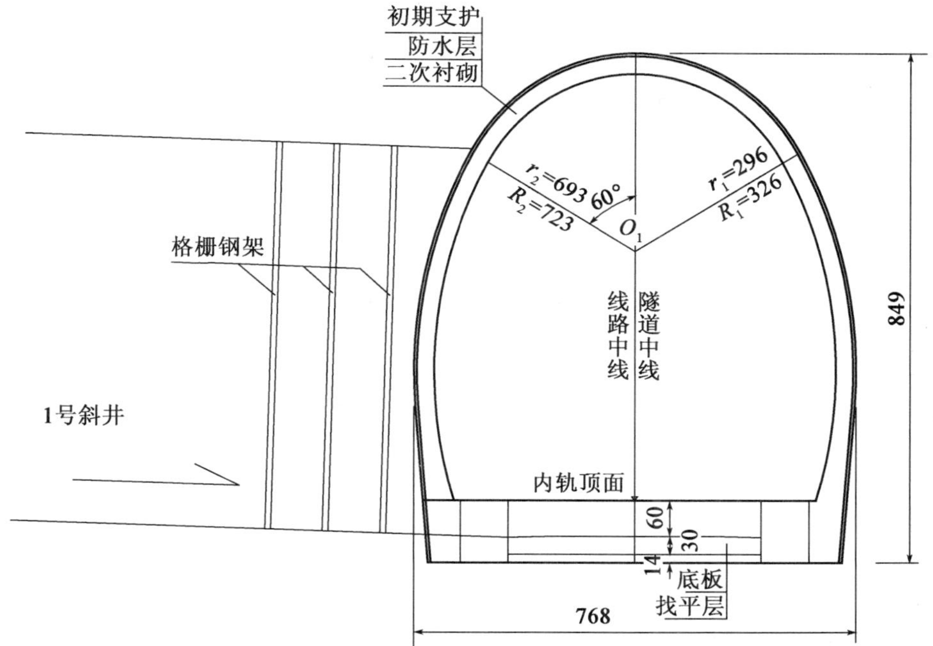


图 4-3.2　斜井至正洞连接段加强支护断面图(尺寸单位:cm)

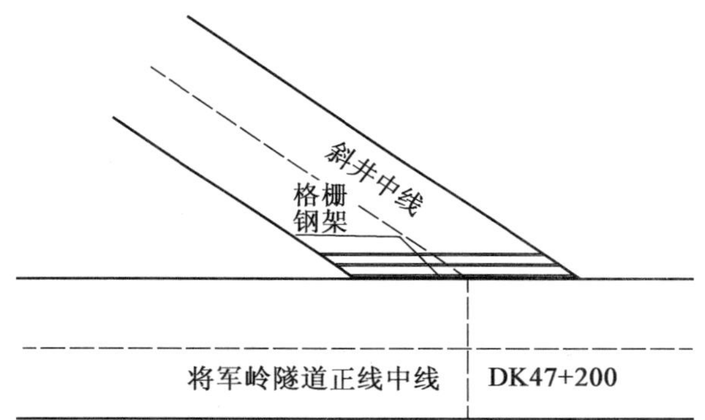


图 4-3.3　斜井与正洞施工关系平面图

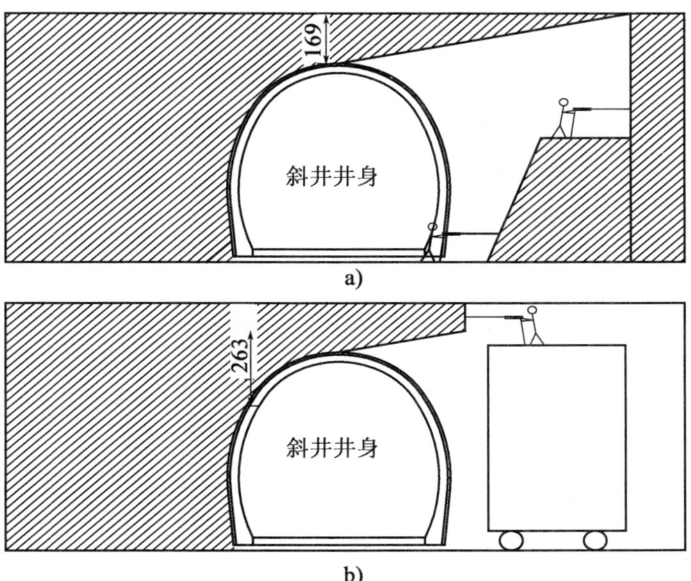


图 4-3.4　交叉口正线施工示意图

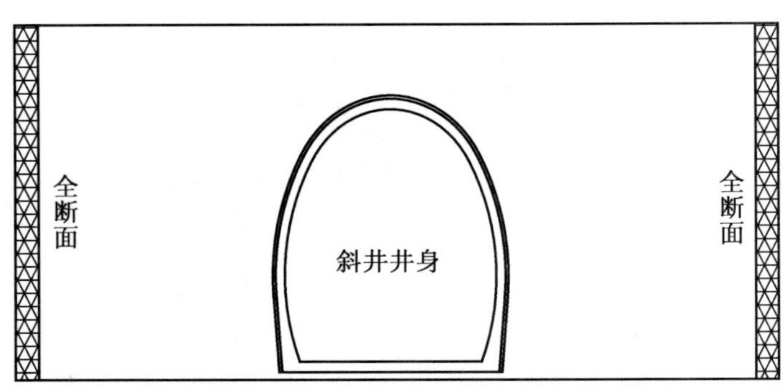


图 4-3.5　正线施工示意图

# 4　施工计划

## 4.1　施工进度计划

确定工程具体的开工日期和完工日期,根据施工工序制订施工进度计划,明确具体施工内容。

## 4.2　施工机械计划

主要施工设备应配置:挖掘机、装载机、工程车,混凝土生产、输送设备及小型机具等设备。

## 4.3　劳动力计划

施工人员配置:现场协调管理、技术、安全、试验、质检、物资等管理人员和现场工班开挖、支护、衬砌等施工班组人员。

# 5　危险因素分析

## 5.1　危险源辨识

危险源辨识及防范措施见表 4-3.3。

表 4-3.3　隧道斜井工程危险源清单

| 序号 | 区域分类 | 危险因素 | 潜在事故类型 | 措施 |
|---|---|---|---|---|
| 1 | 隧道斜井工程 | 危石掉块 | 坠物打击 | 爆破完后加强找顶排险,加强监控量测 |
| 2 | | 开挖作业台架倾覆 | 垮塌 | 加强作业台架的受力检算 |
| 3 | | 作业台架临边防护不到位 | 高处坠落 | 加强现场管理,加强临边防护 |
| 4 | | 开挖方法不当、初期支护不到位、监控量测不到位、不良地质、超前地质预报不及时 | 突泥、涌水、坍塌 | 严格按照设计施工,加强监控量测、加强超前地质预报的监测 |
| 5 | | 爆破方式方法不当、防护措施不足、违规处理火工品 | 爆破打击 | 完善爆破设计,加强现场爆破人员撤离和警戒 |
| 6 | | 机械设备操作不规范、设备维修保养不到位 | 机械伤害 | 按照操作规程作业、制订规章制度 |
| 7 | | 隧道排水不到位 | 淹溺 | 增加排水设施 |
| 8 | | 斜井与正洞交叉处无人指挥、未设置防溜车道和缓冲平台 | 车辆伤害 | 设置专人指挥交通,设置防溜车道和缓冲平台 |

### 5.2 危险因素评估

评估方法选择、量化分值标准参照第一章第六节“6.1 危险因素分析”。LEC危险因素评估计算结果见表4-3.4。

**表4-3.4 LEC危险因素评估计算**

| 作业内容 | 事故类型 | 风险估测(注:“\”表示无此项事故类型) | | | |
|---|---|---|---|---|---|
| | | 可能性 L | 暴露频率 E | 严重程度 C | 风险大小 D |
| 隧道斜井工程施工 | 坠物打击 | 3 | 3 | 3 | 27 |
| | 垮塌 | 1 | 6 | 3 | 18 |
| | 高处坠落 | 3 | 6 | 5 | 90 |
| | 突泥、涌水、坍塌 | 4 | 6 | 15 | 360 |
| | 爆破打击 | 3 | 6 | 10 | 180 |
| | 机械伤害 | 3 | 6 | 3 | 54 |
| | 淹溺 | 3 | 5 | 10 | 150 |
| | 车辆伤害 | 4 | 6 | 10 | 240 |

根据LEC危险因素评估计算结果表和LEC法评估结果分级,分值在160以上的属于重大危险源,因此隧道斜井工程施工中的重大危险源为爆破打击、突泥、涌水、坍塌和车辆伤害。

## 6 施工安全保障措施

### 6.1 组织保障措施

参见第二篇第一章“6.1 组织保障措施”。

### 6.2 技术保障措施

#### 6.2.1 钻爆施工安全保障措施

参见第四篇第二章“6.1.2 钻爆作业安全保障措施”。

#### 6.2.2 装碴及运输安全保障措施

参见第四篇第二章“6.1.3 装碴及运输安全保障措施”。

#### 6.2.3 斜井与正洞交叉口安全保证措施

(1)交叉口施工,配专人进行现场值班,工区领导加强巡视,必要时带班作业。

(2)交叉口开挖严格控制循环进尺(循环进尺不超过3m),及时进行支护。

(3)严格控制用药量,减小对围岩的扰动,局部欠挖采用风镐处理,严禁发大炮。

(4)加强监控量测,加密断面,增加量测频率,及时上报监测数据。

(5)交叉口开挖支护完成后,及时施作斜井二次衬砌;斜井二次衬砌从交叉口处开始施作,确保交叉口处受力。

### 6.3 监测监控措施

参见第四篇第一章“6.3 监测监控措施”。

## 7 应急预案

参见第四篇 第一章“7 应急预案”。

## 第三节　示例点评

本示例概述了隧道斜井通风、斜井排水及斜井与正洞交叉处的施工方法和施工安全保障措施，针对坡度较大的斜井应补充防溜车道、缓冲平台设置的相关内容。

本示例斜井与正洞交叉口处围岩为Ⅱ级，地质情况较好。若交叉口处地质不良，则应根据实际围岩情况制定相应的施工方法和保障措施。

# 第五篇

# 地 下 工 程

# 第一章 地下连续墙钢筋笼吊装工程专项施工方案

## 第一节 编制要求

### 1 适用范围

地下连续墙钢筋笼长度小于40m及质量小于40t的吊装工程。

### 2 工程重难点

根据钢筋笼的质量、高度进行机械配备分析，钢筋笼的吊点设置、吊车的站立、行走是地下连续墙钢筋笼吊装的重难点。

### 3 内容要点

（1）危险因素分析中重点评估在吊装过程中由地基承载力不足、起重设备距地下连续墙槽壁边缘安全距离不足产生的吊机失稳风险和物体坠落产生人身损伤和机械损害的风险。

（2）施工方法及工艺中重点阐述吊装机具选择、吊机行走及吊装过程的施工方法和施工要求。

（3）安全保障措施中重点阐述钢筋笼吊装的技术措施。

（4）计算应重点包括钢筋笼吊点位置计算、起重质量高度计算及钢丝绳、卸扣、滑轮强度验算。

## 第二节 工程示例

### 1 工程概况

××车站主体长432.23m，该车站主体围护结构采用800mm厚地下连续墙+内支撑，地下连续墙标准幅宽6m，标准段墙体深度为34.5m，两侧盾构工作井墙体深度为37m。连续墙分“一”字形、“L”形、“T”形、“Z”形4种槽段类型，共167幅。“Z”形幅分拆成两个“L”形钢筋笼制作，两个“L”形钢筋笼分别下放，整体浇筑混凝土。其中“一”字形墙最大长度6.0m，钢筋笼长度37m。槽段之间采用锁口管连接。

### 2 编制依据

（1）《起重吊装常用数据手册》。

（2）《热轧型钢》（GB/T 706—2016）。

（3）《重要用途钢丝绳》（GB 8918—2006）。

（4）《起重机械安全规程 第1部分：总则》（GB 6067.1—2010）。

（5）《钢筋焊接及验收规程》（JGJ 18—2012）。

（6）《实用建筑结构静力计算手册》。

其余参见第一篇“3 主要编制依据”。

## 3 施工方法及工艺

### 3.1 施工工艺流程图

地下连续墙钢筋笼吊装工艺流程见图5-1.1。

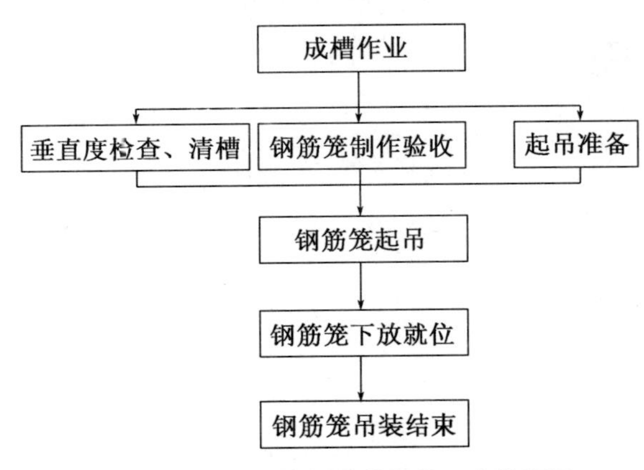


图5-1.1 地连墙钢筋笼吊装工艺流程图

### 3.2 施工方法

#### 3.2.1 吊装前准备工作

(1)吊装工序交底

现场由技术负责人与安全员对吊装组人员就需要进行的工作任务进行技术交底和安全交底，使作业人员对吊装施工有全面、深刻的了解。驾驶员及司索指挥人员必须经过专业培训，并持有效证件上岗。

(2)吊装作业的通信工具与联络方式

采用哨子、对讲机等工具，主要通过对讲机、手势等联络方式。

(3)吊装时间安排

钢筋笼吊装尽量安排在日间施工。若因工序流程等原因确需在夜间进行吊装施工，由专职电工安装提供充足的照明设备。

(4)吊装前吊具安全检查的措施

钢筋笼吊装前，由安全员与吊装组人员对吊具进行安全可靠性检查，检查吊具的钢丝绳磨损度与是否有断丝现象，卸扣是否变形与滑牙，起吊设备的运转调试是否正常以及设备的吊钩与钢丝绳是否完好，如检查不合格应作报废处理并立即更换相应吊具，安全员应在每次起吊前对吊具进行全面检查，确保所有吊具处于完好状态。

(5)吊装前钢筋笼质量安全检查的措施

在钢筋笼制作完成后，须对钢筋笼的加工质量进行检查，主要包括以下几个方面：

①指定的导管位置处不得布梅花筋、支撑筋等，以确保导管的位置空间。

②按照设计图纸要求，在主吊环位置焊接加强筋。

③吊点位置处三根分布筋与主筋交叉位置处应双面焊接，收口筋应满焊。

④在钢筋笼制作流程中应先行制作桁架筋，并应将桁架筋满焊于上下主筋之间。

⑤在钢筋笼起吊前应确保所有焊点已焊接，防止钢筋笼在起吊过程中发生因缺焊、漏焊而导致钢筋脱落。

除此之外，检查钢筋笼内有无杂物，避免起吊时杂物高空坠落造成人身伤害，确保起吊安全。

#### 3.2.2 钢筋笼吊装站立、行走

双机抬吊时，两台履带吊位于钢筋笼两端头的位置，履带吊中心与吊点的中心距离不大于履带吊的工作半径，以确保起吊的安全性能满足要求。主履带吊的站位和行走方向应考虑尽量减少起吊后做回转动作，应考虑主吊吊起钢筋笼后直行至槽段位置后进行钢筋笼的下放。吊装时，主吊站位不动，副吊边起吊边行走，直至将钢筋笼送至垂直状态。

#### 3.2.3 钢筋笼吊装步骤

第一步：指挥200t、100t两吊机转移到起吊位置，起重工分别安装吊点的卸扣，吊装前需对钢丝绳进行检查。

第二步：钢筋笼吊至离地面0.3～0.5m后，应检查钢筋笼是否平稳，后200t吊机起钩，根据钢筋笼尾部距地面距离，随时指挥副机配合起钩。

第三步：钢筋笼吊起后，主吊吊车向副吊车侧旋转，副吊车顺转至合适位置，让钢筋笼垂直于地面。

第四步:指挥起重工卸除钢筋笼上副吊车起吊点的吊具,然后远离起吊作业范围。指挥主吊机吊装钢筋笼行走至槽口。

第五步:指挥主吊机吊笼入槽、定位,吊机行走应平稳,钢筋笼上应拉牵引绳。下放时不得强行入槽或将下部钢筋笼搁置在导墙上。

第六步:主吊车下放钢筋笼到第二排吊点下面时,将穿杠穿过事先设置好的U形吊环内(U形吊环设置在吊点下1m,加强措施与吊点相同),缓慢下放钢筋笼,使钢筋笼平稳停放在导墙上。

第七步:指挥司索工拆除主吊第二排卸扣,并与事先安装的连接绳用卡环相连。然后指挥主吊车起勾,通过主吊钢丝绳与连接绳将钢筋笼上提,离开穿杠并将穿杠抽出,继续下放钢筋笼。

第八步:钢筋笼下放到第一排吊点下面时,将穿杠穿过事先设置好的U形吊环内(U形吊环设置在吊点下1m,加强措施与吊点相同),缓慢下放钢筋笼,使钢筋笼平稳停放在导墙上。

第九步:卸开主吊卡环,由司索工将其全部重新安装到焊接于钢筋笼上部的吊筋吊环上,然后指挥主吊机起勾,缓慢提起钢筋笼使其脱离穿杠,由司索工抽出穿杠,将穿杠置于钢筋笼吊筋上已设置好的搁置吊环内。

第十步:指挥主吊车继续下放钢筋笼,直到穿杠平稳摆放于导墙上,使用水准仪测量钢筋笼笼顶高程,通过增减穿杠底部垫板高度,调整钢筋笼笼顶高程使之符合设计要求。

### 3.3 施工技术措施

(1)吊装施工道路在吊装开行路线下面铺设4cm厚钢板,确保吊车行走道路平整,高差控制在2~3cm。

(2)钢筋笼吊装之前,做到自检合格后,报请总包及监理验收、检验符合要求后,签发钢筋笼吊放交底。

(3)钢筋笼起吊之前,再派专人对钢筋笼进行巡检,确保钢筋笼内无短钢筋等遗留物,并清除干净。

(4)钢筋笼吊装之前,组织施工班组进行技术、安全交底,并有书面资料,对钢筋笼的重量、长度及吊装的主、副吊车停机位置进行明确说明。

(5)钢筋笼吊装时,配备专职起重指挥,以主机起重指挥为主,副机起重指挥配合主机起重指挥,确保钢筋笼在吊装过程中合理受力。

(6)钢筋笼吊装时,先由双机进行抬吊同步起吊,起吊到一定高度后,钢筋笼受力稳定,副机配合主机进行钢筋笼吊装回直。

(7)防止钢筋笼散架安全技术措施:

①焊缝检查,避免咬肉,转角幅必须设置角撑。

②吊放钢筋笼专职安全员、钢筋笼制作督查员必须到场,分别配合检查吊放环境及钢筋笼各吊点及吊索的情况,符合安全吊放要求后才可正式吊放。

(8)钢筋笼定位精确度控制措施:

①钢筋翻样认真按设计图纸翻样。

②钢筋笼制作根据翻样单,正确布置钢筋、钢筋连接器,并焊接牢固。

③测量导墙高程并正确换算吊筋的长度,焊接搁置槽钢的吊筋长度要准确无误,并应验收。

④搁置槽钢统一用14a槽钢,避免搁置槽钢乱用而导致高程错误。

⑤钢筋笼制作前应核对单元槽段实际宽度与成型钢筋尺寸,无差异才能上平台制作。

⑥钢筋笼吊放入槽时,不允许强行冲击入槽,同时注意钢筋笼基坑面与迎土面,严禁放反。搁置点槽钢必须根据实测导墙高程焊接。

(9)根据实测的导墙高程,严格控制钢筋连接器的埋设高程。

(10)与建筑物较近处:

①建筑物外墙:构筑物暂停使用,并用安全网隔离。

②钢筋笼入槽前用安全绳拉离建筑物，保证钢筋笼运输平稳，专人指挥吊装及安全监督是否对建筑物有安全隐患。

(11)特殊天气作业措施：

大雨、雪、雾天及大风等恶劣性天气下，必须停止作业。施工期间发现异常或者检测出机械感应电集中现象，应立即停止作业，不得自行处理。

### 3.4 施工要求

(1)在钢筋起吊前必须重新检查吊点的焊接情况，确保焊接质量满足起吊要求后方可开始起吊。

(2)在起吊前仔细检查吊具、钢丝绳的完好情况，必须符合安全规定要求。

(3)在起吊前检查导管仓内是否有异物，如有必须清除。

(4)检查导管仓内导向钢筋的连接情况，确保焊接牢固。

(5)起吊前必须清除钢筋笼内的杂物，避免在起吊钢筋笼过程中发生高空坠物的事故。

(6)指挥时应站在能够照顾到全面工作的地点，所发信号应事先统一。

(7)吊装作业人员在工作或起吊动作结束前，不准擅自离开作业岗位。

(8)旗语、手势信号明显、准确，音响信号清晰，上、下信号密切配合，下信号服从上信号指挥。

(9)吊物悬空后出现异常，指挥人员要迅速判断，紧急通告危险人员迅速撤离。指挥吊物慢慢下落，排除险情后才可再起吊。

(10)严禁吊物从人的头顶上越过。

(11)吊钩上升时，吊钩上升的极限高度应与吊臂顶点至少保持2m的距离。

(12)起重机行走时，应注意观察并及时排除道路上的人或障碍物。

## 4 施工计划

### 4.1 施工进度计划

该车站采用两台成槽机同时施工，确定地下连续墙钢筋笼吊装工程具体的开工日期和完工日期如表5-1.1所示，根据施工工序制订施工进度计划，明确具体施工内容。

表5-1.1 钢筋笼吊装施工工期安排计划表

| 序号 | 施工内容 | 开始时间 | 完成时间 | 工期(d) | 备注 |
|---|---|---|---|---|---|
| 1 | 机械设备进场、组装 | ××××年××月××日 | ××××年××月××日 | 5 | |
| 2 | 导墙施工 | ××××年××月××日 | ××××年××月××日 | 45 | |
| 3 | 地连墙施工 | ××××年××月××日 | ××××年××月××日 | 62 | |

### 4.2 机械设备计划

根据具体的施工内容，配备地下连续墙钢筋笼吊装工程相应的施工机械设备，确保满足施工要求。机械配置计划见表5-1.2。

表5-1.2 机械配置计划表

| 序号 | 名称 | 型号 | 数量(台/套) | 备注 |
|---|---|---|---|---|
| 1 | 履带式吊车 | 180t | 2 | |
| 2 | 履带式吊车 | 100t | 1 | |
| 3 | 钢筋切断机 | GQ40-A | 4 | |
| 4 | 钢筋弯曲机 | GW40 | 4 | |
| 5 | 钢筋弯曲机 | GW40 | 4 | |

### 4.3 劳动力计划

钢筋笼吊装及安装人员所在单位应具有相应吊装资质,参加吊装施工人员必须经过培训教育并考核合格。人员配置见表5-1.3。

**表5-1.3 劳动力计划表**

| 序号 | 工　　种 | 主要工作内容 | 人　　数 | 备　　注 |
|---|---|---|---|---|
| 1 | 驾驶员 | 驾驶起重机器 | 4 | |
| 2 | 起重工 | 起重吊放作业、配合成槽与定位 | 4 | |
| 3 | 钢筋工 | 制作导墙与连续墙钢筋笼的全部工作 | 40 | |
| 4 | 电焊工 | 配合制作钢筋笼承担现场所有电焊工作 | 40 | |
| 5 | 机电工 | 现场电器设备安装、维修等 | 2 | |
| 6 | 管理人员 | 现场、指挥、技术、质量、材料、生活管理 | 10 | |
| 7 | 专职安全员 | 现场安全文明施工 | 2 | |
| 8 | 司索工 | 吊装司索作业及钢丝绳安全状况检查 | 4 | |

## 5 危险因素分析

### 5.1 危险源辨识

危险因素分析及防范措施见表5-1.4。

**表5-1.4 危险源清单**

| 序号 | 作业内容 | 潜在事故类型 | 造成事故原因 | 防范措施 |
|---|---|---|---|---|
| 1 | 地下连续墙钢钢筋笼吊装 | 高处坠落 | 卡环、吊点有缺陷或使用不规范;被吊物绑挂不牢固或偏心;吊装过程中钢筋笼内杂物高空坠落伤人 | 自加工吊具应经受力计算,并符合安全使用标准要求;相关验证资料应备案;起重机驾驶员发现捆绑不合格应拒绝起吊;起吊前必须清除钢筋笼内的杂物,避免在起吊钢筋笼过程中发生高空坠物的事故;重物下方不得有人停留、通过 |
| 2 | | 起重伤害 | 起重重力超过额定负载;<br>钢丝绳破损违反国家强制报废标准 | 所使用的钢丝绳必须每日检查,发现达到报废标准立即更换;<br>钢丝绳安全系数不得小于6;绳子头固结必须满足规范要求,加强日常检查;<br>起吊前应经受力验算,符合安全使用标准要求后方可起吊 |
| 3 | | 机械伤害 | 转运过程中钢筋笼摇晃、解体,造成吊机失稳 | 电焊工持证上岗;加强钢筋笼焊接质量检查;吊点附近集中受力区100%网点焊接;<br>便道硬化及平整度应满足要求;吊机禁止急停急起;派人在钢筋笼上拉绳索控制钢筋笼的过度摆动;转吊时吊物正前方40m范围内除必要的参与作业人员外,不准有他人继续作业和停留、通过 |
| 4 | | 坍塌 | 作业场所地基承载力不足,起重设备距基坑、岸、坡的边缘安全距离不足 | 起重吊装前,工程部、安质部和起重机驾驶员、起重指挥工等应进行现场场地的勘察,具体落实各项安全措施和明确吊装要求 |

### 5.2 危险源因素评估

评估方法选择、量化分值标准参见第一篇“6.1 危险因素分析”。

LEC 危险因素评估计算结果见表 5-1.5。

**表 5-1.5 LEC 危险因素评估计算**

| 作业内容 | 事故类型 | 风险估测 | | | |
|---|---|---|---|---|---|
| | | 可能性 L | 暴露频率 E | 严重程度 C | 风险大小 D |
| 地下连续墙钢筋笼吊装 | 高处坠落 | 3 | 6 | 7 | 126 |
| | 起重伤害 | 3 | 6 | 15 | 270 |
| | 机械伤害 | 3 | 6 | 15 | 270 |
| | 坍塌 | 1 | 6 | 15 | 90 |

根据 LEC 危险因素评估计算结果表和 LEC 法评估结果分级，分值在 160 以上的属于重大危险源，因此地下连续墙钢筋笼吊装施工中的重大危险源为起重伤害和机械伤害。

## 6 施工安全保障措施

### 6.1 组织保障措施

参见第二篇第一章“6.1 组织保障措施”。

### 6.2 技术保障措施

#### 6.2.1 防止吊车倾覆措施

由于钢筋笼较重，在起吊过程中有可能发生吊车倾覆事故的发生。对此采取以下措施：

(1)起吊前精确掌握吊车的起吊位置，检查吊车处于起吊准备状态。

(2)吊车必须处于水平地面，吊车负重行走路线路面要坚实平整。

(3)确定合理的起吊方案，严格控制作业半径，并认真执行每一步操作规程。

(4)起吊过程中主吊和副吊驾驶员要严格遵守指挥人员的指挥，配合密切。

#### 6.2.2 吊点转换及安全措施

(1)笼顶预备 8.5m 爬升钢丝绳。

(2)第二点主吊下 50cm 设置搁置点。

(3)钢筋笼下放至搁置点时转换连接爬升钢丝绳。

(4)用槽钢将钢筋笼搁置在导墙上。

(5)待爬升钢丝绳受力时抽调槽钢使钢筋笼继续入槽。

#### 6.2.3 吊装时对周边环境保护措施

(1)严禁吊车吊臂伸出工地围墙外作业，场地内设置警戒线，防止吊装作业对社会车辆行驶造成影响，并指派专人指挥交通。

(2)起吊工作必须在专业起吊指挥在场时进行。

(3)吊车吊装物距离围墙接近时，起吊人员应减低吊车行驶或者转向速度。

(4)吊放物品时应尽量降低噪声，严禁人为原因造成噪声过大。

(5)如有高架空线时应在相关规定设定的范围内，对距离边线较近的高压架空线采取保护措施。

(6)吊装路面必须平整，并符合吊装时所受承载力要求，预备 4cm 厚铁板若干块，以防止路面发生坍塌。

(7)起吊过程中吊车驾驶员必须注意力高度集中，并时刻注意起吊吨位的变化，以防止事故的发生。

(8)起重过程中起重臂下及配重旋转半径内严禁站人以防止事故的发生。

### 6.2.4 邻近建筑物吊装保护措施

(1)在进行施工场地布置时,根据周边建筑物情况合理设置地下墙钢筋笼加工平台位置,科学设置吊车行走路线,使建筑物均在吊车拔杆长度投影范围外。

(2)在吊装前对吊车和吊具进行检查,以确保安全,将钢筋笼内电焊条、钢筋头等杂物清理干净,避免在起吊钢筋笼过程中发生高空坠物的事故。

(3)履带式起重机如必须带载行走时,荷载必须符合规范要求,并要求行走道路坚实平整,重物应在起重机行走正前方向,重物离地面不得超过50cm并拴好拉绳,缓慢行驶,以免重物在空中摆动,发生危险。

(4)履带式起重机吊物时,不得从围墙外回转,必须在围墙内回转,必要时需拴好拉绳,防止重物飘出围墙外。

(5)起重机的工作地点,应有足够的工作场所和夜间照明设备。起重机和附近的设备和建筑物应保持一定的安全距离,使其在运行中不会发生碰撞。

### 6.2.5 场地周边的管线保护措施

(1)施工前摸清场地内场地管线布局,对施工可能有影响的管线做警戒标志,防止施工中破坏。

(2)对施工有影响的管线,及时联系相关单位进行移除,确保施工安全及施工期间管线的安全使用。

(3)在场地主要出入口位置与市政道路的接口位置,为防止重型工程车辆的进出对路基的重压影响及地下埋设的污水管道等设施的影响,在出入口位置铺设3cm厚的大块钢板,避免造成路面的沉降。

(4)加强施工场地周边路面的监测工作,有明显变形时可及时发现,采取有效措施,以免造成重大损失。

(5)加强现场管理,避免野蛮施工和故意破坏管线的行为,一旦发现要严肃处理。

(6)钢筋笼起吊前必须清除钢筋笼内的杂物,避免在起吊钢筋笼过程中发生高空坠物的事故。起重机要求行走道路坚实平整,重物应在起重机行走正前方向,钢筋笼离地面不得超过50cm,吊放钢筋笼时只能在工地内回转,不得从围墙外回转。

### 6.2.6 吊装安全操作制度

(1)操作前要穿好工作服,带好保护装具。

(2)起吊时不允许超过规定的作业半径与额定的荷载进行作业。

(3)严禁从起重臂的侧面拖引荷载。

(4)起重臂较长时其作业半径不能过大,在任何情况下起重臂的角度必须被限制在机械允许的范围内进行作业。

(5)禁止随便调整液压元件的调整部分。

(6)驾驶员离开驾驶室时,应把吊物放到地面上,并停止发动机,全部操纵系统必须处于空位状态。

(7)禁止未经专业培训的人员上岗作业。

(8)在作业中如柴油机停止转动,必须立即将所有操纵系统扳到中位。

(9)机器要停在坚硬的水平地面上,如果地面松软,应予以加强。

(10)机器附近有人时不准进行作业,附近有人来往时,要鸣喇叭警告。

(11)机器作业时距导墙边缘必须大于1m,不要靠近松软的路肩边及导墙边,以防来回行走挤压导墙,使导墙净空变小。

(12)禁止操作过急,特别是柴油机停止的操作,对重、大、长物件的提升(下落)及在高空作业时,更须特殊注意。

## 7 应急预案

### 7.1 应急救援组织机构、职责流程

参见第二篇第一章“7 应急预案”。

## 7.2 现场处置措施

### 7.2.1 钢筋笼吊放不到位

(1)钢筋下放不到位出现一端倾斜的情况时,很可能是槽底边幅成槽深度不到位造成,在成槽过程中由于液压抓斗扇形外形特点,靠近接头边缘底部区域易出现成槽盲区,在将钢筋笼全部拎出后对边缘底部槽深进行检查,如发现深度不足时采用成槽机抓斗反复移动清扫,将底部多余土方清出槽外,再重新进行钢筋笼下放。

(2)当发生钢筋笼下放困难时,有可能是由于端头倾斜将钢筋笼卡住、槽壁两侧土体径缩将钢筋笼卡住、在下放钢筋笼过程中突然发生坍方造成槽壁深度不到位等原因造成的。当发生钢筋笼下放困难但是具备下放条件时,可尝试继续下放钢筋笼。

(3)如果是端头倾斜造成钢筋笼下放不到位时,必须事先用超声波测量端头垂直度,得出端头侵入钢筋笼的程度,然后适当割除分布筋,收缩主筋,主筋数量不变,再放钢筋笼。

(4)当钢筋笼被卡住的时候,不能强行冲击下放,当钢筋笼反复上下松动多次不能放到位的,需将钢筋笼全部拎出,查明原因并处理好后再重新下放。

### 7.2.2 钢筋笼起吊过程中发生变形、散架

必须严格按照施工组织设计及专项施工方案的要求,进行吊点布置和对钢筋笼进行加强。起吊钢筋笼时,必须先将钢筋笼整体拎高30cm,观察有无变形或有电焊被迸开的现象,如果有,则立刻将钢筋笼放下,加固后方可继续起吊。

当钢筋笼吊到空中发现有变形现象时不得强行吊起,必须马上疏散附近施工人员,同时将钢筋笼放到地上,对变形钢筋笼进行整形、加固后再重新起吊。

钢筋笼起吊发生变形、散架事故和补救措施通常有如下情况:

(1)第一道吊点范围钢筋笼头部向上弯曲

①发生原因:纵横向桁架软弱;桁架和分布筋电焊不牢固;吊点钢筋焊接不牢固。

②补救措施:首先用伸缩葫芦和千斤顶将已经弯曲的钢筋笼调直;主吊前两道吊点范围的桁架钢筋、主筋和分布筋全部电焊加固,桁架钢筋和分布筋相交的两个点更要全部焊接;加强第一道吊点的横向桁架,可以用双排$\phi$25以上的"W"形钢筋加强。

(2)主吊和副吊之间的钢筋笼部分发生弯曲、断裂

①发生原因:纵向桁架薄弱,钢筋笼较宽,主桁架数量不足;主、副吊之间的距离过长;起吊过程中两部分吊车配合不当;桁架钢筋、桁架与分布筋焊接不牢固。

②补救措施:增加纵向桁架的数量;调整吊点位置,将主、副吊之间的距离调整减小;双机配合起吊,避免两部吊车拉扯钢筋笼;加强桁架筋及桁架与纵横向钢筋间焊接质量。

### 7.2.3 吊车起吊过程中倾覆

(1)起重设备起吊过程发生倾覆的主要原因

①因严重超载,致使对起重机倾覆边的倾覆力矩大于稳定力矩,导致起重机倾覆。

②起重机未安装起重力矩限制器安全保护装置,操作人员无法准确掌握重物实际重量,致使超载运行导致倾覆。

③起重指挥人员未经安全技术培训,不熟悉起重吊装作业安全基本知识,特别是在作业前未向起重机司机进行安全技术交底,无实际起吊重量说明,即在重量不清的情况下,违章指挥,违章操作。

④地基承载力不够,地基塌陷导致起重机重心不稳发生倾覆。

(2)预防事故措施

①起重机安全保护装置必须按规定配置,最大额定起重量不大于35t的起重机,必须装设起重量显示器,其误差不大于5%。

②严格按起重机的额定起重量表和起升高度曲线作业。起吊物品不能超过规定的工作幅度和相应的额定起重量，严禁超载作业。

③在进行起重吊装作业前必须制定作业指导书，并对起重机司机及相关人员进行安全技术交底。起重机械指挥、操作人员应经培训合格后持证上岗，并应熟悉所操作机械的操作规程以及相关的安全规定。起重机械作业时，指挥、操作人员必须认真负责，注意力集中。

④施工前对履带吊行走区域的地基承载力依据规范认真验算，如验算不满足要求必须补加相应措施。施工期间对履带吊起吊行走便道进行定期排查，对有可能存在的安全隐患进行及时处理。定期进行培训，加强起重机械操作人员的安全意识和责任感，通过事故案例讲解和学习，增强其安全意识，提高其操作和防事故能力及起重相关人员紧急情况下的避险能力。

⑤前期对施工场地进行调查，确定起吊设备工作场地地基承载力要求，及时对不满足要求的场地进行硬化加强。

## 8 计算书

### 8.1 最不利槽段选择

常见的地下连续墙有"一"字形幅、"L"形幅及"Z"形幅三种，除"Z"形幅采用分解成两个"L"形钢筋笼，其他均采用钢筋笼整体制作成型整体起吊。××站起吊最不利槽段为端头井800mm厚地下连续墙，幅宽6.0m，最大质量35.7t，钢筋笼最长37m。

### 8.2 吊装机具选用及验算

#### 8.2.1 主吊的选用

首先确定主吊机垂直高度，选择计算主吊机垂直高度时，不仅要考虑主吊臂架最大仰角和钢筋笼的最大尺寸、重量，而且要考虑钢筋笼吊起后能旋转180°，不碰撞主吊臂架，即满足$BC$距离大于或等于钢筋笼一半宽度3.0m的条件（考虑0.5m安全距离，$BC$取3.5m）。暂定加工制作的吊具尺寸为$h_1=2.6$m，$h_0=0.65$m，因此：

$AC=BC\times\tan75°=13.06$m（$BC=3.75$m）。

$h_2=AC-h_1-b-h_0=13.06-2.6-3.0-0.65=6.81$（m）。

$b=AC-h_1-h_0-h_2=13.06-2.6-0.65-6.81=3$（m），不小于3m，满足要求。

$H=h_2+h_1+h_3+h_4+h_0=6.81+2.6+37+0.5+0.65=47.56$（m）。

式中：$b$——起重机滑轮组定滑轮到吊钩中心距离，受限位装置影响不得小于3m；

$h_0$——起吊扁担净高，取0.65m；

$h_1$——扁担吊索钢丝绳高度，取2.6m；

$h_2$——主吊钢丝绳长度（m）；

$h_3$——钢筋笼长度，取最长钢筋笼长度37m；

$h_4$——起吊时钢筋笼距离地面的距离，取0.5m；

$C$——起重臂铰轴距离地面高度，取1.5m；

臂长$L=(H+b-C)/\sin\alpha=(47.56+3-1.5)/\sin75°=50.8$（m）。

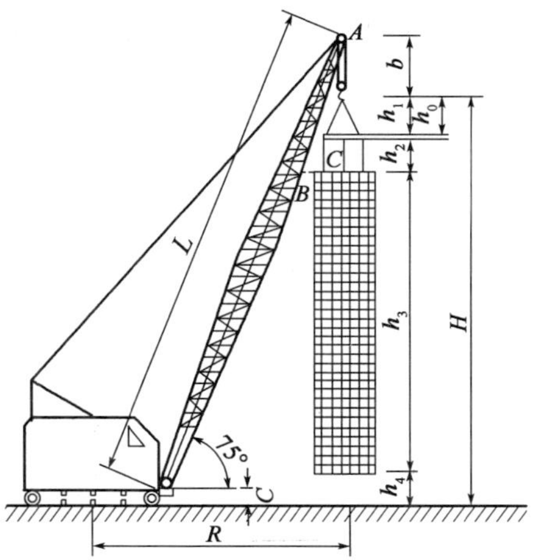

图5-1.2 吊车起吊高度计算简图

钢筋笼吊装时行走中主吊最大受力为37.7t/0.8=47.125t（吊车带载行走安全系数0.8，加工索具总质量为2t）。吊车起吊高度计算简图如图5-1.2所示。

选定主吊为180t履带吊，主臂长53m，工作半径$R$12m，最大起重量63.8t，履带吊性能见表5-1.6。

表 5-1.6　180t 履带吊性能表

| 工作兰径 $R$(m) | 有效起重量 $Q$(t) | 主臂长度(m) | 工作半径 $R$(m) | 有效起重量 $Q$(t) | 主臂长度(m) |
|---|---|---|---|---|---|
| 12 | 63.8 | 53 | 14 | 54.7 | 53 |
| 13 | 59.3 | 53 | | | |

**8.2.2**　副吊的确定

副吊最大受力出现在钢筋笼起吊到60°时,最大受力为钢筋笼质量的60%与索具质量之和,故$Q_{副}=Q_{笼}\times60\%+Q_{索}=35.7\times60\%+2=23.42(t)$。钢筋笼吊装时副吊最大受力为23.42t/0.8=29.275t(吊车安全系数0.8,加工索具总质量为2t)。

选定副吊为100t履带吊,主臂37m,工作半径12m,最大起重量35.8t,履带吊主要性能见表5-1.7。

表 5-1.7　100t 履带吊主要性能表

| 工作半径 $R$(m) | 有效起重量 $Q$(t) | 主臂长度(m) | 工作半径 $R$(m) | 有效起重量 $Q$(t) | 主臂长度(m) |
|---|---|---|---|---|---|
| 8 | 52 | 37 | 12 | 35.8 | 37 |
| 10 | 46.3 | 37 | | | |

**8.2.3**　铁扁担的确定

主副吊采用同类型扁担,由于主吊的吊重较大,因此仅需对主吊扁担进行验算。主副吊扁担采用32c号槽钢对称焊接在50mm的Q235钢板上,扁担长3.60m,高度0.65m。具体尺寸如图5-1.3所示。

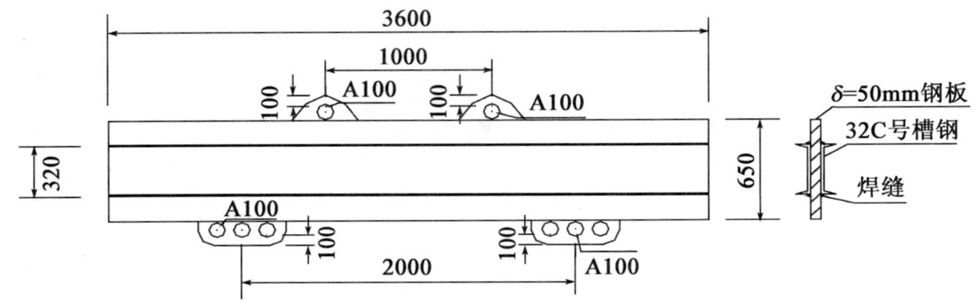


图 5-1.3　钢扁担尺寸图(尺寸单位:mm)

通过受力图5-1.4计算得主扁担承受37.7t(含索具)钢筋笼质量时,$F=190kN$,$T=F/\sin60°=190/\sin60°=219.4(kN)$。扁担梁承受的最大弯矩为$M_{max}=110kN\cdot m$,最大剪力为$F_{s_{max}}=190kN$。

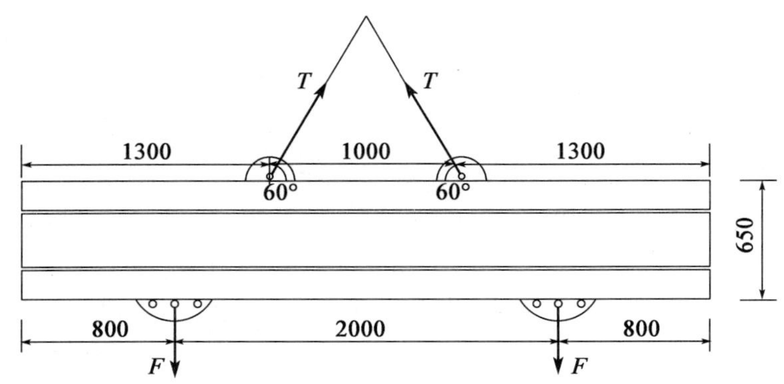


图 5-1.4　扁担梁受力示意图(尺寸单位:mm)

(1)扁担吊耳受力验算

吊耳采用Q235钢板,按37.7t荷载计算,采用两点吊,扁担上部每个吊耳承受的最大力为$T=219.4kN$。

①吊耳孔壁局部受压承载力

$$\sigma_{cj}=(\alpha\gamma_g p)/(2\gamma\delta)=(1.1\times1.35\times219400)/(2\times50\times50)=65.16(\text{MPa})<f_{cj}=200\text{MPa}$$

②吊耳孔壁受拉承载力

$$\sigma_{tj}=\sigma_{cj}(R^2+r^2)/(R^2-r^2)=65.16\times(150^2+50^2)/(150^2-50^2)=81.45(\text{MPa})<f_{tj}=200\text{MPa}$$

③孔壁处剪应力

$$\tau=T/F=219400/(50\times100)=43.88(\text{MPa})<f_v=115\text{MPa}$$

式中:$T$——主扁担上部单个吊点拉力,取219.4kN;

$\sigma_{cj}$——孔壁局部受压承载力;

$\sigma_{tj}$——孔壁局部受拉承载力;

$\tau$——孔壁处剪应力;

$\alpha$——动力系数,吊立过程取1.1;

$\gamma_g$——荷载分项系数,取1.35;

$\delta$——吊耳钢材厚度,取50mm;

$R$——吊耳的半径,$R=\delta+d=50+100=150(\text{mm})$;

$d$——吊耳内轴的直径,取100mm;

$r$——吊耳内轴的半径,取50mm。

50mm厚Q235钢材的抗压强度设计值$f_{cj}=200\text{N/mm}^2$,抗拉强度设计值$f_{tj}=200\text{N/mm}^2$,抗剪强度设计值$f_v=115\text{N/mm}^2$。

根据计算结构,①项、②项和③项的安全系数分别为3.07、2.46和2.62,所选用扁担吊耳满足规范要求。

(2)扁担梁整体受力验算

查型钢表得32c号槽钢的$I_x=8690\times10^{-8}\text{m}^4$,$S_z^*=328.1\times10^{-6}\text{m}^3$。扁担梁横截面尺寸如图5-1.5所示。

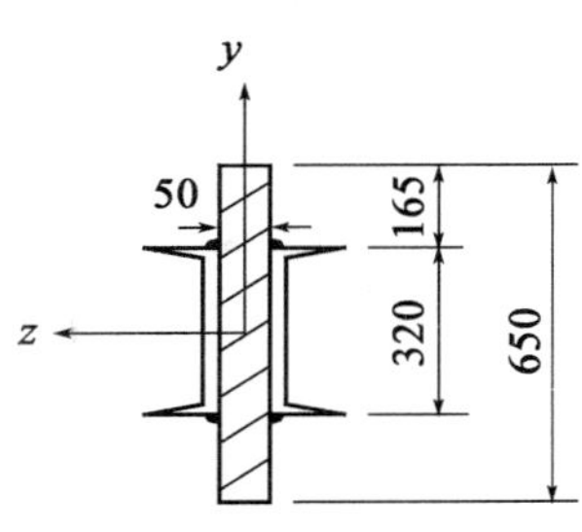


**图5-1.5　扁担梁横截面**

(尺寸单位:mm)

①扁担梁承受最大正应力为:

$$\sigma_{max}=M_{max}y_{max}/I_z$$

其中:$M_{max}=110\text{kN}\cdot\text{m}$;$y_{max}=0.65/2=0.325(\text{m})$;$I_z=(0.05\times0.65^3)/12+2\times8690\times10^{-8}=1.318\times10^{-3}(\text{m}^4)$;$\sigma_{max}=M_{max}y_{max}/I_z=110\times10^3\times0.325/(1.318\times10^{-3})=27.12(\text{MPa})<f=200\text{MPa}$,能满足承载力要求。

②扁担梁承受最大剪应力为:

$$t_{max}=F_{s_{max}}\cdot S^*_{z_{max}}/I_z\cdot b$$

其中:$F_{s_{max}}=190\text{kN}$;$I_z=1.318\times10^{-3}\text{m}^4$;$b=0.05\text{m}$;$S^*_{z_{max}}=0.65/2\times0.05\times0.65/4+2\times328.1\times10^{-6}=3.296\times10^{-3}(\text{m}^3)$;则$t_{max}=F_{s_{max}}\cdot S^*_{z_{max}}/I_zb=190\times10^3\times3.296\times10^{-3}/(1.318\times10^{-3}\times0.05)=9.5(\text{MPa})$,考虑附加动力系数1.2,则$9.5\times1.2=11.4(\text{MPa})<f_v=115\text{MPa}$,能满足承载力要求。

### 8.2.4　钢丝绳的确定

(1)钢丝绳受力及强度计算

吊装钢筋笼的主吊钢丝绳,使用2根6股×37的钢丝绳,长度为16m,钢丝绳直径43mm,单根钢丝绳破断拉力总和1390kN(起重吊装常用计算手册查得),副吊钢丝绳,使用2根6股×37的钢丝绳,长度为42m,钢丝绳直径21.5mm,单根钢丝绳公称抗拉强度为348.5kN(《起重吊装常用数据手册》查得)。

受力最大的时候是钢筋笼垂直竖立后,两道钢丝绳4个点承受37.7t钢筋笼的质量。

钢丝绳允许拉力按下列公式计算:

$$[F_g]=a\cdot F_g/K\quad(《建筑施工手册》第五版)$$

式中：$[F_g]$——钢丝绳允许拉力(kN)；

$F_g$——钢丝绳的钢丝破断拉力总合，取1390kN(起重吊装常用计算手册查得)；

$a$——换算系数，取0.82(《建筑施工手册》第五版)；

$K$——钢丝绳的安全系数，取6(《建筑施工手册》第五版)。

则主吊允许拉力为：

$$[F_g] = a \cdot F_g / K = 0.82 \times 1390/6 = 190(\text{kN})$$

因为19t > 9.425t，所以选用的主吊钢丝绳满足要求。

(2)主吊扁担上部钢丝绳验算

钢丝绳在钢筋笼完成竖直时受力最大，此时铁扁担上部两边各两道钢丝绳与扁担夹角为60°(图5-1.4)，$S = (37.7 \div \sin60°)/4 = 10.9(\text{t}) < S_b = 118.5\text{t}/6$(钢丝绳的容许安全系数为6) = 19.75t，满足要求。

(3)主吊扁担下部钢丝绳验算

铁扁担下部钢丝绳受力最大的时候是钢筋笼竖直后，两道钢丝绳4个点承受37.7t钢筋笼(含工索具)的质量。

由$P_1 = P_2$，可知：

$$P_1 + P_2 = P$$

$$F_1 = F_2 = F_3 = F_4$$

则：$P_1 = P_2 = 18.85\text{t}$，$F_1 = F_2 = F_3 = F_4 = 9.43\text{t}$(图5-1.6)。

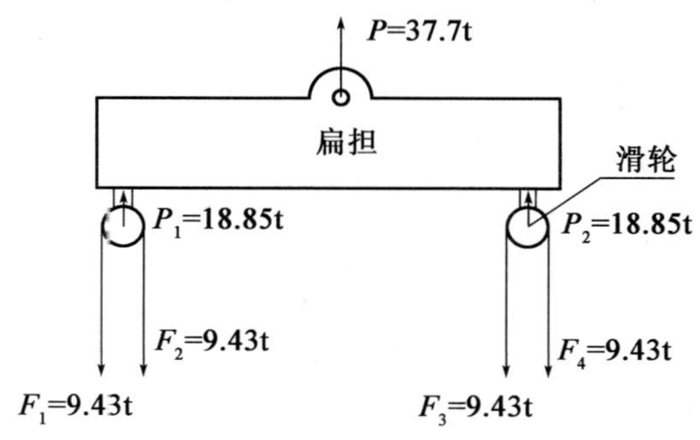


图5-1.6 钢丝绳受力示意图

因为钢丝绳拉力$S = 9.43\text{t} < S_b = 118.5\text{t}/6$(钢丝绳的容许安全系数为6) = 19.75t，所以选用的钢丝绳满足要求。

(4)副吊钢丝绳验算

受力最大的时候是钢筋笼呈60°时，两道钢丝绳6个点承受23.42t钢筋笼的质量。

副吊允许拉力为：

$$[F_g] = a \cdot F_g / K = 0.82 \times 348.5/6 = 143(\text{kN})$$

因为14.3t > 3.9t，所以选用的副吊钢丝绳满足要求。

**8.2.5** 卸扣的确定

卸扣的选择按主副吊钢丝绳最大受力来确定。

(1)主吊卸扣选择

卸扣的选择按主副吊钢丝绳最大受力选择。主吊卸扣最大受力在钢筋笼吊成竖直状态后，主吊承受37.7t钢筋笼(含工索具)的质量。

此时铁扁担上卸扣所受荷载$P = 37.7\text{t}/2\sin60° = 21.7\text{t}$，选用高强卸扣25t，4只。

钢筋笼吊成垂直状态后，主吊吊点4个卸扣承受37.7t钢筋笼(含工索具)的质量，每个卸扣承受荷载$P = 37.7\text{t}/4 = 9.43\text{t}$，采用20t卸扣，10只。

(2)副吊卸扣选择

副吊卸扣最大受力在钢筋笼起吊至60°时，副吊承受钢筋笼(含工索具)质量的60%，$Q = 35.7 \times 60\% + 2 = 23.42(\text{t})$。

此时铁扁担上卸扣所受荷载$P = Q/2 = 11.71\text{t}$，选用高强卸扣20t，6只。

副吊吊点共6个卸扣承受荷载$Q$，每个卸扣承受荷载$P = Q/6 = 3.9\text{t}$，采用11.8t卸扣，6只。

**8.2.6** 滑轮的确定

(1)主吊滑轮选择

主吊滑轮最大受力在钢筋笼竖直状态时，2个滑轮承受37.7t钢筋笼(含工索具)的质量。每个滑轮

承受 $P=37.7t/2=18.85t$,采用 35t 滑轮,2 个。

(2)副吊滑轮选择

副吊滑轮最大受力在钢筋笼起吊至 60°时,副吊 2 个滑轮承受钢筋笼(含工索具)质量的 60%,$Q=26.1\times60\%+2=23.42(t)$。每个滑轮承受 $P=23.42/2=11.71(t)$,采用 25t 滑轮,2 个。

吊索具配备参数见表 5-1.8。

**表 5-1.8 吊索具配备表**

| 吊 锁 具 | 主吊索具 | | 副吊索具 | |
|---|---|---|---|---|
| | 规格 | 数量 | 规格 | 数量 |
| 直径 43mm 钢丝绳 | 14m | 2 根 | 直径 21.5mm×43m | 2 根 |
| | 9m | 2 根 | | |
| 卸扣 | 20t | 6 只 | 11.8t | 6 只 |
| 滑轮 | 35t | 2 个 | 25t | 4 个 |

### 8.2.7 吊筋验算

吊筋采用 $\phi32$ 圆钢,副吊采用 $\phi32$ 圆钢,圆钢吊点和桁架上、下排主筋焊接牢固。

吊点形式见图 5-1.7。

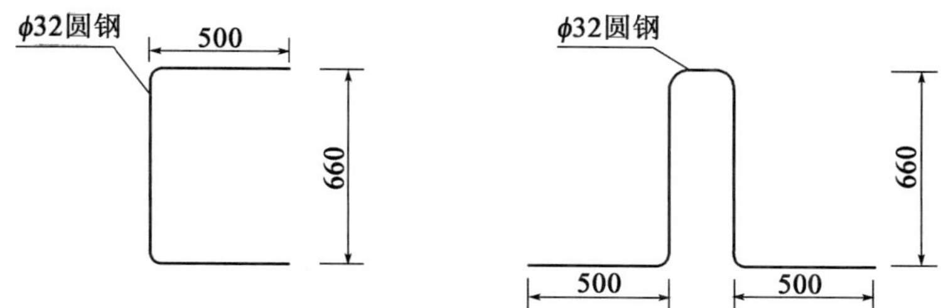


**图 5-1.7 主、副吊圆钢吊点示意图**(尺寸单位:mm)

(1)吊点钢筋验算

①主吊点 $\phi32$mm 圆钢受力最不利情况是当钢丝绳换到钢筋笼第二道吊点后,此时每个圆钢要承受 1/4 钢筋笼质量。

A32mm 的 Q235 圆钢受力最薄弱区为单根受剪,其最大抗剪强度为:

$$f_v=16\text{mm}\times16\text{mm}\times3.14\times205\text{N/mm}^2\div9.8\text{N/kg}\div1000\text{kg/t}=16.82\text{t}$$

可知 $35.7/4=8.9t<16.82t$,由于吊点钢筋和主筋及桁架焊接在一起,共同受力,所以满足起吊要求。

②副吊点 A32 圆钢受力最不利情况是在钢筋笼起吊到 60°的时候,副吊的最大受力约为钢筋笼质量的 60%,即 $35.7t\times60\%=21.42t$,每个吊点承受 1/6 质量。

A32mm 的 Q235 圆钢受力最薄弱区为单根受剪,其最大抗剪强度为:

$$f_v=16\text{mm}\times16\text{mm}\times3.14\times205\text{N/mm}^2\div9.8\text{N/kg}\div1000\text{kg/t}=16.82\text{t}$$

可知 $21.42/6=3.57t<16.82t$,由于吊点钢筋和主筋及桁架焊接在一起,共同受力,所以满足起吊要求。

③焊接要求:

施工中各节点焊接要求必须满足 JGJ 18—2012 的要求,吊点钢板和吊点钢筋都与桁架上的主筋双面满焊,焊缝宽度不得小于 $0.6d$,厚度大于 $0.35d$;最终搁置板与吊攀钢筋双面满焊,焊缝宽度不得小于 $0.6d$,厚度大于 $0.35d$,其余搁置钢板与主筋双面满焊,焊缝高度大于 10mm;桁架上的主筋和钢笼周边的主筋都与分布筋 100% 焊接。

(2)搁置吊环强度验算

为在下放钢筋笼过程中，临时换钢丝绳时需要暂时将钢筋笼临时搁置在导墙上，必须要放搁置吊环。还有钢筋笼最终下放到设计高程后，也需要临时搁置吊环将钢筋笼固定在设计高程位置。

每幅钢筋笼放置 8 个搁置吊环和 4 个最终搁置吊环，搁置吊环为 $\phi32$ 圆钢宽 300mm，最终搁置吊环为 300mm × 300mm × 300mm。

搁置吊环 $\phi32$mm 圆钢受力最不利情况是在主吊点钢丝绳换到钢筋笼最后吊点时，此时每个圆钢要承受 1/4 钢筋笼质量。

$\phi32$mm 的 Q235 圆钢受力最薄弱区为单根受剪，其最大抗剪强度为：

$$f_v = 16\text{mm} \times 16\text{mm} \times 3.14 \times 205\text{N/mm}^2 \div 9.8\text{N/kg} \div 1000\text{kg/t} = 16.82\text{t}$$

可知 35.7/4 = 8.93t < 16.82t，由于吊点钢筋和主筋及桁架焊接在一起，共同受力，所以满足起吊要求。

(3)钢筋笼吊点加强及验算

为保证钢筋笼安全起吊，钢筋笼施工时需对吊点进行局部加强。对设置在钢筋笼上榀的所有吊点均需设置“几”字形加强筋，加强筋采用 Q235$\phi32$ 圆钢；对于钢筋笼顶下榀的主吊吊点及所有搁置点均采用“Π”形圆钢进行加强，并对所有吊点上部的一根水平筋进行加粗，采用 HRB400$\phi32$ 钢筋。

搁置点与主筋设两处焊缝，长度均为 150mm，焊缝高度取 10mm，焊缝抗剪设计强度取 160N/mm²，$f_v = 300\text{mm} \times 10\text{mm} \times 160\text{N/mm}^2 \div 9.8\text{N/kg} \div 1000\text{kg/t} = 49\text{t}$；受力时为 4 个搁置点同时承受整幅钢筋笼质量，安全系数取 2，最大抗剪力为 49 × 4 ÷ 2 = 98(t)，大于最大的钢筋笼质量，因此搁置点焊缝满足受力要求。

### 8.2.8 搁置钢扁担强度验算

搁置钢扁担采用 2 根 1.8m 长的 14a 号槽钢合并焊接，搁置钢扁担示意图见图 5-1.8。查型钢表得 14a 号槽钢截面面积为 1851.6mm²。

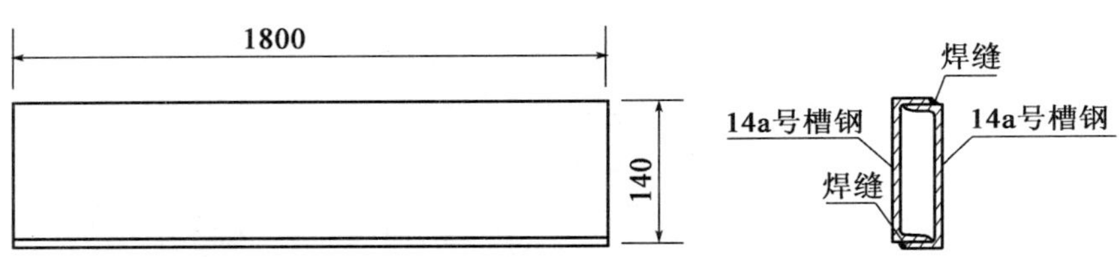


图 5-1.8 搁置钢扁担示意图(尺寸单位：mm)

搁置钢扁担可承受的破坏剪力至少为：$1851.6\text{mm}^2 \times 2 \times 120\text{N/mm}^2 \div 9.8\text{N/kg} \div 1000\text{kg/t} = 45.35\text{t} > 8.93\text{t}$[35.7/4 = 8.93(t)，两根搁置钢扁担，在 4 个点承受 35.7t 钢筋笼的质量]，满足要求。

### 8.2.9 吊点位置的选择

如果吊点的位置计算不准确，钢筋笼会产生较大的挠曲变形，使焊缝开裂，整体结构散架，无法起吊。因此吊点位置的确定是吊装过程的一个关键步骤，本工程钢筋笼采用 10 点吊法施工，下面分横向吊点和纵向吊点进行阐述。

(1)平幅

①横向吊点计算(图 5-1.9)

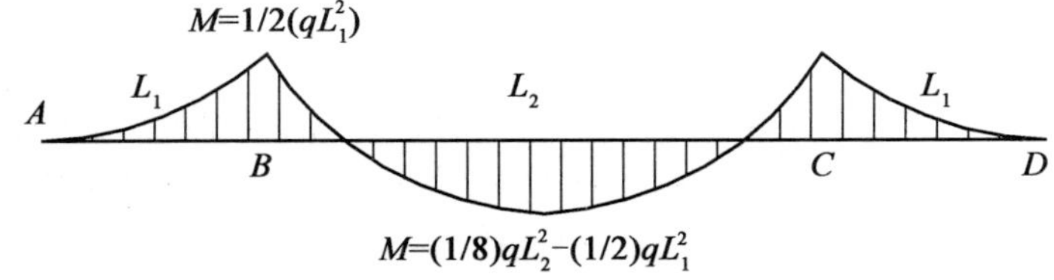


图 5-1.9 横向弯矩计算简图

根据弯矩平衡定律，正负弯矩相等时所受弯矩变形最小的原理，计算如下：

$$+M = -M$$

其中：

$$+M = 1/2qL_1^2$$

$$-M = 1/8qL_2^2 - 1/2qL_1^2$$

式中：$q$——均布荷载；

$M$——弯矩。

故：$L_2 = 2\sqrt{2}L_1$，$2L_1 + L_2 = L$（$L$ 为钢筋笼宽）。可得：$L_1 = 0.207L$，$L_2 = 0.586L$，故可知横向吊点按左右 $0.207L$ 位置设置为宜。

为了保持钢筋笼起吊时的平稳，横向吊点的选取很重要，该工程以标准 6m 幅宽连接幅的钢筋笼为例来说明。

主桁架设置按经验系数 0.207 × 幅宽计算，即 0.207 ×6m = 1.242m，最后按钢筋笼主筋间距做小的调整，即得到横向吊点按左右 1.2m 布置，详见图 5-1.10。

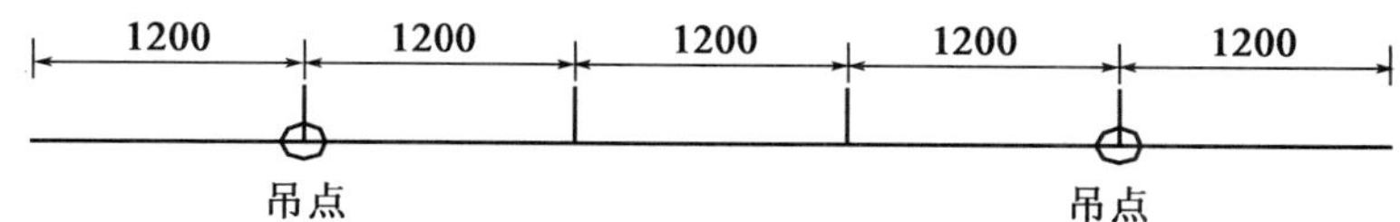


**图 5-1.10　横向吊点布置图**（尺寸单位：mm）

②纵向吊点计算

纵向吊点选择非常重要，若吊点位置不准确，钢筋笼会产生较大挠曲变形，使焊缝开裂，整体散架，无法起吊，因此吊点的位置确定是吊装过程中的一个关键步骤。横向吊点布置图如图 5-1.10 所示。根据弯矩平衡原理，正负弯矩相等是所受弯矩变形影响最小的原理。本工程端头井钢筋笼采用十点吊法施工，标准段钢筋笼采用十点吊法施工，钢筋笼吊点位置计算如下。

端头井钢筋笼采用纵向十点吊法施工，纵向吊点布置图详见图 5-1.11。

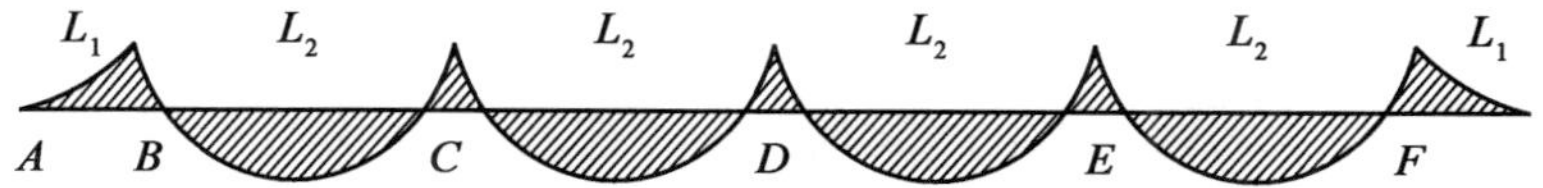


**图 5-1.11　钢筋笼纵向吊点布置图**

$$+M = -M$$

其中：

$$+M = 1/2qL_1^2$$

$$-M = 1/8qL_2^2 - 1/2qL_1^2$$

式中：$q$——均布荷载；

$M$——弯矩。

故：$L_2 = 2\sqrt{2}L_1$，$2L_1 + 4L_2 = H$（$H$ 为钢筋笼长度）。

端头井钢筋笼长 36.45m，可知 $L_1 = 2.739\text{m}$，$L_2 = 7.745\text{m}$。因此，选择 $B$、$C$、$D$、$E$、$F$ 共 5 点时钢筋笼起吊的弯矩最小，但实际吊装过程中 $B$、$C$ 中心是主吊位置，$AB$ 距离影响吊装钢筋笼。根据计算数据和实际吊装经验，各点位置可做适度的调整。

标准段钢筋笼长 34m，$L_1 = 2.55\text{m}$，$L_2 = 7.23\text{m}$。根据技术数据和实际吊装经验，各点位置可做适度的调整。

在起吊过程中，$A$、$C$ 为主吊位置，$D$、$E$、$F$ 为副吊位置。钢筋笼吊点布置图如图 5-1.12 所示。

（2）异形幅

本工程共有“L”形异型幅共 4 幅，“Z”形异型幅共 4 幅，“Z”形幅钢筋笼分解成两个“L”形钢筋笼。

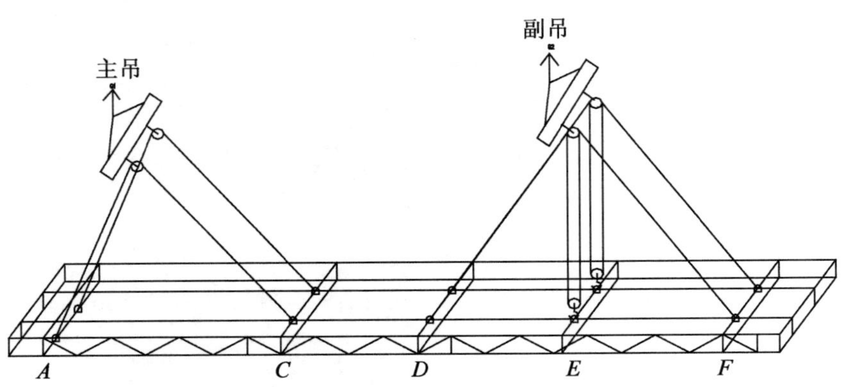


图 5-1.12　钢筋笼纵向 10 点吊吊点布置图

①"L"形转角幅钢筋笼制作要求

转角幅钢筋笼除设置纵、横向起吊桁架和吊点之外，另要增设"人字"桁架和斜拉杆进行加强，以防钢筋笼在空中翻转角度时发生变形。

②"Z"形钢筋笼制作要求

对于"Z"形钢筋笼整体制作难度大，整体起重吊装风险较大，按设计要求将"Z"形钢筋笼分解成两个"L"形钢筋笼制作，降低起重吊装风险，并按转角钢筋笼增设斜撑筋进行加强，两个"L"形钢筋笼一同吊装下放，并一起灌注混凝土，两个"L"形钢筋笼接头处的间隙及具体设置按首开幅和闭合幅处理。

③横向吊点设置

以水平钢筋笼边作为 $X$ 轴，转角顶点作为原点，建立 $X$-$Y$ 坐标系，对异性幅横截面求形心：

$$形心\ X=\frac{D\times D/2+H\times(H/2\times\cos\alpha+1/2\sin\alpha)}{H+D}$$

$$形心\ Y=\frac{D\times 1/2+H\times H/2\times\sin\alpha}{H+D}$$

在形心分别对两条直角边做垂线则为吊点位置。

水平钢筋笼边：

$$A=x$$

斜钢筋笼边：

$$B=\sin\alpha+\cos\alpha-\tan\alpha$$

式中：$\alpha$——异型幅角度；

$A$——水平钢筋笼边吊点到转角顶点的距离；

$B$——斜钢筋笼边吊点到转角顶点的距离。

根据实际吊装情况对吊点位置做适当调整。

④纵向吊点设置

纵向吊点同平幅吊点设置。

**8.2.10**　双机抬吊能力验算

本工程采用双机抬吊法，主吊为 180t 履带吊，副吊 100t 履带吊。

(1)吊车工作参数选定

根据吊车的性能参数，结合实际的钢筋笼质量，拟定的主吊、副吊工作参数如下。

主吊：臂长$L_1=53\text{m}$，起重半径$R_1=12\text{m}$，起吊最大质量$Q_1=63.8\text{t}$。

副吊：臂长$L_2=37\text{m}$，起重半径$R_2=12\text{m}$，起吊最大质量$Q_2=35.8\text{t}$。

钢筋笼质量$G_1=35.7\text{t}$，主吊吊装索具的质量$G_3$取 2t，副吊吊装索具的质量$G_3$取 2t，则重物总质量$G=39.7\text{t}$。

(2)吊车起重能力计算

①双机同时起吊能力计算

钢筋笼起吊时采取双机同时起吊,则此时双机的最大起吊能力 $Q$ 为:

$Q=(Q_1+Q_2)\times K=(63.8+35.8)\times 0.8=79.68(\text{t})>35.7+4=39.7(\text{t})$,满足要求。

其中:$K$ 为起重机降低系数,取 0.8。

②主吊起吊能力计算

当钢筋笼竖直后,所有荷载由主吊承担,此时的主吊起吊能力计算如下:

$Q_1\times K=63.8\times 0.7=44.66>35.7+2=37.7(\text{t})$,满足要求。

其中:$K$ 为吊车安全行走折减系数,取 0.7。

③副吊起吊能力计算

在钢筋笼的吊装过程中,吊车最大受力出现在钢筋笼起吊到60°的时候,最大受力约为钢筋笼及工索具质量的60%,副吊的起吊能力计算如下:

$Q_2\times K=35.8\times 0.8=28.64(\text{t})>35.7\times 0.6+2=23.42(\text{t})$,满足要求。

其中:$K$ 为副吊所受的荷载折减系数,取 0.8。

### 8.3　吊车行走道路地基承载力验算

根据地质勘查报告,取土层承载力特征值$f_{ak}=120\text{kPa}$。基地上平均重度为混凝土$\gamma_0=25\text{kN/m}^3$,基地下平均重度 $\gamma=18\text{kN/m}^3$。按条形基础模型计算,$b=6\text{m}$(大于 6m 按 6m 取值),基础埋深 $d=0.3\text{m}$。杂填土取$\eta_b=0$,$\eta_d=1.0$。

根据规范《建筑地基基础设计规范》(GB 5007—2011)可知:

$$f_a=f_{ak}+\eta_b\gamma(b-3)+\eta_d\gamma_0(d-0.5)$$

$$f_a=120+0\times 18\times(6-3)+1\times 25\times(0.3-0.5)=115(\text{kPa})$$

地基承载力最不利情况发生在槽段内钢筋笼由 180t 吊车拎起时,地基承受最大荷载 = 180t(吊车质量) + 37.7t(钢筋笼及工索具质量) + 21.2t(地面混凝土质量:8.454 × 3.35 × 0.3 × 2.5) = 238.9t,即地基承受最大压力 $N=238.9\text{t}\times 9.8\text{N/t}=2341.22\text{kN}$,180t 吊车单只履带支撑,通过混凝土路面对地基产生荷载,对地基荷载折算作用面积为 $S=8.454\text{m}\times 3.35\text{m}=28.32\text{m}^2$,对地基荷载 $P=\dfrac{N}{S}=1962.94/28.32=82(\text{kN/m}^2)<115\text{kN/m}^2$,符合安全要求。

## 第三节　示例点评

本示例适用于钢筋笼长度小于 40m 的吊装工程,一般车站基本适用。示例中概述了地下连续墙钢筋笼吊装施工工艺,包括吊装前的准备工作、吊车的站立、行走以及钢筋笼吊装的施工方法和安全保障措施。

建议在施工方法中增加钢筋笼试起吊过程,以便选取最可行的工艺和设备,以及指导实际施工的技术参数,在具体施工时要根据不同的施工方法采取不同的施工措施。

# 第二章　深基坑开挖工程专项施工方案

## 第一节　编 制 要 求

### 1　适用范围

软土地质条件下基坑深度为20m左右的深基坑开挖。

### 2　工程重难点

地下工程的深基坑开挖过程中为了保证基坑开挖安全、基础施工的顺利进行以及基坑周边环境的安全,必须加强对深基坑开挖的重难点控制,主要包括:围护结构设计与加固措施、基坑降水、基坑支护体系与变形控制、基坑的监测量控和周围环境的保护。

### 3　内容要点

(1)危险因素分析中重点评估基坑支撑架设不稳定、坑底加固不足、对建筑物和围护结构变形监测不及时引发的风险。

(2)施工方法及工艺中重点阐述地下连续墙、地基加固、基坑降水、土方开挖、钢支撑安拆的施工方法和施工要求。

(3)安全保障措施中重点阐述土方开挖保障技术措施、钢支撑安装拆除安全技术措施和施工监测监控措施。

## 第二节　工 程 示 例

### 1　工程概况

××站位于海宁市海州东路与碧云南路交叉路口,沿海州东路呈东西向布置。车站主体长432.23m,标准段基坑深16.22~17.02m,端头井基坑深17.68~18.55m,覆土厚度2.88~4.15m,车站基坑开挖涉及的土层从上至下地层依次为素填土、筑填土、粉质黏土、淤泥质黏土、粉质黏土、粉质黏土、黏质粉土,地下水位埋深为0.70~2.40m,相应高程为-0.77~2.97m。本站采用明挖法施工,围护结构采用800mm厚地下连续墙。

### 2　编制依据

(1)《建筑与市政工程地下水控制技术规范》(JGJ 111—2016)。

(2)《建筑深基坑工程施工安全技术规范》(JGJ 311—2013)。

(3)《建筑基坑工程监测技术规范》(GB 50497—2009)。

其余参见第一篇“3 主要编制依据”。

# 3　施工方法及工艺

## 3.1　施工工艺

基坑开挖施工工艺流程见图 5-2.1。

## 3.2　施工方法

### 3.2.1　地下连续墙施工

(1)概况

本工程地下连续墙施工采用国家级工法“地下连续墙液压抓斗工法”进行施工。该工法具有墙体刚度大、阻水性能好、振动小、噪声低、扰动小等特点,对周围环境影响小,适用多种土层条件。

地下连续墙接头采用锁口管接头,钢筋笼整体吊装入槽,导管法水下灌注混凝土。

(2)施工工艺流程

地下连续墙施工工艺流程见图 5-2.2。

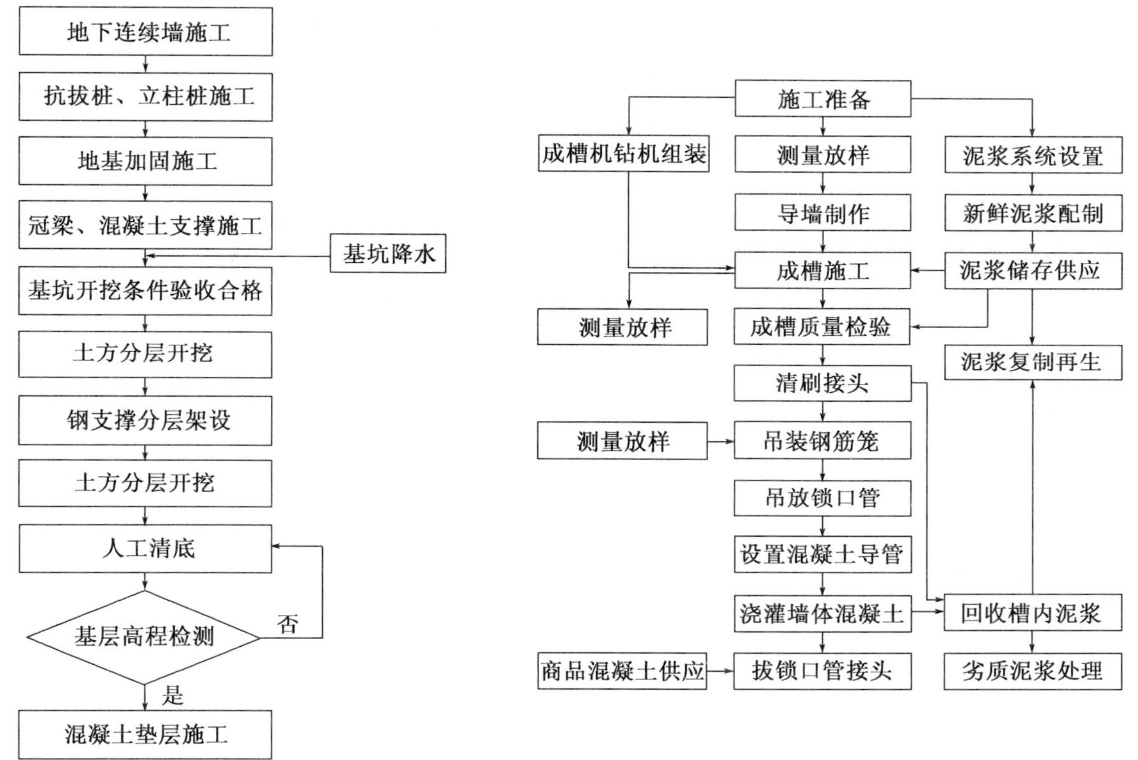


图 5-2.1　基坑开挖施工工艺流程图

图 5-2.2　地下连续墙施工工艺流程

(3)导墙施工

导墙采用 20cm 厚、“┑ ┍”形 C20 钢筋混凝土墙,根据连续墙施工误差的要求,导墙中心轴线需外放 10cm,两片导墙净间距比地下连续墙厚度大 5cm。导墙沟槽土方采用挖掘机开挖,人工配合。钢筋在加工场加工,现场进行绑扎。混凝土采用商品混凝土泵送入模浇筑,分层捣固密实。模板采用组合钢模。导墙钢筋混凝土分段施工,每段长度约 30m,分段施工缝与连续墙的分段接头错开 0.5m 以上,导墙与地下连续墙中心线应一致,导墙顶部应高出地面 100 ~ 200mm,平面中心线容许偏差为 +10mm,墙面不平整度小于 5mm。

(4)地下连续墙成槽

地下连续墙成槽采用液压抓斗槽机三序成槽,优质膨润土泥浆护壁。标准槽段地层采用液压抓斗槽机抓土,三序成槽,先挖两边,再挖中间,开挖过程中要实测垂直度,并及时纠偏。开挖出的渣土装入自卸汽车运至临时弃渣场集中堆放。液压抓斗成槽流程如图 5-2.3 所示。

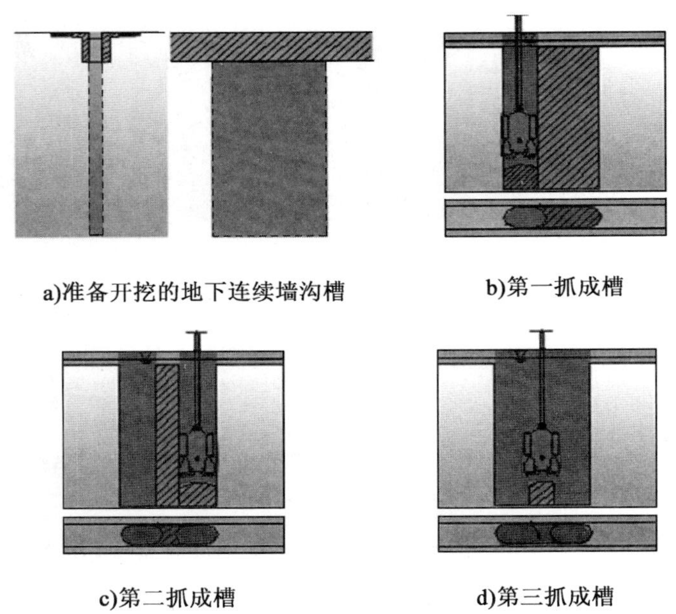

a)准备开挖的地下连续墙沟槽　　b)第一抓成槽

c)第二抓成槽　　d)第三抓成槽

图 5-2.3　液压抓斗成槽流程图

(5)钢筋笼制作安装

①钢筋笼制作

连续墙钢筋笼按设计要求加工制作,在场地内设[16a 号槽钢拼装而成的钢筋笼加工平台。为保证钢筋笼在起吊过程中具有足够的刚度,钢筋笼上增设钢筋桁架,连续墙钢筋笼内外侧各设 X 形剪力拉筋三道,桁架筋斜杆焊在钢筋笼上。所有钢筋连接处均采用焊接,最后焊接钢板定位垫块。

②钢筋笼吊装

钢筋笼吊装采用两台履带式吊机,本标段 800mm 地下连续墙的钢筋笼吊装,主吊机采用 180t 履带式吊机,副吊采用 100t 履带式吊机。吊装时合理布置吊点,两台吊机同时工作,使钢筋笼逐渐离开地面,并改变其角度,直到垂直,履带吊机将钢筋笼移到槽段上,对准槽段的中部缓缓入槽。

(6)水下混凝土灌注

地下连续墙墙身混凝土采用导管法灌注水下混凝土,根据本工程地下连续墙的分幅情况,所有墙幅均采用两根导管灌注混凝土。导管由灌注架或利用吊机提升。水下混凝土浇灌示意如图 5-2.4 所示。

**3.2.2**　抗拔桩、立柱桩施工

(1)工艺原理

采用旋挖机成孔,泥浆护壁,吊机整体下放钢筋笼,水下灌注混凝土。

(2)施工工艺流程

钻孔灌注桩施工工艺流程见图 5-2.5。

(3)格构柱吊装与定位

由于现场场地高程与格构柱柱顶高程不在一个平面上。格构柱安装后无法在顶端进行固定,为控制格构柱高程及保证格构柱的垂直度,格构柱安装工程质量控制工序如下:确定定位点→格构柱就位→格构柱与钢筋笼焊接→垂直度控制→格构柱定位→垂直度复测→下导管。

①确定定位点:格构柱桩钻孔完成后,将钻孔周边泥浆、土等清理干净,测量员计算好格构柱四边中点延长线四个坐标点,然后进行放线,定位偏差小于 10mm。桩孔周边在桩成孔完成后进行平整,孔四周铺 150mm × 150mm 枕木。钢筋笼下落至孔口位置时用型钢进行固定,将格构柱吊至钢筋笼内进行加固连接。格构柱每个角钢上焊接一根 20mm 螺纹钢,并超出地面 1m,用于控制格构柱方位。

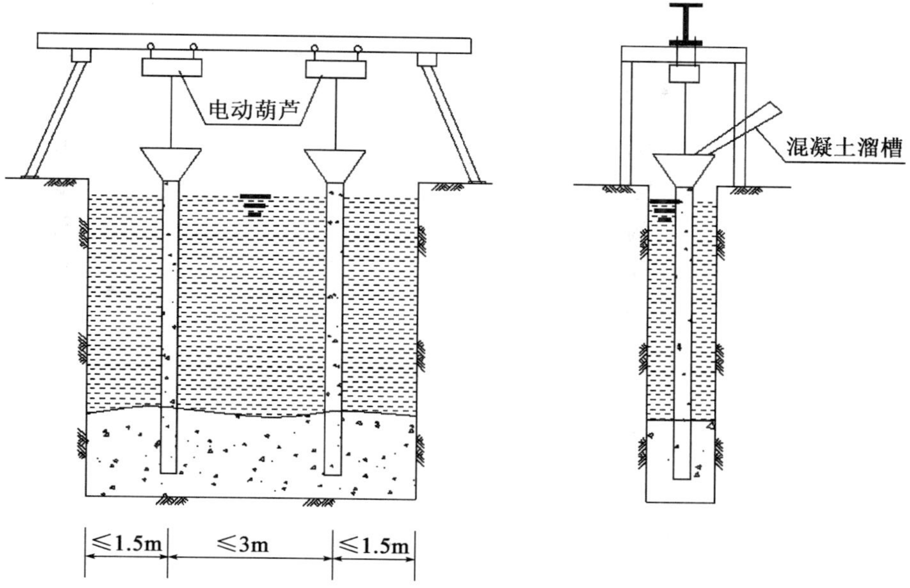


图 5-2.4　水下混凝土浇灌示意图

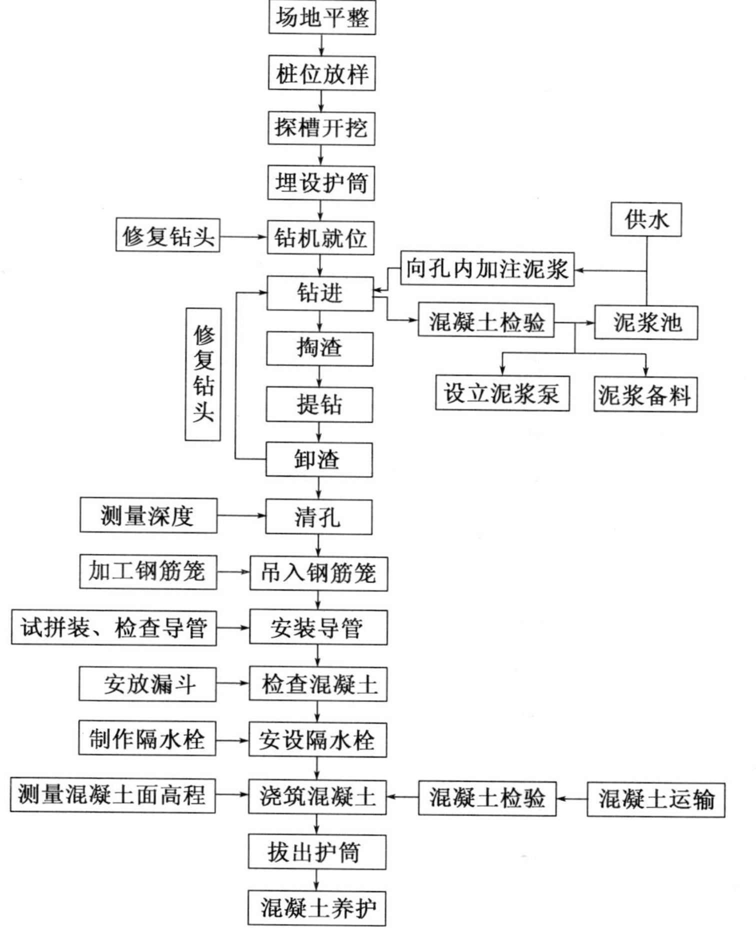


图 5-2.5　钻孔灌注桩施工工艺流程图

②格构柱定位：

a. 施工图纸及现场导线控制点，使用全站仪测定桩位，根据地质情况直接定点或打入木桩定点，并以“交叉法”引到四周做好护桩点（图 5-2.6）。

b. 利用已经布好的四个定位点及格构柱上焊接的 20 螺纹钢，控制好格构柱的位置。格构柱在下落过程中用靠尺进行检测，最终保证格构柱中心及方位符合设计要求，并上紧螺杆固定，防止位移的产生，然后在格构柱内下导管浇筑混凝土。

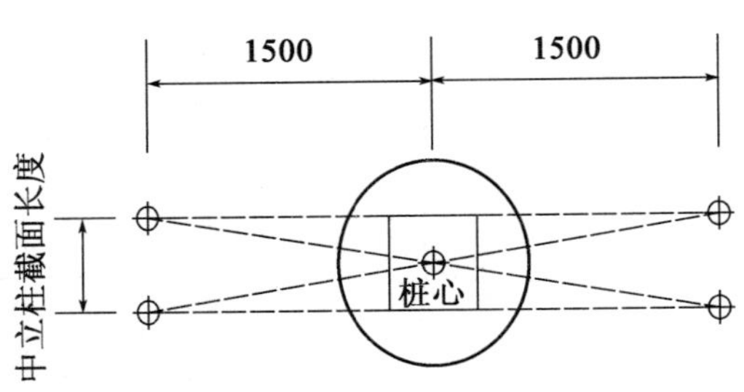


图 5-2.6　中立柱桩位控制图（尺寸单位：mm）

### 3.2.3　地基加固施工

（1）概述

主体结构和附属结构基底坑内加固采用 $\phi$850mm@ 600 三轴搅拌桩加固，其中标准段采用抽条加固，抽条宽度 3m，间距 3m 左右，加固深度基底以下 3m，加固体上部坑内土体采用弱加固。端头井采用抽条加裙边加固。坑内搅拌桩加固体与地墙之间 500mm 范围内采用需采用 $\phi$850mm@ 600 旋喷桩填充。

（2）三轴搅拌施工

三轴搅拌桩施工工艺流程见图 5-2.7。

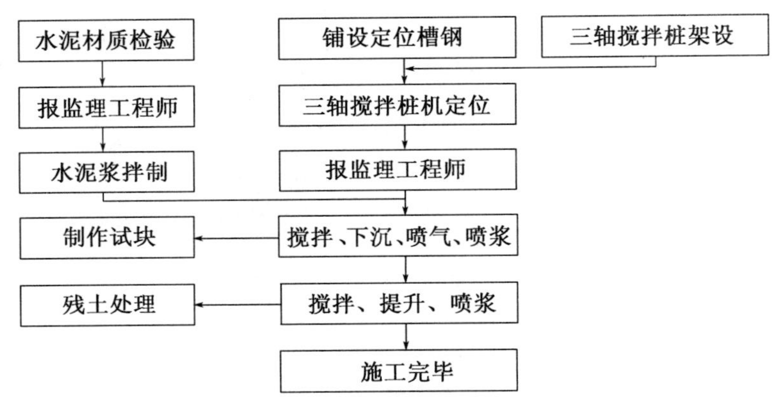


图 5-2.7　三轴搅拌桩施工流程图

①施工场地平整

施工前，必须先进行施工区域内的场地平整，清除表层硬物，素土须夯实。路基承重荷载以能行走 300t 履带吊车及履带式桩架为准，为确保安全，在任何路基上桩机负重及行走须在路基箱上进行。按照桩位平面布置图，确定合理的施工顺序及配套机械、水泥等材料的堆放位置。

②桩位放样

根据提供的坐标基准点，按照设计图进行放样定位及高程引测工作，并做好永久及临时标志。

根据基坑围护内边控制线，采用 0.6$m^3$挖机开挖导向沟，遇有地下障碍物时，用挖土机清除。

③搅拌桩孔位定位

根据搅拌桩的尺寸在平行 H 形钢表面用红漆划线定位，搅拌桩机就位。

④搅拌下沉

启动电动机，根据土质情况按计算速率，放松卷扬机使搅拌头自上而下切土拌和下沉，直到钻头下沉钻进至桩底高程。

⑤注浆、搅拌、提升

在施工现场搭建拌浆施工平台，平台附近架设水泥筒仓，在开机前进行浆液的拌制，开钻前对拌浆工作人员做好交底工作。

开动灰浆泵，待纯水泥浆到达搅拌头后，按计算要求的速度提升搅拌头，边注浆、边搅拌、边提升，使水泥浆和原地基土充分拌和，直至提升到离地面50cm处或桩顶设计高程后再关闭灰浆泵。

主要技术参数：

水泥掺入比：20%；

供浆流量：140～160L/min；

浆液配比：水：水泥＝1.5：1；

泵送压力：1.5～2.5MPa；

下沉速度：<1m/min；提升速度：<2m/min；

28d无侧限抗压强度：>0.8MPa；

(3)高压旋喷桩施工

工艺流程如图5-2.8所示。

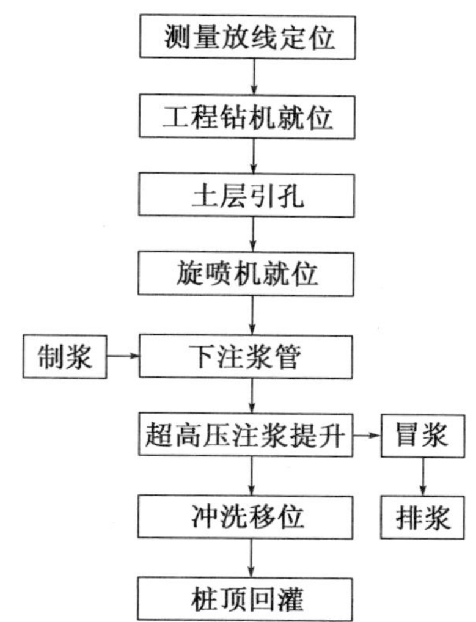


图5-2.8 旋喷注浆施工工艺流程图

主要技术参数如下：

①设备参数(表5-2.1)

表5-2.1 三重管设备参数表

| 项目 | 压力(MPa) | 流量(L/min) | 项目 | 压力(MPa) | 流量(L/min) |
|---|---|---|---|---|---|
| 空气 | 0.7 | 1800 | 水 | 30 | 80 |
| 浆液 | 20 | 80 | | | |

②技术参数

桩径800mm；水灰比1：1；水泥用量180kg/m；提升速度10cm/min；旋转速度10r/min；施工顺序为跳孔施工。

③施工要点

旋喷施工间隔2～3孔跳孔施工。

a.施工过程中对附近防汛墙、地面、地下管线的高程进行监测，当高程的变化值大于±10mm时，暂停施工，根据实际情况调整压力参数后，再行施工。

b.喷射时，先达到预定的喷射压力，喷浆量后再逐渐提升注浆管。中间发生故障时，停止提升和旋喷，以防桩柱中断，同时立即进行检查，排除故障；如发现浆液喷射不足，影响桩体的设计直径时，进行复核。

c.旋喷过程中，冒浆量控制在10%～25%。对需要扩大加固范围或提高强度的工程可采取复喷措施，即先喷一遍清水，再喷一遍或两遍水泥浆。

d.喷到桩高后迅速拔出浆管，用清水冲洗管路，防止凝固堵塞。相邻两桩施工间隔时间不小于48h，间距不小于4～6m。

e.旋喷深度、直径、抗压强度和透水性符合设计要求。

f.质量检验：旋喷桩施工完成28d后，通过钻心取样，检查工程的施工质量。

#### 3.2.4 冠梁、混凝土支撑及连系梁施工

冠梁、混凝土支撑及连系梁施工工艺流程如图5-2.9所示。

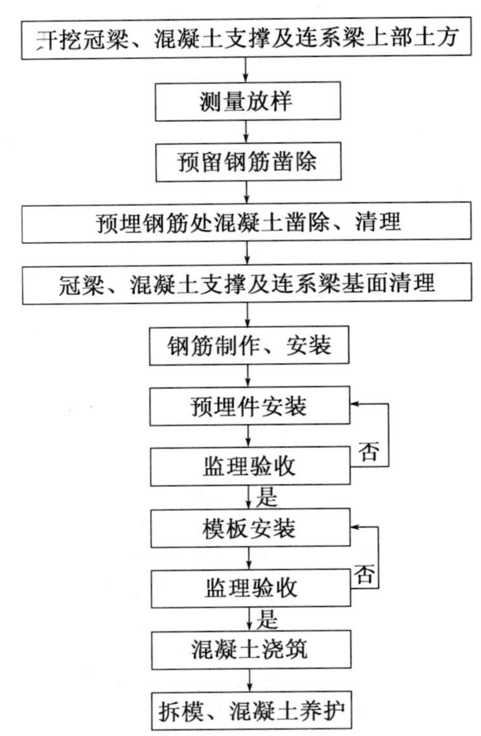


图5-2.9 冠梁、混凝土支撑及连系梁施工工艺流程图

(1)施工方案

①开挖及预埋钢筋凿出

开挖至混凝土支撑高程位置,测量放线,定出预埋钢筋位置及混凝土支撑位置,根据测量放样将预埋钢筋凿出,及时清除连续墙上的附土及凿毛。

②钢筋施工

预埋钢筋凿出后,连接预埋钢筋。

冠梁、钢筋混凝土支撑和栈桥板钢筋预先在钢筋加工场按设计尺寸加工成半成品,并分类、分型号堆放整齐。施工前再次对照设计图纸进行检查,检验无误后运至施工现场。

钢筋现场绑扎,主筋接长采用单面搭接焊。焊缝长度不小于10$d$($d$为主筋直径),同一断面接头不得超过50%。每段冠梁钢筋为下段冠梁施工预留出搭接长度,并错开不小于1m。冠梁的施工缝与连续墙接头错开且不小于2m。

钢筋绑扎完成后,按要求埋设基坑护栏及其他预埋件。

③模板施工

混凝土侧模采用15mm厚木模板,两侧钢管支撑加固,之间用拉杆连接、固定,斜撑使用带伸缩撑头的$\phi$48钢管。模板在安装前需涂刷脱模剂。

④混凝土浇筑及养护

冠梁、混凝土支撑及栈桥板混凝土采用商品混凝土,混凝土泵车浇灌混凝土,并及时进行养护,养护期为14h。

(2)混凝土支撑拆除方案

根据本工程混凝土支撑的特点,采用分段绳锯切割拆除,门吊运至破除场地将混凝土块集中破碎,为满足25t龙门吊协助作业的要求,每段混凝土块不得超过25t。

①施工工艺流程

混凝土支撑拆除工艺流程:

主体结构板混凝土达到设计强度→划分混凝土支撑割除段数→门吊吊带吊住切割段→两段绳锯切割→将切除部分混凝土吊至指定场地。

②操作要点

a.根据支撑梁拆除顺序和重量原则,在待拆支撑梁上画好切割线。

b.分段重量不得超过门吊允许吊装重量,并做好保护措施。

c.固定绳锯机。在正对着支撑梁切割线的位置固定好绳锯机,绳锯机与待拆支撑梁呈垂直状态。

d.安装绳索。根据已确定的切割方式,将金刚石绳索按一定的顺序缠绕在主动轮及辅助轮上,并在支撑梁上画好的切割线位置缠绕好,调试绳锯机及金刚石绳索,使金刚石绳索收紧。

e.切割。在切割前对金刚石绳锯机进行试转和空转,在确定设备运转、水源供应正常的情况下,方可进行切割。

f.转运。采用门吊将切割下的混凝土块运至指定场地。

g. 支撑梁切割段在场地外集中用炮头机破碎。

③安全措施

a. 绳锯机外露的转动部分,必须加装遮栏或防护置,且要有专人使用、专人负责维修和保养,并经常对机械的关键部分进行检查,预防机械故障及机械伤害发生。

b. 绳锯机设备及其金属外壳应按规定设置可靠的接零及接地保护。

c. 深基坑临时水平支撑拆除对周边环境及临时支撑结构本身都将产生影响,由于相应支撑拆除前后过程中是一个结构受力转换过程,支撑结构内力将重新分布,这将导致基坑支撑结构的内力变化和变形、周边土体沉降变化及改变周边建筑的受力状态,因此及时掌握支护结构和周边环境的附加影响显得尤为重要。

### 3.2.5 基坑降水

(1)突涌可能性验算

采用安全系数法进行基坑稳定性分析。

基坑底板的稳定条件:基坑底板至承压含水层顶板间的土压力应大于承压水的顶托力,即

$$\frac{P_{cz}}{P_{wy}}=\frac{H\cdot\gamma_s}{\gamma_w\cdot h}\geqslant F_s$$

式中:$P_{cz}$——基坑底至承压含水层顶板间土压力(Pa);

$P_{wy}$——承压水头高度至承压含水层顶板间的水压力(Pa);

$H$——基坑底至承压含水层顶板间距离(m);

$\gamma_s$——基坑底至承压含水层顶板间土的加权平均重度($kN/m^3$);

$h$——承压水头高度至承压含水层顶板的距离(m);

$\gamma_w$——水的重度($kN/m^3$),取 $10kN/m^3$;

$F_s$——安全系数,取1.10。

根据勘察资料分析,对本工程可能有影响的承压含水层为第一孔隙承压含水层。

据勘察资料,基坑第一孔隙承压含水层顶板最浅埋深约为30.8m,第二孔隙承压含水层顶板最浅埋深约为53.0m;基坑底至第一孔隙承压含水层顶板间土的加权平均重度取 $18.4kN/m^3$;基坑底至第二孔隙承压含水层顶板间土的加权平均重度取 $18.8kN/m^3$。为确保基坑安全,按最不利原则水位取3.0m进行计算,则:

①第一孔隙承压含水层

基坑端头井开挖深度约18.8m,则:

$$P_{cz}=H\cdot\gamma_s=(29.6-18.8)\times18.4\approx198.7(\text{kPa})$$

$$P_{wy}=\gamma_w\cdot h=(29.6-3.0)\times10.0\approx266.0(\text{kPa})$$

$$F_s=P_{cz}/P_{wy}=198.7/266.0\approx0.75<1.10(\text{突涌})$$

基坑标准段开挖深度约16.6m,则:

$$P_{cz}=H\cdot\gamma_s=(29.6-16.6)\times18.4\approx239.2(\text{kPa})$$

$$P_{wy}=\gamma_w\cdot h=(29.6-3.0)\times10.0\approx266.0(\text{kPa})$$

$$F_s=P_{cz}/P_{wy}=239.2/266.0\approx0.90<1.10(\text{突涌})$$

②第二孔隙承压含水层

基坑端头井开挖深度约18.8m,则:

$$P_{cz}=H\cdot\gamma_s=(52.1-18.8)\times18.8\approx626.0(\text{kPa})$$

$$P_{wy}=\gamma_w\cdot h=(52.1-3.0)\times10.0\approx491.0(\text{kPa})$$

$$F_s = P_{cz}/P_{wy} = 626.0/491.0 \approx 1.28 > 1.10(\text{不突涌})$$

基坑标准段开挖深度约16.6m，则：

$$P_{cz} = H \cdot \gamma_s = (52.1 - 16.6) \times 18.8 \approx 667.4(\text{kPa})$$

$$P_{wy} = \gamma_w \cdot h = (52.1 - 3.0) \times 10.0 \approx 491.0(\text{kPa})$$

$$F_s = P_{cz}/P_{wy} = 667.4/491.0 \approx 1.36 > 1.10(\text{不突涌})$$

综合上述计算结果，在基坑开挖过程中第一孔隙承压水有突涌可能性，为确保基坑施工安全，满足坑底稳定性需要，需进行承压水减压措施。

(2)基坑安全稳定性验算

①安全降深计算

取安全系数1.10进行稳定性计算，基坑端头井开挖至设计深度18.8m时，则：

$$F_s = P_{cz}/P_{wy} = 1.10$$

$$P_{cz} = H \cdot \gamma_s = 198.7(\text{kPa})$$

$$H_2 = H_1 - P_{cz}/F_s/\gamma_w = 29.6 - 198.7/1.10/10.0 \approx 11.5(\text{m})$$

$$S_w = H_2 - H_0 = 11.5 - 3.0 = 8.5(\text{m})$$

式中：$H_1$——承压含水层顶板最浅埋深(m)；

$H_2$——承压水最小安全降深(m)；

$H_0$——承压含水层初始水头(m)。

基坑端头井开挖至设计深度18.8m时，承压水含水层水头最小降深为8.5m(以承压水水头3.0m计算)，承压水水位降至11.5m。

基坑标准段开挖至设计深度16.6m时：

$$F_s = P_{cz}/P_{wy} = 1.10$$

$$P_{cz} = H \cdot \gamma_s = 239.2(\text{kPa})$$

$$H_2 = H_1 - P_{cz}/F_s/\gamma_w = 29.6 - 239.2/1.10/10.0 \approx 7.9(\text{m})$$

$$S_w = H_2 - H_0 = 7.9 - 3.0 = 4.9(\text{m})$$

基坑标准段开挖至设计深度16.6m时，承压水含水层水头最小降深为4.9m(以承压水水头3.0m计算)，承玉水水位降至7.9m。

②安全开挖临界深度

取安全系数1.10进行计算：

$$F_s = P_{cz}/P_{wy} = 1.10$$

$$P_{wy} = 266.0(\text{kPa})$$

$$h = H_1 - F_s \times P_{wy}/\gamma_s = 29.6 - 1.10 \times 266.0/18.4 \approx 13.7(\text{m})$$

即当基坑开挖至13.7m时开始启动降压井，为确保基坑工程安全，并尽可能减少降水时间，减小对周边环境的影响，工程实际施工时宜根据施工时实际水位进行计算，确定何时启动降压井。基坑安全稳定性计算见表5-2.2。

**表5-2.2 基坑安全稳定性计算表**

| | 区　域 | 安全降深(m) | 安全开挖深度(m) |
|---|---|---|---|
| 基坑 | 端头井 | 8.5 | 13.7 |
| | 标准段 | 4.9 | |

注：安全降深以承压水水头3.0m计算。

(3)疏干井降水设计

①疏干井的布置原则

疏干井的布置,原则上按地区单井有效降水面积的经验值结合拟建工程场区土层特征、基坑平面形状、尺寸确定,满足基坑开挖及施工要求,确保基坑施工安全、顺利进行。

降水井平面布置时,应根据基坑加固特点,尽量避开加固区域,布置于未加固区,便于基坑降水运行。

本基坑的围护结构已经隔断开挖范围内潜水含水层基坑内外的水力联系。在此条件下,根据勘察地质资料,单井有效降水面积取220m²。

根据以往基坑工程经验,为达到基坑干开挖要求,疏干井井深一般在基坑开挖底板以下4.0~6.0m。

对于降水过程中端头井内明水、降雨等外来水源不在方案设计范围内。在降水运行过程中,必要时采用加真空的方法增加单井出水量。

②疏干井的布置

为确保基坑顺利开挖,需降低基坑开挖深度范围内的土体含水率。

按照上述原则,采用下式计算确定:

$$n=\frac{A}{a}$$

式中:$n$——井数(口);

$A$——基坑面积(m²);

$a$——单井有效降水面积(m²)。

(4)降压井降水设计

①降压井的布置原则

a.降压井间距、深度、孔径依据拟建工程场区水文地质条件、基坑总涌水量、单井降水能力并结合工程经验确定。

b.降压井尽可能布置在不影响基坑开挖施工的位置。

c.降压井的布置应尽可能减小降水对周围环境的影响。

②减压降水分析

根据项目围护设计资料、地质条件特点和周边环境特点,对本工程围护设计深度、承压含水层位置关系、承压含水层处理,进行分析如下:

a.围护设计方面:

基坑开挖深度为17m。采用800mm厚地下连续墙+内支撑作为本车站主体基坑的围护结构。竖向设置1道钢筋混凝土支撑+3道钢支撑+1道换撑。地下连续墙墙底埋深在36.5~40.5m,围护结构隔断第一孔隙承压含水层。

b.地质条件方面:

场地范围内为正常沉积地层。基坑开挖底板以下工程影响深度范围内存在第一孔隙承压含水层,分布连续,中等渗透性,涌水量较大。

③降水设计布置方案

根据已有的基坑围护设计资料,基坑内进行基坑减压降水计算,采用井点降低承压水水头能满足基坑开挖要求,保证基坑稳定安全,还要尽量使降水方案科学、经济、合理。

根据地质资料及工程特点结合抽水试验,工程场地范围内承压含水层水量较大,采用管井降水降低承压含水层水头高度,防止基坑突涌,保证基坑稳定性。

根据地质勘察报告,第一孔隙承压含水层分布连续,工程范围内层位起伏不大,平均厚度约3.0m。根据勘察资料取渗透系数$k=1.5$m/d,因围护结构隔断第一孔隙承压含水层基坑内外水力联系,故降压井布置按基坑开挖面积进行,根据同类工程经验,一般单井控制面积500~800m²,此取单井控制面积按600m²计算,基坑总涌水量按下式计算:

$$n=\frac{A}{a}$$

④降压井数量统计

依据上面的井数计算,在本工程基坑内共布置降压井 $x$ 口,观测兼备用井 $x$ 口。

(5)成井施工

①降水井结构设计及要求

a. 疏干降水井

为保证井管具有一定的强度,并满足降水要求,采用间隔设置滤水管的设计方案,主要设计参数根据具体施工要求确定。

b. 减压降水井

为保证井管具有一定的强度,并满足降水要求,采用的设计方案,其结构设计、过滤器的安装部位根据具体施工而定。如图 5-2.10 所示为降水井结构图。

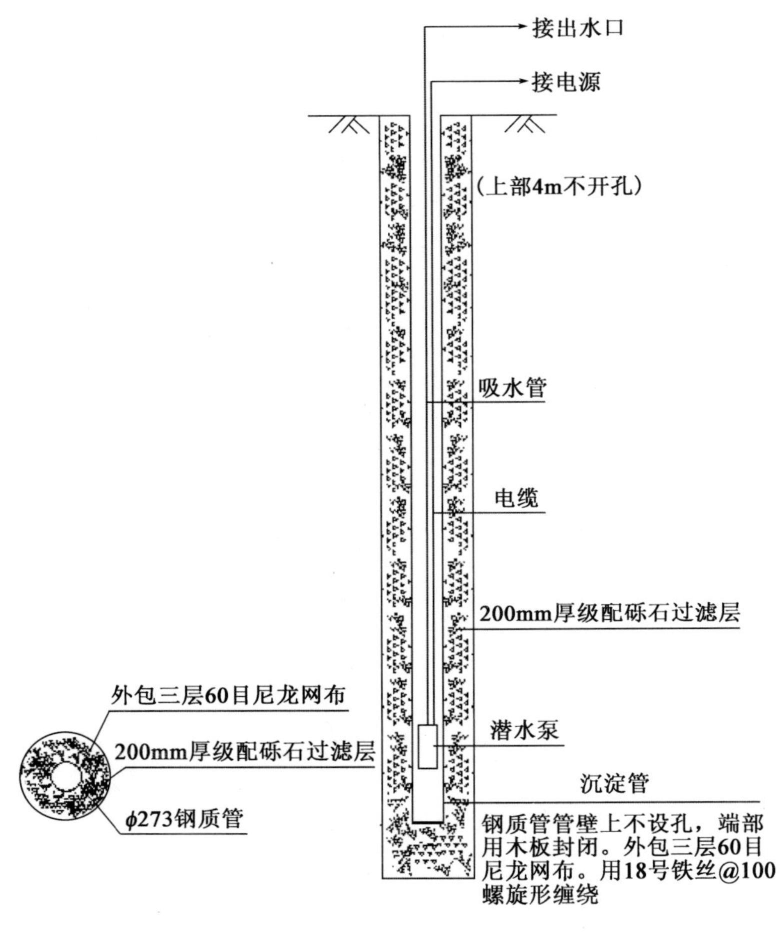


图 5-2.10　降水井结构图

②施工工艺

采用泥浆循环钻进、机械吊装下管成井施工工艺。

a. 测放井位。根据井点平面布置,使用全站仪测放井位,井位测放误差小于 30cm。当布设的井点受地面障碍物影响或施工条件影响时,现场可作适当调整。

b. 护孔管埋设。必要时应采用护管保护空口坍塌,护孔管应插入原状土层中,管外应用黏性土封堵,防止管外返浆,造成孔口坍塌,护孔管应高出地面 10 ~ 30cm。

c. 钻机安装。钻机底座应安装稳固水平，大钩对准孔中心，大钩、转盘及孔中心应呈三点一线。

d. 钻进成孔。开孔孔径疏干井直径为 $\phi$700mm，降压井直径 $\phi$700mm，一径到底。

开孔时应轻压慢转，以保证开孔的垂直度。钻进时一般采用自然造浆钻进，遇砂层较厚时，应人工制备泥浆护壁，泥浆密度控制在 1.10～1.15。当提升钻具和临时钻停时，孔内应压满泥浆，防止孔壁坍塌。

钻进时按指定钻孔、指定深度内采取土样，核对含水层深度、范围及颗粒组成。

e. 清孔换浆。钻至设计高程后，将钻具提升至距孔底 20～50cm 处，开动泥浆泵清孔，以清除孔内沉渣，孔内沉淤应小于 20cm，同时调整泥浆密度至 1.05kg/$m^3$ 左右。

f. 下井管。直接提吊法下管。下管前应检查井管及滤水管是否符合质量要求，不符合质量要求的管材须及时予以更换。下管时滤水管上下两端应设置扶正器，以保证井管居中，井管应焊接牢固、垂直、不透水，下到设计深度后井口固定居中。

g. 回填砾料。采用静水投砾。投送滤料的过程中，应边投边测投料高度，直至砾料下入预定位置为止。

h. 止水与回填。在地表以下回填 3.00m 厚黏性土。

i. 洗井。采用高压清水洗井与水泵联合洗井法，通过钻杆向孔内注入高压清水，以冲击孔壁泥皮，清除滤料段泥砂，下水泵抽取井内及滤料层的水及泥浆，反复进行直到水清砂净为止。

j. 安装抽水设备。成井施工结束后，下入水泵进行试抽水，以检查成井质量。

k. 抽水。结合该工程地质条件，采用深井泵进行降压性抽水，一般能满足开挖要求。当抽水一段时间以后，单井出水量逐渐减小，确保按需降水。

l. 标识。为避免抽水设施被碰撞、碾压受损，抽水设备须进行标识，井口进行井盖封闭。

m. 排水。洗井及降水运行时排出的水，通过管道或明渠排入场外市政管道中。

(6)降水运行及管理

①疏干井降水运行

a. 必须在地下连续墙全部封闭后方可开始抽水。

b. 预抽水应在基坑开挖前 20h 或更早进行，随着开挖深度的加深可逐节割除上部井管，水泵在疏干时可随井内水位即时开泵与关泵，根据开挖进度，控制井内水位在一定深度内。

c. 在成井施工阶段应边施工边抽水，力争在基坑开挖前，及时降低围护结构内基坑中的浅层地下水位，保证基坑干开挖施工的顺利进行。

为了保证疏干性降水效果，必要时采用真空深井法。过程中必须保证真空管路的密封性，真空度不小于 -0.06MPa。

②降压井降水运行

a. 根据抽水试验所得水文地质参数及相关规范要求计算，应根据基坑分段开挖和支撑的施工实际工况，提出开启降压井的数量和井号，计算承压水位的安全深度，以指导降水运行。

b. 降压井降水应 24h 连续抽水，并做好现场巡视工作。为防止降水井出现问题，应每 2h 左右对现场巡视一次，检查各井的工作情况。每隔 6h 观测一次观测孔水位状况，观测是否达到预定水位降深，并采取相应措施。

c. 降水运行时开动抽水井个数和抽水量大小应根据基坑开挖深度和安全承压水头埋深要求进行控制。水位观测通过未抽水的降压井及备用井进行。

d. 减压降水运行过程中，每天将抽水量和承压水位的动态情况报告总包和监理，监测单位与降水单位应随时保持信息交流，以掌控降水工程的运行。

e. 承压水降压时，一旦发现降深过大或不足对工程及周边环境都存在不利影响(按工程经验，本基坑降压井降深幅度不宜超出预计水位上下 1.5m)。在降深过大时，应及时减少降压井单位涌水量，甚至关闭部分降水井；在降深不足时，增加降压井单位涌水量或开启备用井，控制承压井水位，做到保证基坑安全的同时，尽量减少对基坑周边环境的影响。

f. 在抽取承压水时加密基坑周边的监测工作。

g. 底板施工完成后，包括养护阶段和上部结构施工阶段，应由结构设计单位提供基础及上部结构的抗浮力，在确保承压水水头压力不大于抗浮力的情况下，逐步减少降压井的开启数量，直至关闭所有降压井。

h. 降压性降水工作全部结束后，会同总包单位、监理单位确定降压井封井时间，并按照降压井封井方案进行封井。

i. 降水工作现场应备有双电源，确保降水的连续运行。

j. 在进行降压井平面设计时，已考虑井位避开支撑、梁、柱等结构，并将其布置在混凝土支撑近旁以便在减压降水运行时进行提放水泵等操作。

k. 在降压井管上设置醒目标识，以便辨认和保护。土方开挖时值班人员看护坑外降压井管不被碰坏。施工过程中，为防止坑外降压井被过往机械、车辆碰坏，一般在井口周围设置 30 ~ 50cm 高的防撞墙。

(7)降水应急措施

①用电应急措施

配备双电源：为防止大面积停电事故造成降水运行中断，降水工地配备柴油发电机组，根据经验，单口减压井采用 1.5 ~ 4.5kW 水泵即可满足要求，根据每个区段施工进度，各区段施工时只需配备额定功率 200kW 左右发电机即可满足应急要求，同时在电路配置时采用双向闸刀(或采用自动切换装置)，当电路停电时，以最快速度开启备用电源，确保降水连续进行。

备用发电机应定期运行一次，以保证在应急时能够正常使用。

降水过程中进行电源切换演练，熟悉用电应急预案，保证在要求时间内能够恢复供电，使降水工作继续进行。

抽水运行期间每天 24h 不断巡视并做好记录，记录内容除减压管井涌水量 $Q$ 和水头降 $S$ 外，还应包括场地排水管道的畅通性，电箱、电缆线的完好性，抽水管井的水泵是否正常运转等内容。

工地现场要配备用深井潜水泵，以备深井泵发生故障时使用。

②减压降水应急方案

轻型井点：对于开挖至坑底时，由于围护渗漏、大量降水、明水倒灌等原因导致水位降不下去，而影响基坑开挖进度。采用在开挖部位施工轻型井点进行强行降水，在短时间内解决降水不到位引起的问题。

③排水保证措施

排水是否正常将直接影响降水运行，根据降水最高峰估算，在施工区域内合理布置排水沟，排水沟断面为 300mm × 300mm 以上，并且有一定坡度，能够迅速将大量地下水排入城市管道中，要求市政管道入口比排水沟低 1.0m 以上，并且通径不小于 300mm，为了防止雨季排水不畅，市政管道入口不少于 2 只，以备急用.如排水不畅，可以从井口直接用软管向排水口进行排放。

### 3.2.6 土方开挖

本工程基坑开挖过程中紧抓“分层、分部、对称、平衡、限时”五要点，遵循“纵向分段、横向分块、开槽支撑、先撑后挖、竖向分层开挖、严禁超挖、快速封底施作底板”的施工原则。

基坑开挖在地下墙、墙顶圈梁达到设计强度且降水达到相应要求后方可进行。

分层：根据支撑设置情况分为 4 层或 5 层开挖，每层开挖至支撑中心高程以下 0.5m；根据基坑开挖后的土质情况：若开挖的土质较差，每层开挖分为 2 个亚层或多层；若基坑土质较好，可不考虑分亚层，由上道钢支撑底开挖至下道钢支撑底以下 50cm。

分段：沿车站纵向根据支撑平面位置分段，每段完成 2 根支撑范围内(最多 3 根钢支撑)的土方开挖工作量，每个作业平台及纵向放坡均为 2 ~ 3 根支撑间距，为 6 ~ 10m。

分块：每层每小段土方开挖采用分块作业，根据本工程围护结构和基坑支护系统的特点以及现场实际情况依次进行分块的开挖。

纵向放坡：沿基坑开挖方向纵向进行放坡，纵向放坡总长度为 50 ~ 60m，根据土层情况确定放坡系数,原则上不得大于 1∶4。

基坑开挖施工流程见表 5-2.3。

**表 5-2.3 基坑开挖施工流程**

| 序号 | 施工步骤 | 施工示意图 | 施工说明 | 主要资源配置 |
| --- | --- | --- | --- | --- |
| 1 | 挖除表层土方施工第一道(混凝土)支撑 | 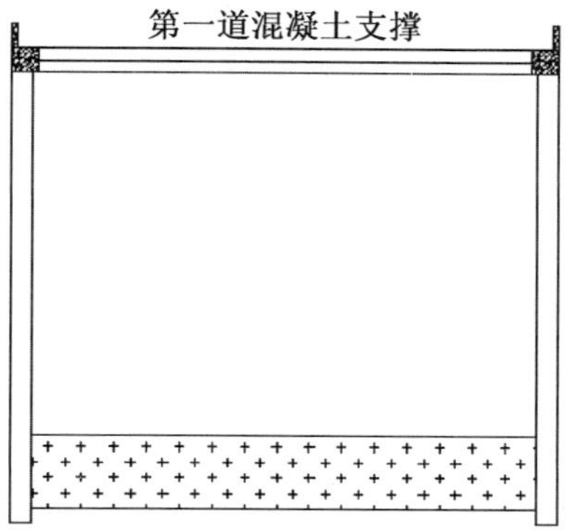 第一道混凝土支撑 | 挖除摘帽土方,立模安装钢筋,浇筑第一道支撑混凝土 | 反铲挖掘机 2 台,运土车 10 台,吊车 1 台 |
| 2 | 开挖第一层土方,架设第二道钢支撑 | 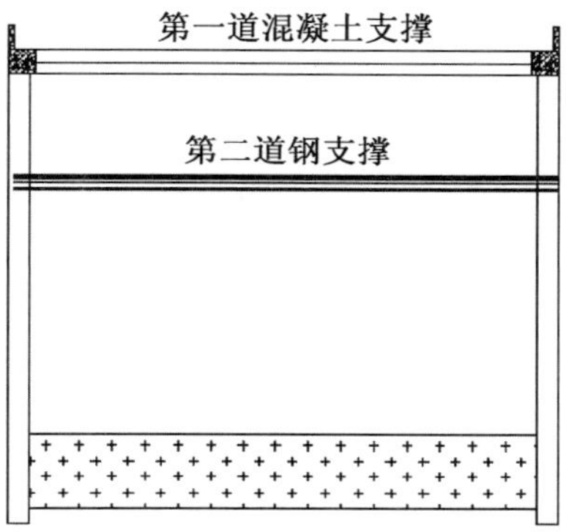 第一道混凝土支撑<br>第二道钢支撑 | 采用反铲挖掘机挖土直接装车外运。按 2.5m 左右深度分为两个亚层,逐层开挖 | 长臂挖掘机 2 台,反铲挖掘机 4 台,运土车 20 台,吊车 1 台 |
| 3 | 开挖第二层土方,架设第三道混凝土支撑 | 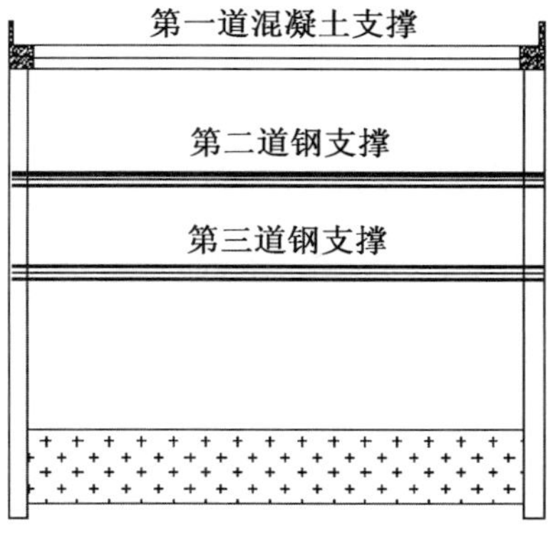 第一道混凝土支撑<br>第二道钢支撑<br>第三道钢支撑 | 采用反铲挖掘机挖土直接装车外运。按 1.5m 左右深度分为若干小层,逐层开挖 | 长臂挖掘机 2 台,反铲挖掘机 4 台,运土车 20 台,吊车 1 台 |

续上表

| 序号 | 施工步骤 | 施工示意图 | 施工说明 | 主要资源配置 |
|---|---|---|---|---|
| 4 | 开挖第三层土方,架设第四道混凝土支撑 | 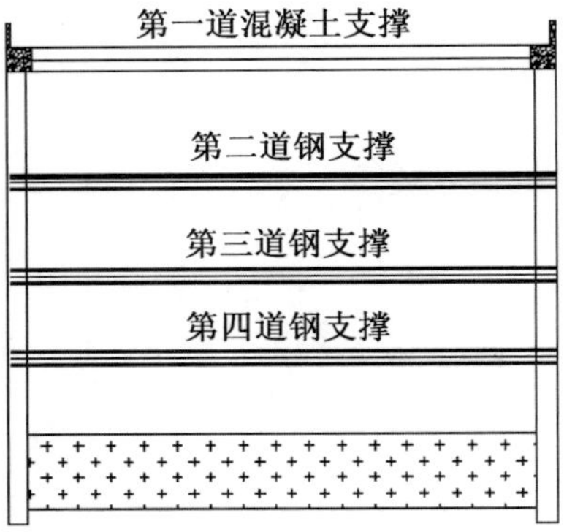 第一道混凝土支撑<br>第二道钢支撑<br>第三道钢支撑<br>第四道钢支撑 | 采用反铲挖掘机挖土直接装车外运。按1.5m左右深度分为若干小层,逐层开挖 | 长臂挖掘机2台,反铲挖掘机6台,运土车20台,吊车2台 |
| 5 | 对于标准段开挖最底层土方,施工垫层、接地网等;对于东端头井处,开挖第四层土方,架设第五道钢支撑 | 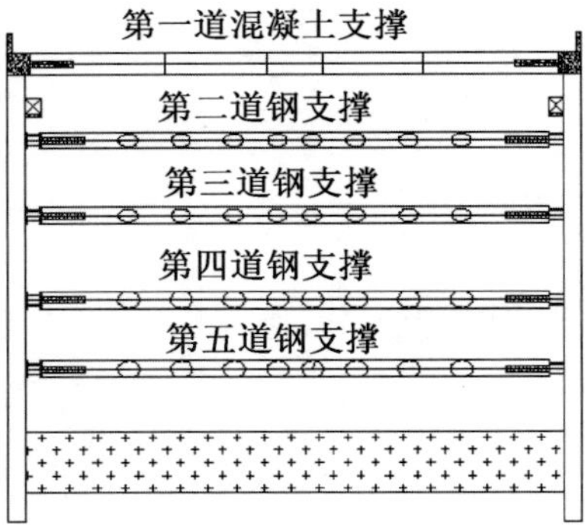 第一道混凝土支撑<br>第二道钢支撑<br>第三道钢支撑<br>第四道钢支撑<br>第五道钢支撑 | 采用反铲挖掘机挖土直接装车外运。按1.5m左右深度分为若干小层,逐层开挖 | 长臂挖掘机2台,反铲挖掘机8台,运土车20台,吊车2台 |
| 6 | 开挖最底层土方,施工垫层、接地网、防水层、底板混凝土 | 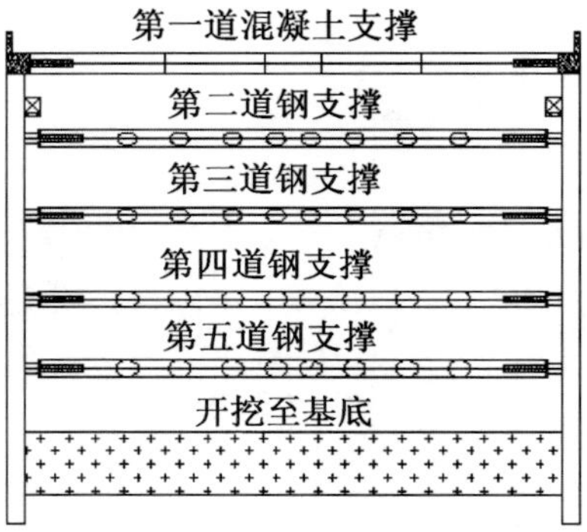 第一道混凝土支撑<br>第二道钢支撑<br>第三道钢支撑<br>第四道钢支撑<br>第五道钢支撑<br>开挖至基底 | 开挖最底层土方,施工垫层、接地网、防水层、底板混凝土 | 长臂挖掘机2台,反铲挖掘机8台,运土车20台,吊车2台 |

土方开挖原则如下：

土方开挖在基坑围护结构施工完成，遵循"开槽支撑、先撑后挖、分层开挖、严禁超挖"的原则。

①基坑开挖沿纵向分段、按支撑道数分层，各层土体的开挖按照先中间后两侧，对称、平衡的施工原则，并严格按要求的顺序进行。车站基坑横断面整体开挖跨度较大，采用对称方式开挖，即纵向放坡、横向由中间向两侧地连墙开挖，以免产生偏压现象。

②基坑开挖时要随时根据监测结果不断进行施工参数的调整和优化，及时架设支撑和施作主体结构，以减少围护结构的变形，确保周边环境稳定。

③土方开挖严格遵循先探后挖的原则，土方开挖前在地连墙接缝处由机械配合人工用洛阳铲进行探挖。检查本次开挖深度范围内地下连续墙接缝是否有漏水情况。发现围护结构接缝出现渗漏水问题，及时进行处理。探挖前做好应急抢险准备工作，避免在探水过程中出现突涌水现象。

④基坑开挖时严禁超挖，每次挖土必须保证该段地下水位在挖土工作面以下 0.5m。下层土方开挖在钢支撑安装并按设计要求施加预应力撑紧后，方可继续挖土。

⑤基坑纵向放坡开挖，随挖随刷坡，严格控制纵坡的稳定性，分层开挖放坡开挖，放坡的总高度与长度之比不大于 1∶4，为确保开挖边坡的稳定及安全性，在每一层之间设置 6m 以上的台阶，基坑共分 4 个台阶开挖。

⑥开挖前 20d 对地下水进行预处理，在圈梁顶设置高 1m、宽 0.2m 挡土墙，防止基坑外雨水流入基坑。基坑内采取开挖排水沟、集水井集中抽排的方法对地下水进行疏导，防止基坑底积水。

⑦尽量缩短围护结构暴露的时间，土方开挖满足混凝土结构施工条件后，后续工作立即展开。

⑧每一工况挖土及钢支撑的安装时间不得超过 16h。

⑨采用机械挖土时，挖土机械和车辆不得直接在支撑上行走操作，严禁挖土机械碰撞支撑、立柱、井点管、围护墙，支撑顶面不应作用施工荷载，并严禁堆放杂物。

⑩基坑开挖过程中，基坑顶各侧周围地面 2m 范围内不应增加附加荷载，2m 范围以外附加荷载不得超过 20kPa。当重型机械在机械边作业时，施工单位应采取专门的路面硬化或基础处理措施，并提交设计单位进行复核验算。

### 3.2.7 钢支撑施工

(1)工艺流程

钢支撑安装工艺流程如图 5-2.11 所示。

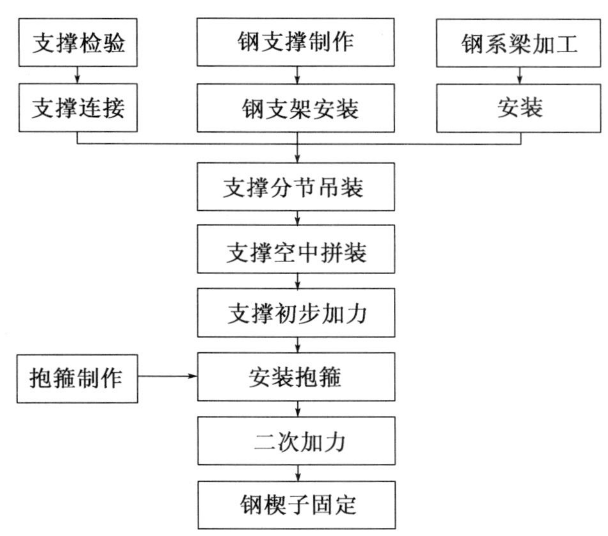


**图 5-2.11 钢支撑安装工艺流程图**

(2)钢支撑架设

①前期准备及支撑检查验收

钢管支撑安装前对加工好的钢管支撑进行检查验收,钢支撑规格按设计要求选用。并进行现场试拼装,以保证安装的可靠性和适用性。

②钢围檩制作及安装

a. 钢牛腿制作安装

每层土方开挖至支撑位置后,根据测量组放出的钢围檩中心线反算出钢牛腿顶面高程,即从钢围檩中心线下 390mm 为钢牛腿顶面高程。安装牛腿,牛腿与地连墙采用 M20,$L=285$mm 膨胀螺栓连接。

b. 钢围檩加工

本工程钢围檩只在两端头井位置使用,采用双拼 700mm×300mm×13mm×24 的 H 形钢与高 780mm 和 640mm 连接钢板($t=20$mm)焊接而成。依据钢支撑间距,对应支撑位置在 H 形钢内加 4 块 20mm×652mm×140mm 肋板。钢围檩采取分段加工,转角部位应根据实际长度加工。

c. 钢围檩安装

钢围檩随支撑架设顺序逐段吊装,采用人工配合吊机将钢腰梁安放于支撑板,钢围檩安装后应检查支撑板是否与钢围檩紧密焊接,或因撞击而松动,如出现焊接不牢应及时补焊,因实际支撑板安装角度容易出现偏差,可采用钢楔将支撑板与围檩间缝隙焊实,最后用 C30 细石混凝土将围檩与围护结构间缝隙填充密实,以便围檩均匀受力。

③系梁制作及安装

纵向联系梁采用 2[40C 槽钢,根据每两根格构柱之间的距离确定系梁长度,与格构柱固定在一起为支撑减跨,采用吊车配合人工安装,系梁放置于钢牛腿上,每边 2 个。钢牛腿与格构柱满焊连接,为防止系梁滑落,系梁与钢牛腿点焊连接即可。

④钢管支撑拼装

钢管支撑进场后按规格分类堆放,拼装时,将需用的管节按拼装顺序在场地摆放齐整。待施工的每处钢支撑需对应设计图纸尺寸并结合现场实际量测结果,制作长度配料单,经复核无误后现场完成钢支撑的拼装工作。人工利用扳手分节进行整体拼装,各管节之间采用高强法兰螺栓连接。

钢支撑配置时应考虑每根总长度(活动端缩进时)比实际净距小 8~20cm。

在以上各项工作完成以后,报经监理验收,合格后再进行下一步吊放安装作业。

⑤钢支撑吊装

钢支撑采用两点吊装,吊点一般在离端部 0.2~0.25$L$,吊装时注意平衡、稳定,不得过快,以免碰撞已架设的钢支撑造成钢支撑掉落发生安全事故。

钢支撑放落前,应使钢支撑在稳定围檩中心线正上方,然后慢慢下放,将钢支撑置放在围檩上。将两端头的高程位置和水平位置调整好在误差允许范围内之后,开始预加轴力。

支撑安装前先在地面进行预拼接以检查支撑的平直度,其两端中心连线的偏差度控制在 20mm 以内,经检查合格的支撑按部位进行编号,以免错用,各部分的支撑采用整体一次性吊装到位。

根据现场施工条件,采用以下几种吊装形式进行吊装。吊装过程中,配合人员利用 4 根麻绳从支撑两端 4 个方向控制钢支撑吊装过程的摇摆和旋转,准确下放就位。

对于无系梁的基坑范围钢支撑,采用 25t 龙门吊整体吊装。

对于有系梁的基坑范围钢支撑采用 25t 汽车吊或履带吊进行分两节吊装。先将一节钢支撑落在围檩和钢系梁上,临时固定,然后再吊装第二节钢支撑与第一节钢支撑,采用法兰连接。

⑥钢支撑轴力施加

开挖前准备好合格的支撑以及施加支撑预应力的各项装置、仪表,支撑架设时按设计支撑轴向力的 70%~80% 施加预应力,预加轴力应分级加压,持续时间不小于 10min,第一次加压以后用钢楔块进行初次加固,待液压泵读数稳定后再次加压,加压至预加轴力再次进行稳压,持续时间不得小于 10min,最后将加压钢支撑进行锁定。

施工中采用4台100t的千斤顶施加预应力，预应力值为设计预应力值加上10%的预应力损失值。轴力施加根据监测进行动态控制调整，不允许一次性施工轴力到设计值的100%，根据设计要求，一次施加轴力为设计值的50%，然后增加支撑轴力到设计预加轴力值。考虑到所加预应力损失10%，对施加预应力的油泵装置要经常检查，使之运行正常。支撑预应力施加顺序为：0→30%→60%～110%。

⑦楔紧锁定

预加轴力完成后，活动端后部条形槽与钢管端面之间的空隙采用钢楔块垫楔塞紧密，然后拆除千斤顶。

⑧钢支撑防坠落措施

钢支撑安装完成后，为了防止钢支撑因轴力变化而产生不稳定现象，可利用钢丝绳(直径可选用8～10mm粗的钢丝绳)和U形卡拴住钢支撑两端头，并将钢丝绳一端固定在混凝土围护结构上的膨胀螺栓上，防止支撑掉落或倾覆。

(3)钢管支撑换撑

基坑的第四道支撑与第三道支撑之间需要进行换撑施工，换撑施工应该在主体侧墙结构混凝土强度达到设计值的85%后进行。其施工过程的实质就是将原先直接支撑在地连墙围护上的支撑杆件在相应部位的主体侧墙结构施工完成后，再以主体侧墙结构为支承点设置一道替换的支撑，换撑安装好预应力施加完毕后，再将原先支撑拆除，即构成了换撑整个施工过程。

换撑施工与钢支撑架设方法相同，这里不再赘述。

换撑部位原位支撑拆除：第四道原支撑拆除时，应在主体结构混凝土强度达到设计强度的85%并且相应的换撑完成后方可进行。该部位的原支撑在换撑完成前必须保留。

(4)钢管支撑的拆除

①用25t汽车吊吊住钢支撑，防止坠落。

②消除预加轴力，松开钢支撑与钢围檩的连接。

③逐节吊出钢支撑。

④拆除时用汽车吊车将钢支撑于两端轻轻托起钢支撑，在活动端安设千斤顶，施加轴力直至钢楔块松动，取出钢楔块，再逐级卸载直至取完钢楔块吊出钢支撑。

⑤支撑体系的拆除施工主要技术措施包括：

a. 钢支撑的拆除时间按设计要求进行，否则应进行替代支承结构的强度及稳定安全核算后确定。

b. 钢支撑拆除前，先对上一层钢支撑进行一次预加轴力，达到设计要求以保证基坑安全。

c. 逐级释放需拆除的钢管支撑轴力，拆除时应避免瞬间预加应力释放过大而导致结构局部变形、开裂。

d. 轴力释放完后，取出所有楔块，采用门吊提升一定高度后，再拆除下方支架和托板，再将钢管支撑轻放至结构板上。

e. 钢管支撑在结构板上分节拆除后，再垂直提升到地面，及时运到堆放场进行修整。

f. 钢支撑拆除后应进行整理，凡构件变形超过规定要求或局部残缺的需进行校正修补。

g. 钢围檩拆除时，要采取有效措施保护好下方已施工好的防水层。

特别注意的是，拆最下一道支撑时，下部结构混凝土强度必须符合设计要求，严禁早拆。

### 3.3 施工要求

(1)根据基坑监测方案在基坑围护结构内埋设监测管、监测仪，并在基坑外侧布设水位监测管及地面沉降监测点，确保土方开挖过程中能提供真实、准确的各项基坑监测数据，并通过自动监测预警系统及时将数据分析汇总，对深基坑施工安全状态进行动态展示。

(2)根据基坑降水方案组织降水井施工，并做好降水井运行记录，通过降水井运行时间以及水位下降深度两个指标来控制基坑降水质量,确保降水效果满足基坑开挖要求。

(3)图纸到位后组织工程技术人员认真阅读和熟悉施工图纸内容,逐一核对,彻底弄清设计意图,参加设计交底和图纸会审,并根据审图意见对施工图纸做好更改记录。对施工图纸有疑问的地方主动与设计单位联系和沟通,以求得明确的答复,为编制专项施工方案奠定基础。

(4)根据基坑施工特点及工程地质、水文地质概况,结合现有施工操作水平编制基坑土方开挖施工方案,组织专家进行评审,并根据专家意见修正方案中的不足,确保施工方案的安全性及可操作性。

(5)对工程技术人员及操作工人进行深基坑施工技术交底工作,使技术人员了解项目各工程的施工工艺及施工中的注意事项,并对新进场工人进行三级安全教育,提高安全质量意识。坚持边施工边教育的原则,使施工安全有序地开展。

## 4 施工计划

### 4.1 施工进度计划

深基坑开挖工程中的各分部具体的开工日期和完工日期如表5-2.4所示,根据施工工序制订施工进度计划,明确具体施工内容。

**表5-2.4 钢筋笼吊装施工工期安排计划表**

| 序号 | 施工内容 | 开始时间 | 完成时间 | 工期(d) | 备注 |
|---|---|---|---|---|---|
| 1 | 地下连续墙 | ××××年××月××日 | ××××年××月××日 | 93 | |
| 2 | 抗拔桩、立柱桩 | ××××年××月××日 | ××××年××月××日 | 37 | |
| 3 | 地基加固 | ××××年××月××日 | ××××年××月××日 | 85 | |
| 4 | 冠梁、混凝土支撑及连系梁 | ××××年××月××日 | ××××年××月××日 | 94 | |
| 5 | 基坑降水 | ××××年××月××日 | ××××年××月××日 | 71 | |
| 6 | 土方开挖 | ××××年××月××日 | ××××年××月××日 | 249 | |
| 7 | 钢支撑 | ××××年××月××日 | ××××年××月××日 | 213 | |

### 4.2 机械设备计划

施工设备进场配置见表5-2.5,施工中根据实际情况进行同类设备调整,以保证施工正常进行。

**表5-2.5 施工设备进场计划表**

| 编号 | 名称 | 型号 | 数量 | 编号 | 名称 | 型号 | 数量 |
|---|---|---|---|---|---|---|---|
| 1 | 长臂挖机 | CAT325D | 2 | 9 | 水泵 | $20m^3$ | 6 |
| 2 | 普通挖机 | PC220 | 4 | 10 | 发电机 | QSNT-GS320 | 1 |
| 3 | 小挖机 | PC60 | 2 | 11 | 电焊机 | BX1-630 | 4 |
| 4 | 50T履带吊 | QY50 | 2 | 12 | 切割机 | TQ-3 | 2 |
| 5 | 龙门吊 | 25T | 2 | 13 | 风镐 | G10 | 4 |
| 6 | 自卸汽车 | | 14 | 14 | 潜孔钻机 | XZ-30 | 2 |
| 7 | 空压机 | LWJ-20/8-1 | 4 | 15 | 双液注浆泵 | KBY-50/70 | 1 |
| 8 | 千斤顶 | 200T | 4 | | | | |

### 4.3 劳动力计划

根据深基坑开挖工程的施工进度计划和施工内容,配备各岗位管理人员和各工种作业人员。现场人员配置见表5-2.6,施工中根据实际需要进行人员工种、数量调整。

表 5-2.6 现场人员配置表

| 编号 | 名称 | 数量 | 编号 | 名称 | 数量 |
|---|---|---|---|---|---|
| 1 | 生产副经理 | 1 | 8 | 量测人员 | 2 |
| 2 | 主管工程师 | 1 | 9 | 电工 | 2 |
| 3 | 质检员 | 2 | 10 | 焊工 | 6 |
| 4 | 安全员 | 2 | 11 | 龙门吊司机 | 4 |
| 5 | 测量工程师 | 2 | 12 | 信号工 | 4 |
| 6 | 测量员 | 2 | 13 | 司索工 | 8 |
| 7 | 量测工程师 | 2 | 14 | 土方队 | 30 |

## 5 危险因素分析

### 5.1 危险源辨识

危险因素分析及防范措施见表 5-2.7。

表 5-2.7 风险源清单

| 序号 | 作业内容 | 潜在事故类型 | 造成事故原因 | 防范措施 |
|---|---|---|---|---|
| 1 | 深基坑工程施工 | 坍塌 | 深基坑专项方案不完善；基坑支护强度不够；土方开挖不符合设计要求；未采取有效降排水措施；围护结构混凝土低于设计强度等级；监测系统不完善；出现较大的涌水涌砂；围护结构发生变形未采取相应措施 | 编制深基坑专项方案并经过专家论证后实施；严格按照专项方案施工；设置降水井及截排水沟；实时监测基坑，达到预警值后及时采取相应措施；制定相应应急预案 |
| 2 | | 高处坠落 | 上下通道设置不合理；基坑临边无防护不到位或防护不到位 | 上下通道严格按规定搭设；严格按方案设置临边防护 |
| 3 | | 触电 | 电线老化漏电或机械无保护零线措施 | 做好机械保护接零措施，定期保养 |
| 4 | | 机械伤害 | 桩机及土方开挖机械未按操作规程施工 | 做好安全教育及相应技术交底 |

### 5.2 危险源因素评估

评估方法选择、量化分值标准参见第一篇“6.1 危险因素分析”。

LEC 危险因素评估计算结果见表 5-2.8。

表 5-2.8 LEC 危险因素评估计算

| 作业内容 | 危险因素 | 风险估测（注：“\”表示无此项事故类型） | | | |
|---|---|---|---|---|---|
| | | 可能性 L | 暴露频率 E | 严重程度 C | 风险大小 D |
| 深基坑开挖工程施工 | 坍塌 | 1 | 10 | 40 | 400 |
| | 高处坠落 | 3 | 6 | 15 | 270 |
| | 触电 | 1 | 6 | 15 | 90 |
| | 机械伤害 | 1 | 6 | 15 | 90 |

根据 LEC 危险因素评估计算结果表和 LEC 评估结果分级，分值大于 160 以上的属于重大危险源，因此深基坑开挖工程施工中的重大危险源为坍塌和高处坠落。

# 6 施工安全保障措施

## 6.1 组织保障措施

参见第二篇第一章“6.1 组织保障措施”。

## 6.2 技术保障措施

### 6.2.1 土方开挖安全保证措施

(1)基坑内支护结构的保护措施

因本工程采用地连墙和混凝土支撑、钢支撑体系的围护结构,基坑开挖过程中,要确定每层混凝土支撑都已经达到设计的强度,再进行开挖;挖土机械不能碰撞支撑及临时立柱。对于部分土方因要保护支撑体系而不能用挖机施作的,用人工进行配合,保证支撑体系的稳定和施工的安全。随挖随撑,不得超挖。

(2)基坑临边防护

基坑的临边防护工作至关重要,临边防护工作要随挖掘部位跟踪进行。基坑周边护采用双道硬质护栏围护,在冠梁内边缘及挡土墙外边缘各设一道。护栏高度不低于1.4m。施工过程中定期检查护栏稳定情况,及时修补和更换,在坑内设置安全警示牌和宣传布标。

(3)基坑上下爬梯设置

本工程采用两个工作面开挖,故在每个工作面设置一个上下爬梯。随挖土深度从基坑底至基坑上口搭设临时马道。马道脚手架采用单立杆扣件式脚手架搭设,步距1000mm。马道形状为之字形,坡道宽1000mm,坡度为1:3,中间设置平台宽1000mm。当深度达到2.5m及2.5m的倍数时,设置梯笼,随着深度增加及时调整梯笼的数量和马道的高度。马道搭设必须保证安全第一,满足文明施工的要求,密切配合其他工种施工。马道基础要平整、夯实。马道搭设过程中,应设临时支撑加固措施。必须保证搭设过程中的稳固,防止架子倾覆。搭设过程中,要吊垂直线,特别是竖立杆的时候,立杆必须垂直。

(4)夜间施工照明

所有用电均可以从现场配备的配电箱内接引通过照明专用开关箱至施工作业区域。

整个施工现场的夜间照明通过用钢管架子架高安置的5个5kW大太阳灯(镝灯)照明。

施工范围内的夜间照明采用活动灯架,每个灯架安装1kW钠灯,每个开挖面配置两个灯架;在地连墙顶部冠梁上,每个施工作业面放置2~4盏的照明灯及警戒灯,具体数量根据施工情况随时调整。

(5)地面排水

基坑外侧设置高度100cm钢筋混凝土挡墙与顶圈梁通过钢筋连接,防止降雨造成的地面积水流入基坑。同时在基坑四周设置排水沟,将地面积水汇流,经过三级沉淀池处理后,通过下水管道排入市政污水管道,能满足大暴雨级别(100mm/d以上)的地面降水积水排出条件。

### 6.2.2 支撑安装拆除安全技术措施

(1)钢支撑安装前要进行检算,要满足支撑桩体的强度、刚度要求。参加钢支撑安装的人员要进行安全技术培训。

(2)钢支撑必须在开挖到设计位置后立即安装,架设时间不超过2h,并按设计要求及时施加预应力。

(3)钢支撑的吊装应符合相关的规定。

(4)钢支撑安装时,在相应桩体上标出支撑点位置并进行清理、平整,使支撑端部与桩体面垂直密贴,使之受力均匀,并在端部采取固定支托措施,防止支撑滑落。

(5)在挖土或吊安下一道钢支撑时,严格禁止撞击已安装好的支撑。

(6)设专人对支护结构和钢支撑的变形、位移进行观测、监控,以便采取措施,确保结构和人员安全。

(7)钢支撑拆除时,应经技术人员同意,由专人组织拆除,要采取支护、防降落等可靠措施,并由安全员进行检查。

(8)拆除时在钢支撑活络头端部设置施工平台,拆除吊装时,坑内人员不得在钢支撑下作业。

## 6.3 监测监控措施

### 6.3.1 监测内容及项目

根据设计图纸监测项目有:墙顶水平位移、墙顶沉降、墙体测斜、土体测斜、围护墙内力、水土压力、支撑轴力、地表沉降、立柱沉降、坑底隆起、地下水位、建筑物水平位移、建筑物沉降、建筑物倾斜、建筑物裂缝、地下管线沉降。监测工程量统计如表5-2.9所示。

表5-2.9 监测工程量统计表

| 序号 | 监测项目 | 测点数量 | 备注 |
|---|---|---|---|
| 1 | 地层及支护情况巡视 | 1项 | |
| 2 | 围护墙倾斜(测斜管、测斜仪) | 46组 | |
| 3 | 围护墙顶水平位移监测 | 46点 | |
| 4 | 围护墙竖向位移监测 | 46点 | |
| 5 | 土体倾斜 | 46组 | |
| 6 | 围护墙主筋应力 | 24组 | |
| 7 | 水土压力 | 24组 | |
| 8 | 立柱沉降 | 46组 | |
| 9 | 支撑轴力(轴力计或应变计) | 22组 | |
| 10 | 基坑底隆起 | 12组 | |
| 11 | 地下水位(水位管、水位计) | 24组 | |
| 12 | 建筑物水平位移 | 13组 | |
| 13 | 建筑物沉降 | 13组 | |
| 14 | 建筑物倾斜 | 13组 | |
| 15 | 建筑物裂缝 | 13组 | |
| 16 | 管线变形 | 45组 | |

### 6.3.2 周边地表、管线、建筑物监测

基坑施工必定会引起相邻近周围土体的变形,过量的变形将影响邻近市政道路、建筑物等的正常使用,甚至导致破坏。基坑周边2.0~3.0倍基坑深度内的周边地表、地下管线、建筑物将作为重点监测对象。

### 6.3.3 围护墙顶位移监测

围护墙顶位移监测是深基坑开挖施工监测的一项基本内容。可准确地捕捉支护结构细微的变位动态,并尽早对未来可能出现的新行为、新动态进行预测预报。

### 6.3.4 地下水位监测

地下水位的变化对基坑支护结构的稳定性有很大的影响,暴雨或地表水强补给引起的地下水位快速上升,对支护结构产生的土压力将增加较大,严重时导致支护结构破坏,地下水位明显下降,可能在开挖面上以发生渗漏,也可能在坑底发生渗流。

**6.3.5** 墙体变形监测

支护结构在基坑挖土后,基坑内外的水土压力平衡要依靠围护墙和支撑体系。墙体受基坑外侧水土压力作用下,会发生变形,同时土体也会一起变形。要掌握墙体侧向变形,即在不同深度上各点的水平位移,须通过对其测斜监测来实现。

**6.3.6** 土体测斜孔

基坑开挖过程中,由于围护结构的变形从而导致墙后土体的三维位移,为了保证基坑的安全,适当地在墙后土体位置埋设测斜管来测定土体深层位移变化情况,有利于基坑稳定性的判定。

**6.3.7** 支撑轴力(钢撑与混凝土撑)监测

支撑轴力监测则是反映支撑结构计算成果与施工工况的差距是否合理,同时也是深基坑开挖施工过程中预警的一个最直观的方法。由于支撑基本上为受压构件,在内力监测中以轴力为主,支撑监测部位可根据基坑围护设计中的支撑内力计算书,选取内力较大的、所处部位又较重要的截面,即受力最不利截面进行监测。

**6.3.8** 坑底回弹监测

由于本车站基坑开挖深度较深,随着土方开挖基坑内外水土压力差增大,坑外土体通过围护墙底往里涌挤,严重时会产生坑底隆起现象,使坑外的土体涌入基坑,造成涌土现象,特别在砂性土地区,在动力水头作用下会出现涌砂,对基坑的安全危害较大。进行基坑回弹监测就是为及早发现问题,以便采取工程措施予以解决。

**6.3.9** 立柱沉降监测

基坑开挖过程中随着土体卸载,坑内土体表现出向上隆起,从而带动立柱竖向发生沉降或隆起,由于立柱沉降或隆起量过大将影响基坑支撑体系的稳定,因此在基坑开挖过程中应监视立柱竖向变形情况。

**6.3.10** 安全巡视

(1)施工前对监测范围内的构筑物进行巡视检查并留影像资料,对异常(裂缝、漏水、倾斜、坍塌等)情况及时通知相关部门进行开工前的评估调查。

(2)工程自身巡视包括以下内容:

①围护结构有无渗漏。

②墙后土体有无裂缝、沉陷及滑移。

③基坑有无管涌。

④开挖后暴露的土质情况与岩土勘察报告有无差异。

⑤基坑开挖分段长度、分层厚度设置是否与设计要求一致。

⑥场地地表水、地下水排放状况是否正常,基坑降水、回灌设施是否运转正常。

⑦基坑周边地面有无超载。

(3)周边环境巡视包括以下内容:

①周边建筑有无新增裂缝出现。

②周边道路(地面)有无裂缝、沉陷。

③邻近基坑及建筑的施工变化情况。

## 6.4 测点保护措施

为了保证本车站各测点在施工期间的完好性,测点布设完成后应做好以下几点保证措施:

(1)在各监测点周边砌筑测点保护井,防止人为或小型机械损坏。

(2)在各监测点周边做好明显标示标志,提醒邻近作业人员或外界人员对测点保护。

(3)对施工方进行交底,要求现场作业人员提高保护意识。

## 6.5 监测频率及报警值

各监测项目的初始值采集、测试频率及控制标准按照表 5-2.10 执行。

表 5-2.10 报警值

| 类别 | 监测项目 | 控制值 | | |
|---|---|---|---|---|
| | | 变化速率(mm/d) | 累计值(mm) | |
| 围护结构 | 墙顶水平位移 | ±2 | 0.14% $H$(一级) | 0.3% $H$(二级) |
| | 墙顶竖向位移 | ±2 | 0.1% $H$(一级) | 0.2% $H$(二级) |
| | 墙身水平位移 | ±3 | 0.14% $H$(一级) | 0.3% $H$(二级) |
| | 土体深层水平位移 | ±3 | 0.14% $H$(一级) | 0.3% $H$(二级) |
| | 围护墙内力 | $250N/mm^2$ | | |
| | 支撑轴力 | 混凝土支撑控制值为 2450kN<br>$\phi$609×16 钢管支撑控制值为 2300kN<br>$\phi$800×16 钢管支撑控制值为 4000kN | | |
| 地表 | 地表沉降 | ±2 | 0.1% $H$(一级) | 0.2% $H$(二级) |
| 立柱 | 竖向位移 | ±2 | ±10 | |
| 坑底 | 隆起 | ±2 | ±30 | |
| 水位 | 坑外地下水位 | ±500 | ±1000 | |
| 建筑物 | 竖向位移 | ±3 | ±20 | |
| | 水平位移 | ±2 | ±10 | |
| | 差异沉降 | <2$L$‰($L$ 为相邻基础的距离) | | |
| 地下管线 | 刚性压力管道 | ±1 | ±10 | |
| | 刚性非压力管道 | ±3 | ±20 | |
| | 柔性管道 | ±3 | ±20 | |
| | 差异沉降 | 刚性压力管差异沉降 <0.25% $L_g$($L_g$ 管节长度) | | |
| | | 刚性非压力管差异沉降 <0.3% $L_g$ | | |

管线监测控制值需结合产权单位要求。施工单位应根据工程特点、控制值指定监测预警等级和预警标准。监测频率见表 5-2.11。

表 5-2.11 监测频率

| 施工进程 | | 频率 |
|---|---|---|
| 开挖深度(m) | ≤5 | 1 次/2d |
| | 5~10 | 1 次/1d |
| | >10 | 2 次/1d |
| 底板浇筑后时间(d) | ≤7 | 2 次/1d |
| | 7~14 | 1 次/1d |
| | 14~28 | 1 次/1d |
| | >28 | 1 次/3d |

当出现下列情况之一时,应加强监测,提高监测频率,并及时向委托方及相关单位报告监测结果:

(1)监测数据达到报警值。

(2)监测数据变化量较大或者速率加快。

(3)存在勘察中未发现的不良地质条件。

(4)超深、超长开挖或未及时加撑等未按设计施工。

(5)基坑及周边大量积水、长时间连续降雨、市政管道出现泄漏。

(6)基坑附近地面荷载突然增大或超过设计限值。

(7)支护结构出现开裂。

(8)周边地面突然出现较大沉降或严重开裂。

(9)邻近的建(构)筑物突然出现较大沉降、不均匀沉降或严重开裂。

(10)基坑底部、坡体或支护结构出现管涌、渗漏或流砂等现象。

(11)基坑工程发生事故后重新组织施工。

(12)出现其他影响基坑及周边环境安全的异常情况。

## 7 应急预案

### 7.1 应急救援组织机构、职责流程

参见第二篇第一章“7 应急预案”。

### 7.2 现场处置措施

#### 7.2.1 发现事故征兆的应急处理措施

发现出现(可能出现)危险的征兆,项目部办公室实行24h值班制度。主要人员不得关闭移动通信工具,确保通信畅通。办公室配备专用车辆,确保交通工具随时待命。现场做到有人24h值班,对出现(可能出现)危险的征兆区域加大监测的频率,必要时进行24h不间断监测,并随时将监测的数据用笔记本电脑通过无线上网方式传给监理单位、建设单位。

#### 7.2.2 变形超限或事故发生后处理措施

(1)当变形值达到预警值时,第一时间用电话通知工点项目部、驻地监理代表、驻地管理公司代表,提醒项目部注意施工安全,并采取相应加固措施。必要时用电子邮件形式将监测成果提交总承包方。

(2)当变形值达到报警值时,第一时间用电话通知工点项目部、驻地监理代表、管理公司代表,并通报给地铁公司。建议项目部采取必要的措施,并加大监测的频率,必要时进行现场计算,现场提交监测成果。

(3)当变形值达到报警值后,仍然以较大速率下沉时,应持续报警,并通知工点项目部、驻地监理代表、管理公司代表,并通报给总承包方。建议项目部采取强制措施,加大监测的频率,直到日均沉降速率少于报警值为止。必要时进行24h不间断监测,并现场计算,现场提交监测成果。

(4)当基坑支护体系或周边环境发生破坏时,及时电话通知项目部并协助施工对现场人员进行疏散,事后提交监测成果。

#### 7.2.3 渗漏水的处置措施

(1)当发现结构面出现一般少量渗漏时:

①当渗漏点为小型缝隙时,可对表面采用水泥掺水玻璃进行堵塞修补。

②当渗漏点为较大缝隙,可采用编织袋、棉布等进行硬塞封堵,如能达到止漏效果,则在外部用钢板网与混凝土身螺栓锚固后,抹面处理;如达不到止漏效果,可清除漏水点松动泥土后,挂钢板网锚固,用砂包在外围封堵后,用速凝水泥砂浆从上部开口处灌入。

(2)当基坑出现较大面积渗漏或虽渗漏面积较小但渗漏较大时:

可先插入预制钢管临时进行引水,然后用棉布填塞渗漏点。防止经渗漏点流失沙土,漏水仍可自行渗出,挂钢筋网后再用速凝水泥或普硅水泥掺水玻璃对表面进行修补,保留镀锌钢管继续导流,同时在开

挖层面的下部预留一条用于观察注浆是否饱满的浆液溢流管,待表面修补的速凝水泥具备承受一定的压力时,利用预埋的钢注浆管外接三通,以水泥浆与水玻璃 1:1 的配比同时进行注浆,水泥浆水灰比 0.8 ~ 1.0,当注浆至预留的溢流管有水泥浆液流出时,继续加压注浆,待注入的水泥浆在土中凝固后方可停止注浆。

(3)当基坑出现大面积渗漏水或大量漏水、漏砂时:

现场马上进行封堵处理,堵水措施效果不明显时,马上用挖掘机对渗漏位置进行回填反压,进行充分论证后再采取可靠措施,初步考虑采用双液注浆引水封堵法。

堵漏工作分引水堵漏和双液注浆两个阶段。引水堵漏采取的是改变出水路径,减小孔口压力后再进行封堵填塞。引水堵漏分三步进行。第一步,在引水孔中插入 4 根直径 $\phi$30mmPVC 管进行引水;第二步,采用棉絮填塞引水管外侧空间,并在围护结构内侧打设膨胀螺栓支立钢模,模板与围护结构之间的空隙采用早强混凝土封堵;第三步,待混凝土达到一定强度后,采用木塞直接塞紧 PVC 引水管。

为保证基坑围护结构漏水位置周边范围形成完整止水帷幕,基坑引水堵漏同时,在基坑围护结构外侧漏水处相应位置 2m 范围内,布设两排 $\phi$48mm 花管,花管间距 0.5m,孔深 4 ~ 5m。

引水堵漏结束后,采用注浆泵注射水泥浆和水玻璃浆双液浆。注浆材料采用 P. O. 32.5 普硅水泥和水玻璃双液浆,水玻璃浓度为 35°Be。注浆参数为:注浆压力 0.2 ~ 0.4MPa,水泥浆水灰比 1:1,水泥浆与水玻璃体积比 1:0.5。基坑漏水位置渗水中止后,注浆结束。

## 第三节 示例点评

本示例以车站深基坑施工为例,阐述了地下连续墙、地基加固、基坑降水、土方开挖和钢支撑等的施工方法和施工要求。

施工期间基坑开挖必须坚持“分层、分段、平衡”,遵循“开槽支撑、先撑后挖、分层开挖、严禁超挖”的原则,并加强基坑降水和监测监控,确保基坑安全稳定。

建议增加开挖前基坑围护结构的质量评定。

# 第三章　盾构机吊装及安拆工程专项施工方案

## 第一节　编 制 要 求

### 1　适用范围

常规土压盾构机的吊装及安拆施工。

### 2　工程重难点

起重机机型选择、地基承载力计算、吊装过程控制以及吊装计算是本工程的重难点。

### 3　内容要点

(1)危险因素分析中,重点评估由于吊装过程中场地承载力不足导致的机械伤害。
(2)施工方法及工艺中,重点阐述盾构机吊装及安拆的施工方法和施工要求。
(3)计算应重点包括盾构机吊装过程相关受力检算。

## 第二节　工 程 示 例

### 1　工程概况

本标段盾构区间为××站~××站,区间左线长2224.714m,右线长2221.740m。本工程需要吊装及安拆两台$\phi$6940 mm土压盾构机。该盾构机主要由刀盘、前盾、中盾、尾盾、连接桥、螺旋机、七节后配套台车等部件组成,总重约600t,最重部件约160t,设备总长约87.7m。

### 2　编制依据

(1)《起重机械安全规程 第1部分:总则》(GB 6067.1—2010)。
(2)《大型设备吊装工程施工工艺标准》(SHJ 515—1990)。
(3)《大型设备吊装安全规程》(SY/T 6279—20116)。
(4)《重要用途钢丝绳》(GB 8918—2006)。
(5)《一般起重用D形和弓形锻造卸扣》(GB/T 25854—2010)。
(6)《履带式起重机》(CAS 130—2006)。
(7)《起重机安全使用工作规范》(DB63/T 959—2011)。
(8)300T增强型履带式起重机性能表。
其余参见第一篇“3 主要编制依据”。

### 3　施工方法及工艺

#### 3.1　施工工艺流程

施工工艺流程图如图5-3.1所示。

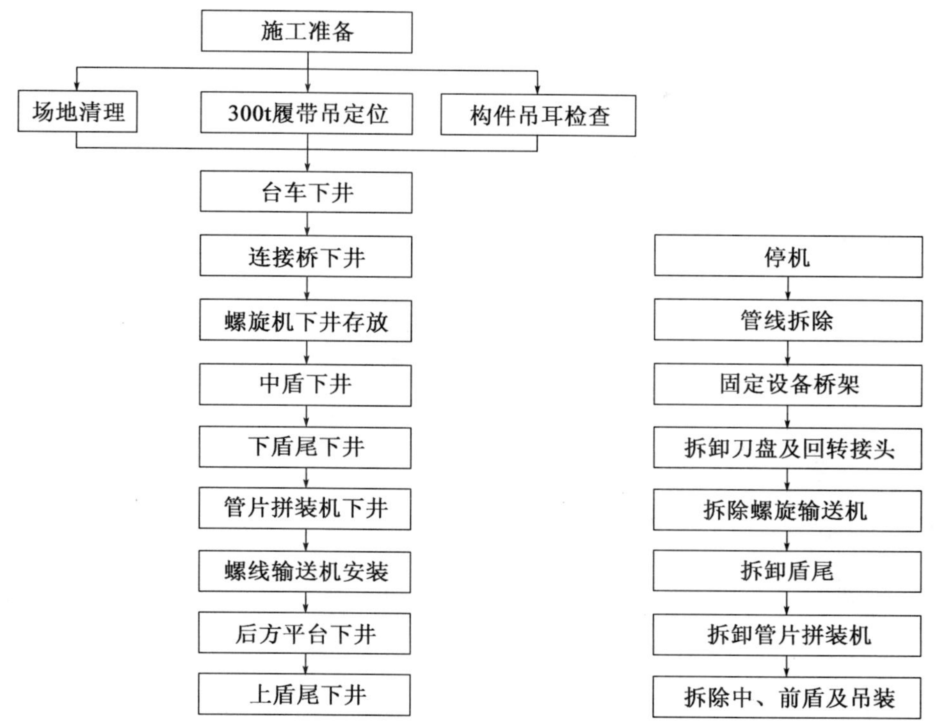


图 5-3.1 盾构机吊装及安拆工程工艺流程图

## 3.2 施工方法

### 3.2.1 盾构机吊装

后配套台车吊装前先对始发架进行下井及加固,下井前测量定位出始发架的中心位置,保证始发架下井后的中心与隧道中心在同一直线上,与始发位置的要求尺寸完全符合,满足始发条件。盾构下井前需在始发架上放置5块管片并在管片上面铺轨枕、钢轨,然后使轨枕的轨距满足台车行走轮和电瓶车的尺寸。依次按照7号、6号、5号、4号、3号、2号、1号、连接桥、螺旋输送机的顺序将其吊入井中。

(1)后配套车架吊装

吊车使用的4根 $\phi$32.5mm的钢丝绳挂在7号车架的4个吊耳上,在统一指挥下将7号台车水平提起,先进行试吊20~50mm,检查各部件无异常时,将盾构机的7号后配套车架吊入始发井口,使7号后配套车架缓慢地降落在始发基座上面铺设的后配套车架滑行轨道上。

通过提前吊装在站内轨道末端的一台45t电瓶车牵引,把第7号后配套车架拉至指定位置。余下后配套车架参照上述工序吊装。

(2)连接桥及螺旋机吊装

用300t增强型履带吊车吊装,两根 $\phi$32.5mm钢丝绳挂于连接桥前端,两根 $\phi$32.5mm钢丝绳对折挂于连接桥后端并挂两个10t电动葫芦调节连接桥角度确保满足下井条件。连接桥及螺旋机吊装下井重难点为吊件长度较长,应严格控制下井角度,同时使用两根50m长 $\phi$10mm麻绳拉住连接桥,防止连接桥与井口发生碰撞。

螺旋机吊装出土口一侧较重,采用2根 $\phi$32.5mm钢丝绳连接17t卸扣,另一侧采用一根 $\phi$32.5mm钢丝绳对折连接10t电动葫芦用于螺旋机角度调节。下井时使用两根50m长、$\phi$10mm麻绳拉住螺旋机,防止连接桥与井口发生碰撞。螺旋机下井后先放置于井下预留平板车上,由电机车运输至台车内部待安装。

(3)中盾下井

使用300t增强型履带吊机主钩作为主吊,副钩作为翻身辅助吊机,一对 $\phi$80mm×16m双股钢丝绳挂于大钩上，用85t卡环连接；一对$\phi$70mm×12m钢丝绳通过55t卡环与翻身吊耳连接。

翻身起吊时保证中盾处于水平位置，缓慢起吊0.2m后附钩停止动作，主钩继续缓慢提升，直至副钩完全不受力。中盾下井时的重难点为中盾重量较重，起吊时应缓慢动作，同时使用两根50m长$\phi$10mm麻绳拉住中盾，防止中盾与井口发生碰撞。

中盾下井时，保证离端头井1050mm的尺寸，为前盾的安装留足够的安装距离。环体后移需在始发基座及盾体上各焊接一受力支撑，移动盾体时两台100t液压千斤顶分别顶住两个支撑，缓慢伸长千斤顶移动盾体至预定位置。

(4)前盾下井

使用300t增强型履带吊机主钩作为主吊，副钩作为翻身辅助吊机，一对$\phi$80mm×16m双股钢丝绳挂于大钩上，用2个85t卡环连接；一对$\phi$70mm×12m钢丝绳通过55t卡环与翻身吊耳连接。

翻身起吊时保证前盾处于水平位置，缓慢起吊0.2m后附钩停止动作，主钩继续缓慢提升，直至附钩完全不受力。前盾下井时重难点为前盾重量较重，吊装时应缓慢动作，同时使用两根50m长、$\phi$10mm的麻绳拉住前盾，防止前盾与井口发生碰撞。

前盾下井后，用100t千斤顶将环体后移，缓慢伸长千斤顶移动盾体至预定位置，方便前盾与中盾连接安装。

(5)刀盘下井

300t增强型履带吊主钩作为主吊，副钩作为翻身辅助吊，将主刀盘在地面翻身后入井。主钩上挂2根$\phi$65mm×6m钢丝绳，连接35t卡环，$\phi$65mm×6m钢丝绳挂在300t履带吊副钩上，用2个35t卡环分别将钢丝绳连到刀盘的两个翻身吊耳上。刀盘吊装重难点为刀盘与前盾螺栓孔精确定位，吊车应缓慢动作确保刀盘与前盾连接。

刀盘下井与中前盾安装连接后，用100t千斤顶将整个环体前移，缓慢伸长千斤顶移动盾体至预定位置(刀盘距洞门预留800mm)。

(6)下盾尾下井

盾尾尺寸$\phi$6930×3130，质量29.2t。使用300t增强型履带吊作为主力吊机，吊机大钩上挂4条$\phi$32.5mm×10m钢丝绳，钢丝绳与竖直轴线角度19°。连接15t卡环，其中尾部两根钢丝绳对折并挂两个10t电动葫芦对尾盾进行微调后下井。盾尾与中盾螺栓孔精确定位为盾尾安装重难点，应使用电动葫芦微调角度配合吊机完成定位及螺栓连接。

(7)拼装机下井

拼装机尺寸4800mm×4675mm，质量17.5t。使用300t增强型履带吊大钩作为主力吊机，副钩作为翻身辅助吊机。300t增强型吊机大钩上挂4条$\phi$35mm×10m钢丝绳，连接35t卡环。下井后用100t千斤顶移动至预定位置。

(8)螺旋机安装

利用平板车将螺旋机送至端头井安装位置，用吊机将螺旋机吊起，利用电动葫芦调节螺旋机角度进行安装，吊机大钩上挂2条$\phi$35mm×10m钢丝绳，吊装时注意防止螺旋机驱动发生碰撞。螺旋机安装时空间较小且螺旋机长度较长，安装时应使用电动葫芦缓慢调节螺旋机位置，确保螺旋机准确安装。

(9)后方作业平台下井

工作平台尺寸7098mm×4590mm，质量18.5t，使用$\phi$32.5mm×10m钢丝绳挂于大钩上，分别用2个10t卡环连接到平台四角吊耳上进行吊装。

(10)上盾尾下井

上盾尾质量为29.2t，使用300t增强型履带吊大钩作为主力吊机，300t增强型吊机大钩上挂4条$\phi$32.5mm×10m钢丝绳，钢丝绳与竖直轴线角度19°。连接15t卡环，其中尾部2根钢丝绳对折并挂2个10t电动葫芦对尾盾进行微调后下井。盾尾与中盾螺栓孔精确定位为盾尾安装重难点，应使用电动葫芦微调角度配合吊机完成定位及螺栓连接。

### 3.2.2 盾构机拆除

盾构机拆除流程：刀盘拆除吊出后翻身装车→盾尾拆除吊出→螺旋机拆除放置隧道内→管片拼装机拆除吊出→前盾拆除吊装出井后翻身装车→中盾拆除吊出后翻身装车→铺设轨道→螺旋机推至井口吊出→设备桥推至井口吊出→1 号车架推至井口吊出→2 号车架推至井口吊出→3 号车架推至井口吊出→4 号车架推至井口吊出→5 号车架推至井口吊出→6 号车架推至井口吊出→7 号车架推至井口吊出。

(1)刀盘吊出：300t 履带吊吊车使用的 2 根直径 72mm 的钢丝绳挂在刀盘外侧的 2 个吊耳上。在统一指挥下，将盾构机的刀盘水平提起 20～50mm，检查各部件无异常时，吊车继续缓慢提升，直至刀盘被吊装出井。刀盘放至地面之后，另将专用副臂使用的 2 根 $\phi$66mm 的钢丝绳挂在盾构机刀盘底部内侧的 2 个吊耳上。主臂和副臂配合工作，在统一指挥下将盾构机的刀盘水平提起，先进行试吊 20～50mm，检查各部件无异常时，进行翻身作业，翻身完成后，进行装车。

(2)盾尾吊出：300t 履带吊吊车使用的 4 根 $\phi$66mm 的钢丝绳，挂在盾尾外侧的 4 个吊耳上，然后将盾尾吊装出井，盾尾出井后直接装车。

(3)拼装机吊出：300t 履带吊盾尾上半圆下井之后，吊车使用的 4 根 $\phi$43mm 的钢丝绳，挂在管片拼装机外侧的 2 个吊耳上。用吊车将管片拼装机整体吊出井口。

(4)前盾吊出：300t 履带吊吊车使用的 4 根 $\phi$72mm 的钢丝绳，挂在前盾外侧的 4 个吊耳上，然后将前盾吊装出井。前盾放至地面之后，另将专用副臂使用的 2 根 $\phi$66mm 的钢丝绳挂在盾构机前盾底部内侧的 2 个吊耳上。主臂和副臂配合工作，在统一指挥下将盾构机的前盾水平提起，进行翻身作业，翻身完成后，进行装车。

(5)中盾吊出：300t 履带吊吊车使用的 4 根 $\phi$72mm 的钢丝绳，挂在中盾外侧的 4 个吊耳上。然后将中盾吊装出井。中盾放至地面之后，另将专用副臂使用的 2 根直径 66mm 的钢丝绳挂在盾构机中盾底部内侧的 2 个吊耳上。主臂和副臂配合工作，在统一指挥下将盾构机的中盾水平提起，进行翻身作业，翻身完成后，进行装车。

(6)螺旋机吊出：由吊车使用的 1 根 $\phi$43mm 的钢丝绳挂在螺旋机一端的 1 个吊耳上，另将专用副臂使用的 1 根 $\phi$43mm 的钢丝绳挂在螺旋机另一端 1 个吊耳上。主臂和副臂配合工作，在统一指挥下将螺旋机水平提起，先进行试吊 20～50mm，检查各部件无异常时，吊车主臂缓慢向上移动，直至螺旋机满足出井角度，然后将螺旋机缓慢吊出井外。

(7)连接桥吊出：吊车使用的 4 根 $\phi$43mm 的钢丝绳挂在双梁的 4 个吊耳上，在统一指挥下将双梁水平提起，先试吊 20～50mm，检查各部件无异常时，缓慢将盾构机的双梁吊装出井，然后装车。

(8)台车吊出装车：各节台车按照 1 号车架推至井口吊出→2 号车架推至井口吊出→3 号车架推至井口吊出→4 号车架推至井口吊出→5 号车架推至井口吊出→6 号车架推至井口吊出→7 号车架推至井口吊出顺序，由吊车使用的 4 根直径 43mm 的钢丝绳挂在各节台车的 4 个吊耳上，在统一指挥下将各节台车水平提起，先试吊 20～50mm，检查各部件无异常时，缓慢将盾构机的各个台车吊装出井，然后装车。

## 3.3 施工要求

### 3.3.1 盾构机组装要点

(1)台车部分

台车部分按 7 号、6 号、5 号、4 号、3 号、2 号、1 号、桥架的顺序进行下井组装，将车架部分的连接位置的各处管线及机械连接进行连接。车架间的连接主要是液压油管、水管、电缆等的连接，液压油管在进行连接前先清洗管路接头及堵头位置，确保接头位置的清洁，防止液压油被污染。连接前先拆开堵头，并做好堵头的回收工作，确保下一次转场的材料具备。

(2)前盾与中盾的连接

中体下井后，前体与中体连接需要将中体与前体相对移动并靠近，确保人闸连接部位、中前体连接处的密封圈对位准确，保证密闭性。

(3)拼装机与中体连接

拼装机下井后,必须在吊机吊住的情况下,利用吊机将拼装机连接位置与中体连接部分对位并确定将连接螺栓全部上紧后再松掉吊机的起吊,以保证拼装机安装过程中的安全。

(4)盾尾铰接部位连接

在盾尾下井前必须将铰接部位的密封圈及固定环安装好,下井后盾尾环铰接位置连接过程中要利用千斤顶将盾尾环顶推入中体内,顶推进程中必须注意整环密封圈在进入过程中是否有挤出或移位,必须确保整环密封圈完全进入并没有移位或挤出,方可保证密封效果。

(5)桥架与拼装机走行梁的连接

桥架与拼装机走行梁的连接是最后进行的,将桥架及已经连接好的台车推至盾尾内,利用管片平板车上放置的千斤顶把连接桥支撑起来,然后对位放在拼装机走行梁的连接部位处,慢慢释放千斤顶,将桥架放在走行梁上,进行牵引千斤顶的连接。

(6)管线连接

盾构机的管线复杂,数量较多,在安装前应认真识别编号,连接过程中要按照编号一一对应进行连接,若连接过程中因为出现标识脱落或标识不清的情况时,要先暂停对此处进行连接,待其他有标识的位置全部连接完成后,再将无标识的管线根据管线的特点及原理图进行连接。连接过程中要按照油管、水管、气管、泥浆管、注浆管、注脂管等各种不同功用的管路分开连接的方法,对各种线路也要按从主体到桥架再到台车的顺序依次进行。

(7)在盾构吊装前,预先选定监测点,起吊过程中对侧墙及吊车支腿全程监测。

**3.3.2** 盾构机拆除要点

(1)停机

停机前要确定推进液压缸、管片拼装机、螺旋输送机轴及闸门的位置,便于后期拆除及吊装,避免由于停机位置不当造成吊装时损坏零部件。

(2)管线拆除

按照先水、气、油脂后液压的原则进行管线拆除。拆除过程中应重点考虑盾构机主体连接部分管线,同时为拆装方便,应合理选择拆卸管线的固定端,以防止管线压坏及安装困难。拆除过程中,还要注意做好并保护好接头标记,接头可用堵头堵住或洁净的塑料薄膜包好。

(3)固定设备桥架

停机后将设备桥架固定在一平板拖车上,并保持其与配套拖车头的相对位置不变,以便于后期配套拖车的后移及前进。

(4)拆卸刀盘及回转接头

为减轻因空间不足带来的拆装工作量,可选择将回转接头与刀盘一起拆除。拆卸时,先松动所有与前盾连接的螺栓,再用起重机吊住刀盘,拆除所有螺栓,最后使用千斤顶即可使刀盘与盾体分离(定位销被拔出)。在此过程中,应采取临时措施将刀盘与盾体用钢筋焊接,以便于拆除最后一颗螺栓。

(5)拆卸螺旋输送机

拆卸螺旋输送机时,应先在盾体上找到2个固定起吊点,再用倒链与起重机配合的方法吊出螺旋输送机,最后将螺旋输送机放至平板拖车上固定。实际操作中,可考虑将螺旋输送机中心后移,用起重机直接将其吊出。

(6)拆卸盾尾

先拆除中盾与盾尾铰接连接的液压缸销子,再在中盾与盾尾壳体上各焊接两块钢板,最后用液压千斤顶即可使中盾与盾尾分离。在顶进过程中,须观察销子及液压缸靴撑与盾尾的相对位置,以防因干涉造成相关部件损坏。

(7)拆卸管片拼装机

应使用起重机吊住管片拼装机后再拆除螺栓。起吊时需保持管片拼装机平衡,防止螺栓受应力作用难以拆除。

(8)拆卸中、前盾及吊装

先使用液压扳手拆除中、前盾连接螺栓,再借助液压千斤顶分离中、前盾,然后连接前盾及中盾翻转吊耳,分别将中、前盾吊上地面后,再借助另一台起重机翻转中、前盾。

拆机过程中应始终注意保护管线及零配件,同时应统计损坏零部件,并及时通知材料部门购买,防止装机时延误工期。

## 4 施工计划

### 4.1 施工进度计划

每条单线盾构机吊装、拆卸计划为8d。左线盾构机吊装计划时间如表5-3.1所示。

**表5-3.1 左线盾构机吊装计划时间**

| 名称 | 开始时间 | 结束时间 | 工期(d) | 备注 |
|---|---|---|---|---|
| 履带吊进场组装 | ××××年××月××日 | ××××年××月××日 | 2 | |
| 后配套吊装 | ××××年××月××日 | ××××年××月××日 | 2 | |
| 盾构机主机吊装 | ××××年××月××日 | ××××年××月××日 | 4 | |

右线盾构机吊装以及左右线盾构机吊出工期与左线盾构机吊装工期相同。

### 4.2 机械设备计划

根据具体的施工内容,配备盾构机吊装、拆除工程相应的施工机械设备如表5-3.2所示。

**表5-3.2 施工设备进场计划表**

| 序号 | 名称 | 规格 | 数量 | 单位 | 备注 |
|---|---|---|---|---|---|
| 1 | 吊车 | 300t增强型履带吊 | 1 | 台 | 主、副吊车 |
| 2 | 运输车 | 40t拖车 | 4 | 台 | 运输吊车部件 |
| 3 | 钢丝绳扣 | $\phi$70.0mm-6×37 | 12/2 | m/根 | 主吊 |
| | | $\phi$80.0mm-6×37 | 16/4 | m/根 | 主吊 |
| | | $\phi$65.0mm-6×37 | 6/4 | m/根 | 副吊翻身用 |
| | | $\phi$32.5mm-6×37 | 10/8 | m/根 | 吊车架 |
| | | $\phi$43mm-6×37 | 4/4 | m/根 | 吊附件 |
| 4 | 卸扣 | 85t | 4 | 只 | 吊装连接 |
| | | 55t | 2 | 只 | 吊装连接 |
| | | 17t | 4 | 只 | 吊装连接 |
| 5 | 对讲机 | — | 6 | 只 | 吊装指挥、调试 |
| 6 | 口哨 | — | 2 | 只 | 吊装指挥 |
| 7 | 电瓶车 | 45t | 1 | 台 | 台车牵引 |
| 8 | 钢板 | 6000mm×2200mm×40mm | 4 | 块 | 300t履带吊车支垫 |
| 9 | 型钢 | | 0.5 | t | 备用 |
| 10 | 爬梯 | 8m | 1 | 件 | 钢丝绳挂钩 |
| 11 | 枕木 | 300mm×300mm×1500mm | 2 | 件 | 环体翻身放置 |

注:表中只是主要的部分机具,在组装的过程中,还要有连接油管、连接电缆等专用工具。

### 4.3 劳动力计划

根据盾构机吊装、拆除工程的施工进度计划和施工内容，配备各岗位管理人员和各工种作业人员，确保劳动力工种、数量满足施工要求，如表5-3.3所示。

**表5-3.3 劳动力计划表**

| 序号 | 工　种 | 主要工作内容 | 人数(人) | 备　注 |
|---|---|---|---|---|
| 1 | 驾驶员 | 起重机驾驶员 | 4 | |
| 2 | 起重工 | 起重吊放作业、配合成槽与定位 | 4 | |
| 3 | 钢筋工 | 制作导墙与连续墙钢筋笼的全部工作 | 40 | |
| 4 | 电焊工 | 配合制作钢筋笼承担现场所有电焊工作 | 40 | |
| 5 | 机电工 | 现场电器设备安装、维修等 | 2 | |
| 6 | 管理人员 | 现场、指挥、技术、质量、材料、生活管理 | 10 | |
| 7 | 专职安全员 | 现场安全文明施工 | 2 | |
| 8 | 司索工 | 吊装司索作业及钢丝绳安全状况检查 | 4 | |

## 5 危险因素分析

### 5.1 危险源辨识

危险因素分析及防范措施见表5-3.4。

**表5-3.4 危险源清单**

| 序号 | 作业内容 | 潜在事故类型 | 造成事故原因 | 防范措施 |
|---|---|---|---|---|
| 1 | 盾构机吊装及拆除工程施工 | 高处坠落 | 高差较大的场所作业，如基坑边、预留口边等；未经许可随意拆改安全防护设施和设备 | 对基坑边基础最大承载力进行验算并对其进行加固处理；在防护罩粘贴安全标识，在未经项目部同意时不可擅自拆除防护设备 |
| 2 | | 机械伤害 | 设备未切断电源或无人监护时进行维修和保养的；工程走行机械、车辆运输管理不规范(使用、保养和维修) | 在电箱出挂示安全警示牌，并有专人监护电源；设备维保前(断电)和设备维保后(送电)，通知现场主管、设备操作人员 |
| 3 | | 起重伤害 | 大型起重设备有未按要求办理使用手续和定期检查、保养不到位；设备使用的起重钢丝绳断丝磨损锈蚀超标，未及时更换 | 按照设备保养制度，定期检查、维修、保养设备，对不符合使用要求的零部件予以更换 |
| 4 | | 物体打击 | 物体落下、抛出、破裂、飞散 | 加装防护网；上方施工时，下方必须无人员 |
| 5 | | 坍塌 | 地基承载力不足，监测发现变形未及时整改 | 设备施工时，与支护设备保证一定的安全距离；发现支护设备损坏后，应立即予以修复 |

### 5.2 危险源评估

评估方法选择、量化分值标准参见第一篇“6.1 危险因素分析”。

LEC 法危险因素评估计算结果见表 5-3.5。

**表 5-3.5 LEC 危险因素评估计算**

| 作业内容 | 事故类型 | 风险估测 | | | |
|---|---|---|---|---|---|
| | | 可能性 L | 暴露频率 E | 严重程度 C | 风险大小 D |
| 盾构机吊装及拆除工程施工 | 高处坠落 | 1 | 6 | 15 | 90 |
| | 机械伤害 | 3 | 6 | 15 | 270 |
| | 起重伤害 | 3 | 6 | 15 | 270 |
| | 物体打击 | 3 | 6 | 15 | 270 |
| | 坍塌 | 1 | 6 | 15 | 90 |

根据 LEC 危险因素评估计算结果表和 LEC 评估结果分级，分值大于 160 以上的属于重大危险源，施工中的重大危险源为机械伤害、起重伤害和物体打击。

## 6 施工安全保障措施

### 6.1 组织保障措施

参见第二篇第一章“6.1 组织保障措施”。

### 6.2 技术保障措施

（1）全体施工人员作业前认真阅读施工方案和相关技术资料，核对构件的空间就位尺寸和相互的关系，掌握结构的高度、宽度，构件的型号、数量、几何尺寸、重量。

（2）吊装之前，专业吊装技术人员须对现场吊装环境进行验收，主要是验收地上部分的吊装环境，验收完毕后，须做文字记录。

（3）根据履带吊的吊装能力，在履带吊大、小钩配合水平移动过程中，保证两绳高差不超过 0.5m，统一听从信号工指挥，协同动作。

（4）吊装之前，组织所有参加吊装作业人员进行安全技术交底，保证每个人都意识到盾构吊装安全的重要性。

（5）了解并掌握场地范围内的地面、地下、高空的作业环境情况。

（6）了解所选用的起重、运输机械及其他机械设备的性能及使用、要求。

（7）作业前进行细致、认真、全面的方案和作业设计的技术交底。

（8）按照拟订的吊装方案进行施工，不得擅自调整。

## 7 应急预案

应急救援组织机构、职责流程参见第二篇第一章“7 应急预案”。

## 8 计算书

### 8.1 吊机的选型

起重机的技术性能：起重量、作用半径及起吊高度，起重机的选择主要从这三方面考虑。起重机的起重量应考虑设备自重、吊钩重、钢丝绳重、卸扣等；如在同一作业空间安装多台设备，以最重设备来考虑起重机。起重机的作用半径是根据设备的外形尺寸、设备在平面布置中的位置和其他因素确定。起重机的起吊高度是根据起吊设备与构件的高度来决定的，同时要考虑吊车臂杆与建筑物之间的最小距离。

本项工程中，中盾质量最大为 160t，吊装的半径最大 10m，吊机的选型主要考虑这两点。查看相关的资料，拟用300t增强型履带吊为主、副吊。吊机在工作状态下，距离端头井3m处站位，主机钢丝绳长度为27m，工作半径为10m，臂杆角度为72.7°。履带吊吊装半径如图5-3.2所示。

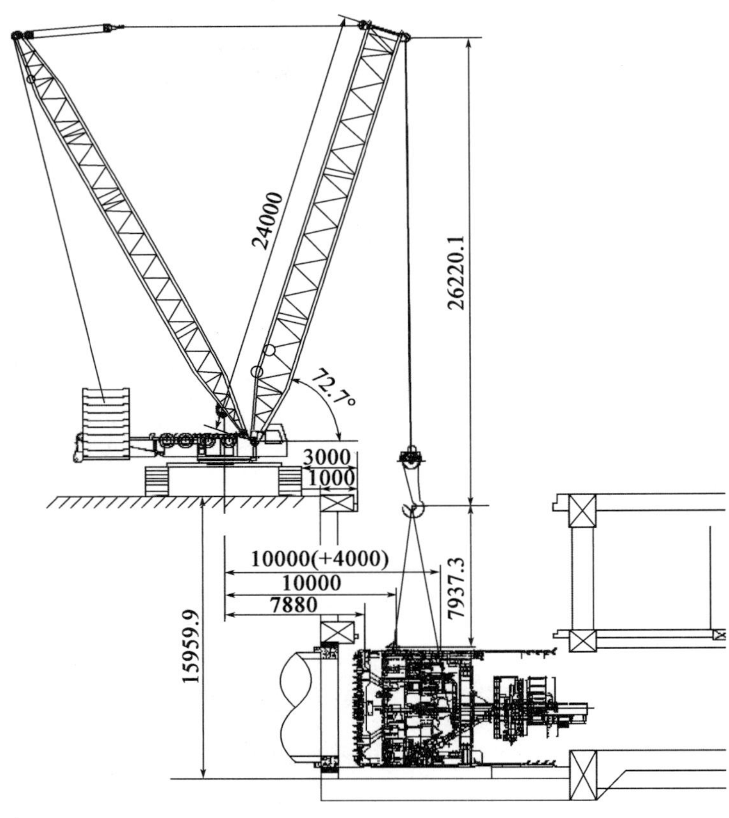


图5-3.2 履带吊吊装半径(尺寸单位：mm)

刀盘质量39.6t，吊装距离约为9m，主臂24m，根据吊车起重参数表可知此工况下起重机起重量为245.8t；取动荷载系数$K_1=1.1$，此处为单机多分支联合起吊取不均衡荷载系数$K=1.2$。

39.6×1.1×1.2=52.272(t)<245.8t，起重机满足吊装要求。

前盾质量150t，吊装距离约为10m，主臂长24m，根据吊车起重参数表可知此工况下起重机起重量为215t；取动荷载系数$K_1=1.1$，此处为单机多分支联合起吊取不均衡荷载系数$K=1.2$。

150×1.1×1.2=198(t)<215t，起重机满足吊装要求。

中盾质量160t，吊装距离约为10m，主臂长24m，根据吊车起重参数表可知此工况下起重机起重量为215t；取动荷载系数$K_1=1.1$，此处为单机多分支联合起吊取不均衡荷载系数$K=1.2$。

160×1.1×1.2=211.2(t)<215t，起重机满足吊装要求。

拼装机质量17.5，吊装距离约为15.5m，主臂长24m，根据吊车起重参数表可知此工况下起重机起重量为101.4t；取动荷载系数$K_1=1.1$，此处为单机多分支联合起吊取不均衡荷载系数$K=1.2$。

17.5×1.1×1.2=23.1(t)<101.4t，起重机满足吊装要求。

## 8.2 吊装验算

### 8.2.1 履带吊地基承载力计算

徐工300t增强型履带吊其两条履带分别加垫钢板，地面铺设黄沙增大地面于钢板接触面，钢板规格为6000mm×2200mm×40mm。

(1)起吊时地基承载力验算(按最大件盾构机中盾质量160t计算)。

①主机质量：136000kg；转台配重质量：130000kg；车身配重质量：50000kg；中盾质量：160000kg；合计：476000kg。

②每条履带上加垫路基板面积计算：$6m \times 2.2m \times 2 = 26.4m^2$。

③考虑吊机侧吊时履带的非均匀受力工况，取折减系数0.8：

$$0.8 \times (476000kg \times 10N/kg)/26.4m^2 = 225(kPa)$$

每条履带吊经过路基板扩散后地基承载力为225kPa。

(2)该地基承载力可通过路基箱均匀扩散至深层地基土上。起吊时对地基承载力要求为225kPa，根据地勘报告及现场加固情况，施工现场满足起吊需求。

### 8.2.2　吊装所用钢丝绳的验算

(1)台车吊装钢丝绳验算

最重台车为2号台车，质量为25.1t，每根钢丝绳最大受力 $F = 25.1/4\cos25° = 6.93t$。

根据国家标准《重要用途钢丝绳》(GB/T 20067—2006)可知，$6 \times 37 + 1\phi32.5mm$ 钢丝绳破断拉力为66.65t。根据JGJ 276—2012标准，取安全系数6。

66.65/6.93 = 9.62 > 6(安全系数)，钢丝绳强度满足要求。

(2)螺旋机吊装钢丝绳验算

螺旋机质量24.4t，长度11.27m。具体步骤采用同台车吊装钢丝绳相同的计算。

(3)中盾吊装钢丝绳验算

中盾160t选用 $\phi80mm \times 16m$ 双股钢丝绳主吊及 $\phi70mm \times 6m$ 辅助翻身，单机起吊时，钢丝绳水平夹角为65.2°，每股受力 $F = 160 \times 1.1/(4 \times \sin65.2) = 48.48t$，根据国家标准《重要用途钢丝绳》(GB/T 20067—2006)可知，其破断拉力为353t，安全系数 $K = 353/48.48 = 7.28 > 6$(安全系数)$\phi80mm$ 钢丝绳满足施工要求。

中盾起吊翻身结束后采用4个吊点，$\phi70$ 钢丝绳夹角77.9°每股受力 $F = 160 \times 1.1 \times 41.8\%/(2 \times \sin77.9) = 37.53t$，根据国家标准《重要用途钢丝绳》(GB/T 20067—2006)可知，其破断拉力为270t，安全系数 $K = 270/37.53 = 7.19 > 6$(安全系数)。$\phi80$ 钢丝绳夹角81.2°每股受力 $F = 160 \times 1.1 \times 58.2\%/(4 \times \sin81.2°) = 25.93t$，根据国家标准《重要用途钢丝绳》(GB/T 20067—2006)可知，其破断拉力为353t，安全系数 $K = 353/25.93 = 13.6 > 6$。

(4)前盾吊装钢丝绳验算

盾构机前盾质量150t、采用2个吊点。选用4根 $\phi80mm \times 16m$ 双股，钢丝绳水平夹角为82°，每股受力 $F = 150/(4 \times \sin82°) = 37.88t$，根据国家标准《重要用途钢丝绳》(GB/T 20067—2006)可知，其破断拉力为353t，安全系数 $K = 353/37.88 = 9.3 > 6$(安全系数)满足施工要求。

(5)刀盘吊装钢丝绳验算

刀盘吊装钢丝绳最不利工况为刀盘翻身完成后主钩两根钢丝绳吊装下井。刀盘质量39.6t，采用两根 $6m\phi65mm$ 钢丝绳吊装，钢丝绳水平夹角73°。

每股钢丝绳受力 $F = 39.6/2\sin73 = 20.7t$，根据国家标准《重要用途钢丝绳》(GB/T 20067—2006)可知，65mm钢丝绳破断拉力为266.5t，266.5/20.7 = 12.9 > 6(安全系数)，钢丝绳满足使用要求。

(6)盾尾吊装钢丝绳验算

盾尾质量29.2t，采用四条 $10m\phi32.5$ 钢丝绳吊装下井，后端两条钢丝绳对折，加装10t电动葫芦进行角度调节。

每股钢丝绳受力 $F = 29.2/4\cos19° = 7.38t$，根据国家标准《重要用途钢丝绳》(GB/T 20067—2006)可知，32.5mm钢丝绳破断拉力为66.65t，66.65/7.38 = 9.03 > 6(安全系数)，钢丝绳满足使用要求。

每股钢丝绳受力(7.38t)小于电动葫芦额定起重量(10t)，电动葫芦满足使用要求。

拼装机、工作平台使用32.5mm钢丝绳吊装且重量轻于盾尾，故钢丝绳满足使用要求。

## 8.3　吊装所用卸扣的验算

盾构机前盾150t，采用2个吊点，每个吊点为75t，应选用美式弓形3寸卸扣，卸扣直径为76mm，安全负荷为85t,破断荷载为额定荷载的4倍,破断拉力 $P_{破}=340t$,安全系数 $K=340/75=4.53>4$(安全系数),满足施工要求。

盾构机中盾160t,采用4个吊点,每个吊点为40t,应选用美式弓形3寸卸扣主吊,卸扣直径为76mm,安全负荷为85t,破断拉力 $P_{破}=340t$,安全系数 $K=340/40=8.5>4$(安全系数),满足施工要求。美式弓形2.5寸卸扣辅助翻身,卸扣直径为69.85mm,安全负荷为55t,破断荷载为额定荷载的4倍,破断拉力 $P_{破}=220t$,安全系数 $K=220/40=5.5>4$(安全系数),满足施工要求。

盾构机台车最重的为25.1t,采用4个吊点,每个吊点为6.3t,采用15t卸扣,破断荷载为额定荷载的4倍,破断拉力 $P_{破}=60t$,安全系数 $K=60/6.3=9.5>4$(安全系数),满足施工要求。

## 8.4 徐工300t增强型履带吊自翻身履带吊受力分析

(1)前盾翻身(150t,平卧状态始吊时)

主吊负载 $S_{max主}=Q\times43\%=64.5t$(43%取自吊耳起吊倾斜时候的力矩距离,由该型号盾构机焊接吊耳位置决定,数据由厂家提供,下同)。300t增强型履带吊起重机主钩工况:主臂 $L=24m$,作业 $R=10m$,额定起重量215t;吊支撑环时的总负载 $Q=66.5t(64.5t+2t)<$ 额定起重量 $215t\times80\%=172t$。

副吊总负载 $S_{max主}=Q\times57\%=85.5t$。300t增强型履带吊副钩工况:副臂 $L=9m$,作业半径 $R=12.0m$,额定起重量135t;平卧时最大负载 $Q=87.5t(85.5t+2t)<$ 额定起重量 $135t\times80\%=108t$。

(2)中盾翻身(160t,竖直状态始吊时)

主吊负载 $S_{max主}=Q\times41.8\%=66.88t$。300t增强型履带吊起重机主钩工况:主臂 $L=24m$,作业半径 $R=10m$,额定起重量215t;吊支撑环时的总负载 $Q=68.88t(66.88t+2t)<$ 额定起重量 $215t\times80\%=172t$。

副吊总负载 $S_{max主}=Q\times58.2\%=93.12t$。300t增强型履带吊副钩工况:副臂 $L=9m$,作业半径 $R=12m$,额定起重量135t;平卧时最大负载 $Q=95.12t(93.12t+2t)<$ 额定起重量 $135t\times80\%=108t$。

(3)刀盘翻身(39.6t,平卧状态始吊时)

主吊负载 $S_{max主}=Q\times50\%=20t$。300t增强型履带吊主钩工况:主臂 $L=24m$,作业半径 $R=9m$,额定起重量245.8t。

副钩总负载 $S_{max主}=Q\times50\%=20t$。300t增强型履带吊副钩工况:副臂 $L=9m$,作业半径 $R=12m$,额定起重量135t;平卧时最大负载 $Q=22t(20t+2t)<$ 额定起重 $135t\times80\%=108t$。

吊刀盘时的总负载 $Q=42t(40t+2t)<$ 额定起重量 $245.8t\times80\%=196.64t$。

## 8.5 吊装扁担稳定性计算

扁担材料采用无缝钢管 $\phi159mm\times20mm$,查表得 $A=87.3cm^2$、$i=4.9cm$,则:

$$[\sigma]=1600kg/cm^2$$

$Q_{计}=Q\cdot K=58.05\times1.4=81.27$,$K$ 为不均匀系数,取1.4,则:

$$P_1=P_2=\frac{Q_{计}}{2\times\sin70^\circ}=\frac{81.27}{2\times0.94}=43.23(t)$$

$$P_3=P_1\times\cos70^\circ=14.79(t)$$

长细比

$$\lambda=\frac{l}{i}=\frac{400}{4.9}=81.6$$

查表 $\varphi=0.73$,则:

$$\sigma=\frac{P_3}{\varphi\cdot A}=\frac{14790}{0.73\times87.3}=242.1(kg/cm)^2<[\sigma]=1600kg/cm^2$$

安全。

## 第三节 示例点评

本示例阐述了盾构机的吊装和安拆的施工工艺，其中吊装部件较多、重量较重，是施工控制的难点。其他类似盾构机吊装和安拆专项施工方案的编制要根据实际情况，针对不同的吊装方法采取不同的施工措施。

建议对吊装区域的地下、地面、地上的周边敏感性管线及建、构筑物进行详细调查，保证吊装过程中周边环境的安全。

# 第四章　盾构工程专项施工方案

## 第一节　编 制 要 求

### 1　适用范围

软土地层土压平衡盾构机工程施工。

### 2　工程重难点

盾构工程施工过程中容易发生盾构机栽头翘尾、盾构管片上浮以及洞门破除、尾刷损坏、二次注浆时的突涌，在施工过程中要重点把控以及控制小半径施工、控制盾构机姿态、在管片拼装过程中防止管片破损、密封损坏及错台过大、防刀盘及泥饼、控制环境变形及周边建、构筑物变形。

### 3　内容要点

(1)危险因素分析中重点评估由于端头加固效果不佳时破除洞门导致土体坍塌或涌水流砂和掘进过程中由于尾刷失效产生的涌水、涌砂带来的风险。

(2)施工方法及工艺中重点阐述软土地层土压盾构始发、掘进及接收的施工方法和施工要求。

(3)安全保障措施中重点阐述端头井加固、凿除措施、盾构机掘进过程中姿态控制技术措施、地面沉降监测、监控技术措施。

(4)应急预案现场处置措施中重点介绍盾构始发、接收不利因素应急处置措施、盾构掘进过程中发生地面坍塌应急处置措施和周边建筑物倾斜、坍塌应急处置措施。

## 第二节　工 程 示 例

### 1　工程概况

本标段盾构区间为××站～××站，区间左线长2224.714m，右线长2221.740m。隧道始发处左右线隧道覆土深度8.87m；隧道接收处左右线隧道覆土深度10.23m。区间隧道含3段平面曲线，右线曲线半径分别为1100m、2000m、2000m，左线分别为1100m、2000m、2000m，最小曲线半径1100m，线间距13～17m。采用V字坡，线路出站后采用25‰、4‰坡度下行至线路最低点，然后以5.629‰(左线5.6‰)、25‰上行至××站。结构覆土8.87～22.29m。本标段共投入2台$\phi$6940土压平衡盾构机。

### 2　编制依据

参见第一篇“3 主要编制依据”。

# 3　施工方法及工艺

## 3.1　施工方法及工艺

### 3.1.1　盾构始发施工方法及工艺

(1)施工工艺

施工工艺流程如图5-4.1所示。

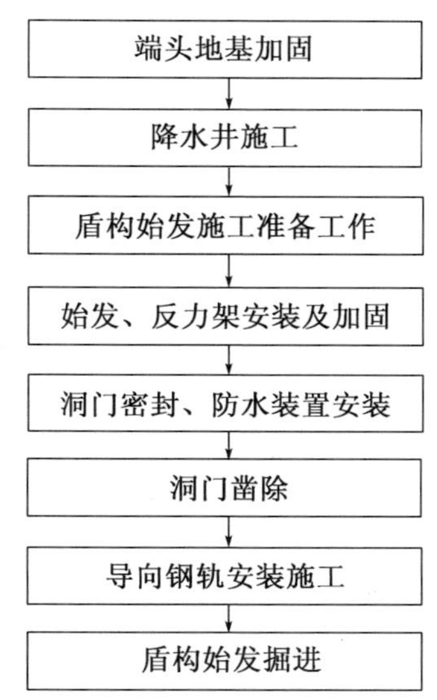


图5-4.1　盾构始发施工工艺流程图

(2)始发端头加固施工

盾构始发端头采用三轴水泥搅拌桩+双重高压旋喷桩进行加固。三轴水泥搅拌桩与围护结构间200mm空隙采用$\phi$800@600旋喷桩加固,搭接200mm。旋喷桩和搅拌桩桩身垂直度偏差≤1/200,桩位偏差≤40mm。其中三轴搅拌桩强加固区(A区)的水泥掺量为20%,弱加固区(B区)的水泥掺量为8%,水灰比1.2~2,旋喷桩水泥掺量同对应区域搅拌桩,水灰比1:1。

加固范围为盾构外径外侧、底、顶部3.0m范围内,隧道顶部以上3.0m至地面为弱加固区,盾构始发段加固长度为9.0m。加固示意图见图5-4.2。

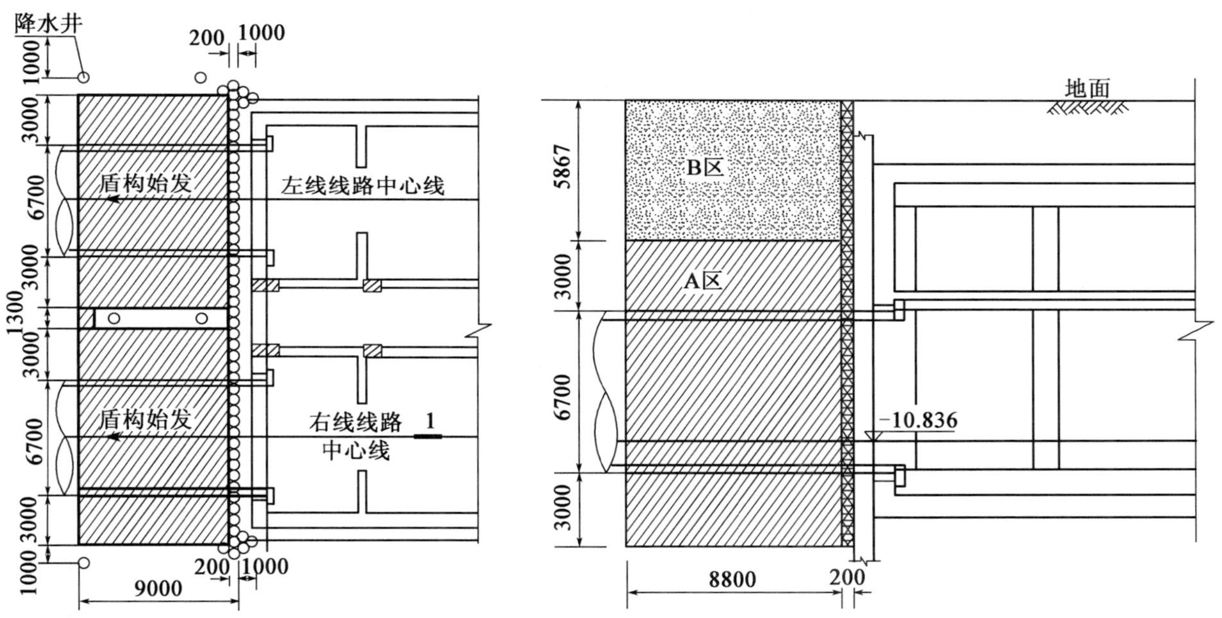


图5-4.2　始发端头加固示意图(尺寸单位:mm)

具体施工工艺及方法参见第五篇第二章"3.2.3 地基加固施工"。

(3)降水井施工

为确保盾构始发期间安全顺利,无渗水、流砂出现,结合车站主体结构基坑降水经验,按照设计要求在洞门外部,加固区外布置降水井6口,降水至隧道底6m以下。

具体施工工艺及方法参见第五篇第二章"3.2.5 基坑降水"。

(4)盾构始发施工准备工作

①盾构施工场地布置

施工场地布置主要包括:渣土坑、材料堆放场地、施工便道及场地硬化、施工供电系统、场地排水系统及污水防治、供水系统、冷却循环系统、生产、办公、生活区布置等。

根据总体筹划要求,区间左、右线始发场地均在××~××区间××西端头,本区间××西端头设计

2口盾构井、2口出土口。顶板布置2台50t龙门吊、1个集土坑、2个管片存放场地、1个充电房;冷却塔、通风机布置在顶板上;循环水泵、排污井(水泵)、道岔布置在靠近井口的底板上。其他材料存放场布置在结构顶板上。

龙门吊配备:场地配备2台龙门吊,1、2号龙门吊分别对应左右线盾构机施工。门吊起吊质量50t,跨度24.5m,主要用于管片装卸、下井、施工辅料吊装、出渣等工作;同时为便于渣土向渣土坑内倾倒,在龙门吊上设置渣斗侧翻顶撞装置,使龙门吊可根据需要任意选择倾倒渣土的位置。

渣土坑布置:渣土坑布置于盾构井与出口孔之间的结构顶板上,结构采用钢筋混凝土结构;根据每环出土56.3$m^3$,渣坑可存放渣土1587.6$m^3$,可一次存放28环以上的渣土量。

管片存放场地:位于集土坑两侧,管片存放场地采用混凝土硬化处理,可一次存放约36环管片。

本工程同步注浆浆液采用商用混凝土,为此场地内不设置搅拌站。

电瓶车充电器:布置在出土口东侧的顶板上,一台盾构机配2台电瓶车运输管片及渣土外运,每个电瓶车配3组充电器充电,共计12组充电器。

水电线路布置:根据现有高压电箱及盾构专线,按照现场场地情况进行布设,以满足正常生产用水用电的需要。

场内施工便道布置:为避免对施工的干扰,出土车道布置在集土坑南北两侧。

②电力系统配置、安装

现场已提供高压电接口,盾构施工安装1台400kV·A及1台630kV·A变压器供龙门吊、冷却塔、风机、洞内照明、电瓶充电等机械设备使用,盾构机高压电配备2×1800kV·A高压开关柜供2台盾构机使用,各类电缆、电线、管路接到井下,经专业工程师调试、认可,可以满足施工需要。

另外,通过变压器,降压到220V、100V的电源供控制、照明用。盾构机上装备有紧急照明系统,可在供电突然终止时提供临时照明用,洞内照明采用220V荧光灯。盾构用电分类表见表5-4.1。

**表5-4.1 盾构用电分类表**

| 序号 | 电压类型 | 电压大小 | 序号 | 电压类型 | 电压大小 |
|---|---|---|---|---|---|
| 1 | 初级电压 | 10kV | 4 | 应急照明电压(蓄电池) | 220V |
| 2 | 次级电压 | 400V/230V | 5 | 照明电压 | 220V |
| 3 | 控制电压 | 100V | 6 | 电磁阀电压 | 24V |

③管片供应要求

根据工期计划安排要求,管片厂24h提供管片,管片厂应有不少于600环的管片存放,为此满足盾构始发初期掘进需求和正常掘进需要。同时现场管片存放场地,需存放数量充足的管片,以满足盾构始发的掘进要求。

(5)洞门密封、防水装置安装

①密封、防水装置概述

由于工作井洞圈直径与盾构壳体存在环形的建筑空隙,为防止盾构始发和施工期间土体从该空隙流失和渗漏水,为保证盾尾通过后能立即进行背衬注浆填充,车站施工时在洞门圈预埋环形钢圈,盾构始发前在洞门圈借助预埋的钢圈安装由帘布橡胶板、钢丝刷、圆环板、翻板和连接销等组成的始发密封装置,以起到施工阶段临时的防泥水、防漏浆的作用。

洞门采用橡胶帘布板、圆环板、折页压板用螺栓按照一定顺序固定在洞门钢环上的方式进行洞门密封,在盾构通过处采用折页压板进行密封。

②安装顺序

在车站主体结构施工时,已完成洞门预埋钢环(即A环板)安装;在洞门凿除前需进行橡胶帘布板、折页压板的安装。

安装顺序为：洞门圈预埋钢环（车站施工时已预埋）→安设双头螺杆→帘布橡胶板→折页压板→垫圈→螺母。

a. 检查螺栓丝扣，安装双头螺杆。

b. 双头螺杆栓结好后，安装帘布橡胶板，随帘布橡胶板的安装同时安装圆环压板和折页压板，加好垫圈后用薄螺母将帘布橡胶板与圆环压板和折页压板固定。

c. 将折页压板逐个安装在螺栓上，最后将洞门范围内的螺帽拧紧，待拼装完零环后，再次拧紧螺帽，等待盾构机同步注浆。

③安装注意事项

a. 洞门预埋钢环在车站主体结构施工过程中预埋，预埋钢环板加工时严格按照交底图纸说明进行，严格控制构件的加工精度以保证正常使用；在车站主体结构施工时预埋，预埋时严格控制安装精度：洞门中心安装位置、垂直度等。

b. 洞门钢丝刷、橡胶帘布及折页压板的安装须在盾构始发前完成，安装时间为2d。

c. 双头螺杆安装时必须确保栓结牢固。

d. 安装洞门密封装置要按从上往下、左右的对称顺序进行。

e. 为防止盾构机推进时，刀盘损伤帘布橡胶板，在盾构向前推进前应在帘布橡胶板外侧及边刀上涂抹黄油。

f. 在盾构机刀盘进入洞门圈后，要密切关注密封装置，发现帘布橡胶板受损，要及时采取措施，使得折页压板压好帘布橡胶板，以保证能起到良好的密封效果。

（6）始发架、反力架安装及加固

①始发架、反力架安装及加固施工工艺流程见图5-4.3。

②始发架、反力架概述。

始发托架用于盾构机始发时固定盾构机方位、承载盾构机的自重以及调整盾构机中心达到设计高程；在负环管片拆除前，始发托架还起着固定负环管片的作用。

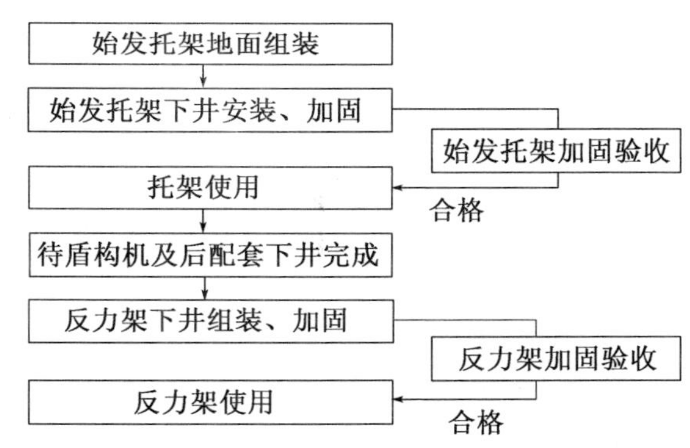

图5-4.3　始发架、反力架安装工艺流程图

反力架为盾构机推进提供反力，考虑反力架支撑不能全部直接撑在车站侧墙上，且××始发井为地下一层结构，根据主体结构图纸设计，结构顶板底边缘距离端头井底板7441mm，反力架托架设计高度为7219mm。反力架下井完成组装与顶板竖向距离为222mm，反力架未与车站顶板接触，盾构始发阶段通过反力架顶部增设型钢斜撑撑于顶板上。

施工步骤如下：

a. 托架入井安装、调整及固定

第一步：利用吊车将托架吊下井。

第二步：根据测量提供的隧道中线及水平线，对安装的托架进行检测、调整，保证始发托架的中心线与线路中心一致，满足设计位置要求。

第三步：托架调整完毕，采用四周加工字钢的方式固定。

b. 盾构机安装

流程：始发托架下井→台车下井顺序为7号、6号、5号、4号、3号、2号、1号、双梁走道平台牵引梁吊装下井→螺旋输送机吊装下井→中盾吊装下井→前盾吊装下井，然后前、中盾结合→刀盘吊装下井→拼装机吊装下井→拼装平台吊装下井→盾尾吊装下井。

盾构分段吊入井下，并在井下始发托架上进行正确组装就位，并依次安装螺栓机及连接台车。

c. 反力架的安装、调整和固定

在盾构机的主机等下井在托架上安装好后，将反力架由下至上分别吊入井下进行组装。

第一步：先将反力架的下横梁吊到井下，进行拼装，再将立柱和上部横梁吊入与下部组装在一起。

第二步：根据测量的结果对反力架进行水平方向和轴线方向的调整，使反力架的中心线与隧道的轴线一致。

第三步：对反力架进行焊接固定。

d. 反力架支撑安装

反力架与盾构始发井主体结构之间存在一定的距离，为确保盾构掘进过程中反力架的稳定，在反力架与盾构始发井主体结构之间采用 $\phi 609$ 钢管焊接体系支撑。由于始发阶段，盾构机主要使用下部油缸千斤顶，为了安全起见，对下部支撑进行加密，以满足始发推力要求。

③盾构机的调试

盾构机始发掘进前进行全面系统调试，确保盾构机处于完好待机状态。盾构机调试项目见表 5-4.2。

**表 5-4.2 盾构机调试项目表**

| 序号 | 项 目 | 内 容 | 结 论 |
|---|---|---|---|
| 1 | 刀盘 | 正反转、转速 | |
| 2 | 螺旋输送机 | 转动、转速 | |
| 3 | 进出土闸门 | 开启、关闭、行程 | |
| 4 | 推进千斤顶 | 伸、缩、工作压力 | |
| 5 | 管片拼装机 | 正反转、轴向移动、吊装手 | |
| 6 | 管片输送机 | 轴向移动、动作 | |
| 7 | 人闸 | 试压 | |
| 8 | 泡沫试喷 | 全部喷孔 | |
| 9 | 盾尾油脂 | 试注 | |
| 10 | 储浆罐 | 转动螺旋叶片 | |
| 11 | 注浆泵 | 启动 | |
| 12 | 皮带输送机 | 启动 | |
| 13 | 超挖刀 | 伸、缩 | |
| 14 | 冷却循环水 | 开启 | |
| 15 | 空压机 | 启动 | |
| 16 | 油脂泵 | 启动 | |

a. 空载调试

盾构机组装完毕后即可进行空载调试。空载调试的目的主要是检查设备是否能正常运转。主要调试内容为：配电系统、润滑系统、冷却系统、控制系统、注浆系统运行是否正常以及校正各种仪表。盾构机吊装下井组装、调试时间从始发前一个月开始进行。

b. 负载调试

空载调试完成并证明盾构机及其辅助设备满足初步要求后，即可进行盾构机的负载调试。负载调试的主要目的是检查各种管线及密封设备的负载能力，以使盾构机的各个工作系统和辅助系统达到满足正常生产要求的工作状态。

(7) 洞门凿除

①洞门凿除施工脚手架设计

凿除洞门时应在洞圈内搭设脚手架。脚手架位于井底，采用敞开式脚手架，可以不考虑风荷载，计算公式如下：

$$S_d = 1.1 \times (S_{Gk} + 1.15\,S_{Qk}) \leqslant \frac{R_d}{\gamma_m}$$

式中：$S_d$——荷载效应设计值；

$S_{Gk}$——恒荷载标准值产生的作用效应；

$S_{Qk}$——施工荷载标准值产生的作用效应；

$R_d$——脚手管强度设计值（此处采用冷弯薄壁型钢管）；

$\gamma_m$——材料强度附加分项系数，钢管脚手架取值如下，

$$\gamma_m = 1.1705 \times \frac{S_{Gk} + S_{Qk}}{S_{Gk} + 1.15\, S_{Qk}}$$

此处恒荷载自重标准值$S_{Gk} = 0.35kN/m^2$，施工荷载标准值$S_{Qk} = 3kN/m^2$。

钢管抗压强度$R_d = 0.205 \times 106kN/m^2$；$\gamma_m = 1.0319$。

经计算：

$$S_d = 4.18kN/m^2$$

$$\frac{R_d}{\gamma_m} = 0.199 \times 106kN/m^2 = 21.094kN/m^2$$

$$S_d \leqslant \frac{R_d}{\gamma_m}$$

脚手架强度达到要求。

②洞门凿除前加固土体强度检查

在凿除洞门前应先凿 9 个（米字形）观察洞，观察洞外土体加固情况，凿除采用 $\phi$32mm 的空心转杆，垂直打入地连墙 1.2～1.5m，确保打穿地连墙（地连墙厚度为 80cm，根据现场施工情况调整探孔孔深），打到加固土体，然后用 $\phi$20 钢筋进行插捣，看加固土体是否达到设计所要求的强度、渗透性、自立性等技术指标，只有全部指标满足施工规范要求，方可进一步凿除。

如果加固区土体的自立性仍较差，则需采取注浆加固措施。注浆可采用双液浆进行补注浆，注浆位置：沿洞圈缝隙斜向打入注浆管，主要在洞门开凿的一圈分缝及几大分块之间打设，注浆配比：水：水泥：水玻璃 = 0.5：1：1，注浆压力为 0.2～0.3MPa，初凝时间为 5～10min，浆液流量为 10～15L/min，有效地防止泥水渗漏现象。

③洞门凿除施工

始发条件各项工作准备好后，经验收合格，进行洞门的凿除工作。洞口槽壁混凝土采取人工用高压风镐凿除。凿除工作分三层进行：

a. 先凿除外层 100～150mm 钢筋保护层，由下而上进行凿除并割除外层钢筋及预埋件。

b. 凿除中间 550～600mm 混凝土部分，从上而下进行凿除，最后留 150mm 厚混凝土及外排钢筋。

c. 凿除最后一层前，观察先前 9 个探孔的渗漏水情况，应先上部后下部，尽可能缩短混凝土块清理工作时间，防止土体塌方，混凝土块清理完毕盾构机须迅速顶进洞门。钢筋及预埋件割除须彻底，以保证预留门洞的直径。

（8）导向钢轨安装施工

为控制盾构机进入洞门钢环和盾构机由始发托架进入端头土体时，盾构机发生“栽头”的现象，在洞门钢环底部 60°范围内焊接 2 根长 30cm 的 43kg/m 钢轨，作为盾构机导向和防栽头装置，导向钢轨高度与钢轨保持一致。

（9）防旋转装置施工

为防止盾构机发生自转，在盾构机和钢轨接触面，选取 6 个点焊接三角钢板或 H 形钢（避开密封），作为盾构机防旋转装置。

（10）负环管片安装及加固

①负环管片拼装

在始发井内，盾构机依靠负环管片提供支撑进行掘进，根据以往施工经验，左、右线各安装 8 环负环

管片，其中-1 环管片插入隧道 0.8m，可满足洞门环梁施工要求。

负环管片安装前，首先检查铰接系统初始位置，确保管片拼装质量，其次在反力架上测出最后一环后盾管片的投影位置及纵向螺栓位置，弹好控制线，在安装第-8 环管片之前，必须先涂好盾尾钢丝刷油脂，同时，控制好第-8 环管片的法面，必要时需粘贴纠偏材料，控制管片成环质量。

橡胶帘布板及扇形钢板要求在凿除洞门之前安装完毕，并在洞门完全凿除以前把第-8、-7 环管片全部准备到位。洞门凿除后，迅速清理洞门内垃圾，盾构机向前推进达到行程后，进行-6 环拼装，盾构机刀盘顶住加固土后，要求推进时控制土仓压力及盾构千斤顶油缸压力，控制盾构始发阶段总推力。

②负环管片加固

a. 支垫负环管片：在拼装好第二环负环管片后，让盾构机继续向前掘进，使盾尾密封刷脱离第一环管片，将 250mm × 150mm 的三角木楔楔进负环与托架导轨之间的空隙内，左右两侧各楔两个木楔。

b 紧固钢丝绳：用 2 根 18m$\phi$18 的钢丝绳绕过负环管片顶部，将绳头分别留在支撑架左右两侧，每个绳头上穿上紧线器，将紧线器的另一端挂在支撑架的吊耳上，旋转紧线器，将钢丝绳拉紧。

c. 盾构机继续向前掘进，重复上述 a、b 步，直至盾尾进入洞门后，将负环管片全部用钢丝绳固定。

### 3.1.2 盾构掘进施工方法及工艺

(1)施工工艺流程

施工工艺流程图如图 5-4.4 所示。

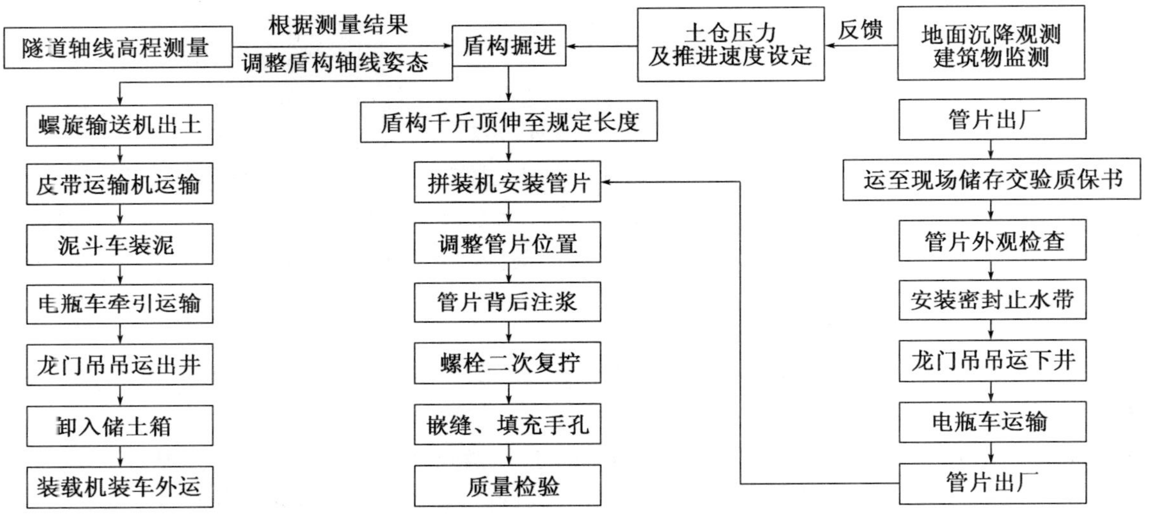


图 5-4.4 盾构掘进施工工艺流程图

(2)试掘进施工

由于在始发阶段受到始发基座、反力架的限制，推力不宜过大。另外，为保持洞门周边地层的稳定，盾构扭矩、刀盘转速都不宜过大。始发完成后，可根据地层情况，适当调整掘进参数。

①试掘进段的目的

a. 对盾构机各部件、线路的工作状态进行调整。

b. 推进速度、推力、扭矩等各种施工参数与设计参数的关系。

c. 通过地层情况对同步注浆压力、注浆量、浆液的初凝时间及配比进行摸索，掌握其规律。

d. 了解地层特点与相应的加泡沫等添加剂的关系。

e. 学习和熟练掌握盾构机的操作方法和管片安装技术。

②盾构掘进参数的初步设定

区间首 100m 试掘进参数初步设定见表 5-4.3。

**表 5-4.3 试掘进施工主要参数表**

| 序号 | 项目 | 单位 | 前 50m 试掘进 | 50 ~ 100m 试掘进 |
|---|---|---|---|---|
| 1 | 推力 | t | 1200 ~ 1450 | 1200 ~ 1800 |
| 2 | 扭矩 | t · m | 250 ~ 350 | 250 ~ 350 |
| 3 | 刀盘转速 | rpm | 0.8 ~ 1.1 | 0.8 ~ 1.2 |
| 4 | 土仓压力 | bar | 1.6 ~ 2.1 | 1.6 ~ 3.2 |
| 5 | 螺旋机转速 | rpm | 4 ~ 8 | 6 ~ 12 |
| 6 | 推进速度 | mm/min | 20 ~ 40 | 30 ~ 50 |
| 7 | 同步注浆量 | $m^3$ | 6.4 ~ 7.7 | 6.4 ~ 7.7 |

(3)正式掘进施工

①参数设置及依据

试掘进完成后,根据本标工程地质情况,主要掘进参数见表 5-4.4,并在施工过程中不断优化调整。

**表 5-4.4 正式掘进施工主要参数表**

| 序号 | 项目 | 单位 | 正式掘进 |
|---|---|---|---|
| 1 | 推力 | t | 1200 ~ 1800 |
| 2 | 扭矩 | t · m | 250 ~ 350 |
| 3 | 刀盘转速 | rpm | 0.8 ~ 1.2 |
| 4 | 土仓压力 | bar | 1.6 ~ 3.2 |
| 5 | 螺旋机转速 | rpm | 6 ~ 12 |
| 6 | 推进速度 | mm/min | 30 ~ 50 |
| 7 | 同步注浆量 | $m^3$ | 6.4 ~ 7.7 |

施工过程中,根据不同的地层特点不断对掘进参数进行优化使盾构姿态达到最佳。施工参数优化流程见图 5-4.5。

掘进参数的选取依据:

a. 正面平衡压力

主要取决于刀盘前的水土压力,一般取刀盘中心处的水土压力为准,按经验公式计算:

$$P_1 = k_0 \gamma h$$

式中:$P_1$——土压力(包括地下水,$kN/m^2$);

$k_0$——土的静止侧压力系数;

$\gamma$——土的平均重度($kN/m^3$);

$h$——刀盘中心点处的埋深(m)。

盾构在掘进过程中可参照以上方法计算平衡压力(即土仓压力)的设定值,初次可按 $1.03P_1 \sim 1.10P_1$ 设定。具体施工根据盾构掘进位置所处埋深、土层状况、地下水等实际情况取值,并根据地面监测资料及时进行调整,一般通过前 100m 始发段决定其大小。

b. 总推力

千斤顶的总推力大小取决于掘进时盾构机受到的阻力:

$$F = F_1 + F_2 + F_3 + F_4 + F_5$$

式中:$F$——阻力总和(kN);

$F_1$——盾构四周外表面和土之间的摩阻力(kN);

$F_2$——推进时切口环刃口对土的贯入阻力(kN);

$F_3$——开挖正面阻力(kN);

$F_4$——盾尾内管片和盾壳之间的摩阻力(kN);

$F_5$——后方台车的牵引阻力(kN)。

千斤顶的总推力略大于总阻力,且应小于盾构机的最大推力。

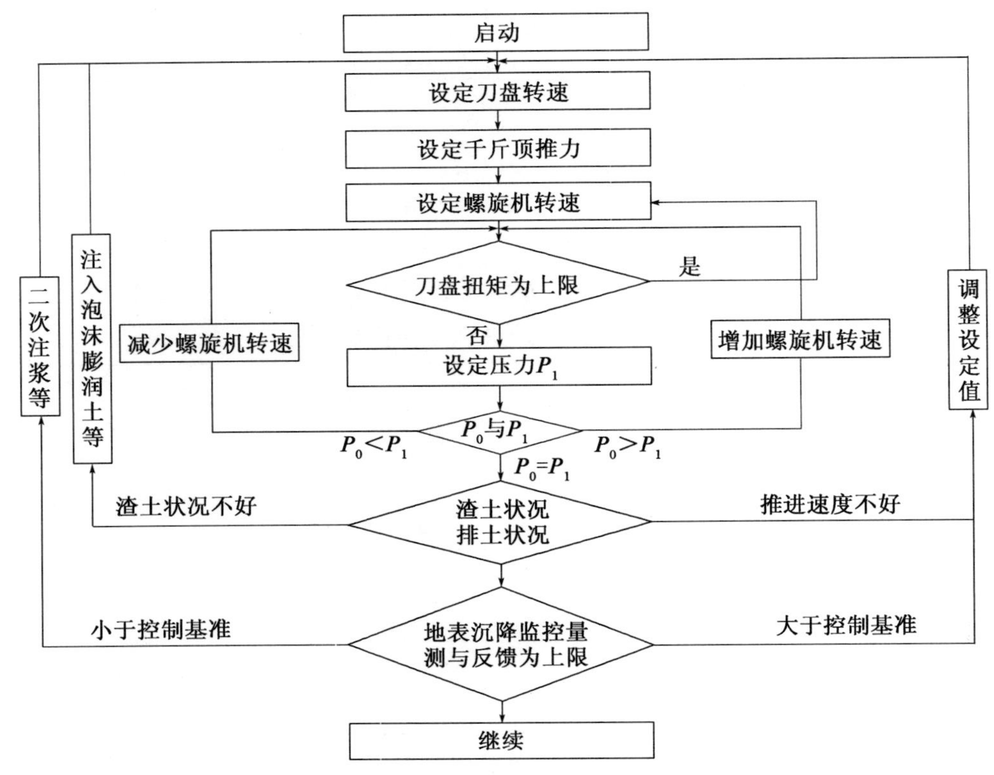


图 5-4.5　开挖掘进施工流程图

c. 刀盘扭矩和转速

刀盘总扭矩:

$$T = T_1 + T_2 + T_3 + T_4 + T_5 + T_6 + T_7$$

式中:$T_1$——盘形滚刀切削土体所需的扭矩(kN·m);

$T_2$——由于刀盘自重所产生的抵抗旋转的扭矩(kN·m);

$T_3$——刀盘正面推力所产生的抵抗旋转的扭矩(kN·m);

$T_4$——刀盘密封装置抵抗旋转的扭矩(kN·m);

$T_5$——刀盘所受的摩擦扭矩(kN·m);

$T_6$——刀盘开口处切削渣土所需的扭矩(kN·m);

$T_7$——土仓内的搅动力矩(kN·m)。

正常掘进时,扭矩应低于最大扭矩。当工作扭矩达到最大扭矩时,刀盘将停止转动,如反复启动未果,即可启动专门开关(此时可达脱困扭矩),使刀盘重新启动。

刀盘转速满足盾构机的转速和扭矩曲线,$n_1 = 0 \sim 0.8$rpm。

d. 掘进速度

主要根据土质确定,正常推进时速度宜控制在 3 ~ 5cm/min。过建筑物时根据监测数据适当调整推进速度。

e. 螺旋输送机的扭矩和转速

满足转速和扭矩曲线，转速为0.1～11.4r/min，最大扭矩为55.8kN·m。在盾构掘进速度一定的情况下，主要通过调整螺旋输送机的转速，调整出土量的大小，以达到维持土仓压力的平衡。每环理论出土量为57.37$m^3$，实际出土量控制在98%～100%。

f. 左右两腰千斤顶行程差$\Delta S$

$\Delta S$主要根据线路特点和盾构机在水平方向偏离设计轴线的程度来确定的，$\Delta S$的大小确定了盾构机方向改变的急缓程度。$\Delta S$值宜在一环掘进前10cm内逐渐达到，$\Delta S$的达到和保持依靠合理使用左边和右边的推进千斤顶。

g. 盾构机俯仰角$\alpha$和滚角$\beta$

盾构机俯仰角$\alpha$是根据线路特点和盾构机在竖直方向偏离设计轴线的程度来确定的。$\alpha$的保持靠合理使用上部和下部的推进千斤顶。滚角$\beta$和刀盘转动方向及扭矩大小有关，可以通过改变刀盘转动方向和使用稳定器来控制，$\beta$值不应超过±0.50°。

h. 铰接千斤顶的使用状态

铰接千斤顶有三种使用状态：完全伸长、自由伸缩及伸长一定角度。完全伸长状态时，盾构机前盾与中后盾成直线；自由伸缩状态时，盾构机前盾将相对于中后盾自由活动；伸长一定角度状态时，盾构机前盾与中后盾保持一固定角度。

i. 管片与盾尾的空隙

管片与盾尾的空隙$\delta_1$～$\delta_8$可通过拼装手手工测得，它反映了管片和盾构机的相对位置关系，对确立拼装点位和掘进参数有指导意义。

j. 盾构轴线及地面沉降量控制

盾构轴线控制偏离设计轴线不大于±50mm，地面沉降量控制在－30～＋10mm。

通过推进的实施，及时调整掘进参数，并通过前100m，初步确定各施工参数的管理基准值和警戒值。

②施工通风

根据××市气候条件和盾构施工特点以及以往的施工经验，在施工中采用压入式通风来解决防尘、降温及人员、设备所需要新鲜空气。

每条隧道配备一台轴流式通风机，为满足施工所需风量，通过适应性计算确定风机主要参数：风量38400$m^3$/h，功率37kW。通风风管采用$\phi$550mm的拉链式软风管，通过盾构伸缩风管进行延伸，将新鲜空气压入盾构机后配套通风管路，通过盾构风管将新鲜空气压入盾构机前端作业空间。

③防迷流

盾构区间结构可采用隔离法对盾构管片结构钢筋进行保护，管片与管片之间要求绝缘，不应有电气连接。

④隧道内通信

通信线路为光纤电话线路，安装在照明灯具支架上，在井口、盾构机头处各设一台电话进行通信联系。

(4)渣土改良

①渣土改良的作用

盾构在黏土地层中施工，进行渣土改良是保证盾构施工安全、顺利、快速的一项不可缺少的最重要技术手段。具有如下作用：

a. 保证渣土和添加介质充分拌和，以保证形成不透水塑流性的渣土，从而建立良好的土压平衡机理，只有渣土改良效果好，才能从根本上保证掘进过程中地表的沉降控制，同时提高掘进效率，以保证预定的施工进度目标。

b. 减少土层的渗透系数，使之具有较好的止水性，以控制地下水流失及防止或减轻螺旋输送机排土时的喷涌现象。

c. 改善黏土的流塑性，防止刀盘结泥饼，使切削下来的渣土顺利快速地进入土仓，并利于螺旋输送机顺利排土。

②渣土改良的方法

渣土改良就是通过盾构机的专用装置向刀盘面、土仓或螺旋输送机内注入添加剂，利用刀盘的旋转搅拌、土仓搅拌装置搅拌或螺旋输送机旋转搅拌使添加剂与渣土混合，其主要目的就是要使盾构切削下来的渣土具有好的流塑性、合适的稠度、较低的透水性和较小的摩阻力，以满足在不同地质条件下掘进时都可达到理想的工作状况。添加剂主要有泡沫和水。

③改良剂的确定及配比、掺量

根据海宁地质情况，正常推进阶段泡沫剂添加率为 20% ~35%。泡沫组成：90% ~95% 压缩空气和 5% ~10% 泡沫溶液；泡沫溶液的组成为泡沫添加剂 2% ~3%、水 97% ~98%。本工程所用泡沫剂黏度不低于 0.1Pa·s。例如按添加率 25%（即切削 $1m^3$ 渣土需注入 250L 泡沫剂）计算，按照发泡倍率 10，土仓内土压力取 1.0bar，所需的起泡液的体积为 25L、空气的体积为 450L，按起泡剂、水的比例分别为 3% 和 97%，起泡剂、水的体积分别为 0.75L、24.25L。

④泡沫的作用机理

泡沫的作用机理主要表现在以下几个方面：

a. 通过注入泡沫，在刀盘前方形成了一层膜，建立起泥土压力，为土体结构提供水平推力，有利于形成拱结构。

b. 泡沫使开挖面土体的强度和刚度得到加强，提高了开挖面土体的竖向抗力，对开挖面土体起到了支护作用，减小了开挖面土体失稳的可能。

c. 利用泡沫优良的润滑性能，改善土体粒状构造，同时吸附在颗粒之间的气泡可以减少土体颗粒与刀盘系统的直接摩擦。降低土体的渗透性，又因其相对密度小，搅拌负荷轻，容易将土体搅拌均匀，从而做到既能平衡开挖面土压，又能连续向外顺畅排土。同时泡沫具有可压缩性，对土压的稳定也有积极作用。

(5) 同步注浆

①同步注浆工艺流程图（图 5-4.6）

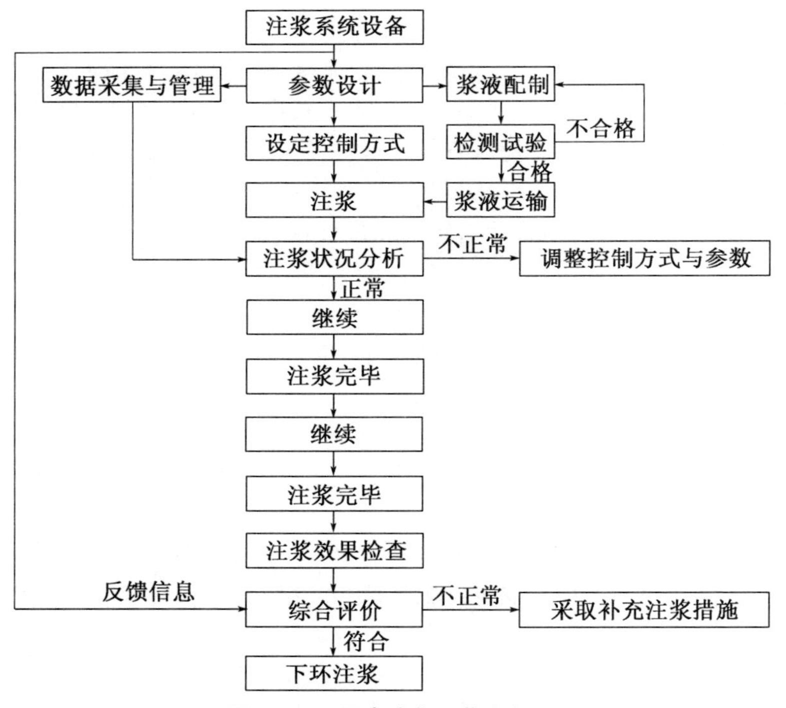


图 5-4.6 同步注浆工艺流程图

②同步注浆浆液配合比

根据××地区地质的特点,试验室经过大量的试验,初步拟定在始发阶段选择如表5-4.5所示的配合比。

**表5-4.5 同步注浆浆液配合比**($kg/m^3$)

| 水泥 | 细砂 | 粉煤灰 | 膨润土 | 水 |
|---|---|---|---|---|
| 80 | 780 | 420 | 50 | 460 |

③同步注浆参数

a.注浆压力

$$P = \frac{\gamma h}{980} + (0.12 \sim 0.13)$$

式中:$P$——浆液出口压力(MPa);

$h$——隧道上部覆土厚度(m);

$\gamma$——覆土层的平均重度($kN/m^3$)。

由于是从盾尾圆周上的4个孔位同时注浆,为防止管片上浮,而且考虑浆液的流动性,上部每孔的压力应比下部每孔的压力略大0.05~0.10MPa。根据地质和隧道的覆土厚度情况,注浆压力控制在0.3~0.5MPa。

b.注浆量

每环同步注浆量计算如下:

$$Q = K \cdot \pi \cdot (D^2 - d^2) \cdot L/4$$

式中:$K$——注浆率(1.5~1.8);

$D$——盾构机的切削外径;

$d$——管片外径。

则 $Q = 4.5 \times (1.5 \sim 1.8) \times 95\%$(达到设计值95%以上)$= 6.4 \sim 7.7$($m^3$)。

注浆量根据地质情况和地表隆陷监测情况进行调整和动态管理。盾构通过建筑物时,将注浆率适当调高。

c.注浆速度

同步注浆速度和推进速度保持同步,即在盾构机推进的同时进行足量注浆。

d.注浆结束标准

采用注浆压力和注浆量双控。

④同步注浆设备及位置

盾构机推进时,通过安装在盾尾内的内置式注浆管向管片与地层间的环形建筑空间注入足量的填充浆液。每条管上有高压力表和阀门,该管通过软管与盾构机2号台车上配置的注浆泵分别相连,注浆泵可手动控制,也可自动控制。

同步注浆系统:配备液压注浆泵2台,注浆能力$2 \times 12m^3/h$,8个盾尾注入管口(其中4个备用)及其配套管路。

运输系统:砂浆罐车($8m^3$),带有自搅拌功能和砂浆输送泵,随编组列车一起运输。

(6)二次注浆

由于××区间地质以黏土层为主,在推进过程中已拼装的前10环管片在不同程度上会存在上浮情况,造成已拼管片的错台、破损及渗漏水现象,因此在管片脱出盾尾后采用注双液浆的方式加快上部浆液凝结速度,增加管片稳定性,保证成型管片质量。

①二次注浆原则

a.始发和接收段在管片脱出盾尾后,每环进行一次二次注浆。

b.当前环出土量大于设定值$5m^3$以上时,采取洞内二次注浆以补充多余出土。如果注浆没有填充满,则必须进行地面钻孔注浆处理。

c. 施工监测变形量异常

②注浆工艺流程

a. 注浆孔选择

注浆孔选择点位为每环的上部吊装孔,孔位可根据实际情况进行适当调整,由于出现注浆未饱满的部位都在隧道的上方,因此注浆孔点位应选择在3点和9点的上方,保证注浆饱满程度。

b. 注浆参数

浆液采用水泥–水玻璃双浆液。双液浆凝结时间宜控制在1min以内,拟定配合比:水泥浆配比为$W:C=0.8$、水玻璃模数$M=2.68$,浓度=38,浆液体积比$C:S=1:0.4$。

注浆过程中根据注浆效果,适当调整注浆压力。注浆施工时应记录每一个孔每次的注浆压力、注浆量和注浆时间等基本参数。

注浆压力控制在0.2~0.4MPa。

注浆施工控制标准:施工控制标准,主要以压力控制为主,每次注浆量和总注浆量为施工控制手段。

③压浆施工

a. 开孔

在管片脱出盾尾后第一环指定点位安装球阀,后使用钢钎破开注浆孔混凝土护壁。

b. 注浆

在盾构机内采用双液注浆机注入,并保证压力传感器或压力表正常。开始注浆后,保证注浆压力不得大于0.4MPa,防止由于压力过大造成管片破损,严格记录每个孔的注浆压力以及注浆量。

注浆过程中必须一直观察管片是否有变化,如有变化必须停止注浆。

c. 封孔

注浆完成后,关闭球阀。待浆液凝固后取下球阀,如发现注浆孔出现漏水情况,则采用快速水泥封堵注浆孔,如果还继续漏水,则需要专业堵漏队伍进行封孔。

(7)管片拼装

①管片拼装施工工艺流程见图5-4.7。

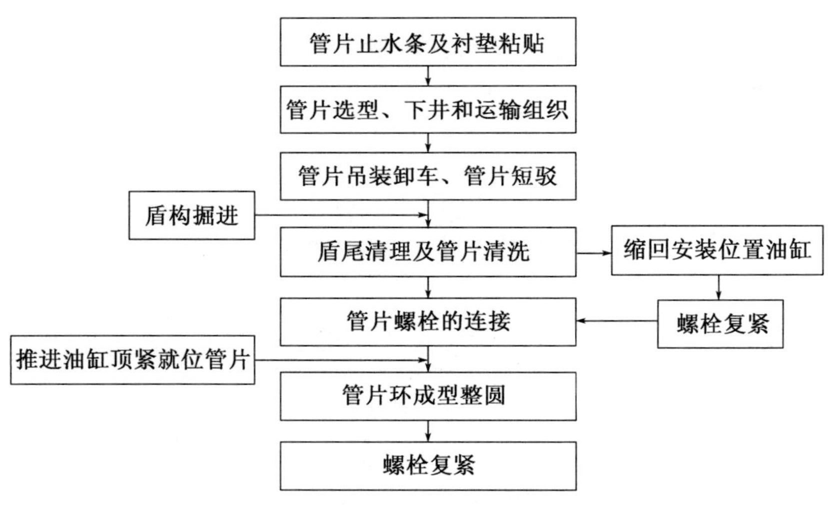


图5-4.7　管片安装工艺流程图

②管片选型通过盾尾间隙和管片走向来确定,安装后的盾尾间隙要满足下一环掘进循环限值,确保有足够的盾尾间隙,以防止盾尾直接接触管片。

③管片安装必须从隧道底部开始,依次安装相邻块,最后安装封顶块。安装第一块管片时,用水平尺与上一环管片精确找平。

④安装接邻块时，为保证封顶块的安装净空，安装第五块管片时一定要测量两邻接块前后两端的距离（分别大于第6块的宽度，且误差小于+10mm），并保持两相邻块的内表面处在同一圆弧面上。

⑤封顶块安装前，对止水条进行润滑处理，安装时先径向插入2/3，调整位置后缓慢纵向顶推。

⑥管片块安装到位后，应及时伸出相应位置的推进油缸顶紧管片，其顶推力应大于稳定管片所需推力，然后方可移开管片拼装机。

⑦在进行管片选择须至少有一人选择，一个进行复核，防止由于选错管片而导致与轴线偏差过大。

⑧管片安装完后及时整圆，并在管片脱离盾尾后要对管片连接螺栓进行二次紧固。

**3.1.3**　盾构接收施工

（1）施工工艺流程（图5-4.8）

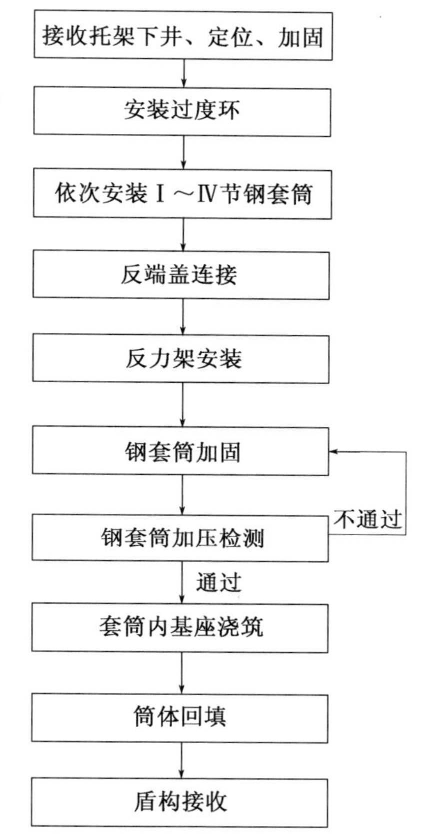

图5-4.8　盾构接收施工工艺流程图

（2）接收端头加固施工

接收端头加固施工工艺与始发端头加固施工相同，盾构接收端地层加固长度为12m。

（3）降水井施工

接收端头降水井施工与始发端头降水井施工相同。

（4）到达前准备工作

到达段100m为接收施工段，盾构机接收是隧道贯通的关键。应在此段的推进中严格控制盾构机的水平、垂直偏差，并结合盾尾间隙使盾构接收段管片偏差控制在最小。

①盾构机进站前100m时，要对接收洞门中线进行再次复测，确定洞门中心精确位置。根据测量结果，调整盾构机自动测量系统，在最后50环推进过程中，对隧道轴线进行多次复核，确保轴线准确，保证盾构机安全进入洞门圈。

②盾构机在推进最后50环过程中，根据定向测量和联系测量成果，有计划地进行纠偏工作，推进纠偏严格按照小量多次的原则进行，使盾构机姿态控制在水平±15mm以内，垂直方向在+20～+30mm，以保证隧道的顺直度。

③在盾构机推进最后50环的过程中，加大盾尾油脂压住量，避免盾尾渗漏。

④由于加固体有一定的强度且硬度不均匀，为了便于隧道的纠偏，在进洞前现场预先准备好两环转弯环管片备用。

（5）钢套筒的安装

①钢套筒吊装下井

盾构到达前钢套筒从××站东端头井吊装下井。

②安装过程及步骤

a.主体部分连接

在开始安装钢套筒之前，首先在接收井里确定井口盾构接收中心线，也就是钢套筒的安装位置，先将接收架下放、定位、加固。

将过渡连环运至施工面后，把过渡连环连接好，并使钢套筒的中心与事先确定好的线路中心线重合，向前移动过渡连环并与洞门钢环焊接。

将套筒Ⅰ吊装至工作面组装好，并使钢套筒的中心与事先确定好的线路中心线重合，向后移动套筒Ⅰ并与过渡连板连接。

将套筒Ⅱ吊装至工作面组装好，并使钢套筒的中心与事先确定好的线路中心线重合，向后移动传力架2并与套筒Ⅱ连接。

将套筒Ⅲ吊装至工作面组装好，并使钢套筒的中心与事先确定好的线路中心线重合，向后移动传力架3并与套筒Ⅲ连接。

将套筒Ⅳ吊装至工作面组装好，并使钢套筒的中心与事先确定好的线路中心线重合，向后移动传力架4并与套筒Ⅳ连接。

两段套筒放好橡胶密封垫后，拧紧连接螺栓，连接部位密封均采用8mm橡胶垫密封。

b.后端盖连接

后盖板与筒体之间加8mm厚的橡胶板后，用M30螺栓(8.8级)上紧在钢套筒后法兰上。

c.反力架安装

材料用30mm厚Q345B钢板，平面环板加焊I56a工字钢，“井”字形布置后端盖上，并在各交点处焊接40mm×500mm×500mm受力钢板(反力斜撑的受力面)。反力架采用$\phi$609、$\sigma=16$mm斜撑钢管支撑。斜撑一端与车站底板预埋件焊接牢固，另一端与后端盖受力钢板焊接牢固。

斜撑安装前，先用400t千斤顶顶平面盖和支撑柱，消除洞门到后盖板的安装间隙。在此过程中注意检查各段法兰连接螺栓是否松动。

完成后，检查各部连接处，对每一处联结安装的地方进行检验，确保其连接的完好性，尤其是对于钢套筒的上下半圆和节与节部分之间联结的检查，还要检查过渡连接板与洞门环板之间的焊接，看是否存在着点焊或浮焊，发现有隐患时要及时处理。

d.钢套筒的过渡连接板与洞门环板的连接

过渡环下放运输到工作面组装完成后，经过测量组对中心线复测，确认无误后，将洞门环板与过渡连接板进行焊接。

钢套筒的过渡连接板与洞门环板相接触后，要检查两个平面是否全部能够连接，由于洞门环板在预埋的过程中可能出现变形或平面度偏差较大的情况，所以有可能出现过渡连接板有些地方无法与洞门环板密贴的情况，这时就需在这些空隙处填充钢板并与过渡板焊接牢固，务必将空隙尽可能地堵住。在确定洞门环板与过渡板全部密贴后将过渡板满焊在洞门环板上。

e.砂浆基座

在钢套筒底部60°范围内浇筑27cm厚的C20砂浆基座。

f.填料

钢套筒当检查完毕后，向钢套筒内填料，材料采用同步注浆用砂浆。

××站接收时，采用钢套筒正上方的下料口下料。

为了将填料输送至钢套筒内，通过车站东端头，从地面引一条输送管道至钢套筒上，采用一条400mm的管路连接，地面设置一个漏斗，将填料直接从漏斗输送至钢套筒内。填料过程中如果出现填料输送不够顺畅时，可以采用冲水方式，将填料冲下去。

(6)钢套筒检查

钢套筒作为盾构顺利接收的关键，使用前必须对其进行检查，检查内容如下：

①钢套筒圆度

使用前对整体钢套筒的圆度进行检查，必要时由制造厂家进行检查，确保其圆度，避免盾构机进入钢套筒时与钢套筒间距不均，导致盾体与钢套筒碰撞使钢套筒发生位移变形等意外。

②钢套筒的密封性

钢套筒分多块组成，各组成块之间均须加垫橡胶垫，对橡胶垫必须严格控制质量，防止损坏，或有漏洞，避免出现漏浆泄压。另外，钢套筒各部件之间连接均采用螺栓连接，对螺栓连接面也应进行检查，对连接面出现变形或破坏的部位进行修复，避免出现漏洞。连接螺栓是保证各部分连接紧密的重要构件，使用前应确保连接螺栓质量和数量，保证各部分连接的强度。

向钢套筒内加水，至加满水后，检查压力，如果压力能够达到4bar，则停止加水，并维持压力稳定，对各个连接部分进行检查，包括洞门连接板、钢套筒环向及纵向连接位置、钢套筒与反力架的连接处有无漏水。

每级加压过程及保压时间:0～1bar每级加压时间控制在10min左右,保压检测时间10min;1～2bar每级加压时间控制在15min左右,保压检测时间25min;2～3bar每级加压时间控制在25min左右,保压检测时间45min;3～4bar每级加压时间控制在45min左右,保压检测时间120min。

加压检测过程中一旦发现有漏水或焊缝脱焊现象,必须马上进行卸压,并及时上紧螺栓重新焊接。完成后在进行加压,直到压力稳定到4bar,并未出现渗漏点方可确认钢套筒的密封性。

③钢套筒焊缝

钢套筒由钢板焊接而成,使用前必须使用超声波探伤仪对焊缝进行探伤检测,对有损伤的焊缝进行补焊,确保焊缝质量,保证整个钢套筒的整体性。

(7)洞门密封

盾构接收推进过程中,洞门密封是至关重要的一个环节,是接收成功与否的关键因素,为了保证洞门密封的质量,采取以下措施对洞门进行封堵:

①盾构推进时同步注浆严格按照技术交底进行,填充好施工间隙。

②盾构机中盾进入加固体后,适当增大同步注浆量,并及时进行二次注填充盾体与加固体之间的空隙,防止加固体外的地下水进入前方。

③盾尾进入加固体后,在已成型的隧道内,利用管片上的吊装孔,向管片外侧注入双液浆,时刻检查钢套筒是否有漏浆、形变等情况,如有漏浆或者形变过大等情况发生,可以采取调低气压,减小推速等措施。

④在原洞门环板预埋板的基础上,钢套筒与洞门环板之间设一过渡连接板,洞门环板与过渡连接板采用烧焊连接,钢套筒的法兰端与过渡连接板采用螺栓连接。洞门环板与过渡板全部密贴后将过渡板满焊在洞门环板上。

⑤盾构机全部进入钢套筒后,打开管片上预留的注浆孔的球阀、钢套筒过渡连环上预留的观测管,观察出水量,若出水量较大,则继续通过预留注浆管、注浆孔注浆,直至打开球阀无水流出后,方可拆解钢套筒。

(8)钢套筒和盾构机拆解及吊出

通过管片上的拼装孔的球阀,观察出水量,若出水量较大,则继续通过管片吊装孔、注浆孔注浆,直至打开球阀无水流出后,方可拆解上半部分钢套筒和盾构机,清理钢套筒内的回填料,并吊出转场。

### 3.2 施工要求

(1)盾构进入到达掘进阶段前,暂停掘进,准确测量盾构机坐标位置与姿态,确认与隧道设计中心线的偏差值。

(2)根据测量结果制订到达掘进方案。

(3)继续掘进时,及时测量盾构机坐标位置与姿态,并依据到达掘进方案及时进行方向修正。

(4)掘进至接收井洞口加固段时,确认洞口土体加固效果,必要时进行补注浆加固。

(5)进入接收井洞口加固段后,逐渐降低土压(泥水压)设定值,降低掘进速度,适时停止加泥、加泡沫(土压式盾构)、停止送泥与排泥(泥水式盾构)、停止注浆,并加强工作井周围地层变形观测,超过预定值时,必须采取有效措施后才可继续掘进。

(6)拆除洞口围护结构前要确认洞口土体加固效果,必要时进行注浆加固,以确保拆除洞口围护结构时不发生土体坍塌、地层变形过大或地下水涌入。

(7)盾构接收基座的制作与安装要具备足够的刚度,且安装时要对其轴线和高程进行校核,保证盾构机顺利、安全接收。

(8)拼装完最后一环管片,千斤顶不要立即回收,及时将洞口段数环管片纵向临时拉紧成整体,拧紧所有管片连接螺栓,防止盾构机与衬砌管片脱离时衬砌纵向应力释放。

(9)盾构机落到接收基座上后,及时封堵洞口处管片外周与盾构开挖洞体之间的空隙,同时进行填充注浆,控制洞口周围土体沉降。

(10)出洞后首100m范围作为试掘进段,此段施工要对初设推进参数认真控制,将推进的各项技术参数(如推力、推进速度、出土量、正面土压力等)和地面沉降结合起来进行收集、统计、分析,掌握适应地层的盾构合理的推进参数,以科学地指导后续施工。

(11)加固土体与围护结构接缝之间采用旋喷桩方法进行洞口土体加固,旋喷桩要在结构施工完成基坑变形稳定后进行施工。

(12)管片安装必须从隧道底部开始,依次安装相邻块,最后安装封顶块。安装第一块管片时,用水平尺与上一环管片精确找平;管片块安装到位后,应及时伸出相应位置的推进油缸顶紧管片,其顶推力应大于稳定管片所需推力,然后方可移开管片拼装机。

(13)材料准备要按技术指令,合理准备粘贴施工工具及管片防水材料等,使用的材料需按要求检验合格后方可使用。

(14)根据距地面深度情况,注浆压力不超过0.5MPa,现场施工应根据地面及建筑物沉隆情况合理控制。加固完毕后进行洗管,并对管口进行保护,盾构掘进该处时,根据建筑物沉降情况,可继续进行重复注浆作业,且注浆全过程进行建筑物沉降监测作业。

(15)推进时不急纠、不猛纠,控制一次纠偏量小于3mm,多注意观察管片与盾壳的间隙,相对区域油压的变化量随出土斗数和千斤顶行程逐渐变化,每隔2环检查管片的超前量,隧道轴线和盾构折角变化不能超过0.4%,采用稳坡法、缓坡法推进,以减少盾构施工对地面的影响。

(16)严格控制盾构正面平衡压力:盾构在穿越过程中必须严格控制土仓平衡压力,土压力设定值由试掘进段土压力控制值结合下穿段理论土压力合理确定,土仓压力波动不超过±10kPa。

(17)掘进时,为了更有效地防止螺机喷涌,通过泡沫、膨润土系统做好渣土改良,必要时可向螺机注入高分子聚合物控制喷涌现象。

(18)同步注浆要做到及时、均匀、足量,确保其建筑空隙得以及时和足量地充填;根据注浆压力及地面监测情况,增加同步注浆量或及时进行二次补浆。

(19)为保持土仓压力,停机时通过土仓隔板注入孔往土仓加注膨润土泥浆进行保压,并安排专人密切关注土仓压力变化,及时补压。

(20)加强对建(构)筑物的变形、沉降的监测,根据实际地面沉降情况,进行洞内深孔注浆或对建筑物周边进行袖阀管跟踪注浆加固。

## 4 施工计划

### 4.1 施工进度计划

由实际的盾构工程编制施工总进度计划表、分期分批施工工程的开工日期、完工日期一览表。根据施工进度计划明确具体施工内容,确保工期按时完工。盾构工程施工进度计划如表5-4.6所示。

**表5-4.6 盾构工程施工进度计划表**

| 余许盾构区间 | | 起止日期 | | 工期(d) | 备注 |
|---|---|---|---|---|---|
| 左线 | 始发 | ××××年××月××日 | ××××年××月××日 | 21 | |
| | 负环拆除 | ××××年××月××日 | ××××年××月××日 | 7 | |
| | 左线盾构到达××站 | ××××年××月××日 | ××××年××月××日 | 273 | |
| 右线 | 始发 | ××××年××月××日 | ××××年××月××日 | 21 | |
| | 负环拆除 | ××××年××月××日 | ××××年××月××日 | 7 | |
| | 右线盾构到达××站 | ××××年××月××日 | ××××年××月××日 | 287 | |

### 4.2 机械设备计划

根据具体的施工内容配备盾构工程相应的施工机械设备,确保满足施工要求。盾构施工机械设备计划如表5-4.7所示。

表 5-4.7 盾构施工机械设备计划表

| 序号 | 设备名称 | 型号规格 | 数量 | 备注(租赁或自有) |
|---|---|---|---|---|
| 1 | 土压平衡盾构机 | CTE6900E-770 | 2 | 租赁 |
| 2 | 龙门吊 | 50T/16T | 2 | 自有 |
| 3 | 电瓶车 | JXKB35 | 5 | 自有 |
| 4 | 渣土车 | ZT18m$^3$ | 16 | 自有 |
| 5 | 充电机 | BXC320/C | 12 | 自有 |
| 6 | 浆液车 | CSJ08 | 4 | 自有 |
| 7 | 管片车 | SGP15 | 8 | 自有 |
| 8 | 风机 | SDF(C)-NO10 | 2 | 自有 |
| 9 | 冷却塔 | SRM-80 | 1 | 自有 |
| 10 | 柴油发电机组 | 200GF | 1 | 自有 |
| 11 | 汽车吊/履带吊 | 500T/260T | 1 | 租赁 |
| 12 | 汽车吊 | QY25K5-I | 1 | 租赁 |
| 13 | 挖掘机 | PC200 | 1 | 租赁 |
| 14 | 钢筋切断机 | GQ-40 | 1 | 自有 |
| 15 | 钢筋弯曲机 | GW-40 | 1 | 自有 |
| 16 | 钢筋调直机 | GT6/12B | 1 | 自有 |
| 17 | 交流电焊机 | BX-500 | 2 | 自有 |
| 18 | 空压机 | GA90AFF-8 | 2 | 自有 |
| 19 | 水泵 | 65LS16/7.5kW | 8 | 自有 |
| 20 | 污水泵 | 15PW | 20 | 自有 |

## 4.3 劳动力计划

根据盾构工程的施工进度计划和施工内容,配备各岗位管理人员和各工种作业人员,确保劳动力工种、数量满足施工要求。每台盾构隧道施工作业人员如表 5-4.8 所示。

表 5-4.8 每台盾构隧道施工作业人员表

| 班组 | | 岗位工种 | 每班人数(人) | 班组数 | 合计 |
|---|---|---|---|---|---|
| 盾构施工 | 隧道内及井口下 | 盾构机驾驶员 | 1 | 2 | 2 |
| | | 电瓶车驾驶员 | 2 | 2 | 4 |
| | | 双梁操作手 | 1 | 2 | 2 |
| | | 千斤顶操作 | 1 | 2 | 2 |
| | | 拼装机操作手 | 1 | 2 | 2 |
| | | 管片安装工 | 3 | 2 | 6 |
| | | 看渣 | 1 | 2 | 2 |
| | | 接水管 | 2 | 2 | 4 |
| | | 井下挂钩 | 2 | 2 | 4 |
| | 地面井口区域 | 龙门吊驾驶员 | 2 | 2 | 4 |
| | | 管片装卸 | 2 | 2 | 4 |

续上表

| 班　　组 | 岗 位 工 种 | 每班人数(人) | 班　组　数 | 合　　计 |
|---|---|---|---|---|
| 机电维修 | 电工 | 1 | 2 | 2 |
| | 机械工 | 1 | 2 | 2 |
| | 盾构保养工 | 1 | 2 | 2 |
| | 蓄电池充电工 | 1 | 2 | 2 |
| | 轨道整修工 | 1 | 2 | 2 |
| 止水条粘贴 | 止水条和缓冲垫的粘贴 | 2 | 2 | 4 |
| 其他辅助工作 | 普工 | 4 | 2 | 8 |
| 合计 | | 29 | | 58 |

## 5　危险因素分析

### 5.1　危险源辨识

危险因素分析及防范措施见表5-4.9。

**表5-4.9　危 险 源 清 单**

| 序号 | 作业内容 | 潜在事故类型 | 造成事故原因 | 防 范 措 施 |
|---|---|---|---|---|
| 1 | 盾构工程施工 | 高处坠落 | 在高差较大的场所作业缺少安全防护措施或未经许可随意拆改安全防护设施设备 | 做好安全技术交底及安全教育、佩戴好安全防护措施、安全员全程监督旁站,未经项目部同意不可擅自拆除防护设备 |
| 2 | | 涌水、涌砂 | 进出洞加固效果不好、进出洞掘进参数不合适、端头未及时降水、盾构掘进过程中尾刷失效 | 洞门凿除前,在洞圈范围内钻水平观测孔,观察是否出现渗漏水;严格控制洞门土体加固的施工质量,并对加固效果进行取芯试验;按图纸要求进行合理降水,按要求同步注浆 |
| 3 | | 沉降坍塌 | 洞外土体加固效果不佳,土体自立性较差;洞门拆除施工工艺不合理;长距离掘进 | 根据洞门尺寸制定合理的洞门拆除工艺;凿除时尽量缩短作业时间;施工过程中对土体进行实时监测;盾构机选型以地层适应性为主,盾构机配备渣土改良系统,掘进中通过泡沫或膨润土改良渣土,防止刀盘结泥饼及有效控制渣土喷涌;长距离掘进考虑洞内尾刷拆除更换及带压进仓进行刀具检查及更换要求 |
| 4 | | 机械伤害 | 盾构机运行过程中误操作,安全意识薄弱;管片拼装不符合规定 | 盾构施工相关的安全技术交底完备,机械操作中有专人指挥;作业人员应按规定正确佩戴安全帽,管片拼装时,安装人员不得站立在管片安装机上,在进行紧固螺栓时不得移动管片安装机,拼装机上不得放置任何工具、物体,以免造成人员伤害 |
| 5 | | 火灾 | 电路老化、短路;动明火施工操作不规范;防水材料等易燃材料堆放、整理不规范 | 重视施工中电缆线和用电、动明火施工的安全保护措施,严格按照相关规范执行;易燃材料要按照规范要求安放妥当 |
| 6 | | 运输伤害 | 管片运输时不符合规程 | 管片垂直运输到管片车上时,管片必须摆放整体,不得超限。以免在运输过程中碰撞台车,进入后备套前必须鸣喇叭,减速行驶 |

### 5.2　危险源评估

评估方法选择、量化分值标准参见第一篇“6.1 危险因素分析”。

LEC 危险因素评估计算结果见表 5-4.10。

**表 5-4.10 LEC 危险因素评估计算**

| 作业内容 | 事故类型 | 风险估测 | | | |
|---|---|---|---|---|---|
| | | 可能性 L | 暴露频率 E | 严重程度 C | 风险大小 D |
| 盾构工程施工 | 高处坠落 | 1 | 6 | 15 | 90 |
| | 涌水、涌砂 | 1 | 10 | 40 | 400 |
| | 沉降坍塌 | 1 | 10 | 40 | 400 |
| | 火灾 | 1 | 6 | 15 | 90 |
| | 运输伤害 | 1 | 6 | 15 | 90 |
| | 机械伤害 | 1 | 6 | 15 | 90 |

根据 LEC 危险因素评估计算结果表和 LEC 评估结果分级，分值大于 160 以上的属于重大危险源，因此盾构工程施工中的重大危险源为涌水、涌砂与沉降坍塌。

## 6 施工安全保障措施

### 6.1 组织保障措施

参见第二篇第一章“6.1 组织保障措施”。

### 6.2 技术保障措施

#### 6.2.1 始发架、反力架安装及加固

(1)始发托架及反力架的制造符合设计要求及国家钢结构的规范标准，由具有经验的专业队伍负责制造及安装。

(2)千斤顶总推力控制不大于 1000t，优先选用下部千斤顶，推力增加要遵守循序渐进的原则。

(3)始发托架及反力架的加工、安装必须按照技术交底执行，误差不大于 1cm。

(4)组装前应对始发基座进行精确定位，始发托架采取整体抬高的方式，将盾构机整体上抬 2cm，防止盾构机进洞后“栽头”对隧道和线形产生影响。

(5)托架及反力架与始发井结构部位连接要牢固，以保证托架及反力架的受力均匀传递到始发井结构上。

(6)托架及反力架的中心线位置与线路中心线一致。

(7)推进过程中合理控制盾构的总推力，且尽量使千斤顶编组合理，使之均匀受力。

(8)始发时严密监测反力架状态，注意反力架的变形及位移，出现问题及时处理。

#### 6.2.2 洞门凿除技术保障措施

(1)设专职技术员，全天候观察洞门情况，一旦发现洞门土体有坍塌的迹象，应立即通知作业人员撤离，同时采取架设方木支护等措施，防止发生意外。

(2)墙内层钢筋割除完毕后，由技术部组织洞门验收，对洞门的稳定性进行评估，如果发现洞门掌子面有失稳的可能，则对洞门进行喷射混凝土支护，将掌子面封闭起来，喷射混凝土的厚度不小于 200mm。

#### 6.2.3 施工过程中关键工序控制技术措施

根据盾构隧道工程施工特点，确定盾构推进过程中轴线控制、管片拼装、衬砌防水以及同步注浆作为关键工序。

(1)中轴线测量控制要点

①盾构施工测量所使用的仪器、附件须及时送专业单位做全面鉴定，并在使用过程中经常进行检查。

②为确保两车站间盾构贯通，横向、竖向误差小于 50mm，在两车站端头井附近埋设地面导线点，利用空导点和地面导线点，以导线测量形式，将平面控制成果引测到施工现场。

③利用空导点和地面导线点建立平面控制网。

④随着隧道掘进，要求每40m布设一个吊篮，由地下起始导线点开始，逐次布设地下隧道贯通导线点，同时在管片封顶块上布设吊篮，吊篮上设强制归心的平面控制点，由贯通导线点引测。吊篮必须稳固，并与操作者的走板脱离，不能晃动。

⑤利用施工区域附近的已知高级水准点，布设三等水准路线，将高程引测至车站端头井附近，并设立施工高程控制点。

⑥随盾构推进深度，每隔一段距离埋设一贯通高程控制点，作为隧道掘进的高程依据，然后转测到相应吊篮上的控制点。贯通高程控制点的高程应由地下起始高程控制点传递，引测前应对起始高程控制点进行复核。

⑦为保证盾构机严格按设计轴线推进，必须及时观测盾构动态数据，从而调整盾构施工参数，指导盾构正确、安全推进。

(2)盾构推进控制要点

①严格控制盾构施工参数

为确保盾构沿设计轴线推进，必须采取以下措施控制切口土压力、推进速度、出土量，尽量减少平衡压力的波动，同时在曲线推进过程中，考虑到刀盘正面所受压力的差异，需同步调整控制左右区间油压值和左右推进千斤顶行程，使之沿设计轴线推进。具体措施为：

a. 根据出土量和系统监测设备，及时观察、调整盾构机平衡压力。

b. 根据出土的土质状况和地质报告中地层揭示情况，提前预测正面土体压力，适时升高或降低盾构机平衡压力。

c. 严格控制土仓压力及出土量，防止超挖及欠挖。

d. 根据土体的力学性能并结合盾构机的机械性能，控制刀盘的前移距离。

e. 加快每环的拼装速度，减少盾构机在软弱土层的停留时间。

f. 正常推进时速度宜控制在2～4cm/min。过建筑物时推进速度宜控制在1cm/min左右。

②严格控制纠偏量

盾构的曲线推进实际上是处于曲线的割线上，因此，推进的关键是确保对盾构头部的控制。在曲线时，盾构推进施工环环都在纠偏，必须做到勤测勤纠，而每次的纠偏量应尽量小，确保楔形块的环面始终处于曲率半径的径向竖直面内。控制和掌握盾构单次纠偏的幅度，使纠偏尽量均匀稳定，以减少纠偏对周围土体造成的影响。同时，在确保盾构正面变形控制在良好的情况下，使盾构均衡匀速施工，以减少盾构施工对地面的影响。

在曲线段施工管片拼装位置应严格控制。若管片位置不理想，且曲线管片无法满足纠偏时，应采用软木楔子进行调整，使管片处于较理想位置状态，确保盾构轴线。

(3)控制衬砌背后注浆

推进时应严格控制浆液的质量、注浆量、注浆位置和注浆压力，并根据施工中的变形监测情况，随时调整注浆参数，必要时采用壁后补压浆的方法进行控制。在施工过程中采用推进和注浆联动的方式，注浆未达到要求时盾构暂停推进，以防止土体变形。注浆工艺应注意以下几点，以确保注浆效果：

a 控制注浆时间，确保在最佳的时间采取注浆措施。

b. 根据土质情况，确定采用同步注浆、半同步注浆或推进后注浆、后方注浆。

c. 根据土层条件(土的种类、土压、承压、水压等)和掘削条件的不同确定同步注浆压力和注浆量。

d. 采取措施防止背后注入浆液从盾尾、工作面管片接头等处泄露。

e. 根据填充效果和目的(是否考虑抗渗等问题)，适当采取二次注浆。

f. 确保注浆材料质量和注浆工艺的恰当性。

在曲线段推进过程中，必须加强对曲线段外侧的压浆量，以填补施工空隙，同时加固外侧土体，使外侧土体给予管片足够的支撑力，减小已成隧道的水平位移，确保盾构顺利沿设计轴线推进。

(4)管片拼装控制要点

①衬砌之间采用错缝拼装,根据盾尾间隙合理调整管片楔形块位置,保证管片法面垂直度与盾构相同。

②必须严格控制衬砌拼装精度,衬砌成环的直径允许偏差、环纵缝张开、相邻环管片允许高差、环面间隙及拱底块相对旋转值必须小于《市政地下工程质量验收规范》中的指标。

③衬砌每推好一环必须及时拧紧环纵向螺栓,并对出盾构车架的管片环纵缝螺栓进行复拧。隧道贯通后,再次对所有管片的螺栓进行复拧。

(5)衬砌防水控制要点

①衬砌防水包括每块管片水膨胀弹性密封垫的粘贴和隧道推进结束后衬砌环、纵缝。

②弹性密封垫是衬砌接缝防水的主要措施,粘贴前须用钢刷刷去管片凹槽内的浮灰、污垢,用氯丁—酚醛胶黏合剂粘贴。粘贴好密封垫的衬砌若暂时不用或遇雨天,必须用塑料薄膜或油布严密遮盖。

③封顶块与邻接块两侧的密封垫在拼装前应涂表面润滑剂,黏度300cP。

(6)地表沉降控制要点

①盾构施工过程中每天进行地表沉降观测,沉降量控制在 -30 ~ +10mm。

②在区间隧道中心轴线上,每50m横断面处两侧各20m范围内,以及沿隧道中心线布设沉降观测点,曲线段和直线段均每5m布一点。

③地面沉降观测点在路面用道钉埋设,特殊要求的构筑物用红三角标记。

④盾构与衬砌的理论建筑空隙为1.65$m^3$/环,施工过程中做到同步注浆,即盾构边推进边压入惰性浆液,及时填充建筑空隙。

⑤施工时严格控制注浆压力及保证足够的注浆量,减少对周围环境的影响。

### 6.2.4 预防钻孔漏泥冒砂的技术措施

(1)正常段开孔前,施工现场准备足够的注浆材料(如水泥、水玻璃等)和注浆设备。应急材料准备好后再用φ38mm小孔径钻孔检查地层稳定性,如有严重涌砂冒水现象,采取双液浆或化学浆液堵漏。

(2)在取芯开孔后,安装带填料密封盒的孔口管,通过管侧的DN15的旁路阀门,防止孔口喷砂。若出现大量涌砂,也可通过此旁路阀门对地层注浆。

(3)为防止打钻过程中砂土随压力水涌出孔口,在回流旁路上增加压力或打钻过程中关闭旁路阀。当无法钻进时,再打开旁路阀泄压,然后关闭阀门继续钻进,反复进行,使钻孔内保持一定的压力,维护孔壁的稳定。

## 6.3 监测监控措施

### 6.3.1 监测项目

盾构工程施工过程中要加强施工监测,通过盾构机采集信息和地面监测信息相互校核,更好地指导施工,为区间隧道的顺利贯通提供安全、质量保证。监测项目包括线路地表沉降观测、沿线邻近建筑物变形测量、隧道变形测量和地下管线变形测量。监测项目一览见表5-4.11。

表5-4.11 监测项目一览表

| 序号 | 监测类别 | 监测项目 | 断面间距 |
|---|---|---|---|
| 1 | 必测项目 | 监测基准点 | 每150m设置一个基准点 |
| 2 | | 洞内及洞外观察 | — |
| 3 | | 地表沉降 | 沿隧道纵向方向每5m一个中线点,盾构始发接收段每20m一个大断面,正常段每30m一个大断面 |
| 4 | | 周边建筑物沉降和倾斜 | 在1.5倍洞径范围内的建筑物,布置于建筑物角点、转点、结构柱等变形突出部位 |
| 5 | | 地下管线沉降 | 沿隧道纵向方向每10m一个监测点 |
| 6 | | 隧道沉降、上浮、收敛 | 每5~10m一个断面 |

### 6.3.2 监测流程

(1)监测流程如图 5-4.9 所示。

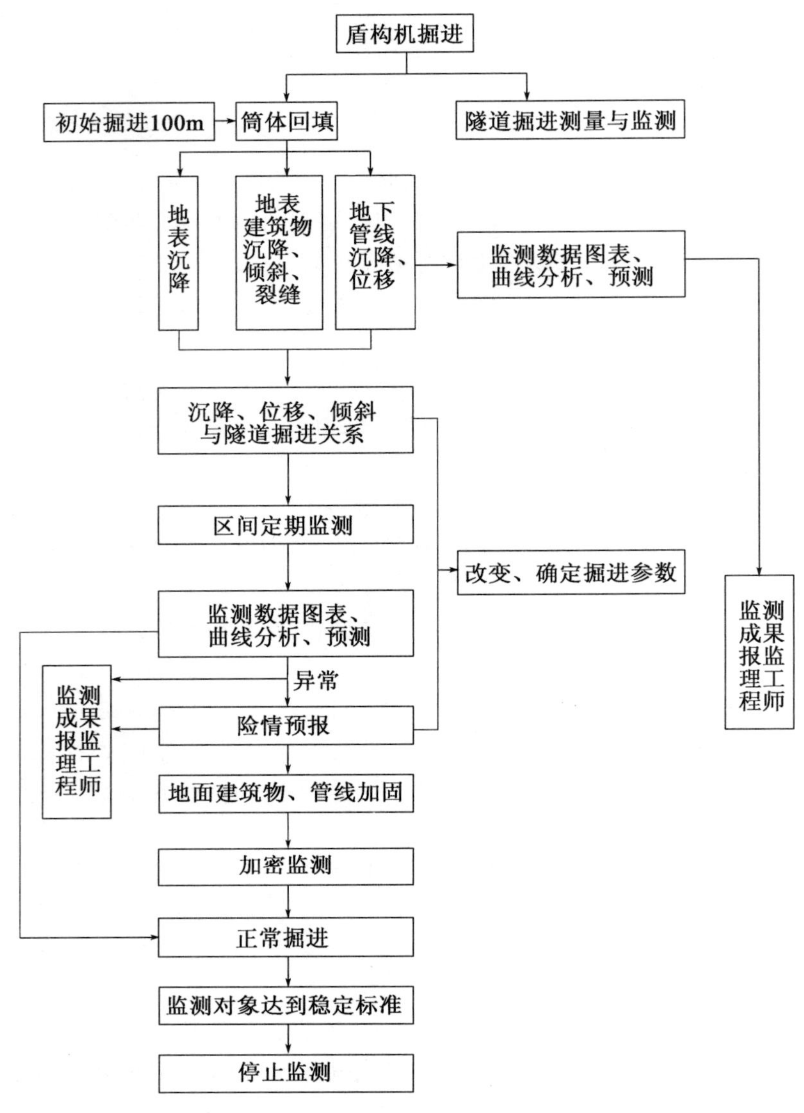


图 5-4.9 监测工艺流程图

(2)测点布置原则:

①按监测方案在现场布设测点,当实际地形不允许时,在靠近设计测点位置布设测点,以能达到监测目的为原则。

②为验证设计参数而设的测点布设在设计最不利位置和断面,为指导施工而设的测点布置在相同工况下最先施工部位,其目的是及时反馈信息,以修改设计和指导施工。

③地表变形测点的位置既要考虑反映对象的变形特征,又要便于采用仪器进行观测,还要有利于测点的保护,并且测点必须埋入原土层。

④各类监测测点的布置在时间和空间上有机结合,力求同一监测部位能同时反映不同的物理变化量,以便找出其内在的联系和变化规律。

⑤测点的埋设应在盾构到达前 15d 完成,并及早进行初始状态的量测。

⑥测点在施工过程中一旦破坏，尽快在原来位置或尽量靠近原来位置补设测点，以保证该测点观测数据的连续性。

(3)测点布设：

①线路地表沉降观测沿线路中线按断面布设，观测点埋设范围要能反映变形区变形状况。地表地物、地下物体较少地区断面设置可放宽。观测点间距如表5-4.12所示。

**表5-4.12 测点布设间距**

| 隧道埋设深度(m) | 观测点纵向间距(m) | 观测点横向间距(m) |
| --- | --- | --- |
| $H>2D$(>12m) | 10~15 | 5~10 |
| $D<H<2D$(6m<$H$<12m) | 5~10 | 3~7 |

注：$H$为隧道埋设深度，$D$为管片外径。

观测点布设位置如图5-4.10所示。

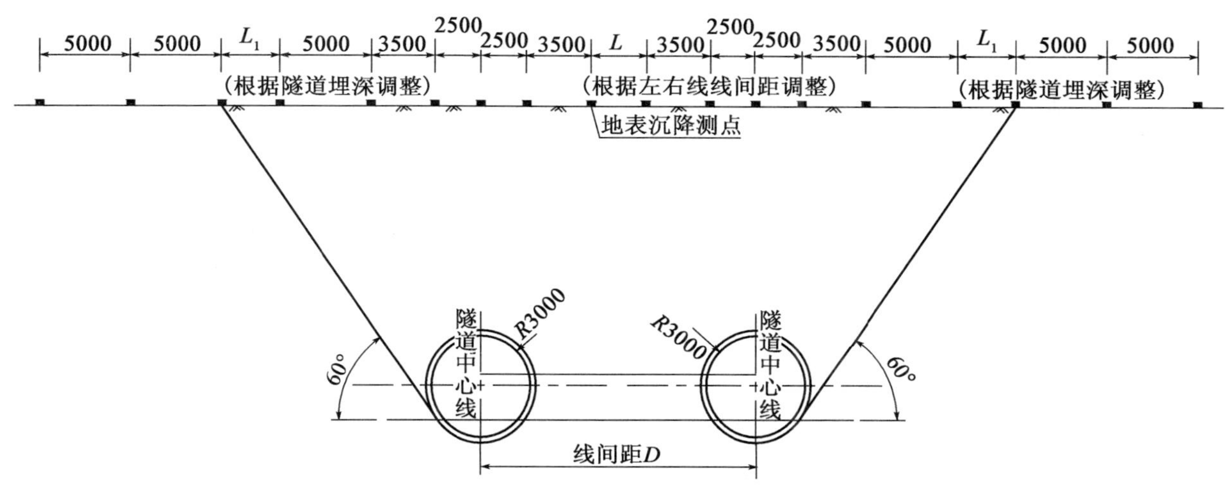


**图5-4.10 监测点布置图**(尺寸单位：mm)

在平曲线转点、纵曲线转折点、地质变化处、车站端头、地面高大建筑物附近，对观测点纵、横向间距再进行加密。

②地面建筑物沉降、倾斜：沉降点的数量不少于4点，对最大边长超过40m的建筑物增加测点数量。

③管线沉降：每10~20m设一个断面，重点监测各区间的压力管，包括给水管、燃气管、排水管。

④地面建筑物外观观察及裂缝测量：建筑物基础表面、墙角。

(4)监测频率：

施工监控量测工作在盾构始发前15d先进行初始观测。盾构掘进时要求对掘削面前后30m范围加强监测，直至观测对象稳定时结束。

变形测量频率应按表5-4.13执行。

**表5-4.13 变形测量频率**

| 变形速度(mm/d) | 施工状况 | 测量频率(次/d) |
| --- | --- | --- |
| >10 | 距工作面1倍洞径 | 2/1 |
| 10~5 | 距工作面1~2倍洞径 | 2/1 |
| 4~1 | 距工作面2~5倍洞径 | 1/1 |
| <1 | 距工作面>5倍洞径 | 1/>7 |

注：当地表沉降、管线沉降、建筑物变形的速率或量值出现异常时，要24h不间断监测，直至沉降或变形平稳为止。

(5)监测控制标准：

为确保地面建筑物、管线、路面汽车的安全，对盾构隧道开挖引起的地面沉降(隆起)、地面建筑物沉降、管线沉降等建立了相应的控制值和预警值，如表5-4.14～表5-4.16所示。

**表5-4.14 盾构区间监测频率**

| 监控量测断面距开挖面距离(m) | 监控量测频率 | 监控量测断面距开挖面距离(m) | 监控量测频率 |
|---|---|---|---|
| $L\leq20$m | 1～2次/d | >50m | 1次/7d |
| $L\leq50$m | 1次/2d | 变形基本稳定后 | 1次/月 |

**表5-4.15 按位移速度确定的监控量测频率(洞内测试项目)**

| 位移速度(mm/d) | 监控量测频率 | 位移速度(mm/d) | 监控量测频率 |
|---|---|---|---|
| ≥2 | 1～2次/d | 0.1～0.5 | 1次/2d |
| 0.5～2 | 1次/d | < 0.1 | 1次/7d |

注：监测控制基准和预警值一般采用监测变量累计值和变化速率两项指标共同控制。

**表5-4.16 监测预警标准**

| 监测项目 | 控制标准 | |
|---|---|---|
| | 累计控制值 | 速率控制值 |
| 地表沉降 | -30～10mm | ±3mm/d |
| 地下管线沉降 | -20～10mm | ±3mm/d |
| 建筑物沉降 | -20～10mm | ±2mm/d |
| 建筑物倾斜 | 3‰$H$ | 0.3‰$H$ |
| 隧道收敛 | 12mm | 3mm |

**6.3.3** 监测方法

(1)地面沉降

①监测方法：用精密水准仪进行测量。

②监测要点：监测时严格按照《国家一、二等水准测量规范》(GB/T 12987—2006)执行，沉降点复测周期按照《城市测量规范》(CJJ/T 8—2011)执行。

③数据处理：地表沉降监测随施工进度进行，并将各沉降点沉降值存入计算机监测管理系统汇总成沉降变化曲线、沉降速度变化曲线统一管理，绘制报表。

(2)地面建筑物沉降监测

①监测方法：用精密水准仪测量。

②监测要点：监测时严格按照《国家一、二等水准测量规范》(GB/T 12987—2006)执行，沉降点复测周期按照《城市测量规范》(CJJ/T 8—2011)执行。

③数据处理：建筑物沉降监测随施工进度进行，并将各沉降点沉降值存入计算机监测管理系统并汇总成沉降变化曲线、沉降速度变化曲线统一管理，绘制报表。

(3)隧道变形监测

①监测方法：用隧道收敛计、精密水准仪量测。

②数据处理：隧道变形监测随施工进度进行，主要记录管片变形、收敛以及隧道沉降，各监测点数据存入计算机监测管理系统汇总成沉降变化曲线、沉降速度变化曲线统一管理，绘制报表。

(4)建筑物倾斜

①监测方法：用经纬仪、水准仪量测。

②数据处理：盾构施工引起的建筑物基础沉降及墙体倾斜，监测值绘制沉降及倾斜变形曲线图统一

管理。

(5)地面建筑物裂缝

①监测方法:目测、尺测。

②监测要点:发现裂缝后立即实测裂缝宽度并统一编号,用红色墨汁写在裂缝旁。

③数据处理:将裂缝编号后宽度值存入计算机监测管理系统进行统一管理。

(6)管线沉降变形监测

①监测方法:用精密水准仪测量。

②监测要点:管线保护按照业主、管理单位的要求及国家相关规范执行。

③数据处理:根据施工进度进行,将各沉降点沉降值存入计算机监测管理系统绘成管线变形曲线图统一管理,绘制报表。

(7)监测控制

监测阶段,做好数据采集记录和信息反馈,仪器的维护和标定。根据规定的采集频率,满足系统在时间上的连续性的要求,以仪器的精度和准确度为标准检验或判断数据的偏差是否正常。所有监测工作均应考虑和施工穿插进行。观测时间应尽量避开白天客流量、车流量大时。在仪器安装埋设的全过程中,必须对仪器、传感器和设备等进行连续的检验,以确保仪器的稳定性,并做好如下记录:

①仪器的种类、型号、编号和说明。

②测试元件布置的位置及编号。

③测试点布置日期。

④测试时的天气状况。

⑤安装和测试时周围施工状况或掘进里程。

⑥安装期间的调试及多次测取初始数据。

(8)数据分析处理及信息反馈

①全部采用计算机处理,自动图表处理数据。结合施工和现场环境状况对监控量测数据定期进行综合分析,并绘制出隧道环境变形、地表沉降时态曲线图。

②对时态曲线进行回归分析,选择与实测数据拟合较好的函数,并对变形趋势进行预测。

③当实测变形值大于允许变形的 2/3 时要及时通报相关部门并采取措施控制变形。

④监控量测完成后应按监测频率提供相应的书面报告。

⑤工程竣工后应提供监控量测技术总结报告。

**6.3.4**　线路控制

(1)控制点复测

①平面控制点复测

平面控制点是为地铁施工沿线路方向测设的精密导线点,使用前必须按技术要求进行复测,其主要技术要求为:

a. 导线测角中误差不大于 ±2.5″。

b. 导线测距中误差不大于 ±6mm。

c. 导线方位角闭合差不大于 ±5″。

d. 导线测距相对中误差不大于 1/60000。

e. 导线全长相对闭合差不大于 1/35000。

f. 相邻点的相对点位中误差不大于 ±8mm。

g. 导线最弱点的点位中误差不大于 ±15mm。

h. 导线附(闭)合长度 3 ~5km。

②高程控制点复测

a. 观测方法:

奇数站上为:后—前—前—后;

偶数站上为:前—后—后—前。

b. 主要技术要求:

每千米高差中数偶然中误差不大于 ±2mm;每千米高差中数全中误差不大于 ±4mm;

观测次数:往返测各 1 次,平坦地往返附合或环线闭和差。

(2)盾构机始发测量

①盾构机导轨定位测量

盾构机导轨测量主要控制导轨的中线与设计隧道中线偏差不能超限,导轨的前后高程与设计高程不能超限,导轨下面是否坚实平整等。一般为了盾构机出洞后轴线偏差不超限,始发轴线抬高 1 ~ 2cm。

②反力架定位测量

反力架定位测量包括反力架的高度、俯仰度、偏航等,反力架下面是否坚实、平整。反力架的稳定性直接影响到盾构机始发掘进是否能正常按照设计的方位进行。

③盾构机姿态初始测量

盾构机姿态初始测量包括测量水平偏航、俯仰度、扭转度。盾构机的水平偏航、俯仰度是用来判断盾构机在以后掘进过程中是否在隧道设计中线上前进,扭转度是用来判断盾构机是否在容许范围内发生扭转。盾构机姿态测量原理。盾构机作为一个近似圆柱的三维体,在开始隧道掘进后我们是不能直接测量其刀盘的中心坐标的,只能用间接法来推算。在盾构机壳体内适当位置上选择观测点就成为必要,这些点既要有利于观测,又有利于保护,并且相互间距离不能变化。$O$ 点是盾构机刀盘中心点,$A$ 点和 $B$ 点是在盾构机前体与中体交接处,螺旋机根部下面的 2 个选点。$C$ 点和 $D$ 点是螺旋机中段靠下侧的 2 个点,$E$ 点是盾构机中体前断面的中心坐标,$A$、$B$、$C$、$D$4 个点上都贴有测量反射镜片。由 $A$、$B$、$C$、$D$、$O$5 个点所构成的 2 个四面体中,测量出每个角点的三维坐标($x_i$,$y_i$,$z_i$)后,把每个四面体的 4 个点之间的相对位置关系和 6 条边的长度 $L$ 计算出来,作为以后计算的初始值,在以后的掘进过程中,$L_i$ 将是不变的常量(假设盾构机掘进过程中前体不发生太大形变),通过测量 $A$、$B$、$C$、$D$4 个点的三维坐标,用($x$,$y$,$z$)及 $L$ 就能计算出 $O$ 点的三维坐标。

用同样的原理,$A$、$B$、$C$、$D$、$E$5 个点也可以构成 2 个四面体,相应地 $E$ 点的三维坐标也可以求得。由 $E$、$O$ 两点的三维坐标和盾构机的绞折角就能计算出盾构机刀盘中心的水平偏航、垂直偏航,由 $A$、$B$、$C$、$D$ 4 个点的三维坐标就能确定盾构机的扭转角度,从而达到检测盾构机的目的。

(3)接收测量

隧道贯通前 50m 要加密各项测量次数,做盾构机进洞前的姿态检测,托架坐标检测等。若测量结果不符合有关要求,及时调整自动导向系统参数,确保隧道标准贯通。并提前复测接收洞门坐标,根据洞门坐标偏差值调整掘进姿态,并根据实测洞门中心坐标放置接收架,接收架高程按比实际轴线低 1 ~ 2cm 控制。

**6.3.5** 资料整理要求

(1)采用统一的管片掘进监测记录表格,做好监测数据的记录与整理。监测资料应齐全、详细、规范,符合设计要求。所有测试数据必须真实准确,不得造假;记录必须清晰,不得涂改;测试、记录人员必须签名。

(2)所测数据必须当天及时输入电脑,分析、整理、核对无误后在计算机内保存。

(3)按照提交资料要求及时对测试数据进行整理、分析、汇总,及时绘制管片及地面各项监测的荷载—时间—沉降过程曲线,并按有关规定整理成册,报送有关单位进行沉降分析、评估。

(4)盾构施工中应及时整理盾构隧道监测点的沉降量,若地面沉降量、管片沉降量超出预警值,应及时通知项目部,采取相应技术措施。

**6.3.6** 监测措施预案

在监测期间,如发生超过预警管理标准,及时提出监测警报,当天向驻地监理、总监办、第三方测量单位报警;如时间紧迫,报警可以先通知,随后书面通知。除提交完备监测成果外,将业主、设计、监理及第三方测量一起开展应急预案,提出应急对策方案,协助各单位完成应急抢险工作,最大限度地降低损失。

## 7 应急预案

### 7.1 应急救援组织机构、职责流程

参见第二篇第一章“7 应急预案”。

### 7.2 现场处置措施

#### 7.2.1 盾构始发、接收不利因素应急处置措施

地下工程的施工风险随时都存在,即使准备得很充分,也可能有意想不到的情况发生。进出洞施工尤其突出,这种风险主要表现在洞门凿开后土体的稳定性和止水性,为了降低开洞门后土体坍塌或流砂带来的风险,在土体改良达到规范要求的时间后,对改良效果进行检测,主要检测其强度和止水性。

在盾构始发、接收地基加固区域周边设置降水井点,在盾构进出洞前及始发、接收过程中进行降水,有效降低水头保证始发阶段工程安全,确认端头井加固效果。

盾构始发、接收掘进时将适当控制掘进速率,避免对土体造成过大的扰动,以减少施工后的沉降。盾构推进土质差异较大,所受到的上、下阻力不均匀,施工时应该合理控制盾构推进参数,保证进出洞时盾构轴线与设计轴线偏差量控制在最小。

施工中常见的问题有:

(1)始发、接收时洞门处土体涌入井内

始发、接收时洞口封门拆除后,井外土体不能自立,井内洞圈的密封装置还不能阻挡洞外的土体,所以洞口外土体随之进入井内,造成地面沉陷,影响附近地下管线和地面建筑物的安全使用,如情况严重,则造成井下无法施工。

(2)始发、接收洞口周圈涌泥水

由于在始发、接收时盾壳损坏了洞口密封装置,盾构进洞后没有及时做好洞口防渗漏处理,故在盾构未全部通过工作井洞圈或已经脱出始发、接收圈时,井外泥水不断从洞圈与盾构或隧道之间的间隙涌入井内。如不及时处理,将导致地面沉陷和洞口处已建造好的隧道产生过量沉降。

(3)盾构接收时盾构机上抬或下沉

接收时管片产生碎裂、环面不平、内外张角严重、纵缝喇叭大、环向旋转等不良现象。

盾构始发、接收时针对性措施包括:

①建立健全应急组织机构,成立应急领导小组、工作小组。

②准备好各种应急物质和设备,如双快水泥、水玻璃、麻袋、钢板、电焊机、水泵等。进出洞前由专人对各项设备、物质准备情况进行逐一检查落实。

③对施工人员进行详细技术交底,并开展应急演练。进出洞加强人员值班,并保证通信联络畅通。

④在打开洞门过程中,若遇发生流清水现象,必须用双快水泥和水玻璃进行堵漏。割除钢筋时若发生流泥、流砂现象,必须立即停止对钢筋的切割,在流泥、流沙处进行双液注浆处理,堵住后方可再切割钢筋。

⑤在洞圈上下左右四个关键性位置预埋外插5°~10°的能大流量注浆的反向封闭式注浆嘴加装1~3m长的注浆引管。若破除洞门发生较严重的流泥、流砂现象,立即停止洞门破除,流砂处进行双快水泥封堵加双液注浆处理后,从预埋的注浆引管灌注双液浆液或能速凝的化学浆液,以确保洞门安全。若盾构接收过程中发生较严重的涌水、流泥、流砂现象时,必须停止盾构推进,先用双快水泥、钢板等进行封堵后,从预埋的注浆引管灌注双液浆液或能速凝的化学浆液,以确保施工安全。

#### 7.2.2 盾构掘进过程中发生地面塌陷应急处置措施

(1)盾构施工应急指挥领导小组立即赶赴塌陷现场并通知盾构司机停止盾构掘进,保持土仓压力。

必要时对脱出盾尾的 10 ~ 15 环管片背后进行二次注浆,浆液为双液浆或水泥浆。

(2)应急小组成员立即将情况上报监理、业主。

(3)在塌陷区域周围设置警戒线及反光锥筒,疏散周围可能受到危及的群众,安排人员维持现场秩序,组织抢险成员抢险,调集各种物资及设备。

(4)对坍陷处进行回填石粉或黏土,塌陷坑内有积水时应使用潜水泵抽排。

(5)对回填完的松散塌陷体及四周进行注浆加固,形成稳定加固层,同时要阻止地下水的渗透形成隔水层。加固可采用袖阀管注浆法、旋喷桩法或深层水泥搅拌桩法。

(6)对塌陷处进行沉降跟踪监测,加大监测频率,分析沉降值及沉降速率变化情况,及时反馈监测数据。

(7)塌陷体加固密实后,满足开仓条件时,开仓检查刀具,更换磨损刀具并处理刀盘泥饼。

**7.2.3** 周边建筑物倾斜、坍塌应急处置措施

(1)盾构施工应急指挥领导小组立即赶赴事故现场,查看情况并通知盾构司机停止盾构掘进。为弥补同步注浆不足,对脱出盾尾的 10 ~ 15 环管片背后进行二次注浆,浆液为双液浆或水泥浆,充分填充盾尾隧道与管片之间的空隙,以减少周围土体的位移变形。

(2)浆液为双液浆或水泥浆,充分填充盾尾隧道与管片之间的空隙,以减少周围土体的位移变形。

(3)使用警戒带在临危建(构)筑物四周设置警戒线,将危险区域隔离,安排人员看守,防止不知情人员进入危险区,出现意外。请求 119、120 救援,紧急疏散可能坍塌的临危建(构)筑物内可能受到危及的群众及财产,安排人员维持现场秩序,安抚群众情绪,做好善后工作。如建(构)筑物已坍塌,调集抢险人员、物资、设备协助消防人员抢救被困于坍塌建(构)筑物内的群众,将伤亡人员迅速送往医院救治。

(4)对建(构)筑物进行沉降、倾斜跟踪监测,加大监测频率,分析沉降值、倾斜值及沉降、倾斜速率变化情况,及时反馈监测数据。

## 第三节　示例点评

本示例以软土地层土压平衡盾构施工为例,概述了始发及接收井端头加固、盾构始发、正式掘进及盾构接收等施工工艺,对于类似地质盾构施工具有一定借鉴意义。盾构工程专项方案必须结合工程实际情况,根据不同的地质条件、周边环境采取不同的施工措施。盾构工程专项方案的地质条件资料是指导盾构施工的关键依据,要详细描述。